技术融合创新驱动下
PPP+EPC 重大工程的价值共创

俞建强　谢琳琳　李海林　奚灵智　王建望　著

中国建筑工业出版社

图书在版编目(CIP)数据

技术融合创新驱动下 PPP＋EPC 重大工程的价值共创 /
俞建强等著. — 北京：中国建筑工业出版社，2022.3（2022.8重印）
ISBN 978-7-112-27144-3

Ⅰ. ①技… Ⅱ. ①俞… Ⅲ. ①政府投资—合作—社会
资本—应用—基础设施建设—承包工程—管理模式—研究
—中国 Ⅳ. ①F299.249

中国版本图书馆 CIP 数据核字（2022）第 039257 号

责任编辑：周方圆 张 晶
责任校对：芦欣甜

技术融合创新驱动下 PPP＋EPC 重大工程的价值共创

俞建强 谢琳琳 李海林 奚灵智 王建望 著

*

中国建筑工业出版社出版、发行（北京海淀三里河路9号）
各地新华书店、建筑书店经销
北京红光制版公司制版
北京建筑工业印刷厂印刷

*

开本：787毫米×1092毫米 1/16 印张：20½ 字数：460千字
2022年3月第一版 2022年8月第二次印刷
定价：68.00元
ISBN 978-7-112-27144-3
（39015）

前 言

本书各章节的内容共同构成本书的核心，写作风格是学术式的，实质上本书是面向广大建设一线基层工程师的技术应用类专著，所以涉及内容驳杂、宽泛。章节的长度和顺序与重要性无关，我们试图以最佳的逻辑顺序来安排章节顺序，除了尽量不出现向后引用的情形外，我们希望来自生产一线的读者朋友能够更容易接受并提升思考具体工程问题的深度。

本书有一条主线，就是以产品为中心的价值共创。我们希望通过不同的视角——政府、平台公司、设计方、工程总承包方以及分包方——展开本位管理分析，最终实现多元主体共治机制下的以整体最优为目标的项目管理协同。

第1章　绪论

绪论从城市基础设施建设在建造与运营两方面长期存在的低质量问题展开。低质量的含义是宽泛的，既包括由组织、技术、外部环境等复杂性要素构成的工程复杂性所引发的建造问题，又包括基础设施脱离需求引发的产品品质问题；既包括满足巨大需求背景下基础建设投融资问题，又包括基础设施运营期间的可持续发展问题；既包括社会资本参与城市基础设施建设的价值创造实施路径问题，又包括基于公共空间价值建构的支持性政策制定问题。城市基础设施低质量的发展问题不是PPP模式造成的，而是长期存在的，PPP模式只是起到了催化剂的作用。

本书认为PPP模式的现实困境（归结于产品本身价值创造问题）是暂时的。以"数字技术"和"融合技术"为引领的新技术在新基建广泛运用，必将重塑中国城市社会的群体文化模式和个体生活方式。从来不缺乏使用者的城市基础设施本身蕴藉着巨大的价值，PPP模式的发展在经历低谷之后必将迎来新一轮的蓬勃发展。一旦掌握先进数字技术的私有资本拥有了"打开城市基础设施产品价值宝藏"的能力，通过对公共产品的"侵蚀"，"大而不能倒"的风险将成为未来社会真实图景，这才是PPP模式将来发展的"命门"。

第2章　PPP+EPC重大工程项目管理概述

第2章从公共空间价值意义的视角特别约定了PPP+EPC模式的具体内涵。模式创新不是简单的名词创造，我们认为PPP+EPC模式就是在PPP投资模式下套嵌EPC工程总承包模式的具体管理样态。同时我们希望通过全生命周期纵向、横向融合实现公共空间意义上的多元主体价值共创，所以我们特别约定的PPP+EPC模式是探索政府—市场（社会资本）—权利人（利益相关者）—公众等多元主体协同合作的模式创新。

我们无意混淆基础设施与公共建筑的概念，所以在反复斟酌之后，本书中需要兼顾表达两者的场合我们使用"公共空间"或者"公共产品"这样的表述，相信这样的表述不会给读者朋友带来困扰。

我们解构了中国城市公共空间的价值意义，深入分析了长期存在的基础设施建设的低质量问题的根源——城市公共空间价值的迷失、公共产品"属人性"、"为人性"的失判和资本对公共空间价值侵蚀，总结归纳了PPP模式下基础设施工程作为公共产品的价值意蕴，并提出了由设计主导的PPP＋EPC模式重大基础设施工程价值共创的实施路径和支撑性政策。

通过分析PPP＋EPC项目价值形成机制、产品本身的多功能复合和基于全生命周期的多元主体治理框架，我们强烈地预感到，我们将面临重大基础设施项目的复杂性挑战。PPP＋EPC项目作为一类功能复合的城市基础设施项目，其最显著的特征为主体与附属项目之间在结构和功能上的强关联性，因此本书把PPP＋EPC模式研究的对象作为一个系统，分析该系统的结构与功能，并研究系统、要素、环境三者相互作用下重大基础设施项目面临的组织复杂性、技术复杂性和环境复杂性。

第3章　基于复杂适应系统理论的PPP＋EPC重大工程管理技术创新

将重大基础设施作为一个系统进行项目建造管理研究是学界的热点研究方向之一。根据系统的基本概念，工程活动实际上就是一个系统综合过程，而工程产物则是过程结束后形成的一个实体系统。这个实体系统由土地、设备、资金、材料，经过技术、信息、管理和人员组织形成，前者是物质的硬系统，而后者是非物质的软系统，本书研究的侧重点在于后者，即管理行为。

我们根据相似性理论引入"深刻相似性"概念。以管理行为作为研究对象的软系统具有显著的主体性，即系统本身具有自我意识，它的演化不仅取决于历史和当前的状态，还取决于系统自身对预期目标的追求，并且从大系统到大量的子系统都具备这一特征。工程既然是人造物，应具有主体意义的目的性特征，我们据此构建这样的微观模型——适应性系统模型（复杂性底层模型），并且归纳了与这一模型紧密关联的深刻相似性定义和性质，讨论了一般化的运动规律——登顶、俘获与混沌。

我们运用深刻相似性原理提炼了项目管理行为复杂性的外在形象指标体系——复杂性脸谱指标，构建了双参量量化模型和复杂适应性系统的平衡态，为PPP＋EPC模式下项目复杂性分析、降解和重构提供理论基础。

我们讨论了PPP＋EPC模式下项目复杂性降解技术，包括复杂系统结构化（网络）设计、降解原理和降解路径，以及从定性到定量的综合分析方法。

第4章　基于价值共创的PPP＋EPC重大工程治理体系设计与运作

在管理组织视角下，不管是哪一类型的工程复杂性，都源于各主体对项目实体的目标追求。为实现一定的目标，而互相协作结合的集体或团体称之为组织。工程项目管理组织有着区别于其他社会组织的特征：第一，它是依附于具体工程的建设活动而存在和消亡的；第二，它是由多个法人主体派出授权人员，通过相互协作而结成的一个或多个临时机构；第三，工程项目管理组织的主体对目标有着各自的解读和实施路径。

我们希望所有参与重大基础设施项目的关键主体（在本书中被称为上层主体和平台主体）对目标的追求（价值意义的主体性）都与产品本身的价值意义直接关联，换而言之我们必须找到基于产品物有所值的可量化绩效指标，并由此衍生出多元主体共治机制下的四项核心原则：①真正的风险分担；②明确的产出要求；③强调全寿命周期绩效，要求关键主体间纵向和横向集成；④基于政府——市场——权利人——公众等多元主体价值共创的绩效评价体系。

所以我们在总结 PPP 投融资模式下套嵌 EPC 工程总承包模式的治理体系的基础上重新设计了 PPP＋EPC 重大工程治理体系，包括一体化目标管理体系设计、法人治理体系设计和项目运作流程设计等。

PPP＋EPC 模式下的治理结构设计的原点——制衡。

第 5 章　PPP＋EPC 重大工程的深度融合技术

重大基础设施项目 PPP＋EPC 模式下由设计方主导建构一种多主体、多尺度、跨领域的技术深度融合的价值发生机制，主要体现在生产领域、行业交叉领域和消费领域三个方面，并且三方面相互交融促进，形成有机整体的制度性安排。

"设计—施工一体化"、对"顾客"的价值回归、关键主体的价值趋同这三个层级的技术融合依托于项目管理组织对多主体、多尺度、跨领域的复杂性分析、降解和结构化重构的技术，所以我们把重大基础设施项目在 PPP＋EPC 模式下的复杂性分析、降解和重构的技术称为第四层级的技术融合，本书称之为深度融合技术。

在本书，我们试图建立一个驾驭工程复杂性的适应性管理系统（指 PPP＋EPC 模式的综合集成管理系统），旨在不仅解决复杂性工程的建造问题，同时解决多功能复杂性公共产品价值实现问题。PPP＋EPC 项目综合集成管理平台作为管理工具，核心作用是把一个综合性的（也就是通常意义上被称为项目群）大型项目机构解构为一组相互联系的简单项目，并使项目之间的结构和逻辑清晰明了。

智能建造技术便是对综合集成管理平台的技术融合进行数字赋能，通过 BIM＋GIS 数据中心提供全空域泛在、全流程持续和全场景活动的信息，再利用数值仿真技术对数据所反映的复杂性问题进行降解与重构，实现信息的全智能解析，最后将服务集成作为智能建造模型与综合集成管理平台的纽带，实现信息的全价值叠加。传统的基础设施在"五全信息"的加持下升级为智能化的基础设施，价值链组织的生产效率和效益水平在数字赋能下也得以提高，共同构成了重大工程价值共创的管理平台。

第6章　总结与展望

最后，本书对全文内容进行分析总结。PPP＋EPC重大工程的价值共创旨在摆脱PPP模式的发展困境和公共产品的价值困境，从关注工程质量转向产品品质，重构重大基础设施工程的价值内涵。此时，价值创造不再局限于组织边界或工程边界内，各利益相关者跨组织边界形成复杂动态价值网络，各子项目在功能集成和设施集成下形成复杂工程项目群。为迎接多主体、多功能带来的复杂性挑战，本书利用复杂性结构化分析、复杂要素降解及重构等深度融合技术构建了一个适应性综合集成管理平台，形成管理协同、价值共创、多方共赢的平台生态圈。

本书所特别约定的PPP＋EPC模式期望实现PPP模式的本意回归——在政府引导下，设计方运用技术融合驱动多元主体价值共创，社会资本通过可持续运营获得合理投资回报，探索一条项目目标为导向、信息技术集成为基础、项目全生命周期内各利益相关方资源共享与实时互动为核心的可持续发展路径。

转向高质量发展，是新时代中国经济的鲜明特征。在城市基础设施建设领域，高质量发展一方面强调创新发展，主张构建多元化的示范和应用场景；另一方面强调技术融合，主张多元主体资源整合和管理协同。这也是本书的主旨。

希望本书能够把我们为重大复杂性基础设施工程管理中所做的努力和探索展现给读者朋友。

本书研究成果得到了广东省自然科学基金面上项目"价值共创视角下我国重大基础设施工程治理组态分析、情景模拟及策略研究（项目编号：2021A1515012649）"的资助和支持。本书的撰写得到了中国电建集团华东勘测设计研究院有限公司、华南理工大学的大力支持和资助，在此表示衷心感谢！

本书从构思到撰写，历经一年，期间得到了浙江华东工程咨询有限公司吕勇总经理、张强博士，华南理工大学苏成教授给予的帮助和支持，在这里还要感谢在撰写过程中提供素材并参与讨论的诸位朋友，金威、吴火军、李华威、曾建新、李琦、王江涛等，正是彼此的探讨和互动激发了我们对很多问题的深入思考。

感谢华南理工大学的同学们，黄玉翠、罗子嫒、具天浩、骆怡菲、黄棉、林华添、苏乐、杨海桢为本书的内容规划、文字校核和书稿整理等方面做了大量的工作，黄玉翠、林桂欣和吴思思同学还在书稿后期协助完成了全书的统稿工作，在此一并表示感谢。

感谢中国建筑工业出版社对本书的编辑出版给予的帮助。

限于水平，本书难免有不足和不确切之处，恳请读者朋友批评指正。

作者

2022年2月

目 录

第1章 绪 论

1.1 研究背景

中国作为世界上人口最多的国家，正在快速演进中的城镇化对于千百年来以"乡土"为传承的中华民族来说，既是伟大工程，更是伟大梦想。2021年10月14日国家主席习近平以视频方式出席第二届联合国全球可持续交通大会开幕式并发表主旨讲话。习近平总书记强调，小河有水大河满，大河无水小河干……要加强基础设施"硬联通"、制度规则"软联通"，促进陆、海、天、网"四位一体"互联互通。在他的思想中，所谓"水"是工程的价值意义，"大河"与"小河"关系是整体与局部、集体与个体利益兼顾的价值建构；"硬"与"软"不仅是物质化公共产品和非物质化建造能力之间相互联通、相互促进，更是公共设施作为基础性的公共产品在社会生产和居民生活中"紧密相连"，共同塑造了当代中国城乡社会文化模式和生活方式。

工程建设，特别是以基础设施为代表的重大工程必须回答好"多元主体利益如何兼顾？"和"公共产品价值如何创造？"这两方面问题。如果归结为一个问题，如何实现重大工程的价值共创？将重大工程建设由政府主导转向政府、企业、社会公众的多元主体共商共建共享共赢。由此必须突破政府和社会资本合作模式（即PPP模式）的发展瓶颈，挖掘重大工程的多元价值，并解决多主体、多功能带来的复杂性挑战。

1.1.1 新时期重大基础设施工程采用PPP模式的现实困境

（1）土地财政支撑的城市发展难以长久持续

自1993年我国实行分税制以来，地方政府实施经营城市策略，将城市土地出让资金作为城市重大基础设施建设的主要经济来源，土地财政由此被称为政府的"第二财政"。

据统计，2020年全国土地出让金为84142亿元，占全国财政收入的46%，占地方财政收入的84.03%。2001年全国土地出让金仅为1296亿元，20年来土地出让金总体增长了65倍，年均增长率约为24.57%。可见土地出让金成为地方财力的"主要来源"，短期内无法扭转。换而言之，土地财政对于我国城镇化建设功不可没。

根据北京中指信息技术研究院公布的数据，2021年全国300个城市土地出让金总额为5.62万亿元，同比2020年下滑9%，为近年来少见的负增长情形，这与过去一年楼市逆转、市场转向、集中供地制度的推出不无关系。数据显示全国超过百城卖地收入下滑，绝大多数都是三四线城市，而部分一二线城市仍旧创下历史新高。其中上海、杭州两市2021年卖地收入突破了3000亿元，突破1000亿元的城市达到12座

1

之多，可见全国并非同此凉热。

分析土地财政所面临问题至少有以下三方面：

一是土地改革的公平正义问题。无论是执政者还是理论界均应恪守一个基本的公平正义的问题，即土地改革无论如何改，必须维护农民土地基本权益。新修订的《中华人民共和国土地管理法》《中华人民共和国城市房地产管理法》自 2020 年 1 月 1 日起施行，两部法律做出相应修改，进一步保护农民土地权益，亦体现出对农民土地权利的尊重和保护。

二是土地资源可持续供给问题。2017 年国务院审议通过了《全国国土规划纲要（2016~2030 年）》，纲要重申要坚守 18 亿亩耕地的"红线"，提出 2020 年和 2030 年全国耕地保有量分别不低于 18.65 亿亩（1.24 亿 hm²）、18.25 亿亩（1.22 亿 hm²）。耕地保护涉及国家全局性的安全战略，因此城市发展中的建设用地供应不可能无限制地满足。

三是城市自身蔓延的大城市病问题。以土地为核心资源、以新的空间生产谋取最大土地效益和空间效益为宗旨的新城市空间生产模式，不断地拉高土地和房产价格。并且迅速"蔓延"的城市规模，使得交通拥挤、住房紧张、供水不足、能源短缺、环境污染、秩序混乱等大城市病日益突出，人们距离"诗意栖居"的美好向往越来越遥远。

（2）PPP 局限于融资工具推高地方债务

随着中国经济的飞速发展和城镇化的持续推进，国民对基础设施的需求也日益增长。基础设施作为社会公共服务系统，长期以来以投资主体单一，直接导致其投资总量明显不足和地方政府债务高企两方面的困境，急需引入社会资本优化投资结构。因此，2014 年从中央到地方出台一系列政策大力推广 PPP（Public-Private Partnership）模式，旨在鼓励社会资本与政府合作，积极参与基础设施项目，以减轻政府财政压力和融资风险。由此，PPP 项目在我国重大基础设施建设领域的应用越来越广泛，特别是为应对 2008 年金融危机和经济下行压力，国家持续加大对基础设施的投资力度，以扩大内需和促进供给侧结构性改革。在此背景下，PPP 模式实现了基础设施投资总量的增加，地方财政资金短期紧缺得到缓解，PPP 模式应用呈现蓬勃发展的景象。

但是从近几年 PPP 项目管理库的数据来看，在使用者付费、政府付费和可行性缺口补助这三种主要的回报机制中，政府付费和可行性缺口补助类项目的占比过大且呈上升趋势。政府需要将此类债务纳入到自身财务预算中，导致项目投资、建设和运营风险实际上主要由政府兜底，地方财务负担不降反增，大量不具备条件的 PPP 项目被集中退库。2019 年财政部发文表明需要严格控制 PPP 项目的投资、建设和运营成本，没有建立长期有效付费机制且运营性不足的项目难以入库，对政府财政支出责任超过 10% 的地区严禁新项目入库。总之，考虑到 PPP 项目的投资回收周期长、项目盈利能力不确定因素多，目前的 PPP 项目不仅没有从根本上改善地方政府的财务状况，甚至直接退化为新的更大规模的地方债务，成为目前 PPP 模式亟须解决的根本性问题。

（3）国有企业利用 PPP 工具扩张工程业务的反噬问题

我国参与 PPP 项目投资的社会资本方主要是国有企业，尤其是重大基础设施投资项目的参与主体主要是各地大型重点国有企业及中央企业。有学者指出中央企业及地方大型国有企业通过 PPP 模式参与重大基础设施项目，迅速扩张地盘形成新的垄断，对社会资本尤其是民营资本产生挤出效应，使得中国式 PPP 模式不是撬动反而是阻碍了民间投资，是"异化"的中国式 PPP 模式，事实上拖延了我国基础设施及公共服务领域的投融资体制深化改革（李开孟，2018，来源于《开孟观察》）。笔者认为造成 PPP 项目私有资本（民营资本）参与度过低的更深层次原因在于基础设施产品本身"低收益"的现实。

国有企业，特别是以"建造"为主营业务的大型国有施工企业，利用 PPP 工具承揽工程施工业务，其本身就是"动机不纯"。如果不从公共产品或准公共产品本身品质上解决根本性"物有所值"的问题，将大概率地"陷入回报困境"。对于低劣品质的公共产品，建成即债务。低品质造成的不良债务或者由地方政府背负（前点所述推高地方债务），或者由企业背负（项目使用者付费收入不足），构成了"反噬"现象。

1.1.2　社会转型期城市公共产品的价值失范

PPP 作为引入我国城市基础设施建设投资的一种方式，投资本身对产品品质（所谓品质是一种广义的质量含义，包含产品本身的建造质量和基于使用者付费的价值意图，并且从投资者角度更倾向于后者）的追求即为"物有所值"。

美国科学史家托马斯·库恩（Thomas Samuel Kuhn）在《科学革命的结构》中提出"范式"（paradigm）的概念，并认为："思想和科学的进步是由新范式代替旧范式所构成的，当旧的范式变得日益不能解释新的或新发现的事实时，能用更加令人满意的方法来说明那些史实的范式就取代了它。"借用此概念，我们可以把社会转型理解为范式的转换。产品（包括公共产品、准公共产品、商品等）应具有"为人性""属人性"的本质特征，满足人类需求。人类需求大致上可以分为生物需求、社会需求和精神需求，与这三种需求相适应，人类活动可以由经济生产、社会交往和精神文化等实践活动来满足这些需求。当城市基础设施作为服务于最一般、最广泛的城市群体的公共产品脱离人的需求时，从科学之理性角度上评价即为"价值失范"。

（1）社会转型背景下公共产品价值失范

就城建发展历史局限性所造成的公共产品的总量供应不足、功能配置不完善等客观因素，和城市管理者在公共空间生产中的非理性的主观因素，我们可以大略地归纳出以下几类"价值失范"的典型样本。

1）单一功能下的城市公共生活内容空泛

城市公共产品在经过理性规划设计时，具体使用者被抽象为功能性人（或抽象人），人的个性和具体需求被"简化"，由此造成单一功能下的城市公共生活内容空泛。例如，某道路因为"治堵"而采取拓宽、隔离、限行等措施，似乎"对症下药"但忽视了一个前提——该道路的功能定位与城市生活内容深度关联的问题。如果仅仅强化道路的"交通"而忽视"服务"，道路与城市生活无关，反而使得道路沿线区块中人的活动和行为被割裂。例如合肥市长江路，它始建于清嘉庆年间，其代表的商业繁荣曾被称为"安徽第一路"。在 2014 年以后历经多次改造、拓宽、隔离，非机动车道和步行空间被大幅度压减，道路两侧区块功能联系显著减弱，多处路段的城市活力明显下降。

2）追求"宏大叙事"下的空间尺度失常

城市公共空间，特别是城市广场、公园和街道等外部开放空间，在片面追求"鸟瞰"效果和"形式主题"下脱离实际功能需求，宽马路、大广场成为一道道"城市奇观"。2004 年 10 月山东枣庄建成 12 车道的光明大道，道路横断路幅最宽处达到了惊人的 102m；城市常住人口不足 70 万的江西信丰县在 2020 年新建的高铁新城广场占地面积超过了 10 万 m^2，已经远远脱离一座三等高铁车站对站前广场"集散"的功能需求……尺度异常的公共产品脱离人的实际需求和活动属性，成为展示品、炫耀品，不仅造成建设投入的巨大浪费，甚至后期运营收入无法支撑其自身的运行维护投入，沦为"不良资产"。

3）"为人性""属人性"的失判

城市公共产品的"为人性""属人性"应当映射于生活在特定城市环境中最一般、最广泛的城市群体，是体现公共产品公共精神的出发点和归宿点。公共产品及由公共产品所承载的公共空间是城市社会物质纽带，是建立基本公共价值观念、强化社会交往和群体认知的主要平台，脱离最一般、最广泛的城市群体将导致公共产品的"为人性""属人性"的失判。与之相反，公共产品对"为人性""属人性"的价值回归应当根植于城市群体的"日常生活"。

以高铁站为例，车站区位的变化直接影响市民总体的交通方式：位于建成区时，车站高昂的长时间停车费用将抑制自驾出行方式，诱导城市群体采用便捷的公共交通方式，进而促进与公共交通出行方式紧密关联的沿线小商业发展；当车站区位远离建成区时，自驾到达车站成为一种很难被替代的出行方式，如果仍沿用较高的长时间停车收费方式，周边农村闲置地将成为一种更为廉价的"停车场"，并且与之"配套"的接送服务成为周边农民的自发商业行为。可见，功能与需求呈现出互动的双向循环关系，城市公共产品只有分析城市和人口的系统结构（空间维度），顺应其持续发展趋势（时间维度），才能引导城市公共产品从需求到功能的持续创新。

再如国内城市比较普遍的"城中村"问题，不少当政者和学者视为"城市毒瘤"，这样的评价显失"客观"。不可否认"城中村"存在着大量的诸如违建、环境、消防和治安等突出问题，有些问题在现有的法律体系还不能被承认。但是它"本身无害"，从城市"日常生活"的正常运行角度上看，它不但无害还有正面贡献。所谓城中村承载着这个城市运行中不能缺失的"低收入劳动群体"所赖以生存的空间，如果视为"毒瘤"将之铲除，城市的运行成本将大幅度增加。我们是否有能力承担这样的成本增加，这是一个严峻的现实问题。当我们从"属人性""为人性"角度设计公共产品时，特别是从事城市有机更新类项目设计时，所要关注的不仅是"历史文化遗存"的保护，同样需要保护的还有生活在具体区块内的"城市群体"。办法绝不是以"一拆了之"的驱赶方式获取"土地"，而是通过群体"日常生活"的研究，在公共产品的生产过程中把特定区块内的城市群体（包括低收入外来务工群体）纳入合法、合规的框架之中，在他们付出辛勤劳动赚取报酬的同时为社会提供服务，共同缔造公共产品的"价值的意义"。这也是本书所倡导的公共产品"价值共创"的逻辑。

（2）消费语境下公共产品价值失范

经济体制改革以来，中国社会在经济领域（物质生活层面）和价值领域（精神生活层面）的变化令人瞩目，并且经济生活的改善深刻影响着人们在精神上的价值观念。在城市空间布局上，多数城市实现了从生产中心到消费中心的城市职能转型，而消费成为城市发展中的重要经济支撑。

城市基础设施项目作为公共产品同样可以被消费。一部分公共产品消费是显性且强制的，比如城市供水、供电、供暖等，这些领域往往与基础民生密切相关；一部分公共产品消费是显性非强制的，比如公交、地铁、机场、医院、学校等，这些领域同样关系基础民生；还有一部分公共产品消费是隐性的，比如道路、桥梁、广场、绿地等，这些领域并不直接向使用者收取费用，而是通过财税政策纳入公共开支。显性收费的公共产品多数仍然需要由地方财政填补"自营缺口"，但是消费行为本身可量化，由此可直接构成产品品质的显性评价指标，例如客流、接待人次等。但是，隐性公共产品天然缺失量化评价指标。一条轨道交通投产运营后，可以从显性客流指标做出分析和评价，特别是当客流实测值与预期值出现较大偏离时，将直接影响后续项目的规划工作，即可构成后验评价。但是，一个城市广场或者绿地开放运营后，很少有人评价它是否被预期使用。从消费角度分析，隐性消费的公共产品规划决策不是先验能力不足，而是最基本的后验缺失。这是造成城市基础设施产品使用率低下，品质低劣的一个重要原因。

消费语境下，公共产品还存在另一类价值失范的情形——被商业资本裹挟：

1）基于消费群体的排他设计，公共空间公共属性被侵蚀

在公共产品规划、设计之初，即对潜在消费群体进行先验识别和区分。基于公共空间紧密关联的潜在消费者及群体的需求设定公共空间的具体形式，直接导致公共产品丧失非竞争性和非排他性。例如过街天桥、地铁出入口与地块商业建筑紧密联系的同时，忽视非消费群体便捷通达的需求，强制引流进入商业设施内部。

2）情景植入式体验消费，公共空间沦为商业附庸

空间消费推动了体验经济的发展。为迎合某一类物质消费（本质上是迎合资本意志），在公共产品设计时设计方通过具体空间带来的感官刺激、情感体验完成城市设计与建筑设计从功能到实用的深度融合，创造符合资本价值意图的空间形式与情境表达，使得外部公共空间与具体商业建筑融为一体，开放空间沦为商业的附庸。

3）以空间符合化为特征的公共空间精神污染

空间本身具有满足人们物质使用和精神愉悦的双重价值。在消费语境下，产品的物质功能不再是消费者选择的唯一因素。城市公共空间的外在形象、场所内涵和象征意义作为空间符号同样可以成为消费的主要对象。在资本意志的主导下，在公共空间的商业化过程中，为提高特定商业体的吸引力和利润，最为常见的方法是让空间符号意义"主题化"——附加上更多的"心理原料"。按照空间符号的主题化手法，如公共空间的场景再现、媒体化表皮以及虚拟影像技术等，按照时空压缩的规律，在有限的空间通过功能业态的混合、不同时间段的主题切换、空间流线的组织与延伸，形成物质消费与符号消费的相互转化和促进。

对公共空间做符号化处理形成商业价值无疑是"高明之举"，但需要防范的是公共空间的精神污染，例如大众娱乐中的庸俗化，宣扬享乐主义、奢靡之风，以及追求精神刺激的媚俗、虚无、荒诞、暴力、叛逆等。公共产品的公共空间符号化处理并不排斥人们对个性和品位的追求，迎合大众日益多元化和个性化的消费需求是公共产品多功能关联开发的重要手段，但是应契合地域文化、风俗习惯和社会主义核心价值观。

1.1.3 "十四五"规划的"新基建"将重塑公共产品的价值意义

2020 年，国务院李克强总理在《政府工作报告》中首次提出基础设施领域的"两新一重"概念，要求加大新型基础设施、新型城镇化以及交通、能源、水利等重大工程的建设。在"两新一重"中，基于 5G、物联网、云计算、大数据、人工智能等新一代信息技术的"新基建"备受关注。2021 年作为"十四五"开局之年，聚焦"两新一重"和短板弱项，一批批重大项目竞相上马，一系列重磅政策正酝酿出炉，新一轮扩大投资，拉动经济增长的建设蓝图已跃然纸上。

（1）新基建不是简单的投资拉动经济增长

新基建绝不是简单的投资拉动经济增长。从具体工程形态上理解，新基建应包含"数字基础设施化"和"基础设施数字化"两方面含义，既包括云（物联网云平台）、管（有线/无线通信方式）、边（边缘计算/网络切片）、端（智能传感/智能终端）等数字经济底层基础，也包含了铁路、公路、城市基础设施等传统基础设施的数字化改造和升级。

（2）新基建的价值意义

"数字基础设施化"可以理解为数字工程，是承载数字经济的硬件设施。当数字工程与其他任何一个产业结合，它又具有了颠覆性功能，即为融合工程。当传统基础设施工程结合数字工程——"基础设施数字化"这种颠覆性的效率提升已经逐渐成为现实生活的一部分。例如利用大数据和云计算处理交通治堵的技术应用可以称之为"智能交通"。杭州市在 2006 年就开始着手搭建这样的数据管理中心，并成为智慧城市的先导。与之相类似，数字工程与城市排水、内河治理相结合称为"智慧水务"，与城市综合管理相结合称为"数字城管"……数字工程通过与其他行业相融合，所呈现的结果是该行业的整体服务水平、管理能力的大幅度提升，因此新基建的建设本身已经具有深远的价值意义。

新基建广阔前景得益于"基础设施数字化"能力的构建，概括起来五个方面：一是全空域泛在的信息；二是全流程持续的信息；三是全场景活动的信息；四是全智能分析的信息；五是全价值叠加的信息。基础设施建设领域"五全信息"加持，行业内资源配置得以优化，管理能力得以提升，行业整体生产效率和效益水平得以提高。

更为重要的是，新基建的价值意义还远不止于此。新基建之新不仅体现于建设行业的建造能力提升，更在于它作为公共产品在新时期社会经济领域的积极意义，主要包括惠及基础民生、稳定经济增长、补齐经济发展短板、调节经济结构和促进全社会创新等社会经济领域的各个方面。从更深层次上看，新基建作为全新的公共产品将深刻改变并塑造全社会的文化模式和生活方式。

（3）新基建将深刻改变群体文化模式和个体生活方式

浙江省在 2018 年首次提出建设未来社区的概念，它是新型基础设施建设在城市微观单元上的综合实践（社区级公共产品价值意义的整体解决方案），深刻改变着群体文化模式和个体生活方式，并重塑公共产品价值意义。

未来社区是以满足人民美好生活向往为根本目的的人民社区，是围绕社区全生活链服务需求，以人本化、生态化、数字化为价值导向，以未来邻里、未来教育、未来健康、未来创业、未来建筑、未来交通、未来能源、未来物业和未来治理 9 大场景创新为引领的新型城市功能单元。未来社区在全面数字化的基础上，通过互联网与物联网技术串联人、物和事的全要素，以物联网、AI 人工智能、VR/AR 等新兴技术为手段，数据激活智能，变革未来社区的生产、生活、服务和治理等方面，构建生活新体验、服务新模式、治理新模式、产业新方式的未来城市新单元，树立科技服务人文、人文引领科技的典范。

未来社区是城市微单元，也是未来社会微型单元，它承载着人民对美好生活的共同愿景。

未来社区的建造已经显著地从工程建造向产品营造的行业领域跨越。无论是一般基础设施建设，或是新型基础设施建设，当我们把目光从建造转向营造，从关注工程质量转向产品品质之时，就必须提升我们的建设能力，以迎接更为复杂的工程建设挑战。

1.1.4 重大基础设施工程的复杂性挑战

几乎所有的重大基础设施工程都具有复杂性特征，许多项目管理学者已经把项目视为一个具有复杂性特征的巨型系统，按照系统的方式开展项目建设管理研究。若是把 PPP＋EPC 模式下的重大基础设施项目看作一个巨系统，至少可以把这个系统划分为两个层次：第一层次是作为工程建造活动的项目管理系统；第二层次是作为公共产品，相比建造活动更漫长的产品价值创造的运行系统。无论是建造系统还是运行系统，重大基础设施工程构成复杂性的因素应同时包含组织复杂性、技术复杂性和环境复杂性三大要素。

（1）重大基础设施工程构成复杂性的要素

从项目构成主体的角度上看，重大基础设施工程的建造系统（第一层次）与以价值共创为目标的公共产品运行系统（第二层次）的实施主体是基本一致的，即参与重大基础设施 PPP 项目的社会投资人（或联合体）贯穿始终。但是从阶段性上考察又有明显的差异，"建造系统"项目主体是由地方政府和社会投资人联合授权下的项目实施机构（如 PPP 项目公司、EPC 工程总承包方），而"运行系统"项目主体是项目运行机构（如运营养护公司或者经过职能转变后的项目公司）。如果把项目的建造与运营放在充满错综复杂的真实世界中，构成项目的实施主体、利益相关者和上下游供应链的主体共同作用，形成一个多元化的复杂性系统。我们把组织（主体）要素相互协作、相互制约的关系称为组织复杂性。

从组织复杂性角度考察项目系统中多元主体对于预期目标的追求，以及由此引发的协调、控制、制衡等具体管理行为，重大基础设施工程系统是一个复杂的适应性系统，系统本身具有主观性特征。

从项目实现过程的角度上看，重大基础设施工程的建造和运行都具有明确的目标（预期价值），达成目标的路径依靠相关科学知识和技术手段的应用。工程不是定型化批量生产的工业产品，项目产出物总是一种全新的产出物，它需要使用多种相互依赖的问题的解决方法，我们把这种关系称为技术复杂性。

技术复杂性的特征主要包括：第一，先验条件下的技术决策，以及不可逆转的单向演进；第二，需要通过项目构成其他要素（组织、环境）定义项目技术复杂性，而不完全依赖于技术复杂性本身。

从项目系统运行的条件上看，重大基础设施项目对所处环境有着可测量影响程度动态变化的条件敏感性，这些条件包括初始条件、边界条件。我们把项目系统运行的外部条件以及系统对外部条件的依赖关系称为环境复杂性。

环境复杂性除了本身构成要素的复杂关系外，同时受制于主体对外部条件认知深度的不确定性，存在以下四种情况：①知我所知；②知我所未知；③未知之已知；④未知之所未知。

（2）由复杂性引发的工程建造问题

项目实施过程中，实施主体需要在一个相对较短的时间内做出能够保障工程全生命周期内一系列预期目标实现的复杂性决策。

在重大基础设施工程建造过程中由复杂性引发的最为显著的决策困境是：参与主体众多且需求各不相同；工程规模大，多功能复合并相互耦合；工程建造周期漫长，设计和建造过程采用更迭式分期、分阶段的设计和建造过程；工程外部环境（包括自然环境、社会环境、市场环境等）复杂多变并具有动态演化不确定性和主体认知不确定性，并且相互作用与演化。

如此复杂性条件下所做出的复杂性决策，"即时性"与"有效性"是对项目实施主体的建造管理能力的重大挑战。

（3）由复杂性引发的产品品质问题

产品品质是具有质量属性的综合评价指标。第一，工程产出物作为物质性产品的质量，比如功能、结构、安全和审美等，以满足产品使用者（对于基础设施项目使用者即公众）需求为前提。第二，基础设施项目在 PPP＋EPC 模式情景之下构成多功能复合的准公共产品，其功能应与使用者的需求保持对应关系，同时兼顾投资主体的价值意图。第三，物质化的公共产品以及由产品构成的公共空间所展现的功能和提供的服务，在时间跨度与空间广度上表现情景适应性。尽管我们在 PPP＋EPC 项目价值共创中强调产品在应用情景（运行工况）下所应具有的适应性（或弹性），但是这种可变动的适应总是有限的。或许对品质的无限追求无法达成，但应对最极端或最负面场景（如极端灾害天气、设施设备故障、火灾或者突发社会治安事件等）是产品品质保障的另一面，即品质有下限而无上限。

1.2 研究现状

1.2.1 PPP＋EPC 模式的研究现状

PPP＋EPC 模式是在同时运用 PPP、EPC 两种模式的基础之上，取其所长补其所短，并使之融合发展的模式创新。

（1）EPC 研究现状综述

EPC 工程总承包模式（Engineering，Procurement and Construction，简称 EPC）以其简约的协议关系、可交叉性的工作项目、统一的组织管理方式等优势，成为工程项目管理的主流模式之一，并日趋专一化、全球化。自"一带一路"倡议的提出和建筑业"走出去"战略的推进，EPC 总承包模式成为国内工程建设组织模式发展的一个主要方向和工程总承包领域研究的热点主题之一。

EPC 模式最早出现于 20 世纪 60 年代西方私人业主参与投资工业和民用大型建筑项目中。一方面，由于技术更新周期缩短和市场竞争压力增大，业主对项目关注的重点从传统的成本、质量、时间顺序变为时间、质量、成本顺序；另一方面，业主投资的目的是获得预期的投资效益，由于业主更加关注项目的运营，在工程施工过程中希望让承包商来承担绝大部分的风险，承包商的投标价格都是固定价格。因此在工程实践中逐渐出现了 EPC 工程总承包模式。

相对于发达国家，我国正式开始使用 EPC 模式的时间较晚，建设部于 2003 年 2 月 13 日颁布了《关于培育发展工程总承包和工程项目管理企业的指导意见》（建市〔2003〕30 号），在该指导意见中建设部明确将 EPC 总承包模式作为一种主要的总承包模式予以政策性推广。自 2014 年开始，住房和城乡建设部逐步开展工程总承包试点工作，并于次年 5 月发布了《关于进一步推进工程总承包发展的若干意见》（建市〔2016〕93 号），要求全国各级主管部门加强工程总承包制度的推进工作。

研究者们对 EPC 模式的研究主要集中在法律、风险和总承包商三个方面。在法律法规方面，研究者们关注到我国由于长期处于设计与施工分离模式，导致建筑从业人员的固化思维与 EPC 模式不匹配，部分法律法规在建筑市场主体、适用性等方面制约了 EPC 模式的发展，以及我国缺少 EPC 模式高位阶的法律法规。在项目风险方面，研究者们普遍认为总承包项目面临的风险比其他承包方式更大，提出应当特别关注融资风险管理问题。在 EPC 总承包商方面，存在项目管理水平不足、组织和服务功能不完善、总承包管理人才稀缺、法律法规学习不重视等问题，使得我国在 EPC 模式的项目管理水平上与行业预期存在较大差距。

在建筑业被纳入营改增的试点范围后，研究者们开始关注"营改增"对企业的税务筹划、税务管控和报价体系的影响。在国家大力推广装配式建筑后，研究者们开始探讨 EPC 模式推动装配式建筑向高度组织化、流程系统化等方向发展的可行性，以实现管理一体化与技术一体化的融合，促进全产业链的资源整合。随着装配式建筑与 BIM 技术的深度融合，研究者们利用 BIM 技术将 EPC 模式与装配式建筑质量管理、成本控制和各方协同管理结合，探索数字化集成管理。

但是考虑到 EPC 模式下总承包商承担项目建设的大部分任务和风险，且多应用于技术难度高和工程体量大的基础设施工程，有效识别和控制风险成为 EPC 管理模式的关键和前提，大量研究者认为总承包商需要在控制合同、设计、采购、施工等内部风险的同时，防范政治、经济、自然、社会等外部环境变化带来的风险。除此之外，由于 EPC 模式具有设计采购施工一体化和合同关系单一的优势，部分研究者通过优化组织结构和管理流程来提高沟通协调的运作效率，以此降低管理成本；部分研究者则认为应该充分发挥 EPC 模式设计主导的作用，通过各阶段的合理交叉和设计方案的动态优化，降低工程造价并缩短建设工期。

综上，多数学者仅从企业管理和项目管理的角度出发，通过降低项目的交易成本来实现价值增值，只有少数研究者立足于总承包商的持续发展和能力塑造。在 EPC 模式日趋成熟的形势下，总承包商需要立足于产业链整体，通过自身努力来提升其在全价值链中横向与纵向资源整合的核心竞争力，以应对国内外 EPC 市场的机遇与挑战。

（2）PPP 模式研究现状综述

PPP 模式在我国已经发展了三十多年，复旦大学国际关系与公共事务学院陈志敏教授曾根据理论和现实背景将 PPP 模式在我国的发展分为探索、试点、推广、调整、规制五个阶段。在这期间出现了很多 PPP 模式成功运行的经典案例，如 1984 年我国以公私合作的方式建设的深圳沙头角 B 电厂、1995 年开工的泉州刺桐大桥、2013 年重庆涪陵至丰都高速公路、2020 年北京市通州区碧水污水处理厂等。研究者们通过对比北京地铁四号线以及伦敦地铁 PPP 项目成功的案例，从 PPP 模式的起源、内涵、功能及作用来探究 PPP 模式在我国城市基础设施中的运用问题。对保障性住房 PPP 项目进行风险分配机制研究，提出充分利用公共部门和私人部门之间利益的博弈来分配双方的风险。分析 PPP 模式应用在公益性基础设施建设中存在运营效率过低、产权划分不清晰、政府职能不够明确等问题。

我国大力支持PPP模式正是因为PPP模式在公共服务领域，尤其是基础设施建设上有独特的优势。研究者们归纳总结了PPP模式的重要优势是缓解财政支出压力，提高公共服务的质量和效率，促进社会经济的发展，同时可以促进政府职能转变，对形成以公共利益为核心的物有所值的观念有重要作用。除此之外，PPP模式的应用还促进了民间社会资本的发展，为民间资本的发展创造市场空间，让其在市场体系中更好地发挥自身的优势。

同时，我们也要看到目前PPP模式在国内建筑市场中所显现的一系列弊端，如责任分担不合理增加了地方政府的隐形债务风险，政企双方基于先验的谈判、协商等，双方在风险决策过程中由于深度不确定性导致的低质量决策。因此风险管理成为PPP模式一大研究热点，研究者们基于全生命周期分析了基础设施PPP项目决策阶段、准备阶段、实施阶段和运营阶段在经济、社会和环境三个方面存在的风险。随后，研究者们在充分认识项目所面临风险的基础上，将各类风险发生的概率和影响进行量化，评估PPP项目风险中的关键因素。最后，研究者从博弈论的角度出发，考虑谈判地位、信息对称性、信任程度、风险类型和项目参与程度等方面的影响，建立PPP项目共担风险的最优分担比例。对政府而言，使用PPP模式不能把所有风险都转移给社会资本方，因为投资人对未知的风险会报高价；对投资方而言，要考虑自身承受能力及项目现金流，不能为获得高额利润而承担高风险。在PPP项目中需要坚持风险收益对等、有效控制风险、风险管理成本最低等原则。

政府方之所以采用PPP模式引入社会资本，在于减轻财政压力和提高项目管理效率，因此政府方采用激励机制来充分调动社会资本方的参与积极性，利用前期投资决策的经济可行性、物有所值评价、财务承受能力论证来选择具有优质资源和优秀管理团队的社会资本方，最后通过过程监管和结果监管来保证项目的运作效率。而社会资本方参与PPP项目的目的在于通过建设运营获取高于其他项目的收益，或是通过与政府的长期合作获得更长远的经济利益，因此社会资本方主要通过制定合理的收益模式与收费模式来保障其合理收益。在研究项目中各方利益分配的问题时，研究者们从风险分配的原则入手，结合PPP项目中最优控制权以及产品的社会化程度决定利益分配系数，项目的收益能力决定了资本的回报方式及稳定性，是PPP项目运作成功的关键。PPP模式在实践中，工程投资组成通常由"建设费用"和"投资回报费用"两部分组成，前者沿袭传统建安定价机制，而后者以前者为基数构成投资回报，事实造成地方政府"超前消费"的情况。由此，社会资本对后者缺乏盈利想象空间，更多地着眼于借PPP工具承揽工程业务，最终导致地方债务负担不降反增，公共产品运营阶段的盈利能力缺失，PPP项目走向整体失败。

目前政府与社会资本方都亟须探索开发性PPP模式下自身技术创新行为和提升社会效益行为的自我造血、良性发展之路，综合考虑政府和社会资本的经济—社会双重利益，落实到将优秀管理团队引入PPP项目，以提高管理效率的优势并实现综合效益最大化，将是该模式未来研究的发展方向。

(3) PPP+EPC 模式研究现状综述

为解决 PPP 项目工程造价高、投资回报率低和依赖政府补贴的单一模式，贵州高速公路等成功案例创造性地提出"BOT+EPC""BOT+EPC+政府补助"等复合型 PPP 模式，推动了 PPP+EPC 模式在高速公路领域的改革与创新。

1）PPP+EPC 模式下的风险管理研究

PPP+EPC 模式并不是 PPP 模式和 EPC 模式的简单相加，两种模式融合后的风险管控与风险分担对于 PPP+EPC 模式下基础设施建设的顺利实施至关重要。识别、确认并分类风险是风险管理的基础，PPP+EPC 模式下的社会资本不仅要面临多属性项目管理者身份带来的项目全生命周期的风险，如融资风险、设计管理风险、采购管理风险、建设管理风险和运营管理风险，还要承担项目本身因建设规模大、系统复杂和项目生命周期长带来的其他不确定性，如政府及政策法规风险、市场收益风险、经济风险和不可抗力风险。并且由于 PPP+EPC 模式的不成熟，模式本身还会带来合同风险、审计风险、超投风险和政府信用风险。可见 PPP+EPC 模式下基础设施的风险贯穿项目全生命周期且风险因素复杂多变，因此研究者们利用蒙特卡洛法、模糊综合评价法、灰色关联度法等对识别的风险因素进行评估，做到定性与定量分析相结合，更直观地描述项目风险水平；有研究者在此基础上结合风险偏好分析和不完全信息下多元主体博弈模型分析政府部门、总承包商和金融机构三方的风险分配方案，以及利用博弈论中的委托代理理论确定总承包方和分包商之间的风险分担比例。

2）PPP+EPC 模式下的项目管理研究

在项目管理中组织管理是核心，加强组织建设与管理有利于实现项目目标和提升项目绩效。PPP+EPC 模式下基础设施项目运用传统组织结构已经无法适应新的组织机制，因此，研究者们对 PPP+EPC 模式下的组织特征、组织设计和组织运行展开分析。陈沛构建了包含组织关系、组织能力、组织结构、组织文化和组织环境五个维度的组织特征框架，并分析了这五种组织特征对过程绩效、质量绩效、创新与学习绩效和利益相关者绩效的影响路径，明确了 PPP+EPC 项目组织的大多数特征对项目绩效都有着直接、积极的影响。罗潇姝则通过分析 PPP+EPC 模式下的组织需求，构建了工作专业化与职能化、组织跨度、组织层级、集权与分权和信息流动五大组织结构设计要素，为 PPP+EPC 模式下高速公路项目的组织结构设计提供了思路。陈洋将组织运作划分为市场化组织模式、科层组织模式和市场—科层混合组织模式，结合交易成本理论建立了组织模式的评价指标体系，最后运用网络层次分析法对实际案例展开分析。

部分学者从项目管理目标出发，对 PPP+EPC 模式下基础设施项目质量和成本的控制展开研究。王佩茜认为总承包商作为项目的直接实施者，其质量行为直接影响项目的实体质量和运营效益，因此她从股权比例、特许经营期等显性激励和质量能力、质量关系协调等隐形激励，建立了"BOT+EPC"高速公路项目总承包商质量行为评价体系。其余研究者则主要从成本管理角度出发，高靖翔从宏观控制层面和微观操作层面对成本管理的目标、制度文件和管理内容进行了定量分析，朱莲红从成本预测和预控的角度对影响成本的主要因素及其关联进行了定性分析，并建立系统动力学模型对项目的运营过程进行模拟，以得到项目成本控制的对策。社会资本不仅要对工程项目的质量、成本和进度负责，还需要统筹设计、采购和施工全过程来促进项目增值，因此也有部分学者对采购策略的优化、发挥设计单位的主导作用和施工管理创效实践展开研究。

3）PPP＋EPC 模式下运营模式研究

过低的投资回报率难以吸引社会资本，不利于其发挥主观能动性，而过高的回报率又难以缓解政府的财政负担，投资回报率高低的核心在于项目的价值构建和高效的回报机制，因此充分挖掘项目自身盈利点以增强项目造血机制才是 PPP 项目的可持续发展之路。一些研究者进行了多种 PPP 模式的尝试，其中 PPP＋EPC 模式在贵州、重庆多地进行了探索性应用，并且获得了显著的社会、经济效益。"PPP＋股权合作＋EPC"模式通过社会资本控股和政府指定平台参股的方式，让双方根据出资比例划分对应权益，有助于提高商务谈判话语权，降低投资风险；"PPP＋EPC＋项目打捆"模式通过将盈利性较好和较差的项目打包捆绑，既吸引了社会资本，又带动了经济欠发达地区的基础设施建设；"PPP＋EPC＋运营期政府补贴"模式为了帮助收益性较差和投资风险大的项目吸引投资者，由政府给予一定补贴，收益超过预期时，政府可收回超额收益，确保了社会资本方投资收益的稳定性。

目前 PPP＋EPC 领域的研究集中度不高，分散在风险管理、组织管理、目标管理和投资回报，未形成理论体系。并且从文献发表的机构分布上分析，开展研究的企业数量远多于高校。企业的研究方向更偏向于工程实践，高校的理论研究则集中于风险管理，两者之间缺少交流合作，导致企业研究缺少一定的理论深度，高校研究内容过于单一，理论模型缺乏广泛的工程运用和实践检验。研究对象同样局限于单纯的模式研究和单一项目应用研究，未能深入研究 PPP 模式与 EPC 模式的融合性和 PPP＋EPC 模式对基础设施项目的可开发性。在相当长的一段时期内社会对基础设施项目仍将保持旺盛的需求，而以土地为主要来源的地方财政难以持续支撑，传统 PPP 模式在优化资源配置，提高项目运营收益等方面亟待提升能力，以及新基建背景下基础设施在生产、生活、服务和治理等方面的融合与创新将带来的更为严峻复杂性挑战，因此 PPP＋EPC 模式的未来研究亟需在资源整合、协同治理和项目价值共创等交叉领域的融合发展方面取得突破。

1.2.2 城市公共产品价值意义的研究现状

本书所特别约定的 PPP＋EPC 模式下，政府部门应授予项目设计单位在微观层面的规划自主权，作出这样的制度性安排主要是在具体项目建设活动中，PPP＋EPC 建设运营组织在详细规划框架下通过城市设计后置辅助控规的方式，实现多功能公共产品价值意义和合建产品价值共创的目标。微观层面规划自主权既包含微观单元城市设计内容，同时也包含与制度性控规指标体系衔接和增益性修改的内容。

（1）城市设计在城市规划体系中的现有制度安排

2021 年末，我国常住人口城镇化率超过 63.89％，城镇成为承载人口和高质量发展的主要载体。我国城市规划建设管理在改善基础设施和公共服务水平、促进社会发展和增进民生福祉等方面发挥了重要作用，但是还存在城市建筑特色与文化传承缺失、盲目追求规模扩张、公共产品和服务供给不足等突出问题。

这些突出问题与我国现有城乡规划体系对城市设计工作的地位、作用及实施路径长期缺失，和高位阶法规支撑不足直接有关。2006 年实施的《城市规划编制办法》修订版中取消了有关城市设计的规定，2008 年实施的《中华人民共和国城乡规划法》中没有关于城市设计的明确内容，2016 年中共中央国务院《关于进一步加强城市规划建设管理工作的若干意见》（以下称《意见》）提出"城市设计是落实城市规划、指导建筑设计、塑造城市特色风貌的有效手段"，肯定了城市设计在规划编制中的重要作用。

2017 年住房和城乡建设部发布的《城市设计管理办法》（以下称《办法》）弥补了城市设计制度文件的空白，摆脱了编制成果无效力、实施途径不明确、后期监管无保障的困境。《办法》从制度层面确定了城市设计的概念，并提出了城市设计的原则，即"尊重城市发展规律，坚持以人为本，保护自然环境，传承历史文化，塑造城市特色，优化城市形态，节约集约用地，创造宜居公共空间"，这与《意见》中规划基本原则一脉相承。同时还明确了城市设计分为总体城市设计和重点城市设计，制定了对应的编制内容和报批程序，并提出将专家与公众意见纳入规划设计。

对于城市设计与城市规划的衔接问题，国内学者普遍认为城市设计在区域规划阶段不必单独设施，应纳入城镇体系规划中同步编制；在总体规划层次，大中型城市的城市设计应在专项研究内容中单独编制，纳入总体规划成果中，而小型城市由于规模较小无需单独编制；在详细规划层次，城市设计先行编制、两者共同编制、设计后置辅助控规等均有尝试，而通过城市设计增益控规指标体系已成为业内共识。尽管江苏、福建、北京等地通过建立技术标准取得了一定效果，但仍存在技术方法混乱、衔接内容不确定等问题，给规划管理人员的使用带来很大困难。

（2）城市公共产品在公共意义方面的研究

城市基础设施属于公共产品，具有"公共性"的本质属性，体现在公共需求中。这决定了一些人对公共产品的消费或利用不会影响另一些人对它的消费或利用，即具备非竞争性和非排他性。城市基础设施的这一特性使其在建设过程中遇到许多困难，无法通过市场竞争进行自我调控，建设与经营也受到多方面的约束。从政府方的角度出发，公共性在政治上表现为一种社会发展的公共诉求，具有不可替代性、社会性、敏感性、持续性和独占性，如果投资者以调价为手段赚取利益，将会不断增加社会公众负担，同时使得公共政策丧失公平性，因此政府应承担基础设施建设融资"公共性"产生的公共服务责任。从社会资本的角度出发，公共性是社会价值共有的特性，表现为公开环境中，在基本公共价值的指引下，不同群体和利益集团以差异化视角形成的共识，并贯穿于以此为根据提供公共服务满足公共需求的过程中。

因此，有的学者认为应当从基础设施的公共性与经营性出发，通过政府与社会资本权责利的合理分配来实现资源配置与公共利益的双赢。朱虹提出将基础设施的所有权国有化，而将经营权采取市场化运作，以提高基础设施资源的配置效率。乔恒利则认为项目公共效益的投资应归属政府，充分挖掘的经营性收入应归社会资本，并根据经营性和公平性的高低将基础设施进行分类，以此得出项目投融资模式与项目经营性和公共性水平的对应关系，为投融资决策提供参考。

公共空间"公平性"视角下，张丹阳用交通功能、复合功能、限制级别和空间状态对高铁枢纽的公共空间类型进行界定，并构建了"公共性"多维度评价指标体系，探究公共空间"公共性"的转变与优化提升策略；吴伟则从公共空间"公平性"的构成要素、影响要素、评价模型进行解读，认为公共空间应满足人文、经济、文化和政治四方面的价值取向，并且从规划政策、城市设计、建筑设计、环境设计、管理主体、使用主体六个层面提出重视公共性的公共空间设计策略。公共服务"公平性"视角下，司南构建了公共服务的价值评价标准，探究公共服务偏离城市公共性的深层原因，并提出通过重塑公共价值理念、揭示公众服务偏好和公共服务信息共享的方式把握城市公共服务的价值；徐康然则从公共产品的供给模式出发，认为应当将大数据、云计算等技术手段应用于公共产品供给的全过程，在准确感知和识别受众需求偏好的基础上，为受众提供精准化、个性化的公共产品。

同时传统项目管理以产品交付为中心，通过成本、时间和质量的"铁三角"来衡量成功，这种过于理性规范而未考虑更广泛影响的项目观点一直受到学术界的批判。而城市公共产品"公共性"的相关研究指出，基础设施建设需要基于公共需求，从产品的内部效益转向由多元价值构成的整体效益，更加注重产品的公众满意度、环境影响、社会文化影响、服务质量、运营效率等。

(3) 城市公共产品的价值共创方面的研究

价值共创的理念起源于市场营销学，最早是由 Prahalad 在 2004 年提出的，强调以个体为中心，消费者与企业共创价值。价值共创理念的发展历程主要有：①最开始在生产领域的价值创造，用户只是价值的合作生产者，此时的价值创造过程被称为共同生产；②消费领域的价值创造，共创的价值是生活价值或者情境价值；③贯穿整个价值链的价值创造，共创的价值是使用价值或体验价值，实际上可被看作是利益相关者共创。此时，价值共创是企业利益相关者在价值创造不同阶段的一种交互性、创造性和社会性的过程，以此形成价值共创的生态系统框架。

当基础设施建设和运营需要由公共部门和私营部门协同合作来实现，常以 PPP 模式进行组织，从而突破传统"铁三角"的研究视角。从项目价值共享共创的角度出发，探寻多利益相关者参与下项目的投入和产出的关系，成为工程管理领域的新兴研究热点。

当前，价值共创系统被认为是开放的、复杂的、动态的网络系统，众多主体（政府、企业和公众等）跨越边界形成了一个价值网络系统，通过互动和资源（知识、物流和资金等）整合来共同创造价值。与传统的工程视角关注工程交付在短期内产生的价值不同，价值共创更多的是考虑使用价值的体现，即从满足固定规格到满足受益者，从制定固定预算到增加综合价值，从实现项目交付到帮助实施组织战略。为解决重大工程复杂系统下个体资源不足的困境，政府、业主、施工方、设计方、供应商、终端用户等不同利益相关者凭借自身拥有的资源加入到价值共创中，通过主体间彼此合作、资源获取、分享、利用和创新，以增强复杂多变的外部环境下的适应性和生存能力，从而为自身和他人共同创造价值，实现更高水平的协同发展。

近年在建筑项目中进行价值共创研究的文献逐步增加。赖铭华基于价值共创的"服务主导逻辑"理论，探索全过程工程咨询服务中咨询方与业主、与承包商的价值共创体系，为规范全过程工程咨询服务提供必要的原动力。陈梦娇从产业组织视角出发，对工程项目价值共创行为进行探究，以期提高工程企业的竞争力。但是，建设项目中的价值共创研究大多基于二元主体，主要以探讨了客户（指建设单位）和生产者（指工程承包商）之间的价值共同创造过程。并且多数研究过于关注宏观概念层面研究，而缺乏基于具体工程案例的微观层面实证分析，对实际工程的参考意义非常有限。

1.2.3 复杂性科学在工程管理领域应用的研究现状

（1）复杂性科学研究现状

从 20 世纪 40 年代开始，人们开始关注许多大型、复杂的工程技术和社会经济问题，它们多以系统的面貌出现，并要求从整体上优化地予以解决。由于现实需要的巨大推动，一系列以系统思想为主导的新型学科涌现，信息论、控制论、系统论作为一种新思想、新方法，从不同侧面研究物质世界及其运动。复杂性科学（science of complexity）是一种新兴的边缘、交叉学科，因复杂性研究更接近真实的世界图景而有了广泛的应用，并形成了一种跨学科的方法论。

国外比较规模化的有关复杂性科学方面的研究一般认为是在 20 世纪 70 年代末或 80 年代中期开始的。首先，对混沌系统的研究揭开了复杂性科学研究的序幕，混沌现象自发现后很长一段时间没有引起学术界的重视。直到 1975 年，美国数学家李天岩和约克提出了著名的李—约克定理，从而正式定义了"混沌（Chaos）"的概念，引起了学术界极大的兴趣，并被广泛应用于生物学、流体力学以及经济管理研究当中，取得了许多重要成果，为人类运用混沌理论与方法研究复杂性开辟了新的途径。随后的诺贝尔得主——普利高津在此基础上最早提出了复杂性科学的概念以及耗散结构理论。圣塔菲研究所认为复杂系统是由众多相互作用的单元构成，单元之间的相互作用可以使系统作为一个整体产生自发性的自组织行为，单元通过寻求互相的协作、适应等超越自己，获得思想、达到某种目的或形成某种功能，并使系统有了整体的特征，这一理论被称为适应系统理论。经过 20 多年的发展，复杂性科学取得了长足的进步，目前已经初步形成了混沌学派、结构复杂性学派、系统动力学派、复杂适应系统学派这几个流派。

国内关于复杂性科学方面的研究起步较晚，在 20 世纪 90 年代初，钱学森先生就提出了"开放的复杂巨系统理论"。钱学森在研究开放的复杂巨系统时指出，研究开放的复杂巨系统必须采用新的方法，即从定性到定量的综合集成方法以及综合集成方法的研讨厅体系，这些方法实际上就是探索复杂性的独特方法。随着对复杂性科学重要意义认识的不断加深，复杂性科学在国内也受到了普遍的重视。目前国内关于复杂性科学研究可分为三个层次：一是方法论层次，研究者多为哲学与社会科学研究人员；二是从数学理论的角度开展研究，如非线性动力学理论、混沌理论、随机理论等，研究者多为数学、物理研究人员；三是结合具体的某种特定的复杂系统开展研究，最早是从研究自然界无生命系统的复杂性现象开始的，这类系统称之为复杂自然系统，随后具有生命的系统成为主要的研究对象，如生物、生态系统，近年来更进一步扩展到工程系统和有思维的社会系统。

（2）复杂性在工程管理领域的应用研究

对比一般工程管理的"管人理事"，复杂性工程管理就是"管复杂人、理复杂事"。人的复杂体现在参建各方和利益相关者思想共识达成和行为统一的难度上，事的复杂体现在工程规模由量变到质变引起的既有技术和（或）环境的不适应性，而"人事纠缠"则是工程管理复杂性之最。

工程管理领域的有关研究认为这种复杂性存在两类基本特征：一类是关联复杂性，系统组成要素之间的相互关联是复杂性的重要原因；另一类是信息不完备性，包括知识方法的有限性及对系统演化发展结果的认知有限性。关联复杂性描述了管理过程的客观复杂性，而信息不完备性描述了人类的主观复杂性。研究者们对于工程管理复杂性的认识还没有形成统一意见。一些研究者认为，工程管理的复杂性就是不确定性，其特征在于无法理解、预测和控制。一些研究者将工程管理的复杂性与不确定性区分开来，认为复杂性在于工程要素的关联性。还有一些研究者从文化、环境等宏观因素层面论述工程管理的复杂性。根据复杂性研究中对复杂性的认识，无论组成要素的关联性还是不确定性均不能独立完整地描述工程的复杂性，而文化等宏观要素也仅是复杂性的外在表现。

工程复杂性应对策略的研究中大致分为两种研究类型：一类研究仍然在传统的项目管理框架内开展，这类研究通常从工程的不确定性出发提出相应策略，例如增加经费和时间余量、制定应急计划、引入风险管理等，一些研究借鉴了企业管理的研究成果，认为工程管理需要增加组织柔性，进行技术投资等；第二类研究关注于工程的关联复杂性，提出了诸如层级制组织结构、复杂性分解、适应性搜索、技术选择和学习等措施和方法，这些研究仅关注了工程管理复杂性特征的某一个方面，所提出的措施和方案也呈现出碎片化特征，并且这类研究将复杂性看成是一种外生的问题，没有认识到工程本身是一种人造活动，复杂性是具有内生性的。

从工程管理过程角度，工程的可行性研究，甚至延续到设计阶段都是目标确定和需求稳定的过程，是一个管理思想被数学化表述，将管理思想升级为数学模型的过程。建造阶段是一个思想在具体区域环境下被实践的过程，是将数学模型演进为一个超大的实体模型。管理思想建模是一个从低维到高维逐渐稳定的过程，工程管理实践中的复杂性降解是从高维到低维解决问题的过程。复杂性工程管理首先体现在以复杂目标为导向的管理思想建模能力，然后体现在管理实践上对复杂性的降解能力，前者由低维迈向高维，后者由高维降为低维。

许多研究者还提出"系统工程""综合集成"等方法，强调"整体论"，试图通过不同专业、不同方法的综合来解决工程管理复杂性问题。实际上，"还原论"和"整体论"都是工程管理过程中解决复杂性的重要方法，但这些方法并没有对重大工程复杂性的演化进行深入的研究。

（3）复杂性的价值中性问题

价值中性（Value Neutrality）是一种立场，是科学研究者需要的主体品格，这种立场反对政治文化时尚的盲从与依附，主张一种独立的、不偏不倚的学术立场。价值中性实际上涵盖了态度和方法两个层面：在态度上既要入乎其内，有自己的价值立场、问题意识与学术个性，又要出乎其外，在方法论上有包容百家、自成一体的学术气度，能对所研究的问题进行有效的历史定位与理论分析。复杂性科学价值中性（value neutrality of science of complexity）是对复杂性科学研究的事实与价值关系的一种见解，是指复杂性科学活动在道德方面和社会方面不受价值约束的（value-free），认为复杂性科学是追求纯粹真理的事业，是关于客观事实的判断；客观性是科学的生命，与人的主体性、主观因素、价值观念等价值无涉。价值无涉（wert-freiheit）是社会科学的客观性原则，成为被广泛接受的科学标准，主张"将价值判断从经验科学的认识中走出去，划清科学认识与价值判断的界限"，意义在于维护科学发展的独立性、自主性、客观性和真理性。

结合诸多哲学家、思想家和科学家的言论可以把复杂性科学概括为在内部和外部都是价值中性的。对内而言，复杂性科学研究活动和科学知识本身不受社会、环境和价值观念的影响，也不做价值判断，科学知识中不包含价值要素，从中也无法推出价值规范。伽利略的"价值判断、文化偏好、政治立场不以任何方式影响或决定科学和知识"的观点以及莫诺"科学的确不能创造、推导或推荐价值"的言论都证实了这个观点。对外而言，复杂性科学成果是价值中性的，其技术应用才有利害善恶之分。

复杂性科学的价值中性具有以下特点：历史性，在不同历史时期的涵义、要点有所不同；与境性，在不同的环境或背景中其内容有所差异；相对性，在不同时代、对不同的人而言意指不同的东西，必须借助随时间变化的目标来理解；集成性，价值中性不是单一的概念，可以说是在不同时期、为服务于不同社会功能而浮现的松散结合的理想之集合。

复杂性科学是价值中性的，笔者认为复杂性同样是价值中性的，既可能有利，也可以有害；或者对你有利，而对他人有害。在工程管理实际中，项目执行组织和利益相关者之间的相互关系造成了复杂性，在管理中需要将复杂性视为价值中性，对价值有利的运动强调诱导，对价值中性的运动强调条件终止，对价值负面的运动强调稳定受控。当利益相关者的预期不断变化时，我们的策略，或被动或主动地做出适应性的调整。在执行工程活动过程中，事件的发生并不总是有着必然的因果关系或者因果连锁关系（依次发生的因果关系），试图从中建构万无一失的管理体系只能使得项目管理体系更加复杂、运行成本更高，并且不能解决复杂工程中的物理复杂性。

1.3 概念界定

1.3.1 PPP＋EPC 模式的概念

根据工程建设领域主要管理手段应用场景的区分，应注意界定工程项目的投融资模式和建设管理模式的不同。在重大基础设施工程应用中比较常见的投融资模式主要有 BOT 模式、BT 模式、BOO 模式、TOT 模式、PPP 模式和 ABO 模式等；比较常见的建设管理模式主要有 DBB 模式（传统模式）、DB 模式、CM 模式、PMC 模式、EPC 模式等。

BOT 与 PPP 模式在具体形式上可能十分接近，都包含有"投—建—营"三个基本步骤。前者强调"投—建—营"三个阶段的一体化，可以由工程项目所在地市的市属国有企业（地方国有平台公司）参与，最终工程形成的资产可以直接划归该国有企业进行资产管理。而后者强调政、企之间的合作，从债务风险防范的要求，企业与政府之间不应当出现行政上或者资产上的隶属关系，最终项目产出物的所有权与管理权分离，并按照特许经营权的方式在规定的期限内由 PPP 项目出资人负责经营。

EPC 模式是指把设计、采购与施工作为一个整体，在一个管理主体的框架下组织实施。根据管理主体（或联合体牵头方）在项目中承担的任务可以进一步把 EPC 模式细分为设计方牵头 EPC 工程总承包模式和施工方牵头 EPC 工程总承包模式。

PPP＋EPC 可以简单地理解为在 PPP 投融资模式下嵌套 EPC 工程总承包模式的具体管理样态。

（1）PPP＋EPC 的一般性概念

行业内对 PPP＋EPC 模式的普遍认识是两者模式的套嵌，而理论界尚未对 PPP＋EPC 模式的概念做出科学、严谨并为行业普遍接受的定义。各方对两种模式套嵌后的认识并不统一，主要聚焦于以下几点：

1）PPP＋EPC 所呈现的"两招并一招"的采购合规性问题；

2）政府方对 PPP＋EPC 模式下的授权与权力制衡的问题，特别是公共产品的公共属性如何做出制度性安排问题；

3）项目投资规模、项目运营期的回报方式等涉及投资风险共担、共享的运行机制设计问题。

一般地，可以将 PPP＋EPC 模式解读为：政府通过授予特许经营权的方式与社会资本方展开合作，社会资本方在一定时间范围内依法对工程实行 EPC 总承包建设，并按照合同约定开展项目的运营和维护，在特许经营期满后将项目移交政府方的一种投融资、建设和运营一体化管理模式。

（2）本书对 PPP＋EPC 模式概念的特别约定

本书基于公共产品的价值共创实现路径考虑，将 PPP＋EPC 模式特别约定为：在设计方参与并主导 PPP 项目下社会资本与政府方开展合作，政府方按约定给予社会资本特定关联区域内的特许经营权（包括适度的微观层面规划自主权），社会资本按照约定提供符合公共属性的基础设施产品，并在此基础上运用先进的技术手段在公共产品附着服务、与公共产品紧密关联的商业设施进行开发，以此获得相应的投资回报。

1.3.2 多功能合建项目的概念

（1）合作开发项目

合作开发项目是指以工程为标的的一种多主体的合作经营方式，主要应用于资金投入巨大、生产周期长、设备、技术水平高的一些资源开发项目。例如在海上或陆地石油开采所普遍采用的国际合作开发项目，指东道国出售资源开采权，外国资本提供全部或部分开采所需资金、技术和设备，双方按合同开发东道国自然资源的一种合作开发。

从这个定义上理解，采用政企合作的 PPP 项目属于合作开发项目的范畴。

（2）合建项目

合建项目是指以两个或多个主体合作，按照整体项目一次性规划设计、一次性建造施工和竣工投产，最终项目产品根据合作协议做资产和管理权分割的工程项目。

合建项目在报建过程中一般按照合作方式成立项目公司，并由项目公司或者其中一方作为牵头方向建设主管部门申请项目立项、报建与施工。在办理规划许可时，根据项目建筑功能分区和有关商业、办公和住宅类项目分割产权的有关规定申请办理分割登记，并且有关建筑分界面应满足消防、环保等专项审批要求。合建项目一般仅约定合并建造，对项目运行方式不做限定。

城市基础设施合建项目中比较多见的案例：①城市轨道交通（地铁）出入口与周边特定物业产权人开展合作形成进出车站的交通连接通道；②与城市基础设施工程同步建造的配套附属工程（管理用房、管道工程、匝道连接线等）或关联工程（地铁上盖物业、同路由建造等）。

（3）多功能合建项目

多功能合建项目是合建项目的一个特例，强调项目产品具有多种建筑功能，并且功能之间相互关联。这种多功能复合在为项目带来巨大价值提升空间的同时，也成了影响项目复杂性的关键因素之一。

1.3.3 PPP＋EPC 模式下的价值共创

（1）价值共创的概念

价值共创，即价值共同创造，PPP＋EPC 模式价值共创主要是借用经济学概念。价值共创（value co-creation）作为经济学一种全新的价值创造模式主要是从两个层面来定义：①狭义的价值共创是指发生在企业与顾客直接互动过程中的使用价值的共同创造；②广义的价值共创包括顾客与企业在产品或服务设计、生产和消费等的价值创造全过程中的互动与合作，顾客与企业共同创造价值。

（2）工程领域应用价值共创理论的逻辑

当"价值共创"理论应用于重大基础设施 PPP＋EPC 模式时其内涵与外延都需要重新解读。

1）一般投资类工程建造模式的价值创造以产品为主导逻辑

在产品主导逻辑（goods-dominant logic）下，工程项目的实施主体（指项目开发主体）整合各种资源自主决定价值创造，工程产品是凝结价值创造的物化载体，而工程产品的使用者（消费者）只代表市场需求，是工程开发主体的目标群体。在产品主导逻辑下生产与消费是两个独立的过程，生产者与消费者之间泾渭分明，两者只是在市场交换中进行交互。

一般投资类工程建造（如商住物业开发等）运用"产品主导逻辑"是由市场（"看不见的手"）发挥资源配置作用，但是在基础设施类项目中这只"看不见的手"失去效力，所以价值创造的"产品主导逻辑"不再成立。

2）基础设施类项目建造模式的价值创造以顾客为主导逻辑

在顾客主导逻辑（customer-dominant logic）下，工程项目的生产者（指工程总承包商）强调服务最终须由顾客（工程建设方）体验。在工程建设领域，由于顾客（工程建设方）经过长时间的实践拥有一定程度的知识、技能和经验，操纵性的资源多数仍然掌握在顾客手中，顾客的知识技能很大程度上决定了价值创造的方式，因此传统工程项目的承包商与建设方长期处于不对等的合作关系。

城市基础设施类项目的泛化生产者（工程建设方）强调服务也须由顾客（城市群体代理人，即政府）体验。由于基础设施项目所具有的天然基础性、先行性和不可贸易性，代理人对最终用户的反馈长期"迟滞"并缺乏考评。作为泛化生产者（工程建设方）更多地关注于代理人体验（如基建的政治影响）而忽视产品本身品质，由此导致两个负面结果：一方面是泛化生产者与生产者缺乏基于产品本身的价值共创基础；另一方面公共产品的品质脱离最终用户的日常生活体验。公共产品脱离最终用户，更多地依赖代理人体验与审美构成价值意义上的失判。

3）基础设施工程建造采用 EPC 模式的价值共创依然以顾客为主导逻辑，所不同的是知识、技术主导权发生了转移

基础设施工程，特别是重大复杂基础设施项目，由于产品建造过程的复杂性对实施主体的知识、技术的苛刻要求，超出了传统顾客（建设平台公司）的控制能力，而作为工程生产者（EPC 工程总承包商）恰好填补了顾客在技术能力上的空缺，因此生产者在价值共创的方式上拥有了一定的主导权。这也是由设计方主导的 EPC 总承包模式在整个 EPC 模式项目中占有较高比例（市场份额）的一个主要原因。

此时由顾客主导的价值共创逻辑并没有发生根本性的转变。基础设施项目的生产者（EPC 工程总承包商）在价值共创中发挥了作用。但是生产者考虑问题的角度不是产品能够为顾客（建设平台公司）带来何种体验或者价值收益，而是更多地关注顾

客的价值意志如何在产品中得以体现。简而言之,生产者忽视产品本身而关注对顾客的服务,也就是产品本身的品质以及最终产品的使用者并未被放在应有的中心位置,出现了"冠履倒易"的价值失判。

4)重大基础设施项目采用 PPP+EPC 模式的价值共创逻辑

鉴于 EPC 模式下公共产品价值失判的根本原因,让拥有知识、技术优势的设计方(主要是大型国有头部设计院)在政府授权下拥有微观层面的规划自主权,并且通过参与 PPP 投资,使得设计方拥有政府和社会资本的共同授权,完成一项以公共意义为基础,兼顾社会投资人利益的多功能复合的准公共产品。在此模式下,公共产品的最终使用者回归价值创造的中心,使得"看不见的手"不再失灵,同时政府作为设计方的顾客仍然保有"顾客主导逻辑"的有效性,社会资本在项目法人治理结构设计框架下其价值意志既有保障又有约束。

(3) PPP+EPC 模式下价值共创的形成机制

重大基础设施项目 PPP+EPC 模式下价值共创是根据合作理论,在设计方主导下建构一种多主体、多尺度、跨领域的技术深度融合的价值发生机制,主要体现在生产领域、行业交叉领域和消费领域三个方面,并且三方面相互交融促进,形成有机的制度性安排和技术性支撑。

1)生产领域的价值共创

由设计方主导的 EPC 工程总承包方作为主要投资人之一,通过对象性资源传递(规划、设计、生产等)完成价值形成机制,并实现自身的价值目标(诸如提供财务收益、塑造良好口碑和品牌、获得良好的产品本身的质量以及提供自身创新能力和企业核心竞争力等)。在此过程中,EPC 工程总承包"设计—施工一体化"技术运用是第一层级的技术融合。

2)交叉领域的价值共创

在重大基础设施项目 PPP+EPC 模式下交叉领域价值共创的关键第一步是通过生产者(大型国有头部设计院)与顾客(政府或其直属的建设平台公司)直接互动完成。关键第一步在价值传递链中早于社会资本的介入,此时生产者为赢得市场(赢得顾客青睐)的"顾客主导逻辑"发挥作用,所形成公共产品公共价值意义占据基础地位,从而摈除了"股东优先"所引发价值失范的隐患。

交叉领域价值共创的关键第二步是在政府完成授权后,将顾客身份回归本源(最终使用者,即城市群体),即设计方及由设计方所代表的社会投资人必须通过理解最终使用者的日常生活和消费意愿,在互动过程中提升公共产品的品质,使得"看不见的手"发挥作用。由政府代理到顾客身份回归本源的转变,本身已经超越了工程建设所在行业领域,是建造与营造的融合,我们称之为"交叉",或者称之为第二层级的技术融合。

3)消费领域的价值共创

在重大基础设施项目 PPP+EPC 模式下,当社会投资人必须通过产品消费领域创造价值,价值形成机制中规避了动机不纯(以承揽工程为目标的 PPP 投资)的投资人,使得政府、设计方主导的 EPC 总承包商、社会投资人和产品用户(城市群体)

在价值链中成为"目标一致"的"同路人"，是一种全新的价值共创方式。

在整个价值共创系统中，最终顾客的需求是隐性的，必须通过大量的日常生活和生产实践中识别、凝练和决策。社会投资人通过顾客使用准公共产品的同时发生切实的消费行为从而覆盖其资金投入（或定量化绩效考核）并获得利润回报，设计方主导的EPC总承包通过操作性资源整合，应用到定制化产品和服务研发，由此赢得顾客（政府）和最终顾客（城市群体）两方面的价值趋同，多元主体价值趋同是整个价值形成机制的关键第三步。我们把这一步称为第三层级的技术融合。

4）复杂性分析、降解技术

在多元主体的共同参与下重大基础设施项目所呈现的复杂性，管理组织对复杂性问题的驾驭是不能回避的关键性技术。我们把重大基础设施项目在PPP＋EPC模式下的复杂性分析、降解和重构的技术称为第四层级的技术融合。

1.4　本书技术路线

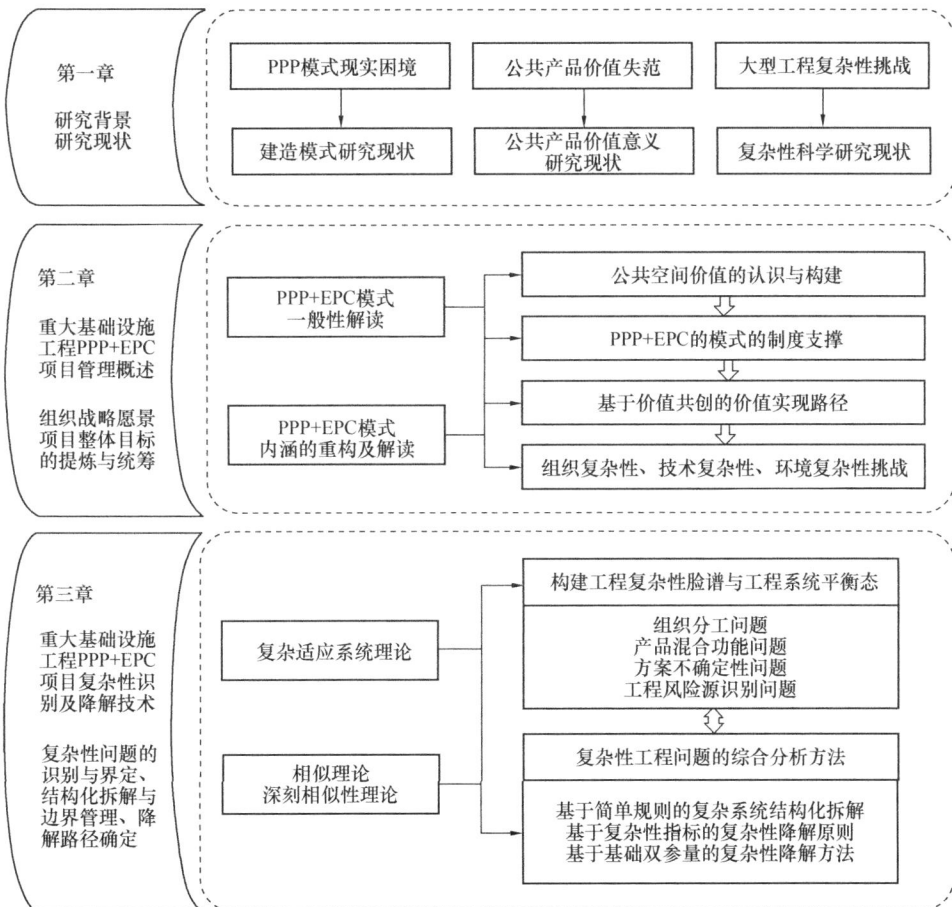

图1.4-1　技术路线图（一）

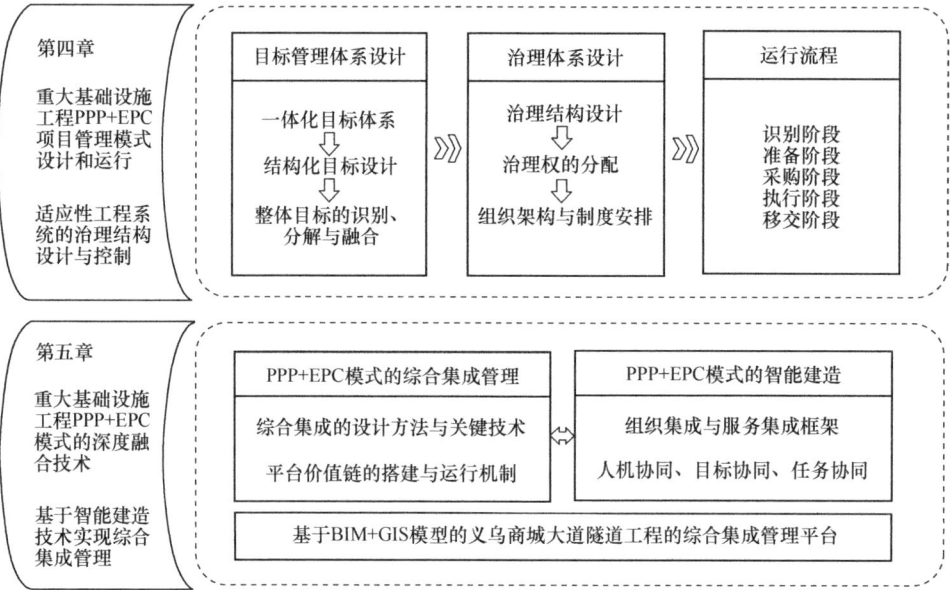

图 1.4-1 技术路线图（二）

第 2 章　PPP＋EPC 重大工程项目管理概述

2.1　PPP 和 EPC 管理模式概述

2.1.1　PPP 管理模式概述

(1) PPP 模式的内涵及主要特征

1) PPP 模式的内涵

PPP 模式也叫 3P 模式，是 Public-Private Partnership 的首字母缩写，直译为公私合作关系或公私合作伙伴关系，其中"公"指政府部门或公共部门，"私"在国外一般指私人部门或私营部门，而我国一般指包括国有企业和民营企业的社会资本，因此我国对 Public-Private Partnership 更为恰当的理解应为政府和社会资本的合作关系。

本书所述 PPP 模式沿用此解释，但所用定义更关注以下几点：

① PPP 模式适用于公共服务领域，对应的产品需要具备公共属性或准公共属性，并不适用于私人产品。同时为了防止 PPP 模式的滥用，选择使用此模式需要遵循两个原则：一是物有所值原则；二是财政承受能力原则。

② 政府与社会资本方按照平等协商原则订立合同，明确双方责权利关系，比如在风险分担上能够按照双方承担能力进行合理协商，降低各自的风险。

③ 政府依据公共服务绩效评价结果向社会资本支付相应对价。这意味着社会资本为获得尽可能高的回报，需要对所提供的公共服务的质量进行把控，以在某种程度上提升使用者的满意度。而此时的质量应该是宽泛意义的，至少包含两个层面：一是建造的质量；二是提供服务的质量。

④ 允许社会资本在政府公共政策的许可和政府采购约定的公共产品基本功能的基础上，通过获取特许经营权，对与公共产品相关联的部分进行合规性开发，实现公共产品多功能化（契合城市群体的日常生活）以提升项目品质，丰富项目回报机制。

2) PPP 模式的主要特征

PPP 模式有广义和狭义之分，本书所指 PPP 指的是广义 PPP，其特征主要是包括以下三个方面：

① 伙伴关系

所有成功实施的 PPP 项目都是建立在伙伴关系之上的。与其他关系相比，PPP 模式的伙伴关系存在一个显著的独特之处，即社会资本与政府公共部门之间存在一个共同的目标：在某个具体项目上，以最少的资源，实现最多的产品或服务。社会资本以此目标实现自身利益的追求，而公共部门则以此目标实现公共福利和利益的追求。但这还远远不够，为了能够保持这种伙伴关系的长久与发展，伙伴之间还需要相互为对方考虑问题，这就使得 PPP 模式具备另外两个显著特征——利益共享和风险分担。

②利益共享

利益共享除指共享 PPP 的社会成果之外，还包括使私人部门、民营企业或机构取得相对平和、稳定的投资回报。PPP 模式中公共部门与社会资本的利益共享并不是指分享利润，而且还会对社会资本可能的高额利润进行控制。其主要原因是，PPP 模式适用于公共服务领域，双方只要提高价格就可以获得丰厚的利润，但是这样必然会带来社会公众的不满，最终还可能引起社会的混乱。

③风险分担

没有合理风险分担就无法形成稳定的伙伴关系。PPP 模式中双方合理分担风险这一特征，同样是其区别于其他交易形式的显著标志。如政府采购过程之所以不能称为公私合作伙伴关系，是因为双方在此合作中希望尽量避免自身承担风险，而 PPP 模式中，公共部门却是在自己的优势方面尽可能大地承担伴生风险。如在隧道、桥梁、干道建设中，公共部门通过现金流量补贴的方式控制社会资本因车流量不足而引发的经营风险。与此同时，社会资本按其相对优势承担较多的、甚至全部的管理职责，由此规避公共部门管理层"道德风险"的易发领域。PPP 管理模式中，更多是考虑双方风险的最优应对、最佳分担，而将整体风险最小化。

而狭义的 PPP 模式主要是针对其融资功能而言的，具有一定的资金杠杆效应以及投资公平效应的特征：

①资金杠杆效应

资金杠杆效应主要是指采用 PPP 项目进行融资时，引入社会资本后使得投入资金中社会资金比例提高，而国有资金也以股权投入的形式按比例进入项目。这样的模式以社会资本来撬动国有资金，从而促进国有资金的使用效率。PPP 项目通常会经历建设、运营两个阶段，建设初期政府与社会资本通过股权比例注资的形式成立 Special Purpose Vehicle（简称 SPV）公司，由 SPV 公司负责项目的建设，项目退出阶段可以通过政府或出资的社会资本企业联合回购，或是以市场化的方式退出，当政府资质较好或是发展前景较好时，可以适当增加杠杆率。

②投资公平效益

投资公平效应使得项目更具公开透明化，以往 BT 或是传统的 BOT 模式等都没有政府资金比例介入，大多数采取简单的回购模式，因此很容易在招标投标过程中滋生不公平现象，或是"抽屉"交易等。同时，这种情况还会影响工程的建设质量，从而滋生安全生产隐患问题。而 PPP 模式的建设项目，首先在投资招标过程中就体现出公开透明化，由于政府股权介入参与，并以股权方式介入项目中，项目执行阶段就更加体现了其公开透明的特征，从而进一步提高投资效率。

（2）狭义 PPP 模式在城市交通类基础设施项目的特征

狭义的 PPP 模式极容易在城市交通类基础设施项目模式中异化为地方政府的融

资工具，和大量背负地方隐性债务的平台公司一样，不具有可持续性。与一般交通类项目不同的是，城市交通类基础设施（隧道、轨道、管廊、干路等）无法实现使用者（市民或公众）直接付费，即便存有使用者付费（如轨道、管廊）时也仅能勉强覆盖日常运营，巨大的建设成本缺口严重依赖地方财政偿付。可见，如果交通类基础设施离开土地财政，大多数平台公司和 PPP 投资公司（SPV 公司）都将难以为继。

所以，狭义的 PPP 模式在城市交通类基础设施项目中的显著特征是作为公共基础设施的专属金融工具。如果此模式过于依托于政府，那么其与政府建设平台的公司化运作并无本质不同。然而，地方政府借助 PPP 模式这一相对宽松的融资渠道，造成地方债务迅速放大的问题已经引起了中央的关注。财办金〔2017〕92 号文、国资发财管〔2017〕192 号文以及"一行三会"等五部委发布的《关于规范金融机构资产管理业务的指导意见》等一系列政策文件就是在此背景下出台的。如果不对狭义 PPP 模式在城市交通基础设施领域的运作方式进行调整，其很可能是直接大量叫停直至"冰封熄火"。

（3）广义 PPP 模式在城市基础设施项目的特征

英国社会学家齐格蒙特·鲍曼（Zygmunt Bauman）认为空间的消费已成为新时代增加财富和权利的重要方式。在新的消费文化和消费行为的推动下，城市公共空间的发展呈现两种趋势：一是市场、商厦等大规模商业和功能由大而全向"体验式经济"发展，由物质消费向符号消费发展；二是公共空间的重构，通过提升空间功能、品质增加消费行为并获取高附加值的收入。

后者的发展趋势是城市公共空间在满足使用者多样化需求的前提下，打破城市空间原本明确的内外边界和功能组合的尝试，例如机场正广泛地将旅客变位顾客寻求高额获利，博物馆正努力把观众转化为顾客以便获利生存等。这种转变表现出的积极影响在于，社会资本成功地俘获了公共产品的价值增值路径，其消极影响在于，这种模式需要预先设定消费群体定位，其必然展现出一种排他性，即削弱甚至剥夺公共产品的公共属性，而城市基础设施作为一种公共产品，其公共属性被资本弱化时必然影响社会公众的使用感受，这方面足以引起警惕。尤其在"十四五"规划和 2035 愿景目标背景下，掌握先进数字技术能力的社会资本深度介入新基建（数字基础设施化和基础设施数字化）建设后，从来不缺乏使用者的基础设施本身潜藏想象力极为丰富的商机。**因此 PPP 模式下的城市基础设施除了具备 PPP 模式本身的特征，还具备了城市基础设施作为公共产品时项目本身所具备的公共特征。**

广义 PPP 模式可以依据项目的实际情况采用多种不同的运作模式，如图 2.1-1 所示。本书依据项目的权属关系，将广义 PPP 项目运行模式分为管理外包、特许经营、永久私有化，其中管理外包和特许经营的产权归公共部门所有，而永久私有化产权归私人部门或公共部门所有。特许经营和永久私有化都由私人部门进行投资、经营和维护，因此商业风险主要由私人部门进行承担，而管理外包由公共部门进行投资、私人部门经营和维护，从而由公共部门承担主要的商业风险。管理外包中的 O&M、MC 模式更关注社会资本的工作效率，因此都实行担保按绩效付费，而特许经营中的

BOT、BOOT、BTO 等更关注 PPP 项目中政府与社会资本的融资效率，旨在通过两者合作优先缓解财政压力，往往采用贷款担保，同时也容易造成上文所述的异化为金融工具的现象。

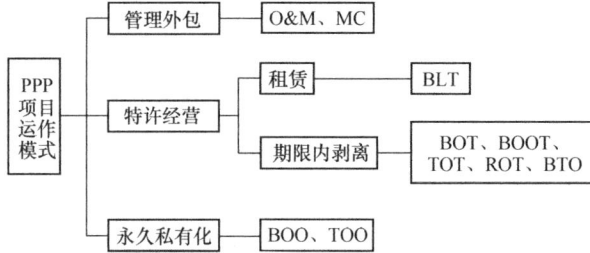

图 2.1-1 广义 PPP 项目运作模式

时下还兴起一种用于片区开发的 ABO 模式，一般指授权（authorize）—建设（build）—运营（operate）模式，即由政府授权单位履行业主职责，依约提供所需的公共产品及服务，政府履行规则制定、绩效考核等职责，同时支付授权运营费用，属于政府采购行为。具体是指在地方政府的授权下，由片区开发建设主管部门将片区土地整理、基础建设、投资促进和经济发展等社会公共服务职能，授权和委托成功转型的平台公司或社会资本方企业，并以特许经营形式加以实施，政府履行规则制定、绩效考核等职责，同时支付授权运营费用的合作开发模式。

《关于推进政府和社会资本合作规范发展的实施意见》（财金〔2019〕10 号文）表明，除限制新上政府付费类 PPP 项目外，禁止将包含土地出让收入为主的政府性基金预算作为 PPP 项目的运营补贴支出安排及融资还款来源。此举对 PPP 项目产生了重大而深远的影响，是 42 号文定义下中国 PPP 发展的分水岭，促使 PPP 模式向混合型 ABO 模式发展。

《中华人民共和国政府采购法》第二条中明确规定："政府采购是指各级国家机关、事业单位和团体组织，使用财政性资金采购依法制定的集中采购目录以内的或者采购限额标准以上的货物、工程和服务的行为"。该条例中规定的具体采购类型应从属于 ABO 协议中规定的采购内容，如果协议中规定的采购内容是服务，即属于政府购买服务，如果协议中规定的采购内容是工程，即属于政府采购工程。

政府购买服务原本与基础设施投资建设不相关，但此模式逐渐发展为地方政府规避 PPP 模式严格政策约束的手段，成为一条融资政策相对宽松，同时通过单一来源采购等非竞争性方式选定社会资本直接承接政府基础设施投资项目。按照国发〔2015〕42 号文中所定义的广义 PPP 来说，ABO 是属于 PPP 模式的。但是按照财政部 PPP 项目管理库标准，政府购买服务可以不纳入 PPP 管理范畴。所以，属于政府购买服务类型的 ABO 即使是 PPP 的变形模式，理论上不必按照 PPP 项目进行管理，也不必按照 PPP 的相关要求履行报批手续。

2.1.2　EPC 管理模式概述

(1) EPC 模式的内涵及主要特征

1) EPC 模式的内涵

EPC 模式是工程总承包模式之一，也叫交钥匙模式，意指承包商最终交给业主的是一把项目运行的"钥匙"（一个满足使用功能、具备使用条件的工程项目），业主接手后就能够直接进行正常使用。EPC 是 Engineering Procurement Construction 的首字母缩写，但是将 EPC 直接理解为设计、采购、施工是不够恰当的，其中重点在"Engineering"上。Engineering 一词的含义极其丰富，在 EPC 模式它不仅包括具体的设计工作，还可能包括整个建设工程内容的总体策划以及整个建设工程实施组织管理的策划和具体工作。

2) EPC 模式的主要特征

① 承包商承担大部分风险

在传统模式条件下，业主与承包商的风险分担大致是对等的。而在 EPC 模式条件下，承包商还需要承担设计风险、"一个有经验的承包商不可预见且无法合理防范的自然力的作用"的风险、管理风险等，其他模式中承包商对此所享有的索赔权在 EPC 模式中也不复存在，从而减轻了业主管理责任与风险。

② 业主或业主代表管理工程实施

在 EPC 模式下，业主可以自行组建管理机构，也可以委托专业的项目管理公司代表业主对工程进行整体的、有原则的、目标的管理和控制。由于承包商已承担了工程建设的大部分风险，所以 EPC 模式条件下业主或业主代表的管理工程较为宽松。业主对 EPC 总承包项目的管理一般采取两种方式，即过程控制模式和事后监督模式。所谓过程控制模式是指，业主聘请监理工程师对总承包商的各个实施环节进行监督，并签发支付证书，以此介入项目实施过程的管理。所谓事后监督模式是指，业主一般不介入项目实施过程的管理，但通过严格的竣工验收对项目实施总过程进行事后监督。

③ 总价合同

EPC 总承包项目较多采用固定总价合同。虽然，在国际工程承包中，固定总价合同仅用于规模小、工期短的工程。而 EPC 模式所适用的工程一般规模较大、工期较长，且具有相当的技术复杂性。但是此种合同的计价方式具有多种优势，如调动承包商运用自身经验创造显著效益的主观能动性，促进其控制成本和优化工期，业主只进行某些必要性的监督检查从而大大减少自身的管理工作，但是总承包商对项目成本控制的难度增大，也相应地承担更多的责任和风险。

(2) 设计方牵头下 EPC 模式的经营策略

我们国家在旧体制下建立的公路、市政、水利等规划设计研究单位，特别是依附于地方建设系统的中小型规划设计研究单位，目前已经在市场化的浪潮中为了生存而被动地转型、改制，走向以市场为导向、以客户为中心的企业化改制之路。而国有大型勘察设计中的"头部企业"却对这些规划设计小院感兴趣，当然不是因为地方规划院所拥有的资质、技术人员的科研能力或是技术装备的先进性，而是地方规划院的"位势"。

设计方牵头的 EPC 模式就运行方式而言，与其他 EPC 模式没有显著差异，但是两者之间却有不同"出身"。设计方牵头的 EPC 模式极富技巧和谋略，本书根据总承包"两端延拓"的管理行为展开阐述。

设计院经营管理目前面临的最严峻的问题是行业内部同质化竞争、品牌实力竞争、设计人才竞争，具体到城市基础设施项目而言，便是对城市管理者（客户）的争夺，其关键诀窍在于谁在第一时间把握住了管理者的"一闪念"。

图 2.1-2 所描述便是设计方推动的 EPC 模式的项目设计经营策略（图示仅表示了项目胚胎期与尾期两个阶段），即从城市管理者和上位规划两个方面对项目进行初始的构想，设计院及时捕捉其中"认知、需求"方面的信息。基于此，设计经营需要从管理者需求入手，有计划地组织技术力量进行研究与分析，再由设计师（设计主创）把前期识别的认知与需求凝结于新项目的概念方案之中，并考虑其所在设计院的项目采购策略，向政府方保留悬念，以形成技术壁垒。

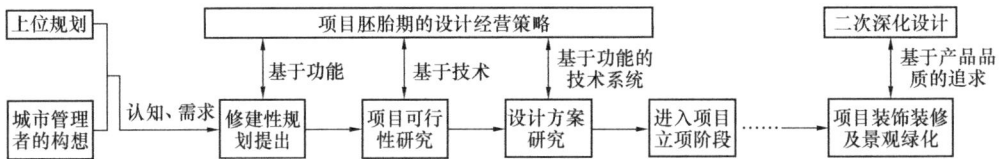

图 2.1-2　设计经营策略（两端延伸）

在项目胚胎期，设计经营是设计企业发展策略和经营思想计划实现路径的起点，是项目概念性方案的视觉形象与技术系统高度统一的载体，以设计为龙头的 EPC 总承包模式在此阶段已经预设好的方案往往不为人所知，因为理智的设计院在项目胚胎期通常刻意淡化经济回报，而着重强调情怀与技术。

在城市基础设施设计领域，信息化和敏捷化使得设计经营比以往任何时候都更具挑战性和风险性。设计经营远远超出了项目概念性方案的虚拟化、数值化和技术界限，属于方案创造者与政府方进行交谈时的一种外在表现形式，其无法利用信息化技术在短时间内被创造出来的。通俗而言，一张完美的效果图是不具说服力的，故事叙述者的身份符号、设计院企业形象同样是这张效果图的组成部分。因此，在项目胚胎期，以赢得决策者的信任与喜爱为目的，依靠视觉形象和技术系统所展现出来的设计经营的显著特征包括：

1）通过认知与需求的具象化，创造一个概念清晰、富有独特个性的方案和与之高度关联、具备高度凝聚力、富有幻想潜力的技术咨询团队；

2）通过认知与需求的具象化，创造一个基于功能的技术系统（虚拟产品），和基于产品功能、信息、环境媒介和场景吸引力的悬念（技术壁垒），尤其需要与产品设计和建造保持巨大关联；

3）建构一个符合法规逻辑的建设路径，成功导入 EPC 总承包模式。

2.2 PPP+EPC 管理模式概述

2.2.1 PPP+EPC 模式的概念辨析

行业内对 PPP+EPC 模式的普遍认识是在 PPP 投融资模式下嵌套 EPC 工程总承包模式的具体管理样态。而理论界尚未对 PPP+EPC 模式的概念做出科学、严谨并为行业普遍接受的定义，各方对两种模式套嵌方式的认识也不统一：

1）政府方视角下 PPP 项目采购程序中的"两招并一招"。《关于在公共服务领域深入推进政府和社会资本合作工作的通知》和《招标投标法实施条例》中提出"已经依据政府采购法选定社会资本合作方的，合作方依法能够自行建设、生产或者提供服务的，合作方可以不再进行招标。"表明可以将 EPC 模式应用于 PPP 项目中。此时的 PPP+EPC 模式特指 PPP 与 EPC 的合并采购，即政府主管部门对 PPP 项目进行招标时，将项目投资人与工程总承包人统一为同一法人或联合体的运作方式，以避免二次招标。具体地讲，政府主管部门根据项目特征，组织完成项目可行性研究和初步设计，并在初设和概算正式批复后，按照确定的建设规模、建设标准、投资限额、工程质量和进度要求等，通过 PPP+EPC 一体化公开招标方式确定投资人和总承包单位。对于政府方来说，"两招并一招"有利于提高政府的采购效率，但是需要在资格预审文件中设置相应要求，且项目的授权问题与组织架构的权力制衡问题可能也会需要更多沟通谈判。

2）社会资本视角下 EPC 总承包商通过 PPP 投融资的方式介入项目。从工作内容上来看，PPP 项目的建设分为前期准备、施工建设、移交运营三个阶段，而 EPC 模式主要在项目的施工建设阶段应用，PPP+EPC 模式的嵌套体现在将 PPP 模式中的建设环节嵌入 EPC 工程项目管理模式。此时，总承包商通过承担一定融资责任介入 PPP 项目，实施设计、施工、采购、试运行等施工总承包的交钥匙工程，通过股权比例、特许经营协议及运营收入等方式获取相应回报，并于运营期限届满将项目移交给政府的模式。该种介入方式体现了当前大型施工企业通过主推 PPP+EPC 模式实现"投资+建造"转型的初衷，但是公共项目中存在重建设轻运营导致投资回报依赖政府的问题。

上述对 PPP+EPC 模式的认识无疑是正确的，但是此类认识对于本书特指的"PPP+EPC"深度融合模式而言显然是不完备且无法实现价值共创的。

本书所指的 PPP+EPC 模式是指由设计方主导项目全寿命周期的情形。在项目识别阶段，设计方就已经介入项目，参与项目建议书、可行性研究报告和实施方案等文件的编制，能够在项目早期充分识别政府的需求，为政府提供一定的决策依据，也对项目的特点、难点和价值有深刻的理解。因此在项目还未进行公开采购的时候，设计方作为最早介入项目并且驱动项目实体的一方，无论是否作为项目的投资方，都有能力促进项目走向 PPP 模式或是 PPP＋EPC 模式。可见，PPP＋EPC 模式的主动选择很大程度上是设计单位实施设计经营策略的结果。

随着基础设施建设的增多，新建基础设施与既有基础设施的冲突变得越来越普遍。多数地下空间开发利用由于缺乏规划制约了基础设施建设，因此各类合建项目为解决用地和规划问题，逐渐成为发展趋势。合建基础设施需要通过更为深刻的项目功能认知和系统性技术解决方案来实现空间布局的优化，因此合建项目的设计难度远高于一般项目，设计方案的优劣直接关系到了工程的空间资源利用、可实施性、经济性和安全性。可见，设计院在合建项目（功能复合的复杂项目系统）中具有天然的技术优势，如何保证其在为业主单位提供项目实施解决方案的同时，解决项目筹融资困难和运营阶段营收保障能力不足的问题，尤其是针对投资规模巨大的复杂项目系统而言，一个合乎法规逻辑的建设路径——"PPP＋EPC 模式"是双方都不容忽视的关键选择项。同时在合建基础设施采用 PPP＋EPC 模式的情况下，设计不仅能够着眼于项目全寿命周期关注项目的质量、进度、安全和投资，更能充分考虑公共产品的品质，在满足政府需求的条件下实现工程的功能多样性和高附加价值。

一般而言，PPP 项目边界条件定义清晰决定了 PPP 项目的构成相对简单，通常体现为单个项目或者多个相关子项目的简单打包。而本书所指的 PPP＋EPC 模式合建项目的边界具有双重性，即本体项目的清晰边界（指项目红线）和沿边沿线关联统筹区域的模糊边界。这种特殊的双重性旨在以项目本体为骨架，直接影响区域为统筹安排，突出设计作为城市公共空间价值构建主导的技术优势，并要求社会资本以政府授予的特定区域内特许经营权为建设依据，以更具品质的修建性规划与分期实施为建设逻辑，以项目自身运营收益作为特许经营权回报的主要方向，科学处理基础设施项目建设与其所在区域协调发展之间的关系。可见从此观点出发，运用 PPP＋EPC 深度融合模式的项目必定是功能复合项目。

现有 PPP 项目的回报机制较为单一，依据其回报来源大致分为使用者付费和政府付费，对于城市基础设施而言（特别是市政交通类项目），其运营阶段（主要体现为养护）受自身公益属性的影响并不直接发生盈收，使得城市基础设施领域的 PPP 项目普遍与地方政府融资举债相关联，最终导致 PPP 模式的覆盖面逐步收窄，本身不再具备广泛的应用前景。而文书所特指的 PPP＋EPC 深度融合模式能够在不改变主体项目公共属性的基础上，通过重新界定特许经营权的适用范围和市场化商业运作手段，让项目本身具备经济效益和社会效益。其实现的核心在于项目授权与经营机制条款的创新，在拓展 PPP 项目本身所具有的投融资、建设、运营适用条款范围的同时，为社会资本通过市场化手段对统筹关联区域内的物业资产进行开发管理的行为提供政策性保护和必要的规划授权。

本书特指的 PPP＋EPC 模式与当下兴起的 ABO 模式有不少共同特征，如模糊开发边界、统筹区域开发、复合功能等，但两者也存在显著的差异。首先本书特指的 PPP＋EPC 模式中社会投资与地方政府及其建设平台公司通常规避从属关系，只是通过市场化运转取得统筹关联区域的物业开发权，并在制度上做出必要的安排。而

ABO模式下社会资本往往从属于地方政府或其本身作为地方政府平台公司,并不突出基础设施项目的主体性,在取得统筹区域开发权方面也不保障统筹区域与主体项目的关联性,而是通过土地征用方式直接取得。其次,一般ABO模式适用于片区开发,往往涵盖土地整备、全产业链的产业用地开发等与土地市场直接关联的开发方式,强调片区内的收支平衡。本书所特指的PPP+EPC模式则是以城市基础设施项目,特别是市政交通、轨道等线性工程为项目本体,统筹开发范围主要是与本体项目直接关联的沿边沿线区域,所采取的方式是大项目带动策略,旨在不改变公共产品基础公共属性的条件下,运用城市公共空间价值构建技术和沿线沿边物业开发方式获取回报,其特许经营权较一般PPP项目适用范围有所拓展,回报机制也更为灵活和丰富,其适用的规划放权一般属于城市更新的工作范畴。

综上所述,本书将PPP+EPC模式特别约定为:在设计方参与并主导PPP项目下社会资本与政府方开展合作,政府方按约定给予社会资本特定关联区域内的特许经营权(包括适度的微观层面规划自主权),社会资本按照约定提供符合公共属性的基础设施产品,并在此基础上运用先进的技术手段在公共产品附着服务、与公共产品紧密关联的商业设施进行开发,以此获得相应的投资回报。本书所描述的PPP+EPC模式除另做说明之外,均指此创新模式。

2.2.2 PPP+EPC模式内涵的一般性解读

虽然PPP模式属于一种投融资模式,EPC模式属于一种建设管理模式,但其在业务、项目生命周期和参与主体之间具有充分的融合条件,如表2.2-1所示。

PPP、EPC项目模式的融合条件分析 表2.2-1

项目模式	PPP	EPC	PPP+EPC
管理主体	投资方组建的项目公司牵头	EPC总承包牵头	投资方与总承包商组成的联合体牵头
性质	投融资模式	项目管理模式	复合型投融资项目管理模式
管理周期	全寿命周期	施工实施期	全寿命周期
适用范围	投资规模较大、融资要求高的项目	技术要求高、需要实体施工深度融合的项目	投资规模大、融资和技术要求高、需要整体施工和各阶段深度融合的项目
投资方式	社会资本	政府牵头单一	社会资本多样
回报机制	使用者付费	—	—
产品品质追求	政府方设定的单一功能	政府设定的单一或多样功能	基于政府设定条件下兼顾投资方需求的多样功能

可见,目前采用PPP+EPC模式的多为基础设施项目,与传统的管理模式相比,PPP+EPC模式具有显著的全生命周期特性,能够将总承包商参与的时间维度延伸至前期准备和后期运营维护;与传统投融资模式相比,PPP+EPC模式并不是两种模式

的简单叠加，更多的是立足于城市公共产品的空间价值构建和项目沿边沿线区域的修建性规划，以实现基于公共空间视角的基础设施产品价值整合。

PPP＋EPC 模式理论上属于广义的 PPP 模式，是设计方在项目准备阶段深度介入并着力推动的结果。因此，该模式下以设计院牵头的参建各方对项目本身的认识较一般 PPP 项目更为深刻，对项目的美好愿景也充满信心，设计方的技术引领作用在资本的坚定拥护下得到充分的发挥，其回报机制不再局限于"政府付费"，而更多地关注产品本身的功能复合和价值构建，因此该模式的优势将是传统 PPP 项目，特别是以金融工具为特征的狭义 PPP 项目所完全不具备的，是一种具有更高技术要求的项目运行模式。

2.2.3 重大工程应用 PPP＋EPC 模式的优势与存在的困难

（1）在重大基础设施领域应用 PPP＋EPC 模式的优势

1）促进行业价值链向两端延伸，探索一种可持续发展的模式

PPP＋EPC 模式显著的全寿命周期特性使得项目的全过程管理具有一定的整体性，可以帮助承包商将业务范围延伸到行业价值链的前、后端，即能帮助企业提高自身盈利能力，通过公共产品价值实现降低地方政府债务，提升公共产品品质。

PPP＋EPC 模式是 PPP 模式对"物有所值"理念的回归，在该模式下要求社会投资人从关注"工程建造"向注重"产品经营"转变，政府方支持设计方通过项目策划、规划设计、建设运营一体化推进，鼓励社会资本在功能混合和用途兼容的高品质公共产品运作下，探索一条政府放权引导、设计与社会资本在市场化条件积极参与和运作的可持续发展道路。

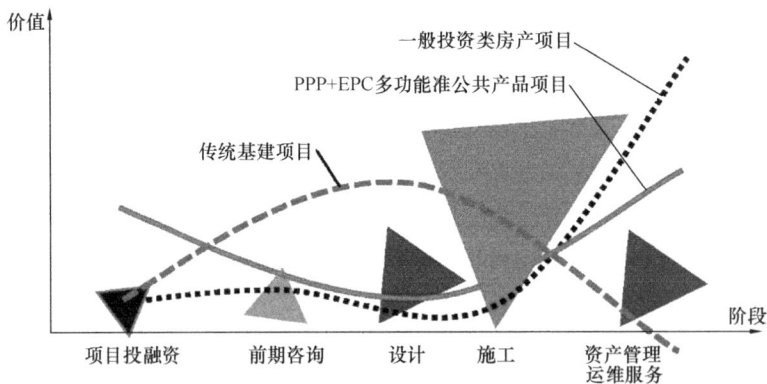

图 2.2-1　项目价值链曲线（"微笑曲线"）

如图 2.2-1 所示，PPP＋EPC 模式下多功能准公共产品向项目微笑曲线两端延伸，以获得高区位利润空间。

2）政企之间形成目标趋同、价值共创、优势互补，实现真正的风险分担

PPP＋EPC 模式下政府和企业之间风险分担机制是在目标趋同、价值共创、优势

互补的基础上动态、公平建构的。政企双方形成目标趋同的基础是满足产品最终使用者，对应绩效考核的依据由工程质量向产品品质延拓；政企双方形成价值共创的路径由关注建造本身转向产品本身，是"顾客"回归价值原点的必然；政企优势互补是由对某风险管控能力最强和管控成本最低的那方承担相应风险，以实现物有所值和有限追索权项目融资。

3）强调全寿命周期下整体最优目标

PPP＋EPC 模式下总承包商需要站在全寿命周期的角度考虑项目投资、建设和运营效益，强调局部优良服从整体最优的目标，通过实行设计、采购、施工的深度交叉和一体化管理，为项目运营阶段的投资效益创造条件，解决了传统模式下投资、建设、运营三方分离和各管理边界协调不畅的问题，从而促进各业务之间的交叉融合和综合效益最大化，保证项目的耐久性和运营服务水平，实现 PPP 模式引入优质社会资本以提高建设管理水平和运营服务质量的初衷。

4）项目组织基于深度融合技术做出重大工程复杂情景下的高质量决策

重大复杂性工程往往具备庞大的工程规模、多种功能的复合、复杂甚至恶劣的自然环境、漫长的工程生命周期（长时间尺度的建设期和与更为漫长的运行期）和重大而深远的工程影响力（国民经济、社会文化、政治意义）等特征。当然，项目本身特征并不必然地与建造、运行模式关联，但是从 PPP＋EPC 模式下项目法人治理结构的制度设计角度上分析，设计拥有了包括微观层面的规划、设计、建造和运营等诸多方面的主导权限，为复杂性分析、降解和应用深度融合技术提供了理想条件。设计作为主导 PPP＋EPC 项目运行的关键主体，在处理重大复杂项目全生命周期过程中的复杂性问题时，既尊重一般规律又体现主体意图，对工程和工程管理两个人造的复杂性系统进行预设与统筹，并将理论思维与工程思维结合形成适应性的转化。而转化的本身既体现复杂性系统对路径的依赖，又把握住了适应性系统对预期目标的追求，使得项目组织在复杂性决策中兼具过程"即时性"与长期"有效性"两方面的能力。

（2）在重大基础设施领域推广 PPP＋EPC 模式存在的困难

目前，贵州、重庆、湖北、浙江和广东等多地针对重大复杂基础设施项目应用 PPP＋EPC 模式进行了有益的探索，取得较好的效果。同时我们也注意到，由于各方对 PPP＋EPC 模式的认知并不统一，在具体工程实践过程中还存在有待进一步研究和解决的问题。主要有：

1）现有法律法规对合并采购缺乏有效支撑

虽然相关规定明确 PPP 项目在采购过程中确定社会资本方在具有相应设计或施工资质下可以不需要重新招标，但是相关政策并没有对社会资本方与项目公司签订 EPC 总承包合同的要求做出明确规定，各方对于"能够自行建设、生产或者提供服务"是否包含 EPC 总承包服务的理解也不尽相同。并且 PPP 模式和 EPC 模式的采购标准存在较大差异，PPP 项目的采购文件以投融资能力为主，兼顾实施层面的管理能力和技术要求，而 EPC 采购重点在于工程总承包报价、项目管理组织方案、设计方案、采购方案和施工计划等具有深度的专业要求，规范的 PPP＋EPC 采购文件应该兼顾两方的采购标准，因此各方对于 PPP+EPC 模式在采购环节未对社会资本方的专业能力进行公开竞争时，能否将其确认为总承包商存在争议。如果政策能尽快出台 PPP+EPC 模式的管理办法，明确社会资本方与总承包商合并采购的招标方法和具体要求，将有利于规范项目各方行为和明确各方权责利的划分。

2）现有规划制度体系对建筑功能混合、土地用途兼并缺乏政策性支撑

PPP 模式依托基础设施在关联区域的多元复合功能布局，和鼓励步行、促进交往的设计策略，小街区、密路网、人性化公共空间的设计手法，而具体实践中却缺乏这种建筑功能混合、土地用途兼并的政策性支撑。

以下几个方面需要在法规层级做出界定和完善：

① 一是关联区块的综合承载力评价，包括城市资源承载力、城市环境承载力和城市生态系统承载力、城市基础设施承载力等多个方面，即微观单位规划放权后在关联区块内的综合承载能力的影响评价分析和认定的问题。

②《城市用地分类与规划建设用地标准》GB 50137 中对于用地的兼容性控制，会使一块用地存在多个出让年限，形成用地管理上的矛盾，产权年限的不同制约着土地混合功能的发展。例如居住用地七十年；工业用地五十年；教育、科技、文化、卫生、体育用地五十年；商业、旅游、娱乐用地四十年；综合或者其他用地五十年。

③ 城市土地的价格根据土地用途的不同有着巨大的价差，如果不对用地分类体系中的社会资本（起主导的设计方是投资方之一）建立规范，容易导致混合用途开发出现偏差及诱发部分利益个体的投机行为，造成规划权滥用和特定区域的开发强度混乱，因此需要在授权与规范两方面找到平衡点，如明确混合原则、拓宽兼容范围、量化控制标准等。

3）公共产品显性量化考核指标的缺失

PPP+EPC 模式下要求产品本身价值（通过运营）涵盖项目建设投入，在此情况下工程建安费用脱离了财审框架（投资的自负盈亏的方式），客观造成传统意义上政府方对 PPP 项目可量化绩效考核指标的失效。根据 PPP+EPC 模式的设计，对设施/服务的详细产出要求/绩效指标需要重新界定，此时有：

① 强调全寿命期绩效（life-cycle performance）——要求企业负责项目全过程集成优化和长期绩效管理，并政企双方均以产品本身价值创造为导向；

② 支付与绩效关联（performance-based payment）——企业所获回报必须与按产品本身的经营产出关联构成绩效评估，回报取决于产品竞争与自身价值创造。当正常回报不能覆盖全部投入，需要部分政府支付补充时，应首先与产品的使用效率关联绩效考核指标。

4）重大工程复杂性对项目参与主体的认知水平和驾驭能力构成了挑战

PPP+EPC 项目作为一类功能复合的城市基础设施项目，考虑到其最显著的特征为主体与附属项目之间在结构和功能上的强关联性，因此把项目作为一个复杂性系统。项目主要参与主体——政府、设计、社会资本——在对待复杂性以及复杂性演化都必须面对系统本身复杂性和主体对复杂性认知两方的不确定性，由此做出科学的决

策对于任何一方都是技术性要求极高的挑战。

项目在实施过程中，主体需要在较短的时间内做出工程全生命周期内保障预期项目实现的复杂性决策。如果不能形成对工程复杂的分析、降解等的驾驭能力，便无法保证决策的质量。

2.3　PPP＋EPC 模式的内涵解构与价值实现路径

解析重大基础设施工程领域的 PPP＋EPC 模式深度融合的内涵，我们需要回答以下问题：第一，城市基础设施作为城市公共产品和公共空间的主要提供者，它的价值指是什么？它如何在提供无偿公共服务的基础上取得预期的回报？即公共空间价值的认识与获取问题；第二，我们所讨论的这种设计推动的模式，其发展是否具有非竞争的排他性？如何保证该种模式的合法性与合规性？即 PPP＋EPC 的模式的制度支撑问题；第三，如何做出必要的限制措施，以规避资本逐利过程中对公共产品的公共属性造成侵害？

2.3.1　PPP＋EPC 重大基础设施工程的价值意蕴

（1）PPP＋EPC 模式下产品的公共属性

1）城市公共空间价值的迷失

城市公共空间是城市社会、经济、生态、政治等公共活动共同作用的物质载体，作为城市的一个空间子系统，占据着独特且显要的地位，既是人们日常生活中衣食住行所不可或缺的社会需要，又是人们思想交流与情感需求得以实现的物质依托。人本主义方法论认为"人与人的相互关系与交往是城市存在的基本依据"，城市公共空间作为反映人社会属性的核心，应该着眼于整体空间品质。因此，城市公共空间（如基础设施、公共建筑、开放空间的城市广场与绿地）的价值不仅表现为物质条件和经济效益，还包括社会公众的精神需求和城市的文化内涵。

在土地财政的作用下，地方政府一方面通过经营土地积累资金迅速推动城市建设，明显加快了中国城市化进程和基础设施建设，在刺激建筑业、房地产业发展的同时，土地财政与房地产开发商的深度绑定使得土地价值和房产价格被过度抬高。随着城市人口的迅速聚集，居住、工作、配套的公共基础设施及公共空间迎来了巨大的挑战，无论是有限的土地资源、地方政府的隐性债务还是城市居民的经济承受能力都将难以为继，城市公共空间的公共价值意义正在被削弱。

另一方面，城市空间的多样性和活力被功能分区思想掩盖，简单明确的功能分区让城市变成由单一功能零件组成的流水线产品，既缺乏与周边功能空间的融合，又失去了内容与生活情趣的复合性。如商业中心雷同的布局使得空间本身变得单调乏味，过于集中、规整、平面化的城市空间布局与用地降低了多样性社会生活的品质，城市风貌趋于同质化。在空间特色与地域文化的传承出现明显断裂后，原本凸显城市个性的空间环境内涵与品质逐渐缺失，其作为维系社会关系和个人归属感的作用也不复存在，城市公共空间的复合性与多样性被剥夺。

最后，土地财政这种以土地为核心资源、以新的空间生产谋取最大土地效益为手段的城市空间建设模式，在经济效益的趋势下进行盲目的开发和扩张，城市规模在迅速"蔓延"，同时城市空间品质也在不断下降。城市建设作为最能体现地方政府政绩的方式，短浅的规划思想使得基础设施建设增量不提效，当不同时间建设的基础设施受到空间资源限制时，难免会出现平面交叉和互相干扰的矛盾，只能反复地开挖造成资源浪费。并且政府单纯以某个城市作为样本进行全面化普及的工作方式，为尽快达成上级考核指标往往缺乏对各地区实际功能需求的考虑，不仅无法为城市带来实际的使用价值，造成了人力、物力和财力的浪费，还无法融入现有的城市空间布局，显得呈现空间上的碎片化。

除了政府传统价值观念造成的影响，设计和建造作为形成基础设施实体的关键，也直接影响了城市公共空间的价值。项目在识别阶段，尽管设计和建造两方所具备良好的知识和技术能力可以影响地方政府的价值意图，但是由委托关系所构成的顾客为导向的价值链形成方式，直接导致符合各自狭隘利益视角的价值短视——地方政府及其平台公司以满足自身的政绩为需求；社会资本以承建工程项目获得施工利益分成为需要；设计方以完成设计任务获取相应服务费用为需要，情怀服从于饭碗；施工方以最低的施工成本，最快的施工进度并获取施工利润为需要；作为公共项目重要的利益相关者——城市群体被长期忽视，排除在整个建设和运行活动之外。这种"重建造，轻运营"的价值短视行为是城市基础设施总体服务品质长期保持低水位的一个主要原因之一。

2）公共产品"属人性、为人性"的失判

PPP 模式下的城市基础设施需要遵循公共产品在社会资本的运作下不违背"属人性""为人性"的基本伦理准则，必须防范公共产品的"公共属性"被社会资本（特别是资本中的私有成分）"绑架"时所呈现的消极一面。主要是资本逐利本性导致的城市公共产品价值失范。

公共空间的核心价值来源于"公共性"，即自我在确证自我的过程中所体现的为他性，这是人类生存的社会性本质的表现方式。公共产品以其独特的社会、经济和政治地位不断培育群主体和类主体的精神世界，构成群、类的归属感、认同感和安全感。

因此，公共产品价值具有普世意义，能够影响人类群体生活中的诸多因素，不仅发生在城市空间生产的框架和过程中，更源于公共产品生产的价值基础和行为动力——以衣、食、住、行、柴、米、油、盐、习俗、观念、心态、情感、信仰等核心元素构成的生活意义具象化，其普世意义旨在维系和回归"属人性""为人性"的公共产品生产的价值原点。另一方面，基础设施以容器的姿态承受着人类的活动与生产，"城市本身表明了人口、生产工具、资本、享乐和需求的集中"。由此"城市不是众多的人和物在地域空间上的简单叠加，而是一个以人为主体，以自然环境为依托、以经济活动为基础、社会联系极为紧密的有机整体"。基础设施作为公共产品绝不只是一个物理容器，而是由居住、生产、交通以及自然生态系统共同组成的城市系统的重要组成部分，能够直观体现该城市在特定时期内的社会、政治、经济、文化状况。

基础设施项目允许社会资本通过 PPP 模式参与建设与运营，从公共价值意义上看，在如何对待公共产品的"属人性""为人性"的问题上，主要是允许政府和社会资本对公共产品存在认识差异，以充分发挥市场优化资源配置的积极作用。所以，只要 PPP 被允许，PPP＋EPC 当然可以被允许。

我国在城市基础设施领域着力推广 PPP 模式主要发生在近十余年，资本介入城市公共设施运行的消极一面并未显著地为学界和公众所认识，同样资本对从不缺乏使用者但明显缺乏使用者付费的城市基础设施所潜藏的巨大商业价值缺乏清晰地了解。城市街头随处可见，并且使用者几乎无偿使用的共享单车所带来的商业价值被突然发现并立即被大量资本追逐，这不是已经成为我们现实的生活一部分，而不再为人所"惊诧"吗？问题是城市基础设施不仅仅是共享单车。以数字技术先声的新基建快速推广必将重塑城市生活的文化模型和生活方式，比共享单车影响更为重大和深远的基础设施所潜藏的巨大商业价值并不能被"隐藏"多久。

传统基建把人的个性和需要简化为功能性的机器，按照理性规划的流程被规范为"理性人"。这种"理性人"的设定方式导致城市空间被规划为单一功能配置和单一空间类型的组合。传统城市基础设施所映射的公共生活内容单调、空泛。

3）PPP＋EPC 模式下产品的使用价值与多样化需求

以城市交通类项目为例，政府方依照理性规划做出的决策是"先生产、后生活"，客观上是对城市公共空间生产进行"单一功能"的简单配置。具体而言，市政道路有快速路、主干路、次干路和支小路等多种等级界定，政府方的理性规划完全基于交通基本功能做出决策。未考虑到交通参与"人"不仅仅包含机动车辆，还需要涉及慢行、步行的使用者，人们需要从家园步行到达公园，可见该决策忽视了动态交通行为的多样性。然而大多数情况下，静态交通的多样性同样被忽视，如沿街小商业自身无法提供足够停车位以满足静态交通的需求。

可见，在市场经济条件下如果城市基础设施的开发与规划缺乏对具体人的日常生活的思考，必然会造成城市空间形态的单调乏味、社会文化以及城市居民情感的缺失，从而构成公共产品的公共价值意义的失判。公共空间从来不是孤立的个体，如果孤立地分析某个公共空间，则空间的价值无从谈起，比如一条无论是高架形式还是隧道形式的干道，孤立分析它所联系的城市功能区、产业布局、城市人口构成和空间布局时，便无法充分利用其所在空间的特性实现自身及整体空间的价值增值，获得"1＋1＞2"的效果。

按照"物的有用性使其具有使用价值"的逻辑，公共产品既可以将其看作是生产资料，表现为设计师影响和改变建筑物、土地、道路等生产资料生产出劳动产品，又可以看作是生活资料（消费资料），用于满足使用者生存、发展和享受层面的需求，如供公众长期使用的庭院、街道、广场、公园等，而其中将公共产品的空间作为生活资料进行使用和消费的过程，便建构出产品的价值。因此，在进行基础设施建设时应当充分理解城市公共空间的价值，站在社会公众需求和城市发展的视角将公共空间作为一种稀缺的资源加以积极开发，将公共空间的价值从时间维度（历史文化传承）和空间维度（土地资源可持续发展）对经济价值、人文价值、生态价值等等进行拓展。

以城市快速路隧道项目为例，通过性交通为该类项目的基础功能，当地下定向匝道与沿线的地下停车场库进行联系时，使得该项目除原有的单一交通功能外，还具备了交通服务功能；充分利用地上地下空间为到达性交通配套停车场时，又赋予了项目以静态交通功能；当过境交通与地面剥离后，地面交通以到达服务为主，因此可以适度提升地面慢行交通和公共交通，从而改善地面公共空间的品质和价值提升；当该停车场与轨道交通站点在空间上取得联系后，则赋予其静态交通中的换乘功能；换乘的主要通道还可以在沿线做适度的地下商业开发……公共产品的多样化功能就这样被逐层延拓展开，使项目在提供公共产品服务时既不失公共属性又满足公众多样性需求，还附带大量的营业收入。

可见，从不缺乏使用者的城市基础设施项目承担关键城市社会职能，如果与城市群体的日常生活联系，将蕴含丰富想象空间的商业价值。PPP＋EPC模式应秉承基础设施产品"为人性""属人性"的价值原点，合理合规地探索出一条切实可行的可持续发展路径。

（2）公共产品价值基于系统思维的分析

每一个基础设施项目都可以看作整个城市系统的一个子系统，应具有系统的一般性特征，如整体性、结构性、动态性和关联性等。

就整体性而言，某个具体的基础设施项目拥有独立的使用功能和运行机制，并且该子系统的构成要素之间是相互联系和相互作用的。以市政交通类项目为例，它必然与城市绿地、广场、街道、居住地、商业和其他城市产业区域形成一个整体进行运行。项目的建设意义必然指向某个或者某一方面的具体目标，比如交通疏解、服务于城市功能区块、发挥开放空间的集聚或疏散效应等。但是公共产品除了能通过完成具体目标产生巨大的直接效益，还能通过影响经济、社会、文化和环境等产生深远的间接效益，一方面体现为提升城市关联区域的土地价值，另一方体现为促进关联区域的功能更新与完善，具体表现为改善居住生活质量、提升商业聚集或是提供更为广泛的就业机会。

就结构性而言，某个具体基础设施项目的内部有更为细化的多级子系统，用于满足不同功能的需求定位。仍以市政交通类项目为例，它必然以土建结构系统为基础，建构一个稳定的空间形态；地面道路系统使得各种机动车、非机动车、步行者等多元交通主体可以参与其中；照明系统和交通设施系统作为补充使得地面交通系统的功能更为完整；排水系统和消防应急系统是保证系统稳健性所必不可少的，它们的存在是为保障其他系统长期、可持续、稳定状态的补充功能，以应对外部条件的动态性变化。结构性使得整个系统从宏观层面到微观层面更具层次性和逻辑性。

就动态性而言，基础设施项目会随外部关联性条件的变化而持续性地发生运动，关键在于合理利用系统的自适应性和稳定性。在公共空间的生产活动中，复杂系统是不确定性系统，因此管理人员在系统的基本运动规律中必须保留对其持续干预的能力，甚至在项目的运营期就预留二次开发的条件，以规避不确定性带来的价值投资风险。仍以市政交通类项目为例，为提高交通系统的自适应性，项目在前期设计阶段就需要对交通流进行近远期的预判，因此设计人员既要考虑当前的社会需求，还必须兼顾城市的远期发展。PPP 项目的特许经营期较长、不确定性明显增强，项目更应该根据城市与社会的发展规律做出适应性的调整，并通过特许经营权为此类项目进行渐次性开发提供政策性保障。比如为工程配套的混凝土拌合站，在工程建设期间既消耗工程产生的部分石料又为工程提供混凝土、水稳等地材拌合料；在整体工程进入运营期以后，拌合站通过产权交易（变更）进入属地商品混凝土市场。

就关联性而言，必须基于特定环境来解析基础设施项目在建构公共空间价值中的现实意义，分析系统与周边环境发生物质和能量交换时的运动规律。PPP＋EPC 项目不再局限于项目红线，强调功能复合和提供丰富多样的公共产品，核心在于将项目所处环境的沿边沿线子系统纳入项目的整体系统进行考虑，在红线之外规划出一条粉线（可以理解为关联区域开发边界）。仍以市政交通类项目为例，设计方对道路的分析不再局限在道路交通功能本身，而是对道路系统本身及其所关联的城市空间的整体系统进行分析评价，并且不再受限于严格规划下的功能区划分和地块边界划分，而是把道路作为联系纽带，充分考虑项目投运后其影响区块内将呈现的公共性、开发性、大规模人群尺度等特征变化，基于此进行商业价值因素的探索，并做出相应的策略性布局，PPP 项目的运营对象也不再局限于项目本身，而是对关联区域的物业开发进行拓展。

（3）设计方在 PPP＋EPC 模式下的认知过程与探索

1）设计方对特许经营权的探索

从广义上理解，特许经营是一种商业模式。特许人将其拥有的资源以合同形式许可受许人使用，可以分为商业特许经营权和政府特许经营权。其中《基础设施和公用事业特许经营管理办法》对公共事业特许经营的定义是"政府采用竞争方式依法授权中华人民共和国境内外的法人或者其他组织，通过协议明确权利义务和风险分担，约定其在一定期限和范围内投资建设运营基础设施和公用事业并获得收益，提供公共产品或者公共服务"。《商业特许经营管理条例》对商业特许经营的定义是"拥有注册商标、企业标志、专利、专有技术等经营资源的企业（以下称特许人），以合同形式将其拥有的经营资源许可其他经营者（以下称被特许人）使用，被特许人按照合同约定在统一的经营模式下开展经营，并向特许人支付特许经营费用的经营活动"。

两种类型的特许经营权有实质上的区别，政府特许经营权的授予主体是政府或其授予的政府职能部门，范围主要是公共产品和服务的建设与运营，目的在于公共利益最大化，是一种社会管理职能的转让。而商业特许经营权的授予主体是企业或是个人，范围主要是商品或商标、经营模式、生产专利等私人产品的运营，目的在于商业价值最大化，是资源或无形资产的有偿转让。由于本书是基于 PPP＋EPC 模式下的基础设施建设研究，通过政府特许经营权和商业特许经营权的对比分析能够帮助读者更好地辨析两者，我们对特许经营权的讨论则均是对政府特许经营权的理解。

实践证明特许经营权的开发能有效提升基础设施项目的商业价值，深圳地铁 4 号线是第一个将地铁建设与沿线物业开发建设结合的地铁项目，成功利用周边土地开发带动的地价增值，在缓解投资压力的同时为政府带来利润分成；香港机场对特许经营权的应用则更为广泛，从与机场运行直接相关的维修、配餐、物流、航油等辅助设施项目，还有与机场运行不直接关联的广告、办公楼、酒店餐饮等项目特许经营权，成功实现了高盈利、高品质的机场运营。可见，政府方与社会资本方如果在谈判、协商的过程中对特许经营权进行有效开发，建立良好的投资回报机制，对于使用者需求、产品品质和各方利益都有着十分重要的现实意义。

特许经营权具有双重性，首先，基础设施具备公共属性，确保生产和提供公共产品与服务是政府授予特许经营权的基本要求。其次，在实际建设运营过程中，基础设施还具备一定的商业属性，可以在与政府达成一致的前提下对基础设施本身和周边进行连片开发，生产和提供基础设施基本功能之外的补充功能，利用提供有偿公共服务的附属项目实现公共产品的价值增值。

设计方作为最早介入项目的社会资本方和 PPP＋EPC 模式下合建基础设施的主导力量，其对特许经营权的认知很大程度上决定了公共产品的价值预期。需求决定功能，功能影响品质，品质服务需求，因此设计方对于特许经营权的认知需要从功能多样性出发，利用特许经营权的开发实现设计方对基础设施基本功能和补充功能的畅想，最大限度地发挥设计方在建设阶段与运营阶段的价值创造能力，将功能的多样性作为社会公众需求和产品品质之间的纽带，建立一种价值互补、空间集约的能动关系，从而帮助社会资本和政府找到公共产品的价值所在。设计的总体思路为以基本功能为主线，经营性设施为要素，将消费空间与公共空间融合，形成多功能复合的准公共产品。因此，基础设施作为一个多功能复合的立体空间系统构成 PPP 项目特许经营权的诠释，利他性功能与排他性功能共同构成城市群体"日常生活"连贯行为，即商业空间利用公共空间集聚带动人流和资金流的注入。

设计方对准公共产品的特性经营权的诠释"公与私"意义的兼容并包，脱离单纯的管理而成为一种确实的技术性手法，主要有：

一是实现基础设施项目本身功能的多样化。在用地范围内对基础设施项目的功能布局进行合理规划，以优化空间结构、空间集约利用为原则，基于空间层叠规划法将基础设施地下、地面和地上的立体空间体系进行整体规划。将不同功能的基础设施进行功能空间的有机融合和一体化设计，形成一个功能复合的综合体，并做好公共服务配套，挖掘项目本身未充分利用的空间，如广告的投放、合建项目的横断面的空间布局、地下结构与地面之间夹层空间的利用、配套设施的功能再开发。

二是实现空间功能定位与需求行为耦合构成要素序列，形成结构化空间功能系统。对于交通设施而言，隧道、轨道、铁路、地铁、公交等都是以交通功能为基本功能的公共设施，可以通过合理的空间组织和流线疏导，将基础设施项目的出入口与外部空间的耦合作为开发要点。往往并列式布局可以保持各个功能空间的渗透和连贯性，同类基础设施的聚集可以形成网状的公共服务空间，空间衔接点则发挥节点作用促进区域空间功能的一体化，实现空间序列上的连贯有序。

三是实现"本体与关联区域"的空间联动，"公与私"意义的兼容并包，共建共享。多样性是高品质公共空间的具象特性，功能互补则是基础设施公共空间多样性开发的重要依据。不同的功能设施都有各自的运行特点和空间特性，应该以系统性思维将这些多样的公共设施功能与项目本身进行整合开发，即项目本身的功能和结构与沿边沿线功能需求的合理搭配，实现城市功能上的相辅相成，统筹规划基础设施项目周边的人文休闲、景观绿化、应急避险等城市功能需求。

把特许经营权根植于城市群体日常生活，是设计方富有远见的产品品质追求。

2）富有远见的产品品质追求

PPP 模式下设计方牵头的 EPC 总承包模式相较于其他总承包模式最显著差异是，设计施工一体化由产品质量向产品品质推广。由设计主导的 PPP＋EPC 项目管理组织对城市基础设施项目的品质追求主要体现在以下四个方面：

① 功能复合

城市基础设施的核心价值在于其效用满足人们对使用的需求，而不是单纯地实现产品功能，更多的是强调物尽其用。功能是将抽象化、普遍化的需求进行提炼，功能实现的最终目的在于体现抽象人的需求，但是由此形成的基础设施只是一种在工业化生产模式下生产合理化、标准化、同质化产品，所以设计方对于基础设施的品质追求绝不止于功能。因此设计方需要在实现基本功能的基础上更多地关注于功能复合，根据使用者的需求（动态体验）做出必要的修整和精雕细琢。

② 生态平衡

人本主义和生态伦理的统一形成的可持续科学发展观，已经成为包括基础设施在内的城市公共空间生产的核心价值之一。设计方对基础设施的品质追求在生态平衡方面体现在宏细观两个层面。在宏观层面，对于生态平衡的追求需要从城市整体出发，结合城市生态体系和城市自然风貌，通过人造景观和天然景观的连接，建立人与自然的良性互动关系，形成生态廊道和生态循环。在细观方面，设计方可以采取针对性策略来处理公共产品与环境的关系，例如对于高架快速路、地面干道等线型工程采取"隐"的适应性策略；对于广场、绿地和大型公建工程采取"融"的开放性策略；对于垃圾处理、污水处理等本身具有高污染性的工程采取"避"的隔离性策略。可以在项目设计初期完成这些策略的制定，并在项目后期进行二次深化，以适应场地条件和外部环境的变化。

③ 地域文化融合

设计方对于城市基础设施的地域性文化的塑造绝不是简单地添加符号性象征物，其关键在于公共空间场所感的营造，这种场所感只有在使用者与公共产品发生情感联系时才能形成。地域的自然基底、群体的行为习惯、民族认同、参与公共产品的活动都能构成地方特色，这些地域文化的提炼是设计方的基础性工作。吴良镛的研究表明，特色是生活的反映、地域的分界、历史的构成、文化的积淀、民族的凝结，是特定时间与地点条件下典型事物最集中的表现，因此它能引起人们不同的感受，和心灵上的共鸣与感情上的陶醉。可见，城市基础设施建设在城市空间中具有独特地位，地域文化的融合才是产品品质的重要载体，也是设计工作的出发点和归宿。

④ 审美的需要

城市基础设施项目作为城市公共空间的一部分，其外观形态、空间尺度、周边比例关系、外观材质等多种外在形象特征同样需要满足人们的需求，包括审美需要。公共产品深刻体现公共精神，力求大众文化的人文提升和精英文化的平易近人，因此产品在满足审美需求上需要做到两者相容、相互促进和良性循环。公共精神体现为推动基础设施项目彻底摆脱权利炫耀、物质魅惑两方面的侵蚀，恢复社会大众重新介入现实问题的能力，强调个体化的参与和体验。

设计院在参与城市基础设施项目全生命周期时，特别是项目形成的胚胎期，应当敏锐地捕捉城市管理者的认知和需求信息，以"负责、高效、最好"的主动姿态为业主单位提供一系列工程问题的解决方案，以"赢得"项目。在项目实施后期，设计院则应更多地专注于项目本身的品质，用富有远见的态度关心城市群体，特别是公共产品使用者的感知与体验，以赢取广泛的社会声誉。由设计方牵头的 PPP＋EPC 项目，必然可以注意到设计院在项目形成早期所付出的努力，和在项目尾期甚至竣工交付后对项目品质追求上的执着。

（4）城市公共产品的价值建构

经济学以物品在消费上是否具有排他性（excludability）和竞争性（rival）划分消费品的属性：私人产品和公共产品。就严格的划分标准而言，一种物品需要同时具备非排他性和非竞争性才能被称为公共产品，传统的街道、广场、公园等都属于此类。就广义的划分标准而言，如果一种产品同时具备非竞争性和排他性，或者用于排除消费者而追加的交易费用很低，通常被称为排他性公共产品。而有些公共产品本身具备排他性，并且在达到一定使用水平后又具备竞争性，可以称之为拥挤性公共产品。

PPP＋EPC 模式旨在促进社会资本与政府开展良好合作，鼓励公共产品向多元化投资模式发展，同时直面并解决此模式下私有空间与公共空间之间的融合问题。[①]

在 PPP＋EPC 模式运转下导向的公共产品不再具有严格意义上的公共属性，其大概率会表现为产品成为兼具公共和私有两部分功能的混合体。从使用者角度看，公共产品成为混合体后表现出的竞争性与排他性的属性，意味着"界限模糊"的特征已经显现，该特征间接反映出公共空间的生产逻辑出现了重大的转变。因此，如何保障已经被私有化的公共空间还能够最大限度地向公众让渡是 PPP＋EPC 创新模式所必

---

① 我国的 PPP 模式界定为政府与社会资本合作，所以"私有"是指社会资本所有，而非一般所理解的 privately owned，请读者注意区分。

须解决的实际问题，Davis M. 将其描述为"堡垒化"环境。

私有资本在开发购物中心、公司广场和画廊等臆造的人工环境的同时制造出公共空间的假象，并利用地下隧道、天桥等步行网络将这些空间连成一个整体，从而巧妙地排斥一些边缘社会群体（非消费性群体）的进入。这种做法通过将自由和丰富多元的社会公共空间贬低成简单的商业共享空间，来模糊公共空间与私人空间之间的界限，也有学者把此种现象称之为"消费主义影响下的城市公共空间的价值危机"。此危机不仅带来了城市公共空间的消失或减少，还造成了公共空间环境品质、魅力的下降，使得公共空间逐渐成为与公共活动疏离、与市民实际需求对立的商业化产品。可见，在"消费主义"的影响下大量公共空间变得商品化、私有化，并且商品化的公共空间在"功利主义"的影响下正在逐渐背离为市民日常生活提供服务的本质。

同时，准公共产品的属性也并不总是同时具备非竞争性和非排他性的，例如街道作为严格意义上的公共产品用于行人通行，但是行人不被允许在机动车道行走，街道与机动车道之间存在一定的排他性；公交、地铁作为公共产品需要使用者购票乘坐，但是公交与地铁之间构成了低烈度的竞争；高铁作为公共产品，其基本功能（购买普通车票）是具备普惠性的，但车站或者列车上的其他有偿服务（餐饮或者购买高等级座位）并不具有普惠性质。从理论上讲，城市公共产品，特别是市政交通项目（包括地下隧道、地面高架以及地面各种等级的道路）这种缺乏直接使用者付费条件的公共产品，并不排除某种特定身份的潜在使用者，也不妨碍任何社会公众对该公共产品的使用，仍然保有公共产品基本属性中的公益性质，但是其在特定条件下同样具备排他性、拥挤性等一般产品所具有的特性。下文将以市政道路为例展开分析，阐述公共产品的价值建构问题。

1）排他性

进行公共空间价值构建时，公共产品的附着品将在不影响产品本身基本功能的条件下选择性地表现出排他性的特征。例如同样具备公共属性的各类管线，包括通信、电力、给排水管道等，如果在道路建设期间能够以前瞻性的视野进行规划设计，以可持续发展的眼光预设各类管线的发展裕度，这些管线通过的路径空间便能以预留发展空间的方式，为该产品的二次开发提供空间优化、资源集约的可能性，从而成为一种可销售的资源。而 PPP 模式下的 SPV 公司作为垄断经营的主体，完全可以通过政府授予的特许经营权合法合规地出售这些独占的资源，即便建设期没有充分预留开发空间，运营期还可以获取 SPV 公司的许可，通过独立管线的新建、改扩建来取得开发空间，因此这种许可权也具备商业价值。

道路实质上对交通参与者是无差别开放的，但是在规划权适度授予的条件下，其参与者在微观层面存在差异性，并呈现出排他性的特征。例如快速路与疏散需求强烈的大商业、大市场、密集型产业连接时所提供的便捷定向匝道，使得某些地块直接受益。微小的差异性虽然并不改变其公共性的本质特征，但是能够在微观上呈现出强烈的排他性，从而使得道路项目的公共空间价值得以建构并兑现。

地铁车站的上盖物业、剥离地面交通流（地下环路）后的城市步行街、街区的有机更新，乃至接入街巷的慢行系统支路，虽然开发烈度有所不同，但都是城市公共空间建构的方式，由于公共空间的资源独占性，公共产品在对社会性需求做出响应时，所对应的需求层次越高，构建的价值附加值也相应地得到快速提升。

2）拥挤性

公共产品本身具备非竞争性和非排他性的公共属性，但是一部分使用者在使用过程中必然会影响其他使用者，由此构成了平等使用者之间的竞争，体现为公共产品的拥挤性。

以城市市政道路为例，这种竞争性集中反映在两个方面：一方面，从使用群体考察，交通参与者本身会占用道路提供的公共空间，这就意味着限制了其他适用者同时同地进入该区域，当极端情况出现时即发生道路拥堵或交通事故。换而言之，拥堵路段表现为对用户的排斥，而通畅路段则是对用户的吸引，所以城市道路中拥有强大功能的快速路或主干道往往有着非常强大的区域性的交通吸流作用。另一方面，从区块联系考察，通达性是地块价值取向发生变化的主要原因，轨道交通、快速路和主干道提升了城市区域间的通达便捷性，同时剥夺了沿线沿边的通达性、便捷性，呈现出一种区块"割裂"的状态。对通达性敏感的小商业（例如便利店、美容店等）的影响显然是非常负面的，而对于物流、仓储等显然又是促进作用。并且区块联系不局限于通达性，还包括功能多样性复合（搭载的管线、服务于交通的加油站以及服务于周边的城市家具等）、生态环境友好程度（轨道或道路的噪声、光污染等）、地域文化的互动深度（便捷交通增进地域交流、路网对自然族群的隔离等）等形成的多维度、多层次的联系网。

以交通功能为主的城市主干或快速路为例，其在 PPP＋EPC 模式下，既要研究道路直接服务的重点区块（即交通的集聚与疏散的首要影响作用），还需要重点分析周边区域联系条件的变化，并依照特许经营权做出相应的规划功能调整。例如，利用区块联系的负面影响，低价取得小商业物业；充分利用高架下的绿地空间，打造面向周边社区开放的以体育健身为主题的社区公园；在弥合地域族群割裂的同时，通过二次开发手段将周边小商业纳入整体公园项目以重塑周边商业的业态等。

3）多样性

不同类型的城市公共空间在公共属性的纯粹性上天然存在差异，即便是同一类型的公共空间，其在不同的条件下也表现出差异化的公共属性。本书在讨论排他性时已列举部分案例，这种差异化的根源来自公共空间，包括城市基础设施在内的空间功能多样性。这种多样性空间在 PPP＋EPC 模式下的价值构建需要基于系统论的思维进行降解，以找到内在的一般性运动规律（本书第 3 章讨论），并通过集成方法（本书第 5 章讨论）对公共价值进行重构。一般情况下，人作为空间活动的参与主体也属于空间的一部分，并且空间是通过人的使用才产生价值。因此城市公共空间同其他空间一样，需要满足人们的特定需求，而自然人所具备的深刻相似性成为识别需求的依据，所识别的需求进而成为产品功能设计的核心。目前设计人员在设计公共产品时，通常将公共产品的承载主体设定为理性抽象人，其整齐划一的行为忽视了各参与主体的真实差异，然而实际应用中这种差异蕴含着价值的本源——自然人的日常生活。公共产品的功能多样性分析与提炼是公共空间价值构建的基础，其源于对城市群体日常生活的解构与复兴。

日常生活与个体生命的延续和个体生存直接相关，它是维持个体生存和再生产活动的总称。具体而言，日常生活是以个人及其家庭或自然共同体为基本单元，以深刻相似的思维和行为（日常消费、日常交往、日常观念活动）为基本存在方式，并凭借其所在群体深刻相似的集体思维和集体行为（传统、习俗、经验及血缘关系等）维系其自在自为的类本质对象化领域。在社会生活中，群体活动的必要性、选择性、社交性的交汇发生构成了活动事件，城市公共空间则是群体性活动的承载体。公共空间在适应群体活动时所表现出的多层次结构、多类型复合、多变化适应性和动态性，使其具有一般物质的使用价值、空间序列的社会伦理价值和空间美学的审美价值。

城市管理者和一般 PPP 项目投资人常常困惑于城市基础设施项目的价值建构，一个缺乏使用者的空间（场所）才彻底失去了其价值意义，但是从来不缺乏使用者的城市基础设施怎会缺乏空间价值，其真正缺乏的是城市基础设施项目对个人及由个体所组成的城市群体活动所展现出来的深刻相似的日常生活的认识。因此，当基础设施在 PPP＋EPC 模式下进行建设时，公共产品的价值目标就转向了以政府公共部门为社会利益代理人，以"公平"为目标的价值取向，以公私合作为基础，以"公私兼顾"的双向利好的积极模式为方向的良性发展道路。

2.3.2　PPP＋EPC 模式的制度合规性保障逻辑

从 2.2.1 节所描述的一般概念来看，PPP＋EPC 模式作为 PPP 模式的一种特例，是 SPV 公司自主采用 EPC 总承包建造模式的结果，但是本书中特指的 PPP＋EPC 模式是由设计方参与并引导政府方采用 PPP 模式，政府与设计方共同选择社会资本方共同组建 SPV 公司的结果。因此，本书认为这种 SPV 公司主动选择 EPC 总承包的模式仍然属于 PPP 模式，与本书所描述的由设计方主导选择的 PPP＋EPC 模式存在显著差异。并且本书所特指的 PPP＋EPC 模式存在的必要在于从项目本体找到价值并创造价值，这便是 PPP＋EPC 模式的制度合规性保障逻辑。

当前政策法规对 PPP 项目的规范性约束文件摘要如下：

《政府投资条例》（国务院令第 712 号，以下简称《条例》）于 2019 年 7 月 1 日起正式生效施行。《条例》并不直接关联 PPP 项目，但考虑到目前城市基础设施领域大多采用 PPP 模式，并且项目实施以工程建设为主，此法规可以适用于 PPP 项目。相关条例中对于无实质性运营的垫资承包项目和项目运营的相关内容较少，并且过度依赖政府付费的项目被列入了《条例》的严格限制范围。

《关于规范政府和社会资本合作（PPP）综合信息平台项目库管理的通知》（财办金〔2017〕92 号，以下简称"92 号文"）严格管理 PPP 项目入库的核心举措有：一是实行分类管理，确保项目全生命周期规范化运作；二是统一新项目入库标准，对明确不适宜采用 PPP 模式、前期准备工作不到位、未建立有效付费机制的项目不得入库，以提升入库项目质量；三是组织开展已入库项目的集中清理。92 号文强调优先通过并支持采用 PPP 模式盘活存量公共资产的项目，审慎开展政府付费项目，防止财政支出增长过快从而突破财政承受能力上限。

《关于加强中央企业 PPP 业务风险管控的通知》（国资发财管〔2017〕192 号，以下简称"192 号文"）从多个方面和角度约束中央企业参与 PPP 项目，并对 PPP 项目"重建设轻运营"的不良运作方式做出限制，如果中央企业在现有 PPP 项目落地过程中无法实现工程建设、运营、维护等阶段之间保有一定的关联性，其未来参与 PPP 项目将被限制。

《关于规范金融企业对地方政府和国有企业投融资行为有关问题的通知》（财金〔2018〕23 号，以下简称"23 号文"）首次从规范国有金融企业投融资行为的角度出发，强调财政金融风险的防控，并就地方各级政府加快建立规范化举债融资机制和防范化解财政金融风险这两方面做出明确规定。

《关于进一步加强地方政府和社会资本合作（PPP）示范项目规范管理的通知》（财金〔2018〕54 号，以下简称"54 号文"）是在 92 号文的基础上提出更为具体明确的清理整改措施。此外，需要引起注意的是，54 号文对采用单一来源采购的非竞争性项目做出了更为细致的规定，对准入门槛、所有制歧视条款、代持股份等提出明确要求，确保采用单一来源采购的项目事出有因且合法合规。

《关于推进政府和社会资本合作规范发展的实施意见》（财金〔2019〕10 号，以下简称"10 号文"）与 92 号文、23 号文、54 号文一脉相承，并对以往的政策进行梳理与细化，明确了 PPP 项目采购与实施的相关边界。从内容上看，10 号文明确了几个核心问题：完全与绩效挂钩的合规项目的付费机制、政府付费项目的要求、政府性基金使用规范、政府支出事项是政府的经常性支出等，并将新上政府付费项目打捆、包装为少量使用者付费项目、项目内容无实质性关联、使用者付费比例低于 10% 的 PPP 项目限制其入库。针对政府付费类项目，其中为了满足 10% 使用者付费比例标准，而把不需要使用者付费设置或包装成需要使用者付费的项目也列入了限制入库清单，如公共场馆、开放式设施等。

《关于依法依规加强 PPP 项目投资和建设管理的通知》（发改投资规〔2019〕1098 号，以下简称"1098 号文"）对 PPP 项目的可行性论证与审查、决策程序、实施方案审核、社会资本遴选、项目资本金纳入全国投资项目的审批监管平台的统一管理和监督、惩戒违规失信行为等进行了规定。1098 号文与《条例》紧密相连，提出全面深入开展 PPP 项目可行性论证和审查，并规定拟采用 PPP 模式的建设实施项目，应当从经济社会发展需要、规划要求、技术和经济可行性、环境影响、投融资方案、资源综合利用、是否有利于提升人们生活质量、政府投资必要性、政府投资方式比选、项目全生命周期成本、运营效率、风险管理、是否有利于吸引社会资本参与等开展全方面分析和论证。

通过以上政策性文件的解读，可以发现 PPP 项目的限制集中于 PPP 模式泛化滥用、借 PPP 项目变相融资等不规范操作现象，其背后的政策性逻辑在于化解地方政府隐性债务风险。可见，只有通过项目本身的价值创造来实现地方政府隐性债务的减量才是 PPP 项目的生存之道，而本书所特指的 PPP＋EPC 模式深度融合的创新之处正在于此。

PPP＋EPC 模式积极响应"建设与运营并举"的理念，强调城市公共空间价值构建与特定关联区域商业的融合开发，提倡建立功能复合、生态平衡、地域文化融合、公共精神与个体主义平衡、群体审美调和的高品质公共产品。

此外，PPP＋EPC 模式虽然采用基础设施项目为主体的统筹关联性区域开发项目群的方式，与 10 号文规定打捆、包装项目的限制相比，无论是从项目组成内容、各子项目的关联性还是项目回报机制上均有着本质区别，应不受其限制。

但是，PPP＋EPC 模式在回报机制上需要获得关联区域的统筹开发权，这种开发权并不一定是以土地征用、搬迁等方式取得，还可以通过市场化运作取得关联区域物业后，对原物业进行改造、改变使用功能（多种功能混合）、改变用地容积率等，然而这些方式均涉及城市国有土地利用和规划方面的授权，欠缺此类授权取得方式的相应政策性安排才是该模式应用与推广的最大制度性障碍。

制度保障至少应包括两个方面：一是 PPP 模式相关制度需要引导社会资本采取资金策略、开发权授予、强调经营性开发的方式参与城市基础设施项目的建设和经营，并设置必要的激励措施；二是我国现行的城乡规划法律、制度体系中，需要对微观目标（即街区、社区或某个具体项目）的政策执行给予适度放权，建立包括磋商、激励及监督的规划实施机制，规划编制、决策与规划监督分离的规划管理机制，给予社会投资一定的规划编制及决定权，充分调动其与地方政府共建公共空间价值的积极性。

此外，PPP＋EPC 模式下要求合作对象，特别是起主导作用的设计方，具备较强的综合性专业能力，由此可适当放宽有关的竞争性条款，即允许地方政府采用两次采购的方式，第一次采购主要选择大型国有头部设计单位，并允许使用单一来源的非竞争性采购方式，第二次采购与现行 PPP 采购方式保持一致（二次采购方式见第四章）。其次，社会资本深度介入城市基础设施微观目标的连片开发规划事务时，应积极规避"消费主义""功利主义"等不利影响，以及社会资本长期、连续经营城市资产，应考虑主动排斥私有资本的直接介入，从城市资源开发运营角度，在不明显增加地方债务的情形下，适度放宽地属地国企（包括地方城建平台公司）进行 PPP 项目采购的限制条件。

2.3.3　PPP＋EPC 重大工程价值共创实现路径

（1）PPP＋EPC 项目的价值共创框架

价值共创的研究从产品的使用价值出发，改变了传统价值创造理论中企业是价值创造的主体，而消费者仅作为价值消耗者的观点，强调消费者与企业共同创造价值。最初的价值共创研究基于消费者体验视角，认为企业与消费者共同创造消费体验是价值共创的核心，价值体现在消费者的个性化体验。最近研究者们则从服务生态系统视角出发，认为各经济与社会参与者在复杂网络系统下基于自身价值主张，通过互动与资源整合来实现价值共创，强调了价值的制度情境。可见，价值共创的核心在于参与者的互动与资源整合，而参与者的定义随着实践和理论的发展，正在从顾—企之间的二元关系发展到利益相关者之间的多元、开放、松散耦合的动态网络系统，这也为PPP＋EPC 模式的合建项目带来前所未有的机遇。

未来 PPP 项目商业模式的创新始终离不开资源整合与合作和产业链上、下游企业联动，价值共创视角下的 PPP＋EPC 模式合建项目旨在把使用者纳入基础设施领域的价值创造系统，以 EPC 的设计方主导作为 PPP 项目与价值共创之间的纽带，实现主体间的互动和资源整合，提供功能多样化和价值多元化的非经营性公共产品及准经营性附属配套设施，旨在为同类 PPP 项目提供可借鉴的意见。

在价值共创的先导阶段，各参建方凭借自身的技术、知识、信息、财务、关系、人力等资源参与价值创造过程，并基于信任、承诺、沟通和协调、价值主张契合、整体目标一致等因素产生共创意愿。在政府、投资方与设计方达成一致后获取项目所需的规划权和资金来源，进而识别消费者隐性需求，在掌握市场需求后挖掘城市空间价值，以项目全生命周期的角度进行项目功能与空间的布局规划。

发生阶段，由核心利益相关者组成的决策主体群形成战略管理层，通过科学的组织设计明确项目管理层面的体制、机制、流程、权责利界限等，保证决策的有效执行、组织内的信息通畅、工程造物所需资源的整合和高效配置。同时，采取适当的控制方式对实施层面中偏离计划内容的活动进行修正，以保障计划目标的实现，即利用有效的组织设计、决策机制和控制方法实现各利益相关者在战略管理层、项目管理层和实施层之间的互动，进行内部资源的整合。在设计方的主导作用下，项目在建设期提前考虑运营阶段的需求，将不同功能、结构、管理权的基础设施进行一体化建造和管理，随后从项目与周边资源的契合性出发，基于先导阶段获得的规划权，充分考虑合建项目与沿边沿线地块的办公、商业、休闲娱乐或其他公共服务的综合开发。通过基础设施的功能定位与城市功能布局的结合，优化周边土地利用性质，提升周边土地的经济价值，拉动地区经济发展，形成基础设施与城市之间的良好互动和项目外部资源的优化配置。此时，特许经营权、设计能力、项目核心决策主体的知识等有价值的、稀缺的资源，通过不同主体之间的互动实现新增价值，并且资源的异质性越大、有效互动转移的知识越多，创新就容易发生，以达到创新驱动高质量发展的目的。

评估阶段，参与价值共创的各利益相关方通过发生阶段的资源合理配置获取预期的价值。企业可以获得提供差异化产品带来的经济效益、竞争优势，使用者可以满足自身的多样化、个性化需求，消费意愿和满意度都有所提升，政府能够间接促进地方经济的发展、减轻基础设施融资带来的债务压力、获得周边综合开发的持续财政收入。各参与方在进行资源交换和整合的过程中即满足了自身价值需求，还打造出具有复合功能的高品质公共基础设施产品，实现项目全局效益最优。

反馈阶段，各利益相关方在获得正向反馈之后，能够将评估阶段获取的价值体验反馈到下一轮的价值共创，或是在这一轮的价值形成结果上继续优化资源配置进行二次开发，以此不断强化价值共创的正向激励，以此避免传统 PPP 模式的低效投资和债务的无序扩张。

基于以上价值共创框架，PPP＋EPC 模式的融合是政府方与整个团队基于项目的需求，通过设计手段提供多样性公共产品或附带多样性准公共产品的一种手段。核心在于利用设计满足业主和消费者的需求，实现沿边沿线的价值空间构建，在公共产品不能进行使用者付费的情况下，将非经营性公共产品与准经营性公共产品进行一体化开发作为市场化的有效手段，即为具备公共属性的非经营性项目提供具有公众消费意愿的附属项目。利用隐性使用者付费改善项目公司经营状况，从而增加社会资本的投资意愿，推动社会资本主动挖掘公共产品的价值。特许经营权的开发和良性投资回报机制的建立，有助于社会资本主动提升重大基础设施工程这类重要城市公共产品的品质并实现价值创造的良性循环。

基于价值共创的 PPP＋EPC 模式融合不仅是业务、项目生命周期和参与主体之间形式上的融合，还是内外部资源的双重融合。一方面，PPP＋EPC 模式的整个联合体作为投资和技术融合的团队能够与政府形成需求互补、资源共享、优势互补、合作共赢的局面。另一方面，PPP＋EPC 合建项目与沿边沿线附属项目的功能创新融合，能够将原本各参建方之间利益分配关系的零和博弈转向着眼于产品品质的价值共创，有效拓展价值共创的对外辐射范围。

（2）以基础设施项目为主体，涵盖特定关联区域的连带开发

当基础设施项目位于城市建成区时，其路径所处的土地经济关系相对复杂。考虑到其沿线沿边的城市功能、类型多样，拟建基础设施项目本身的物理存在，特别是营运期间，很有可能会造成特定区域存在状态的剧烈变化。并且当基础设施采取不同的规划用途时，所带来的城市空间价值也存在巨大差异，此为以基础设施项目为主体，在特定关联区域连带开发的先决条件。**所以，本书认为 PPP＋EPC 模式所具有的关联性是基础设施项目连带开发的基本特征。**

图 2.3-1 所示案例为某市政道路拓宽提升工程，局部占用原路侧 52×380 狭长既有地块。该地块用地面积约 24.84 亩，原有建筑面积 37110m²，地上 1130m²，地下 35980m²，地面及地下（下沉式广场）主要为小商品市场与地下影院。现有地块功能布局混乱，发展矛盾日益突出；主要表现为公共空间被私有商业大量挤占（图 2.3-2），原地面的公园绿地被改造为地面停车场、违章搭建的小商业，可见作为公共空间的地面公园已基本丧失其公共属性。

一般而言，道路提升工程作为独立项目，对地块征用所采取的建设方式（路径）为：土地征用和搬迁→既有建筑拆除→道路提升项目建设。

而案例所采用的建设方式即连带开发方式，地块征用路径为：商业谈判取得物业→土地划拨→合建项目二次设计（地块地上地下改造）→合建项目建设。

案例（图 2.3-3）所指道路提升项目主要为地面拓宽，并不影响已建成地下构筑

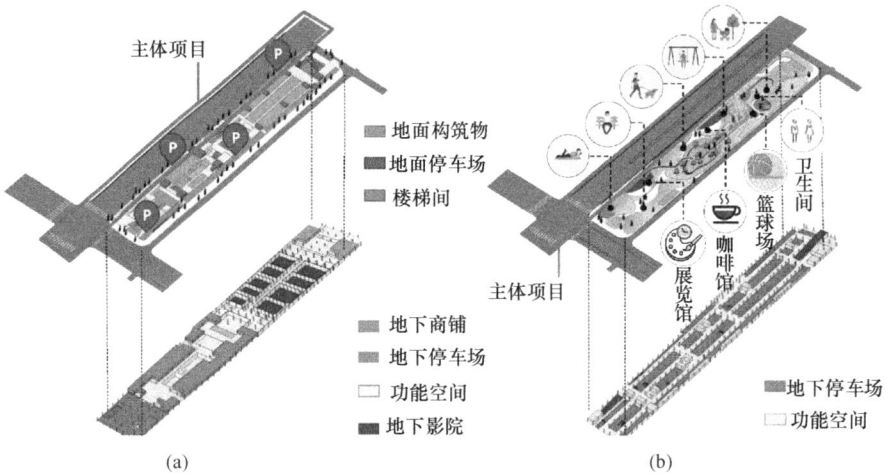

图 2.3-1 关联区域开发示例（道路沿线）（此案例引用自中电建西北院）
(a) 连带开发前；(b) 连带开发后

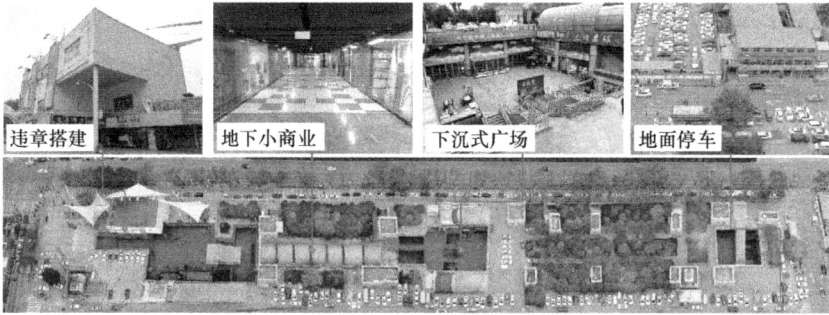

图 2.3-2 关联区域开发示例（现状）（此案例引自中电建西北院）

物的继续存在。当采用特定区域关联开发的建设方式时，原地下结构经过改造后能够全部保留，并改建为 2 层地下停车场库，可提供停车泊位 980 个。原地面改造为以群众健身为主题的体育公园，并通过覆土建筑方式恢复部分地面商业。经过连带开发改造后，该道路工程厘清了公共开发空间与商业开发空间之间的促进关系，并获得了微观节点上的可持续营收和利润增长。

PPP 模式下的城市基础设施的价值是隐性的，高品质的城市基础设施完全可以做到依靠自身及其周边的发展获得丰厚的回报，其中最为直接的回报方式是，利用基础设施建设实现沿线区域内城市功能的改善和价值提升。并且，在当地政府的授权下，将基础设施项目连片区整理的土地和直接受益的沿线沿边，通过规划手段使社会投资人以特许经营权的方式，通过并购、租赁等取得已有物业，还能实现与基础设施直接关联的工业、物流、研发、教育及其配套设施等多种产业的同步、渐次开发。这种关联区域的连带开发方式，理顺了地块与城市干道之间的交通关系，增加了公共空

图 2.3-3　关联区域开发示例（实施）（此案例引用自中电建西北院）

间功能复合，形成了活跃的公共空间界面，盘活了城市存量资产，提升了沿线居民的生活品质。

此案例也很好地佐证了以下观点，一旦采用基础设施项目连带开发（PPP＋EPC模式为其一种），必须从整体上把握项目，正确处理整体项目与从属项目、主体项目与附属项目、项目与其子项目等系统与子系统的关联性，其主要表现为复杂系统项目的整体性、结构性、动态性、关联性等衍生特征。

（3）微观目标规划放权，政企合作，重塑公共空间价值目标

我国在城镇化推进过程中对土地资源的消耗是惊人的，表现为城市规模不断向外蔓延，一方面耕地保护任务和耕地占补平衡极为艰巨，土地资源供求矛盾日益突出；另一方面蔓延的城市引发了一系列"大城市病"，催生出城市对高速、快速路等重大基础设施项目需求的快速增长和普遍的就业逆中心化现象，城市的无节制扩张已经严重制约了城市的可持续发展。

快速路、轨道交通等重大基础设施项目建设本身需要占用大量的土地资源，其土地取得往往需要地方政府利用行政手段（土地征用、房屋搬迁）予以支持。然而线性工程在土地使用方面，无论是新建还是改扩建，往往只取用一部分周边地块，具体表现为"割裂""切取"其中一部分（图 2.3-2），但是由于碎片化的用地受基础设施物理存在的影响较大，普遍存在利用率较低的现象，规划上难以进行科学的统筹安排。

现行的城市规划制度在分区规划和专项规划的作用下，缺乏对城市空间联动机制的把握。而传统的城市基础设施由于规划权的限制，无法将被碎片化的边角用地纳入统筹建设安排，并且有些城市在重大基础设施项目建设的同时，采用"代征代建"的方式扩大征地范围，以上做法均造成了严重的资源浪费。

PPP＋EPC 模式在对特定关联区域进行统筹开发时，需要将具体微观目标的改造和开发规划与相应的控规地块管理进行对接，并将其纳入控规体系以形成法定规划，其规划内容和授权程序应包括现状调研、改造策略研究、取得规划权三个层次，如图 2.3-4所示。

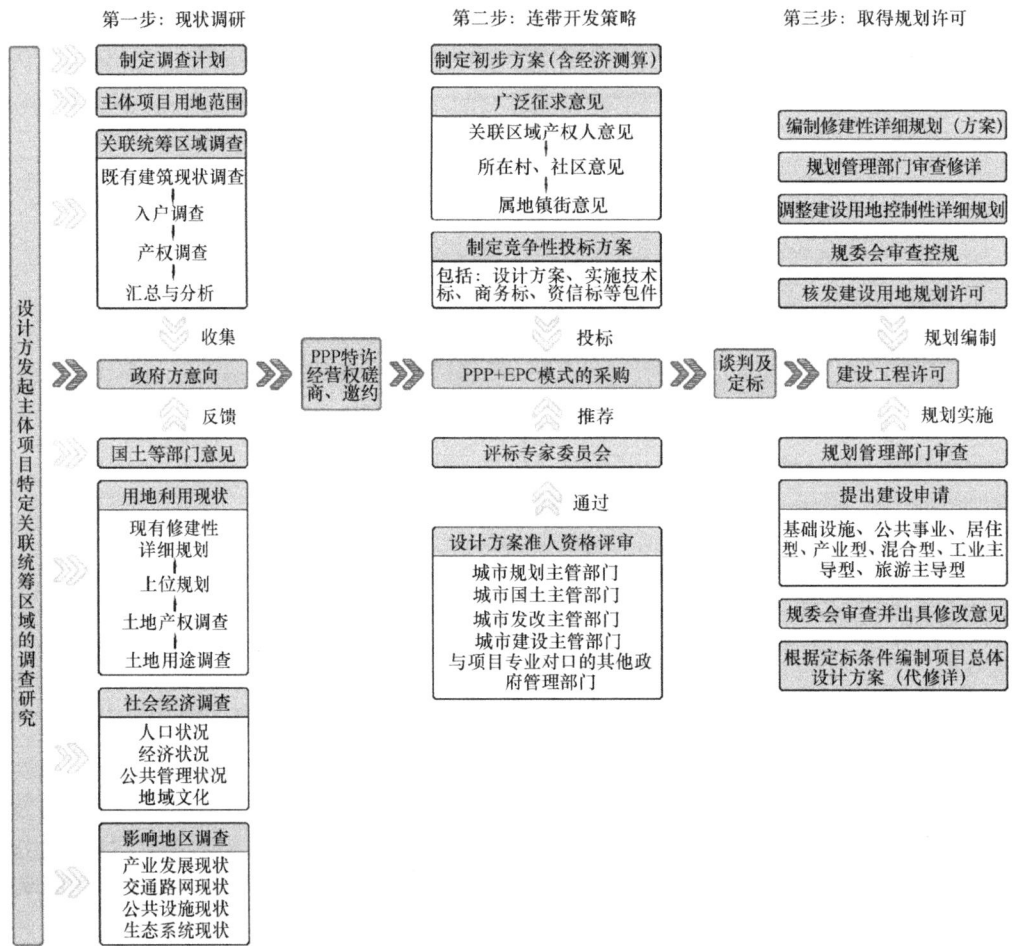

图 2.3-4　PPP＋EPC 模式规划授权程序

第一步，现状调查。现状调研是理解项目的开始，调查的内容主要包括主体项目的用地情况、关联统筹区域的用地情况、社会经济状况等，由此初步确定关联区域的范围。对调查资料进行深入分析后，形成以基础设施作为主体，特定关联区域统筹连带开发的建设模式，随后将政府反馈的主体和连带项目之间基本关系等信息，作为PPP＋EPC模式磋商与要约的准备工作。

第二步，连带开发策略。连带开发策略包括改造思路和策略、土地利用规划、总平面初步方案、相关配套设施规划、历史文化保护专章、土地整理论证专章（城中村）、融资及资金使用计划、控规调整专章、交通评估和经济测算等内容。确定改造、开发范围是连带开发策略研究的核心，也是各方利益的焦点所在。由于我国存在集体土地和国有土地两种土地所有制，土地规划与城市规划在基础底图的选择和用地的分类标准上也存在差异，因此当连带区域涉及城中村改造或者城市旧村改造时，还需要针对土地整理专章进行广泛的意见征求。总体设计方案是PPP＋EPC模式采购的相关文件中重要的准入资格文件，并且是传统PPP模式采购方式所未涉及的，即图2.3-4所示的两阶段评标法。

第三步，取得规划许可。在规划编制阶段，经PPP＋EPC模式的采购和定标前的谈判所确定的连带开发范围、技术经济指标（包括用地功能、强度等）后，需要由中标单位编制相应的控规调整文件，经规委会批准后自动覆盖原控规，并依规取得土地使用权。在规划实施阶段，经批准的控规文件同时又作为渐进开发的各独立子项的建设许可，由实施主体逐项报批，规划管理部门逐项审查。

PPP＋EPC模式下的特定区域统筹连带开发方式不是地理区位的简单相加，更不是大项目带动中的区域改造，而是为充分发挥基础设施的积极作用，将重大基础设施项目与城市关联区域发展相结合，以提升公共产品品质为切入点，实现社会、经济、环境综合效益共赢的目标。

基于特定区域统筹连带开发的PPP＋EPC模式，设计方在政企合作的过程中始终发挥着主导作用。在宏观层面上，设计方一手托着政府方、一手托着社会投资方，依据不同的目的、不同的技术手段、不同的角度和观念，构建不同开发情景的对话方。其核心在于以基础设施本体项目的城市空间协同为基础，为连带开发方向提供高效、直接的指引，并确定地块复建量、地块容积率、公共建筑量、融资建筑量、集体物业量、商业物业建筑量等核心指标。

在中观层面上，服务整体最优条件下的具体建筑或空间节点"一项一策"例如历史建筑以保护历史文化遗产为基本前提，提升城市公共服务功能和改善人居环境为首要目标；工业建筑以提升土地使用效率、促进产业调整和转型升级为主要目标；老旧小区以改善居民居住环境和提升土地使用效率为主要改造方向。因此，必须认真分析连带开发区域与主体项目之间的关系，通过整体把握局部协同来扬长避短，并针对不同的具体对象采取差异化手段，以实现规划协同、区域平衡、新旧联动、功能多样的价值共创目标。

在微观层面上，项目实施需要关注每一个与之关联的参与者的利益，以价值理性为导向，创新决策机制和权力运行机制，项目实际操作时应当尊重既有的产权利益格局，优先使用市场化手段直接取得物业权。PPP＋EPC连带开发模式下，通过与既有物业相关方的共享与深度融合实现多重价值创造和开发方式创新，必须借助行政手段进行征用时，相关经济测算和评估工作应充分考虑各方权益，追求城市利益、社会投资人利益、市民个体财产权三方的平衡。

综上，政府方在规划上的适度放权，允许社会资本对项目本身及其沿边沿线的定位做出符合自身"品质"的取舍，并通过特许经营权的让渡，使城市公共空间在功能上保持多样性，同时特许经营权的授予让社会资本在 PPP 运作模式下得到合理回报，这种做法最显著的特征是公共产品附带的价值得以"提现"，从而实现 PPP 模式下"物有所值"的目标。

（4）基于项目全生命周期特征的多方共治机制

PPP＋EPC 模式在项目全生命周期特征显著、利益相关方众多、投资主体多元化和同一主体身份多重性的特征下，各利益相关方的协调管理难度显著提升。合作伙伴之间的治理主要是指各方之间的契约治理和关系治理，项目中各组织间的关系是非人格化的，因此需要具有法律约束力的契约给予一定的约束力，以此来规范各方之间的权、责、利并遏制其投机行为。但在重大基础设施工程项目受到严格制度规制的情境下，公共项目的政府业主在合同签订前通过严格且复杂的招标程序选择合适的项目承包人，并在合同文本中明确约定风险分担内容，试图为合同签订后项目承包人的积极履约行为设定预期。鉴于合同的不完全性和项目参与主体的有限理性，在合同签订后，政府业主所预期的承包人积极履约行为往往依赖严格的监督得以实现。此举虽能在一定程度上抑制公共项目承包人采取机会主义行为，但却将承包人置于公共项目契约关系的对立面，显然在改善公共项目管理绩效上存在着效率提升的瓶颈。为此，通过引入以信任、合作、承诺、沟通等关系治理手段，在公共项目治理框架中注入适当的柔性元素，既能继续保证契约治理对承包人机会主义行为的抑制效率，还能降低监管承包人积极履约行为的成本，从而建立一个科学的控制结构和治理机制。

1）契约治理

契约治理是交易双方以实现利益为目的而签订合同的治理方式。合同订立过程中，双方经过了自认为充分的协商与谈判，各项交易事项事先谈妥并明确写入合同中，包括利益分配条款、违约条款、争议处理条款等内容，主张正式合同条款对参与方责任与义务的强制约束力。

在义乌商城大道 PPP＋EPC 项目中，正式契约包括 PPP 项目合同、工程承包合同、运营服务合同、监理委托合同等，各方签订的合同关系如图 2.3-5 所示。

正式合同可以有效减少工程项目中存在的交易风险，例如不确定性、复杂性与资产专用性，从而降低交易成本。此外，详细的合同条款和完整的合同形式是限制机会主义的有效方法，通过严格的正式管理机制平等分配所有项目参与方的权利与义务，达到有效提升项目绩效的目的。合同的完整性、柔性和强制性均能对项目绩效产生积极影响。由于建筑工程项目组织具有临时性，因此组织的契约治理机制可以划分为内部治理和外部治理。

内部治理机制主要以合约为载体，着力解决项目契约组织内直接利益相关方责权

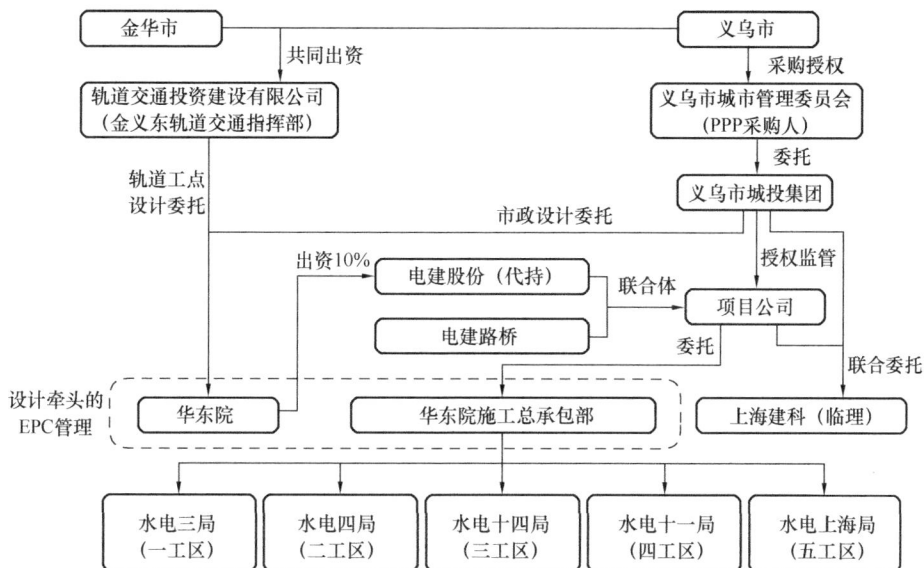

图 2.3-5　义乌商城大道项目合同关系示意图

利的制度安排，是整个治理机制的基础。其中，报酬机制是最直接的激励因素，风险分担机制强调承担风险的成本与有效激励后的收益合理平衡，项目的所有权配置则对于风险分担和报酬具有根本性的决定意义。

外部治理机制则是通过外部市场所提供的项目管理信息和对项目管理者行为的客观评价，形成一种优胜劣汰的市场竞争环境。其通过声誉与市场准入资格的结合筛选合适的公共项目代理人，并利用项目管理绩效评价对其进行约束，再将合同风险责任与责任追究结合，实现具有监督作用的问责机制。

2）关系治理

过度依赖契约治理将使得交易频率和交易成本提高，同时带来交易不确定性和资产专用性的风险。与契约治理不同的是，关系治理建立在各方的非正式结构和自我执行之上，通过社会关系与共享规范实现组织关系的治理。关系治理不以条约谈判为驱动，而是以利益共识和信任为基础，通过成员的沟通、对话和协商来解决问题。关系治理没有固定的僵化模式，可随着社会的环境变化及时加以修正，着眼于宏观、战略全局性的目标，更注重长远及全局利益的实现。义乌商城大道项目 PPP＋EPC 模式下的关系治理主要包括信任、沟通、承诺、合作等内容，与契约治理实现了互补。

在义乌商城大道项目中，政府部门在合作之初主要关注社会资本的融资、建设和运营能力，通过招标投标和合同谈判对中标的社会资本方（电建路桥和电建股份组成的社会联合体）形成初步信任。随着项目的实施，双方交互频率增加、相互了解加深。社会资本方建立项目公司后，将工程项目发包给具有良好信任基础的公司（路桥集团、华东院、水电工程局，均为社会资本方旗下的成员企业），当各方在合作过程中信任水平较高时，可不再过多关注契约的完备。当工程发生变更时，各方基于信任允许先执行变更再完善相应程序，较大程度地提高了项目实施的效率。因此，合同双方可扩大开放性合同条款，提高缔约效率，以及不再过多追究过失，转而投入更多的精力解决风险问题。

实践中业主和其他利益相关方并非完全通过正式渠道和协议建立关系，在合同和协议外，存在着大量的非正式沟通，如现场会议、协调会议等建筑行业特有的、重要的沟通方式。沟通过程的连续性、有效性已经被视为一种重要的关系规范，信息交换的及时性、准确性、完整性、充足性等成为各种研究中广受认可的沟通质量衡量标准。

工程合同本身也是一种承诺，但公共项目关系治理中所指的承诺是指非正式承诺。义乌商城大道项目从发起、招标、谈判、签约、建设、运营到最终的移交阶段，政府部门的承诺发挥着保障项目顺利进行的作用。非正式承诺具有较强的态度成分，如本项目实施过程所涉及的利益相关方在处理问题时留有余地，默许某些行为，便能够在不影响工程项目工期、成本、绩效等的前提下提高项目的管理效率。

合作是调整项目参与方之间行为和资源配置的一种结构性装置，对于建设项目协调管理活动具有非常重要的意义。关系治理范畴下的合作是指共同目标、合作意愿、相互协作及联合行动等可以统一公共项目各参与方的行为和利益取向。对于已建立起稳固、深厚、信任度高的伙伴关系的公私部门，鉴于双方信守承诺的意愿强烈，政府部门应当通过转移与控制权相对应的风险，发挥社会资本的能动性与创造性，提高公共服务的供给效率。

可见，关系治理与契约治理存在着良好的适应性，有着显著的互补关系，能够共同促进项目绩效。契约治理与关系治理的互补机制如图 2.3-6 所示。

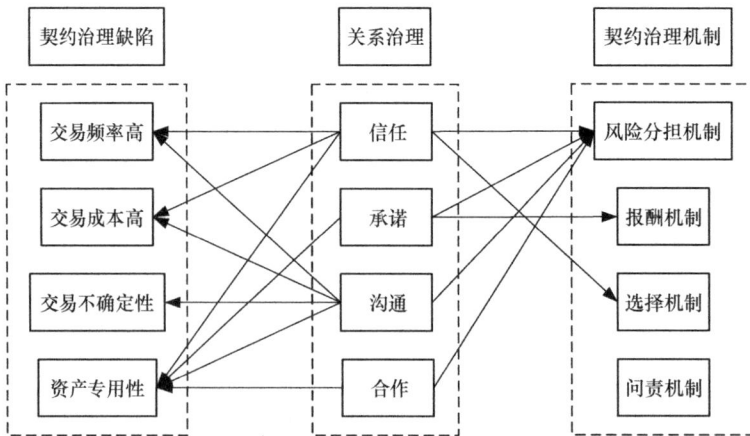

图 2.3-6　关系治理对契约治理的互补机制

2.4 PPP+EPC 重大基础设施项目面临的挑战

重大复杂工程系统的复杂性一旦被触发，就会像"风暴"一样导致项目的根本性失败，此时项目的管理者们已经不能轻易地"躲开"，项目相关人员中的多数才能看到重大工程复杂性所带来的剧烈影响。比如 EPC 模式下的设计、采购和施工的风险；工程总承包项目复杂所导致内耗严重的管理组织和工作流程；城市基础设施项目复杂的周边环境，包括错综复杂的地下管线与难缠的运营商；繁忙的城市交通与苛刻的交通管理部门；各自诉求不满的沿线居民与不胜其烦的镇街村社；项目管理者可能会受到来自四面八方的攻击，与此同时项目本身的技术条件、施工要素与这些外部环境发生剧烈的耦合。

PPP+EPC 项目作为一类功能复合的城市基础设施项目，考虑到其最显著的特征为主体与附属项目之间在结构和功能上的强关联性，因此本书把 PPP+EPC 模式研究和处理的对象作为一个系统，分析该系统的结构与功能，并研究系统、要素、环境三者相互作用下重大基础设施项目面临的组织复杂性、技术复杂性和环境复杂性。

2.4.1 组织复杂性

（1）组织结构引发的不确定性激增

不同工程的规模、复杂程度不同，导致项目的组织结构模式也不相同。项目管理组织结构包含静态和动态的概念。静态的组织结构是指组织的各构成要素的配合与排列组合方式，包括组织的各成员、单位、部门和层级之间分工协作与联系沟通方式；动态的组织结构主要强调其形成过程中人的相互作用，组织结构的动态变化性。如图 2.4-1 所示，简单项目组织形式虽然极少出现，但具有深刻相似的普遍意义，许多形式都由此演化而得。

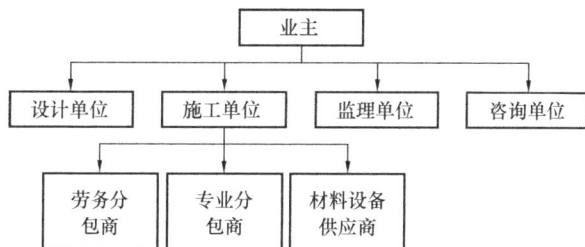

图 2.4-1 简单项目的组织图

当整体项目由多个子项目复合而成，业主单位需要独立委托施工时，见如图 2.4-2。图 2.4-2 所示的重大基础设施项目组织图比较接近大多数的真实情况，即业主单位委托多个子项目，横向、竖向出现拓展膨胀。横向（平行工序）的拓展主要由项目本身规模引发，例如轨道交通的某条线路，或者路径较长的高架或隧道项目，或者同步开展的不同专业项目等；竖向拓展（层级工序）主要是由项目本身结构组成引发，例如管线、绿化、交改等前期项目是土建项目的前道工序，而土建又是项目附属项目的前道工序。

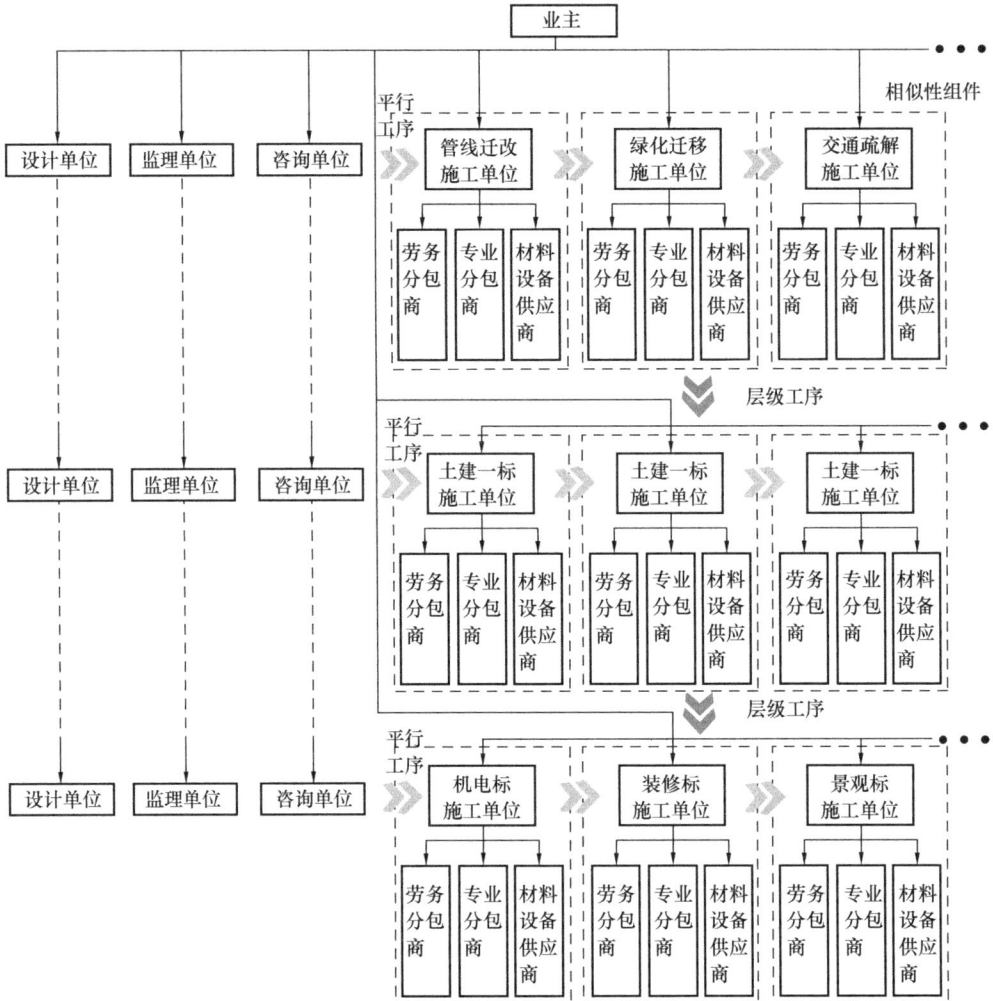

图 2.4-2　重大基础设施项目的组织图

从图 2.4-2 我们还可以发现每个施工部分的组织架构基本相似，是重复拷贝后的叠合。当然这种看似叠合的项目对于管理而言事实上不是"加法"，如果从管理矩阵（图 2.4-3）的角度看，其更接近于"乘法"。管理矩阵所展示的子项目之间是相互独立（具备无关性）的，职能部门之间也是相互独立（也是具备无关性）的，当然这与实际情况也是不符的，是简化后的结果。

假设燃气、给水和电力三家施工单位在同一作业面同步交叉施工，那么便产生了9 个管理节点；作为甲方委托的监管单位，设计、监理、跟审这些单位之间也存在相互协作的情况，同样产生 9 个管理节点；那么这些节点相互交织、发生耦合后，将产生 81 个新的管理节点。同时，业主单位有 7 个服务现场的职能部门，施工、前期、技术、质量、安全、合同、财务，他们之间需要协同 49 个管理节点；业主单位的 49个管理节点需要与现场的 81 个管理节点发生管理关系，那么将产生 81×49＝3969 个

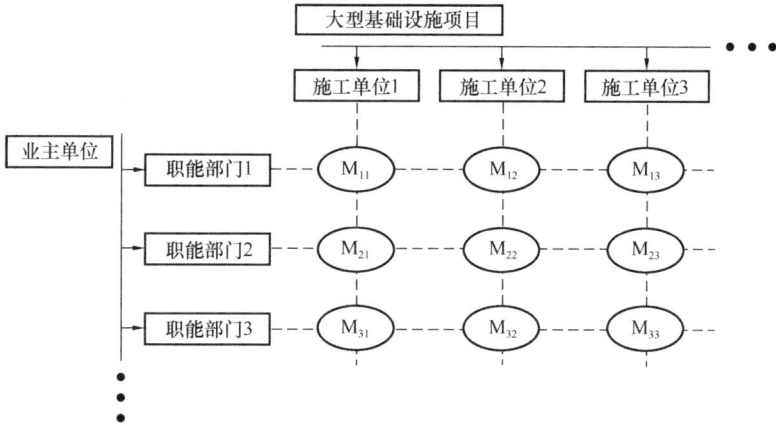

图 2.4-3　直线型项目管理矩阵示意

静态的管理节点。

　　一个可能不断发生变化的复杂性项目中，管理人员常常为不确定性困扰，因为这种不确定性是超几何规模的。图 2.4-4 表示的是项目实施的某一种阶段出现了冲突点，需要业主单位进行决策。延续前面的案例，电力与燃气在管位上出现了冲突，设计方告诉业主代表，技术上有以下四种变更方案是可行的：①调整燃气管位；②调整电力管位；③燃气和给水管位都调整；④电力和给水都调整。选择总共有 6 种情况，本书稍做简化进行说明。假设按照图 2.4-4（a）所示，图纸分裂点为某管理节点的变化可能，黑色实心点为未发生变化的点，那么这种冲突就出现了 4 种可能性。

　　4 种可能发生的变更对应着 4 种预算方案的变化，最终的造价也发生变化，可以表示为图 2.4-4（b）所示的简单关系，对于工程造价管理部分而言即可能产生 64 种可能不同的结果（也是全排列：$4 \times 4 \times 4 = 64$）。

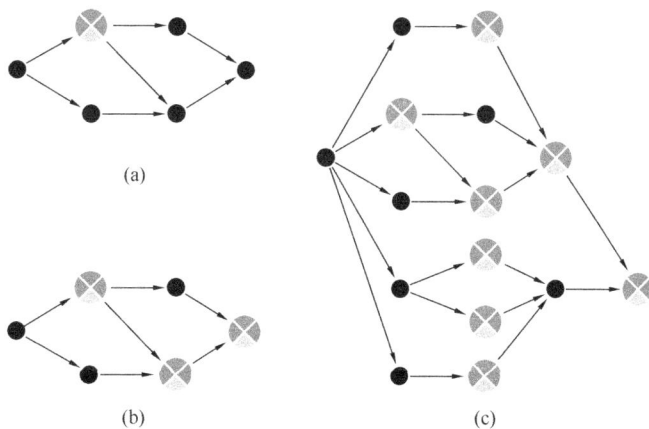

图 2.4-4　一个冲突点在多层级结构传播的可能性膨胀

（a）项目工作的 4 种可能性；（b）项目工作的 64 种可能性；

（c）项目工作的 65536 种可能性

情况远没有那么简单，对于图 2.4-4（c）所示，调整同时还影响了工程的进度（工作量变化）、工程安全（方案变化）和工程技术等，假定工作可能性如图 2.4-4（c）方式发生裂变并层级叠加，那么就会产生 65536 种不同的方式完成这个项目。

图 2.4-4 是非典型的，因为有些后续节点并没有受到影响（影响因子被完全耗散），也没有完全被扩散出去。15 个管理节点经过 5 个层级的扩散，导致了 65536 种变化的可能性，那么 3969 个管理节点又是多少呢？

如前所述，复杂性之挑战源于演化，系统演化的规则可以非常简单，但是每一个网络节点中所展现出来的随机性都使得计算规模呈现得爆炸式膨胀。在某种意义上，系统网络的节点之间的不确定性比节点本身更具有不确定性。

（2）组织行为引发的不确定性混乱

管理组织结构的垂直关系在管理行为中首先体现了上级对下级的控制权分解过程。控制权在项目实施过程中，可以通过授权的方式进行分解，控制权分解之后，被分解的一方不再拥有已被分解的控制权，但会随之产生监督权和制衡作用的控制权。

因此，本书将组织内部实际运行过程的"控制权"重新概念化，提出控制权的以三个维度：目标设定权（对标被分配的控制权）、检查验收权（对标监督权）、激励分配权（对标制衡权作用的控制权），它们分别按照以下逻辑运行。

1）目标设定权，即组织内部委托方为下属设定目标任务的控制权。这是科层权威关系的核心。目标设定的过程可能是委托方单方面制定、以自上而下的科层制度推行实施的；也可能是以委托方与管理方协商的方式产生，类似于市场环境中双方经过谈判达成的契约。

2）检查验收权，即在目标设定权的基础上，检查验收契约完成情况的控制权，检查验收权附属于目标设定权。委托方在设定目标后，可能自己行使检查验收权，但也可能将这一控制权下放给管理方。值得强调的是，检查验收权不同于下面谈到的激励分配权，其行使目的是确保完成契约条款，而不是对管理方下属的代理方进行绩效评估。

3）激励分配权，即针对管理方下属的代理方的激励设置以及考核、奖惩所表现的权力，契约执行中的组织实施、资源配置等控制权也包括在此。

把激励分配权看作是一个特定的控制权，独立于目标设定权和检查验收权，即委托方的检查验收权与激励设计权可能是分离的、互不关联的，前者为委托方拥有，而后者则可能在管理方手中。值得注意的是，有关管理方的激励分配权仍然由委托方控制，大多体现在契约条款中。但有关代理方的具体绩效激励和考核的控制权，可能保留在委托方手中，但也可能下放给管理方。

案例：某市政工程项目的电气燃气管位冲突

1. 控制权分解路径

图 2.4-5 呈现的控制权分解路径如下：

（1）平台公司 A 通过招标确定施工单位 B 和监理单位 C，并根据契约保留对 B、C 的制衡控制权（激励分配权）。

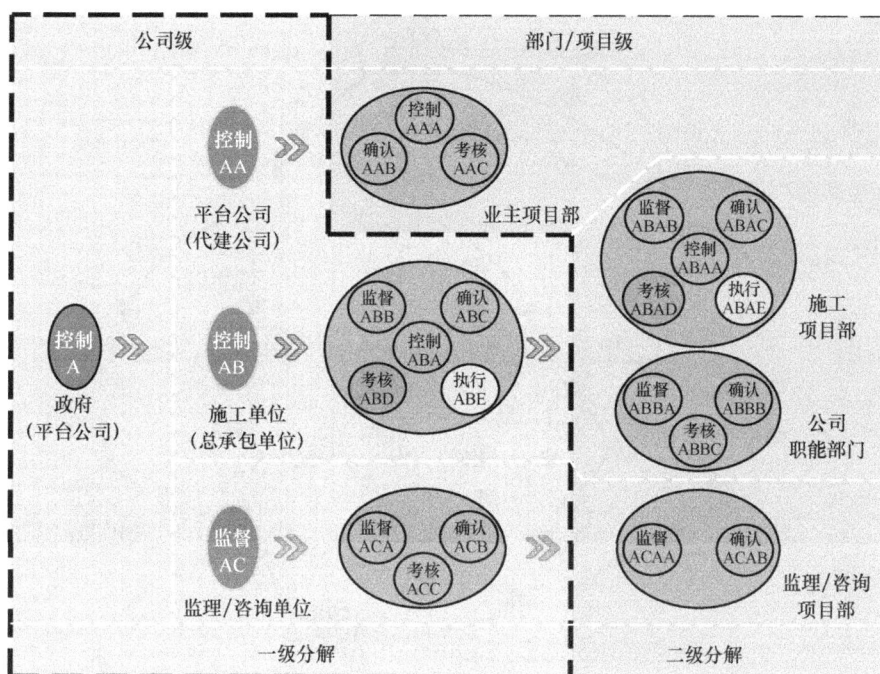

图 2.4-5 控制权分解与管理要素调整（以市政工程项目为例）

（2）**中标施工单位 B** 为履约项目 AB，在公司内部对管理要素进行调整，一般而言有负责项目的分管部门 ABA，它代表公司 B 负责对接业主单位；ABA 部门需要确定具体执行项目部 ABE（E 为 B 公司派驻现场机构，一般为项目部）和对项目进行目标任务下达并考核的对口部门 ABD（D 为 B 公司专设事业管理机构），同时 B 公司设立内部监督部门 ABB（一般工程公司进一步分解为技术、安全、质量等公司专业部室）和负责与业主单位委托的监督机构对接的履约部门 ABC（例如合同、审计等专业部室）。

（3）**中标监理单位 C** 为履约（主要是代表业主执行监督）AC 分别按照内部管控 ACC、对业主单位负责（本身需要接受业主监督）ACA、对施工单位履约情况执行监督（履约目标的确认）ACB 进行三方的控制权分解。

（4）**业主单位** 可以另行委托机构（比如代建单位）或者由其自身执行制衡的控制权 AA，主要是对内部管理 AAA、对施工单位履约情况确认 AAB、对监理单位监督权执行情况考核 AAC 进行分解。

由于地理地域和工程本身特征，一般施工单位和监理单位需要派驻现场机构代表公司执行履约，由此产生了二次分解，二次分解的逻辑此处不再赘述。需要补充说明的是控制权每一次分解一般都会伴生监督、制衡两方面的控制权。在实际过程中组织各层次、各部门间可以有着不同的分配组合，从而导致了不同的治理模式。

2. 组织复杂性条件下的组织行为

仍然沿用此前案例，燃气和电力管线出现了管位冲突作为初始条件，观察业主 A、监理 C、电力施工 D 和燃气施工 E 等各方的组织行为如何运作，如图 2.4-6 所示。

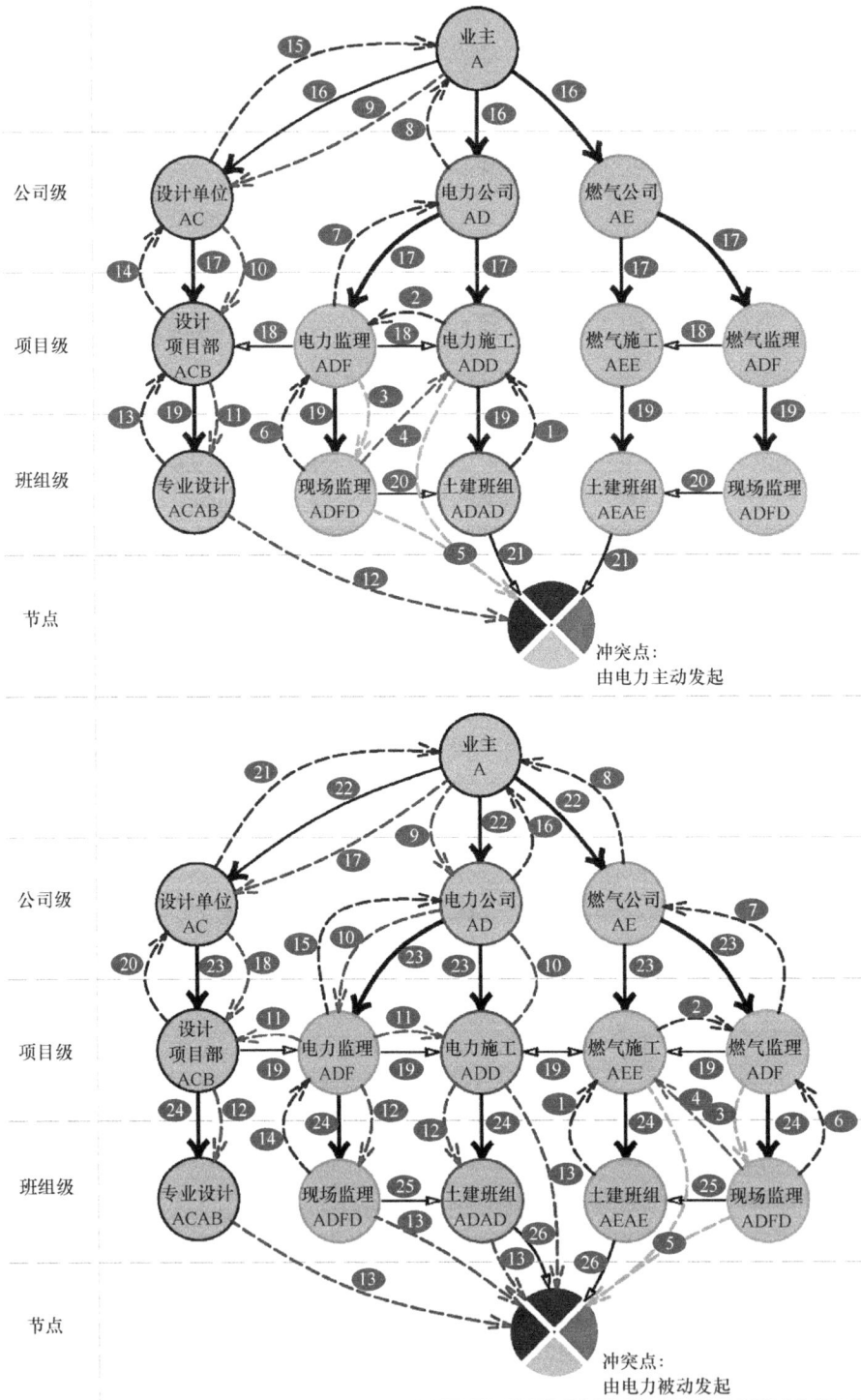

图 2.4-6　电力燃气管位冲突点的组织行为路径

（1）电力主动发起：电力土建施工队发现管位冲突（被燃气占用）被迫停止作业，并向电力施工项目部报告。此路径遵循本位管理和管理分工原则，管理上不越位、不缺位，并经历两上：冲突实施逐级报告、提出处置意见并逐级报告，两下：业主单位指令进行实施确认、业主单位对处置意见逐级下达并执行。

① 报告：电力土建班组向所在施工项目报告冲突点，并停工等待指令；

② 报告：电力施工项目部报告电力监理项目部；

③ 确认：监理项目部指示现场监理确认冲突点的实际情况；

④ 协调：现场监理联系施工项目部派员共同确认冲突点的情况；

⑤ 确认：电力监理与电力施工方共同确认；

⑥⑦⑧ 报告：现场监理、监理项目部、电力公司逐级向上报告冲突情况；

⑨⑩⑪⑫ 指令：由业主向设计单位、设计项目部、专业设计人员逐级下达指令，确认冲突情况并形成调整意见；

⑬⑭⑮ 报告：形成设计变更点，并逐级上报至业主；

⑯⑰⑱⑲ 指令：经业主确认设计变更后逐级下发作业层；

⑳ 协调：确认变更事宜，并重新交底；

㉑ 执行：执行变更。

（2）由电力被动发起：电力施工时，由于一般电力管位埋深较浅，作业班组虽然发现管位上有冲突但并不直接影响管道按图敷设。等到燃气割接投产时发现冲突点影响管线运行安全，由此发起变更。此路径同样遵循本位管理和管理分工原则，管理上不越位、不缺位，经历三上：由关联方发现冲突实施逐级报告、由责任方确认冲突情况并逐级报告、设计单位提出变更意见并逐级上报，三下：业主单位指令责任方进行确认、业主单位指令相关设计单位对冲突点确认、从属单位确认设计处置意见逐级下达并执行。

① 报告：燃气班组向所在施工项目报告冲突点，并停工等待指令；

② 报告：燃气施工项目部报告监理项目部；

③ 确认：监理项目部指示现场监理确认冲突点实际情况；

④ 协调：现场监理联系施工项目部派员共同确认冲突点实际情况；

⑤ 确认：燃气监理与施工方共同确认冲突情形；

⑥⑦⑧ 报告：现场监理、监理项目部、燃气公司逐级向上报告冲突情况；

⑨⑩⑪ 指令：由业主向电力公司、施工项目部、监理项目部逐级指挥，确认冲突情况；

⑫⑬ 确认：电力监理牵头，召集设计与施工在现场确认并认定冲突原因；

⑭⑮⑯ 报告：由监理逐级上报冲突情况，并提出处置建议；

⑰⑱ 指令：业主向设计单位、设计项目部逐级下达指令，符合监理建议；

⑲ 协调：由设计发起各方洽商，形成变更意见；

⑳㉑ 报告：逐级上报设计变更意见；

㉒㉓㉔ 指示：经业主确认设计变更后逐级下发作业层；

㉕ 协调：确认变更事宜，并重新交底；

㉖ 执行：执行变更。

3. 组织行为引发的不确定性和行为混乱

上述电力与燃气管位冲突的工程案例，第二种情形（电力被动发起）显然比第一种情形（电力主动发起）的损失扩大了（需要返工处理的工程量增加了），其在本位管理下可能引发如下不确定性和行为混乱：

(1) 电力施工方发现管位冲突时，如按照管理分权策划方案（具体指变更工作程序），应立即停止作业并上报（第一种情形）。

此时，电力施工方有以下判断：① 本方无责，即冲突并非本方施工原因引起；② 如继续按图施工，必然引起返工和工期延误，但由于本方无责，无须为此负责；③ 如停止作业按照程序上报，必须面对突发的停工，从而面对损失（设备租赁、人力和材料回款周期延长等）。由此，施工方无视管位冲突的现实，走向第二种情形的可能增加。

当管位发生冲突引发电力施工无法按图实施时，施工方的判断为：① 本方无责；② 如停止作业按照程序上报，必须面对突发的停工和损失；③ 自行调整管位（如向侧边偏移1~2米）即可绕开冲突点，并且不影响电力公司对迁改工程的验收和切割投产。由此，仍然可能走向第二种情形，所不同的是擅自调整施工引发的后续工序（其他专业）未必是案例所指的燃气。当然第二种情形未必发生，例如在擅自调整管位时，并未引起其他迁改管道连锁冲突，甚至不直接影响后续隧道或轨道的主体基坑的开挖工作。

实际"偏位"的管线对深基坑等危险重大工程对周边环境调查及风险识别与处置将带来不可预料的"混乱"。

(2) 当电力监理方发现管位冲突，甚至收到施工方报告时，如按照管理分权上报直接导致工期延误，服务期预期延长。

而此时有以下基本判断：① 本方无权处置，即作为监督方只有确认权和报告权，而无处置权；② 服务期延长造成本方损失；③ 按图纸确认本方无责。由此，作为电力监理"无视"甚至"授意"电力施工方继续按图施工或者擅自调整管位成为一种可能。

(3) 当燃气施工方发现因管位的冲突引起电力管道与燃气管道的安全净距不足可能造成运行安全的风险时，如按照管理分权策划方案（这里具体指变更工作程序）应立即停止作业并上报（第二种情形）。

此时，燃气施工方有以下基本判断：① 本方无责，及造成管线安全净距不足并非由本方造成（燃气施工在前）；② 局部的净距不足在地下隐蔽条件下未必引起燃气公司（运营方）的注意，即便验收不过引起的返工本方可以得到应有的合理补偿；③ 电力返工引发的本方间接损失追偿困难。由此，燃气施工方默许风险存在即成为可能，即第二种情形未必发生。

(4) 业主方被动处置冲突点，并必须为此兜底。

① 电力监理报告冲突点，追查设计责任时，总体设计单位按照管线调查资料出

具的设计方案，如由原始资料的偏差引发的管位冲突，仍须由业主负责；

②总体设计的管位图纸提交燃气、电力公司进行二次专业设计；管线专业设计仅对本专业负责；设计错误罚不足以涵盖施工损失；

③面对连锁冲突的困境，即某个冲突点引发多家管线相互避让引起的连锁擅自避让行为，最终导致一系列的管线错误。由此引发的工程安全事故或者事故隐患，业主单位难以追偿或者追偿不足涵盖损失，只能基于事实条件进行补救性调整，并承担所有的调整费用。

在本位管理和管理分工的组织行为原则下，业主对项目负有总体责任，按照**"控制依权""监督依势""确认依规""协调依情"**和**"考核依规"**的五项管理基本原则展开项目组织管理行为，在一般简单项目中此种管理权分工的优势是明显的：管理过程严格按照事先策划的管理权限方案执行，避免出现越位和缺位的情形；但是不足也十分显著，即组织复杂性条件下组织行为所引发的不确定性混乱，可归纳为：

1）静态考虑问题，管理权划分不彻底，往往业主兜底；

2）冗长程序，导致管理效率低下；

3）本位主义盛行，引发严重管理内耗。

(3) 组织认识意义上的复杂性异化

复杂性是客观物体固有、自在的，但依赖于人的主观识别。前述燃气和电力管位冲突，冲突点本身并不复杂（空间交叉点），认知主体（电力或燃气公司）也认为问题并不复杂，解决问题的办法（避让或保护）本身也不复杂，但这个冲突点对于其他主体（例如隧道主体施工方）就意味着认知意义上的复杂性。

一是认识主体无法消化的复杂性。燃气与电力在迁改管线的冲突点后，引起管位偏差后安全净距不够的客观风险，需要工程其他关联主体（隧道施工方）付出更多的认知成本（补充管线调查或者付出事故的代价）掌握情况；认知主体复杂性是一种典型的组织复杂性，当复杂性本身进入主体的认识活动并被主体感受到时，就开始向认识复杂性转化。

二是认知后的复杂性演化。确实存在这样一些事物，未被认知前显得很简单，一旦引起主体的注意，其曾经被掩盖的特性不能被一次性认知，表现出其本身的认知复杂性，即演化的特征。演化的特征不仅依赖于认知主体的认知水平，还取决于其他可能与之耦合的环境因素的认知，此类复杂性往往不能被一次性认知和掌握。

认知复杂性既然是由认识主体引起的，理论上可以消除。认识作为主体对客体的观念形态的反映和建构，很大程度上取决于主体的认知模式、能力、方法、知识储备和实时反映。例如前述案例，电力施工在燃气施工（依照管线先深后前的组织方式）之后，由于管线实施的施工方无须对管线运行的安全环境负责，当总体设计（综合管位设计）在提交设计条件后，专业设计各自独立完成设计任务而没有互相校对安全净距这一指标时，发生的运营风险即被隐藏在地下，由此造成了人为的复杂性。可见主体不同，同一个问题的认知角度不同，获取全部复杂性的代价也不相同。

2.4.2 技术复杂性

项目的技术复杂性通常在于设计、施工能力，由于某些特殊设计或技术研究尚不完善的技术应用问题产生的复杂性。工程项目区别于大学试验室，项目技术复杂性与尖端技术开拓所面临的困境完全不同，主要来源于项目团队对技术应用于具体项目不能找到可参与的范例（实践经验的缺乏），或者技术运用在项目环境中存在不确定风险（项目团队对来自时间、成本、设候、水文、地质、交通等工程主观环境因素和气候客观环境的认知能力的缺乏）两个方面共同构成的不确定性。

第一类技术复杂性在于其本身构成要素的数量、结构和属性；第二类技术复杂性在于构成要素与主体之间、构成要素与环境之间的关系，主要包括联合、顺序和交互等。第一类技术复杂性不在本书讨论范围之内，主要讨论第二类。

（1）工程构成要素与主体之间的复杂性问题

此类复杂性与项目目标有关，通常归属于关系治理问题，本节侧重阐述技术在此类问题中所发挥的独特作用。

案例：工期违约问题

本案例为义乌商城大道隧道工程 PPP 采购"不可修改条款"中关于"金义东轨道交通关门工期"问题的谈判斡旋、过程决策分析和复杂性降解与治理措施问题。

1. 具体案例背景材料

2016 年底，义乌商城大道隧道工程确定采用轨道、隧道、综合管廊三合一结构，并且采纳华东院编制的概念性设计方案。根据金义东市域轨道交通建设进度，该项目计划于 2017 年 3 月底初步设计完成审批，2017 年 7 月动工，总体建设工期为 48 个月。其中轨道交通按照不影响轨道交通开通运营的原则，根据前期工程、土建施工、道路整治、隧道装修等分项工程的进度安排，轨道部分总工期为 31 个月（2017 年 7 月底动工，2019 年 12 月完工）。

因外部原因导致该项目 PPP 采购开标由 2017 年 7 月延期至 2018 年 3 月，直接导致整体项目延后。在此期间，潜在投资人（投标单位）在标前多次与义乌地方政府洽商有关轨道部分工期顺延事项。由于受轨道总体控制工期和金华与义乌有关轨道部分代建协议的制约，采购文件仍约定了不可谈判条款的特别约定：

"项目合作期：23 年 4 个月，其中：建设期 3 年 4 个月，运营期 20 年。

建设期要求：2019 年 9 月前完成轨道及车站主体结构土建部分并通过分部验收及工作面交付……

工期违约条款：如项目公司未能按本合同 27.1 条约定完成轨道及车站主体结构土建部分并通过分部验收、工作面交付的，项目公司按每日二十（20）万元承担违约金……"

经分析和测算，即便采取技术优化本项目轨道及车站主体结构土建部分工期的极限为 24 个月。而条款如此，意味一旦中标即将面临工期延误 6 个月以上违约风险。

2. 有关轨道部分与各主体之间的关系

该项目有关轨道部分与各主体之间的关系框架如图 2.4-7 所示。

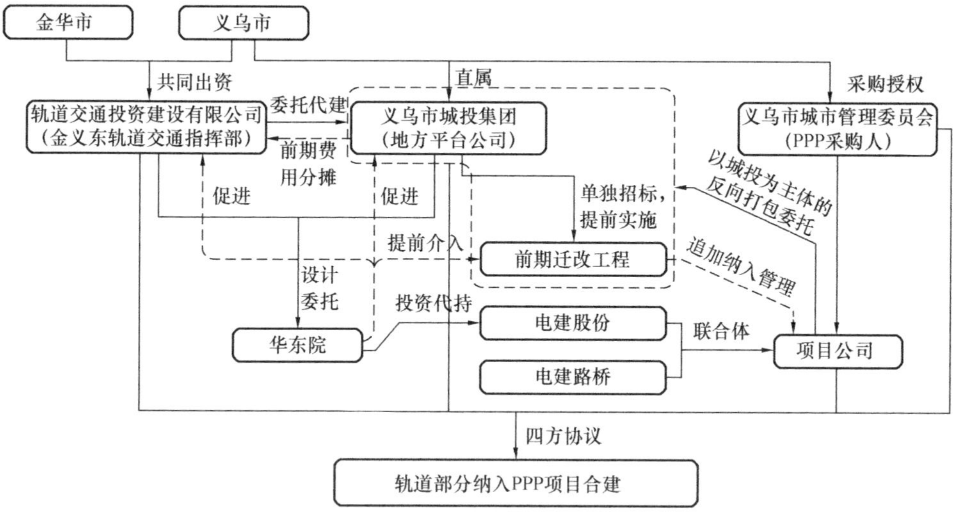

图 2.4-7　义乌商城大道隧道工程有关轨道部分各参建主体关系框架

复杂的主体关系：首先是城际轨道交通部分由金华、义乌两级市政府共同出资成立轨道交通投资建设公司。其次，为便于建设管理，轨道交通投资建设公司将义乌商城大道合建部分通过委托代建的形式，由义乌市城投集团负责该项建设任务的代建管理。义乌市城管委作为义乌市政府授权采购单位负责本 PPP 项目的采购工作，华东院由其上级控股单位——电建股份，与电建路桥组成联合体参与 PPP 项目投标，并组建项目公司。最后，轨道交通投资建设公司、义乌市城投集团、义乌市城管委和 PPP 项目公司四方协议将合建段轨道交通纳入 PPP 项目建设范畴。

3. 项目构成要素与主体之间的关系治理

作为潜在参与投资人，联合体方与义乌市交涉的有关轨道部分工期目标设置不合理，做出必要修正的洽商无果的情况下，被迫做出以下应对。由于联合体方对采购人开展了充分的分析及风险预警，由此采购人在采购条款中特别约定的不可谈判条款中包括工期延误违约高额赔付金的约定，在正面解决措施下走向了更不利于投资人的一面。

措施 A：为挽回应 PPP 采购延误造成的工期损失，设计方建议平台公司提前实施工程绿化迁移、管线迁移等前期工程，待 PPP 项目公司成立后，将该部分工作追加纳入总体项目管理。对应采购文件条款：

"纳入本次 PPP 合作范围的项目总投资包括工程费用、城投集团实施项目公司支付的费用、项目公司自行测算并包干使用的其他费用和建设期利息。具体为：

（1）工程费用：即工程量清单报价。

（2）城投集团实施项目公司支付的费用约 66894 万元，包括：管线迁改费用、苗木移植费用、施工期间交通设施改造、征地费和拆迁费、建设项目前期工作咨询费、勘察设计费、工程监理费、施工图审查费、招标代理费、工程造价咨询服务费（含招标清单编审、跟踪审计、工程结算审计和竣工财务决算等）、第三方施工检测监测费、交通疏导费、建设单位管理费及城投集团在 PPP 合同签订前为本项目支付的费用产生的利息等"。

措施 B：根据项目管线调查成果，研判该项目的超高压输电线路迁改部分存在较大的不确定因素（超高压输电线路管辖权归属于省电力公司，地方政府缺少必要控制权）。设计院根据研判结果，向平台公司提示有关风险。地方平台公司与轨道交通投资建设公司在洽商有关前期费用分摊事项过程中，对超高压线路迁改的委托、管理建立风险共担机制。具体操作就是超高压线路迁改由平台公司与轨道交通投资建设公司作为联合体，共同委托金华市电力公司负责具体线路迁改工作。

措施 C：有关平台公司的实施项目在 PPP 项目公司成立后，由项目公司承继有关前期管线类施工合同的事项，在采购合同中并未列入"不可谈判条款清单"。在采购协议谈判过程中，根据"鉴于管线类项目特殊行业垄断现实与平台公司作为地方企业的属地化管理优势"理由，由原定通过的施工合同承继的方式"追加纳入管理"，改为由平台公司作为前期管线类总承包单位，对《采购协议》相关协议要求以背书的形式与项目公司订立三方补充协议（即：管线迁改类施工合同以平台公司为主体的反向打包委托）。

由此，通过技术手段将前期管线类的实施工期从 PPP 项目管理范畴中"解除"，因此管线迁改造成的延误成为工期顺延构成要件。

一般 PPP 模式下，工程前期〔包括绿化、管线、土地征（借）用等〕纳入项目实施范围，并由项目公司承担相应的管理责任，计算工期按照 PPP 采购协议订立（或另有具体时间约定）的日期起算。为加快工期建设，项目采购人（或地方平台公司）提前介入前期工程，并在完成 PPP 采购活动后，将此项工作追加纳入项目公司管理是一般操作手段，往往在采购条款和协议之中会对此项工作的有关权利义务"转移"做出特别的约定，一般不能解除项目公司因前期工程的工期延误、费用超支导致的管理风险。本项目通过"反向打包委托"平台公司（即在本项目中平台公司成为 PPP 项目公司的施工承包商之一）的方式，使得项目采购人因前期工程延误对项目公司违约追偿形势处于被动局面。一旦采购人对项目公司开展前期工程的工期违约并提出追偿，项目公司即可根据"反包协议"向地方政府直属的平台公司追偿，实现风险的转嫁。

本项目中，平台公司实施项目的追加纳入管理协议部分作为 PPP 项目采购协议的附件，两项工作同步开展，即运用采购协议相关条款背书的方式使得采购人在谈判中"进退失据"，被迫接受相关责任"豁免情形"。实施上，义乌商城大道项目有关超高压线路迁改部分延误时间达到 11 个月，正是由于设计院采取了主动的风险规避措施，使得涉及轨道部分工期顺延得以顺利实现，避免一次巨额的违约索赔。

工程构成要素与主体之间的复杂性一般不会直接产生耦合作用，只有主体通过技术手段对项目构成要素进行干预，以实现主体的目标时才得以体现。上述实际案例中，由于地方政府对轨道交通具体通车节点有着非常强烈且具体的工期目标，因此当设计院提示工期风险时，地方政府并不会因为风险而对采购文件的具体条款做出让步，与之相反的是采取了设置苛刻违约条款的方式。

通常来说，在充分认识项目利益相关者的期望、设计者及技术专家的声誉等约束条件的情况下，项目的目标总与技术问题以及通过技术解决问题的路径相关。同时，目标并非总能顺利地实现，因为随着时间的推移，项目技术问题的拖延会提高项目的复杂水平。项目构成要素对于项目参建的各方主体并不是完全白箱。而对于项目主体而言，主体对项目目标也并不唯一，多主体则更复杂，趋利避害是各方本能。

在技术复杂性项目设计中，还必须设置明确的"终止条件"。所谓的终止条件指向管理行为，即规定某些情形视为犯规（直接侵害关系人利益的行为）。而终止条件的确定成为技术复杂性中所特有的难题，因为理想的项目条件总是在项目实施过程中不断地被重新定义，从而促使参建各方主体必须不断地继续探索项目问题的解决方法，因此并不存在一个公认的终止标准。脱离时间维度，简单地对一个具体问题做出对错或者最优解的判断，这对复杂性问题是没有意义的，只有可行解才更适于应对此类由项目构成要素与技术耦合作用条件下的复杂性问题。

（2）构成要素与环境之间的复杂性问题

复杂性项目一般由大量相互联系的项目要素或者子项目构成，其复杂性就来源于大量要素的相互作用。项目构成要素与环境之间的复杂性受限于发生的边界，边界条件本身随着时间发生变化，其作用下的系统演化引发的不确定性更难以为人们所掌握。与主体的关系不同，周边环境与项目构成要素（特别是处在系统边界位置的要素）直接发生作用关系。这里用一个工程实例同时说明物理边界（客观事件）与信息边界（主观事件）两个方面的技术复杂性。

案例：拆楼还是建桥问题

1. 具体案例背景材料

义乌商城大道隧道工程位于福田路口段，由于场地狭窄，招标图纸设计方案采用岛式围场方式，交改道路位于基坑两侧；其中，北侧交改道路临时占用福田街道主楼前广场，须拆除副楼部分办公建筑，南侧交改道路占用某高档酒店前侧绿地，南北两侧交改道路均紧贴工程围护结构，场内施工便道道路缺失，材料堆放场地缺失，加工场地无法布置，需要大量场外倒运。投标时，由于清单项目列项统一划归（即未对该特殊段落涉及的现浇结构、土方、围护等进行施工难度区分，整体项目统一项目划归某一整体项）导致该区段的施工组织技术措施费"被包干"。该区段的平面布置图如图 2.4-8 所示。

2. 项目构成要素与周边环境的耦合关系

图 2.4-8 所示，招标图纸给定的实施路径大体如下：

第一步：福田路向右侧倒边，路口左侧商城大道向两侧倒边，实现路口左侧局部区域围场——在围场区域内实施围护及现浇混凝土盖板；

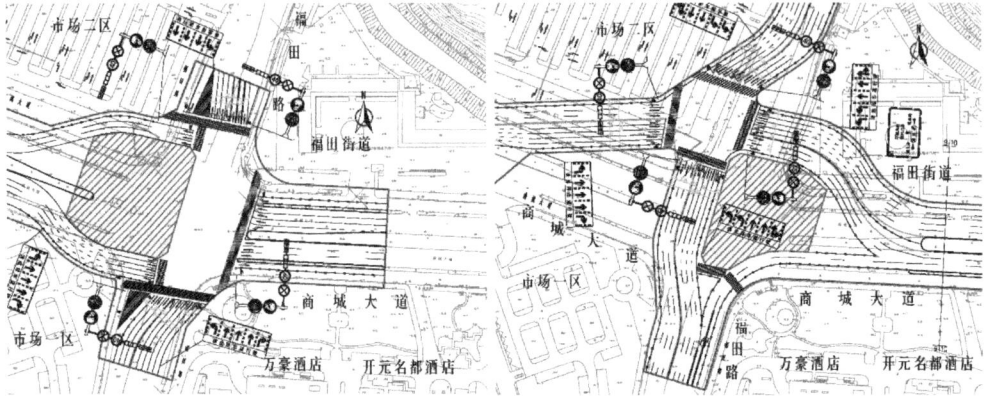

图 2.4-8 福田路口段施工围场平面布置简图（投标阶段）

第二步：福田路向左侧倒边，路口右侧商城大道向两侧倒边，实现路口右侧局部区域围场——在围场区域内实施围护及现浇混凝土盖板；

第三步：福田恢复原状，商城大道整体两侧倒边；隧道工程在福田路口位置形成约 $6000m^2$ 的现浇结构盖板，使得地面交通与地下开挖关系解耦，即为常规的全盖挖施工的方法。

此方案的周边环境情况的描述如下（主要部分）：

① 福田路管线迁改：由于铺盖结构零覆土，除少数弱电通信可做架空处理外，须利用相邻施工段做长距离二次迁改；

② 周边借占用地：需临时占用国际商贸城一区、二区用地；福田街道副楼局部拆除；

③ 施工期交通组织：铺盖结构形成须福田路经历向右、向左及恢复三个阶段导改；此后商城大道进入基坑期向上下分幅导改一次；福田路 G 匝道施工须经历左右倒边的两阶段导改。此路段施工期交通组织共计六次。

④ 与相邻施工段的施工组织安排：第一步，完成福田路口铺盖结构；第二步完成福田路口盖挖施工后对外迁管线回迁；第三步，路口相邻施工段结构施工。

由于过于繁琐的交改和不良的交通平面线型，我们在 2018 年 5 月组织的第一次施工期组织方案评审中对上述方案提出优化要求。图 2.4-9 为结合工程基坑期交通组织总体方案基础上的优化方案，并于 2018 年 7 月获得交通管理部门及有关专家的支持。

实施路径大体如下：

第一步：维持现有福田路交通组织不变，路口左侧商城大道向两侧倒边，右侧整体向下倒边，路口左侧隧道结构部分围场；

第二步：待路口左侧隧道结构完成，福田路向左侧倒边，路口右侧商城大道向上、下两侧倒边，实现路口段基坑围场，采用正常的明挖结构施工，同时与位于福田路上的定向匝道同步实现一次性围场。

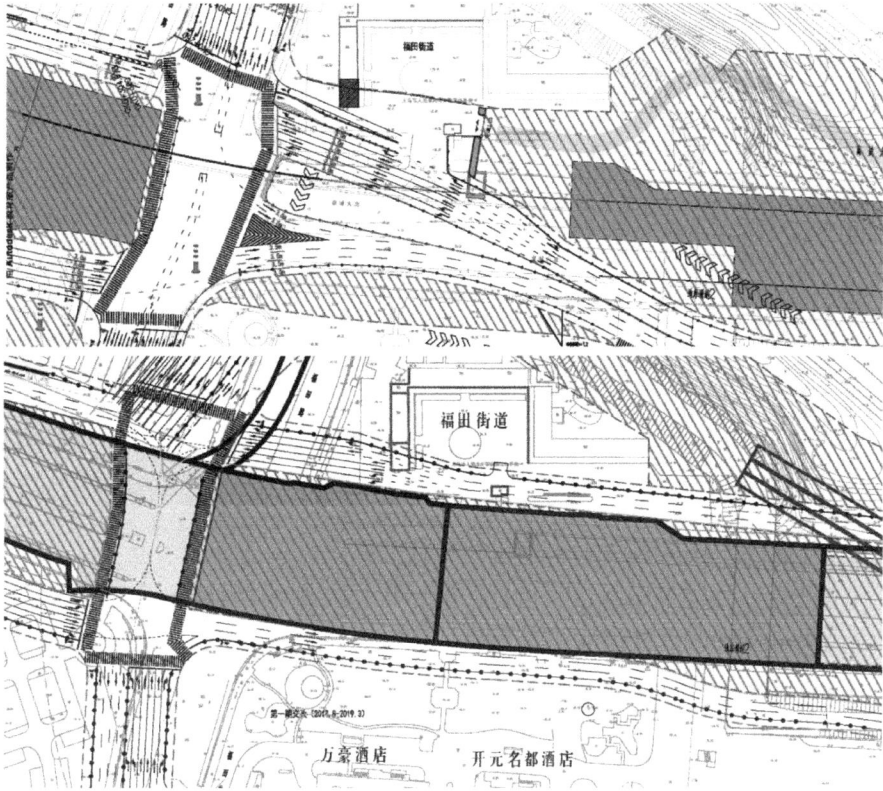

图 2.4-9 福田路口段施工围场平面布置简图（中间方案）

第二方案的周边环境情况的描述（主要部分）：

① 福田路管线迁改：除少数弱电通信可做架空处理外，其他管线随路口倒边进行二次迁改，相较前一方法而言，迁改距离明显缩短；

② 周边借占用地：需临时占用国际商贸城一区、二区用地；福田街道副楼局部拆除；同时需临时借占酒店门口绿地，作商城大道南半幅交改用地；

③ 施工期交通组织：此路口福田路安排一次导改，商城大道安排两次导改，该路段施工期交通组织共计三次，且线型流畅、路口规整；

④ 与相邻施工段的施工组织安排：第一步，完成福田路口两侧结构；第二步，完成交改倒边后实施路口结构。此方案为传统意义上路口倒边施工方式。

在完成第二方案的首期施工任务（路口两侧结构部分）后，福田街道提出希望保留副楼办公用房；同时紧邻万豪、开元名都等高档酒店提出施工期对其经营的影响，希望交改道路改移至北侧。经由建设局牵头，组织此方案二次优化会议，确定通过在基坑内架设临时钢便桥（局部盖挖）方式调整为商城大道二阶段交通组织整体向北侧导改，同时保留福田街道办公楼。

第三方案如图 2.4-10 所示，其实施路径大体如下：

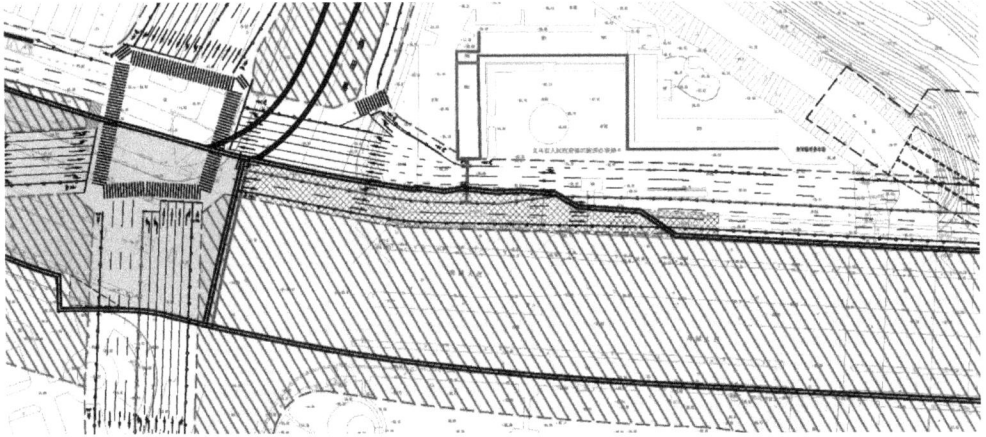

图 2.4-10　福田路口段施工围场平面布置简图（最终方案）

第一步：同方案二；

第二步：待路口左侧隧道结构完成，福田路向左侧倒边（同方案二），商城大道整体向北侧倒边，实现路口段基坑围场，采用正常的明挖结构施工。此方案与第二方案一样，位于福田路上定向匝道同步实现一次性围场；已借占的酒店临时场地利用改为施工便道，并布置必要的加工场地。

第三方案的周边环境情况的描述如下（主要部分）：

① 福田路管线迁改：同方案二；

② 周边借占用地：街道副楼保留，与方案二比较场地有所减少；

③ 施工期交通组织：此路口福田路安排一次导改，商城大道安排两次导改，该路段施工期交通组织共计三次，且线型流畅、路口规整；

④ 与相邻施工段的施工组织安排：同方案二。相较方案二，解决必要的施工通道、堆场及必要的加工场地。

3. 项目构成要素与周边环境关系治理

在技术复杂性项目中，各个项目要素的交互作用都存在着大量的不确定性，因为任意一个项目要素的不确定本身就非常高，当多因素相互作用时复杂性更是急剧提高。一般而言，一旦项目施工图确定，图纸设定的运动路径中的各个节点即成为期望目标吸引子，一般意义上这种不确定即已消亡。

技术复杂性与其他复杂性相比，在构成形式上有着很特殊的一点，即结构层次呈扁平化特征。这种扁平化特征主要是项目的专业技术团队（主要是设计院）通常拥有很高的专业技术壁垒，并且十分重视自身的自主权。使用"专业技术团队"这个词可以帮助读者朋友理解技术复杂性扁平化特征的形成原因。专业技术团队通常会有一位名义上的领导（设计项目经理），但这个领导往往是以非正式、平等的方式行使自己的权利，即技术团队的所有成员具有双重身份，接受双重领导。在所在单位，各个专业技术成员分属不同的专业院，他们并不隶属于某个具体的项目，而是阶段性地为某个或者某些项目开展技术服务工作。而名义上的领导更像一个牵头人，他具体负责某个项目或者某几个项目（一般大型项目只负责一个）。设计院更高层的领导除非遇见重大技术难题，一般不直接干预基层专业技术团队的工作，所以专业技术团队的管理结构是单层级或者两层结构形式，技术的控制权分散于每个成员。例如工程项目，建筑、道路、岩土、结构、电气、弱电、消防等都有非常明确的专业技术领域划分，他们按照约定俗成的技术逻辑开展工作，即建筑（道路）→结构→其他专业配套。

所以，第一类技术复杂性的问题可以针对技术逻辑进行解耦，以本案例而言，处于施工期的第三方案并不直接引发结构、围护（岩土）、管线等其他专业的调整，这一点非常之关键。第二类技术复杂性问题必须依附于第一类技术复杂性问题，或者说通过外部环境作用（除非出现"终止条件"）也不足以推动或者引发第一类技术复杂性问题的情况下发展。

图 2.4-8 所示的第一方案，在技术上具备很好的可行性。领域专家对专业技术团队的影响力是局部的，所以交通管理部门和施工期交通组织方案评审专家并不能直接地、全面地推翻第一方案。2018 年 5 月的专家评审会之后，道路交通专业设计师仅需对平面线性不合理的段落进行局部修改即可满足评审要求。所以，本质上引发后续一系列的调整源于内部推动的，而非外部环境。

义乌商城大道隧道工程 PPP 项目招标采用固定单价的清单方式，参与投标的预算人员受其自身专业能力限制，对已经归类的结构类项目（土方开挖、现浇混凝土、钢筋制作安装等）未加区分，就按照常规的组价方式进行报价，由此造成全盖挖施工工艺引发的施工技术措施，在增加费用的情况下，无法体现在综合单价中，导致巨额的潜在亏损。在完成 PPP 采购投标后和项目开工前，项目管理团队就已经认识到这里所蕴含的重大成本风险。

第二方案的提出是在项目进场施工之前，甚至在第一方案提交评审前，项目专业技术团队应决策层要求，已经就第二、第三方案达成共识和默契。事实上，专业技术团队在评审之前已经将第二方案的有关内容向交通管理部门透露，第一次施工期交通组织方案在专家评审过程中被否决是在"意料之中"。

使得外部环境对项目的运动路径发挥影响作用（诱发边界条件的敏感依赖性），必须使得项目系统的状态接近某种意义上的"分岔点"。

第一：分析期望点与主体目标的关系

这一点对于个体而言并不困难，例如对于一般业主而言，现有设计方案过于考究引发的造价高企（浪费）与其经济目标重合，可能引发业主强令要求设计单位做出优化；又比如，同行业其他工程因为极端天气出现隧道内涝甚至更为严重的后果，建设主管部门要求设计单位重新审视隧道排水设施在极端工况下的技术保障问题。

困难的是所有主体"共同重合"。一般而言很难找到一种各方都满意的技术方案，但是还有另一种方式，即一部分主体实现期望点与鞍点的重合，另一部分主体期望点远离该重合点，起到方向诱导的作用。本案例即采用了这种方法。

对于项目实施方而言，全盖挖方法引发巨大亏损，期望点与鞍点处于重合状态。对于交通管理部门而言，全盖挖方法引发路段交通拥堵，期望点与鞍点处于重合状态。专业技术团队否决全盖挖方法即自我否定，除非外力驱动将坚持该方案。采购人或平台公司认为全盖挖方法为既定目标，除非外力驱动。周边单位不了解即将发生的一切，所以处于被动接受的状态。

第二：利用期望目标负熵流强化效应，设置鞍点与期望点重合

这里主要针对同处于期望目标与鞍点重合的相关方。

针对交通管理部门：前期开展的绿化迁移、路灯迁移、工程试桩、管线迁改等既有的施工活动主要集中在福田路口，有意识地延长施工占道时间、占用范围等，将引发多轮次的路段拥堵。比较现有工况与期望目标（方案一）的差异，制造现有的麻烦将走向持续恶化的预期。

第三：施加驱动力，使得期望点远离鞍点

对于专业技术团队而言，设计院作为工程总承包方，由内部构成驱动力。对于采购人或平台公司，方案二作为备选，具有造价、安全和进度等方面的比较优势。

第四：在临界状态附近，给出触发性的诱因

通过外部专家评审会否决既有方法。

方案二向方案三的过渡在具体关系治理的手法上是一致的。经过一个阶段的施工活动，周边单位对即将实施的下一阶段已经引发强烈的负面预期——新设的交改路将距离酒店更近，噪声和交通干扰将趋向更加负面的发展；紧邻街道办公楼的施工使得街道停车和出行的不便，下一阶段的预期将趋向于更加负面的方向。新的方法将免除平台公司对街道房屋的拆除，缓解施工对酒店经营的影响，至少保证了副楼不被拆除，并且适度地做出用地退让等等驱动力的施加。

具体到本方案，方案二的第二期是在时间意义上使得项目实施方免费地获取了酒店广场前的用地，使之成为后期施工必要场地，所以在第一次调整中有目的地按照南北分幅的交改方式提出方案二。如果直接按照方案三施工，南侧的施工场地属于严格意义的施工借地，无论从合规性上还是采购人的支持上，该部分场地的占用都将无法成立。所以方案二、三无论在时机上还是在顺序上，都是既定的路径，体现的是工程总承包方的管理能力。

可见，关系治理不是必然地制造和谐、共识，冲突制造也是关系治理的内容之一。

（3）技术主体之间的复杂性问题

技术复杂性项目的关键阶段是项目的设计开发阶段，这一点是业内的共识。

一般而言，随着项目推进各种可以利用的信息量不断增加，项目的各种不确定性逐渐消亡。新增信息量与项目的不确定性互为因果关系，即由于新的信息量使得项目走向更为明确，不确定性消亡；与之相反，由于项目的不确定性消亡，由此产生更多的新增信息。两者关系如图 2.4-11 所示线条所示。

PPP＋EPC 模式下新增许多重要问题，由于项目参加主体保留了更多的自主能力，由此许多条件尚不完全具备，或者项目最高决策层存在争议，一般待条件成熟后再做"最后决定"，相较于传统项目，PPP＋EPC 模式在项目前期阶段会主动保留更多的不确定性和相对少一些的可利用信息总量。PPP＋EPC 模式下的项目不确定性与可利用信息量的关系可见图示线条。

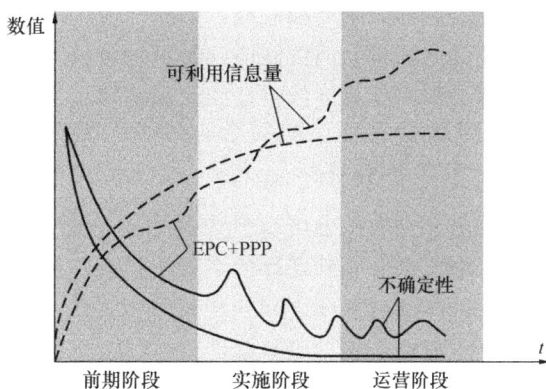

图 2.4-11　项目不确定性与可利用信息量关系

在项目实施阶段，随着时间发展和内外部条件的变化发展，有些事情的发展情况出现变化，不确定性出现"波动"，可利用信息增长出现非线性的发展趋势，随着"问题"的逐个解决，总体的发展趋势仍与传统项目一致。

在项目的运营阶段，由于设计方的主动"留白"和运营期间的"新情况的出现"，项目的不确定性出现"震荡"变化，当然随着运营机制运行的日趋成熟，这种震荡的周期会逐渐拉长，但振幅并不会明显收窄。

需要说明的是，可以认为不确定性与复杂性之前保持着深刻的关联关系，不确定性也同样是价值中性的，在项目的全生命周期中，保留必要的"不确定性"可以为整个项目系统的稳定和持续的活力创造条件。正如下棋，在总体可控的条件下保留后手和官子是有经验的棋手的基本习惯。

长期以来工程项目参建各方，除建设单位以外，长期忽略产品与市场之间的供需关系。对于开发类项目，建设单位的市场营销部门发现新的市场需求，通过建设方的主导力影响项目最终产品，尽管项目设计者付出最大的努力，但是能否解决业主单位对最终产品的技术或设计问题，始终受限于既定的阶段性成果。

然而 PPP＋EPC 模式下的基础设施项目，可以重新激发整个项目团队发现新市场需求的兴趣，使得 PPP 项目的工作重心从建设向运营方向转移。在此模式下，要求项目团队必须适应项目的技术或设计问题的不确定性，因项目研发失败而造成的相关损失不再成为考核责任而纳入相关预算，从制度上保护必要的"创新"行为。

"重视运营"要求擅长管理技术复杂性项目的设计者，围绕投资团队对项目产出和产品的现实期望，对产品功能、外观、实现时间等开展工作，并且这些工作往往与施工活动交叉进行。设计方的主导作用包括定义项目的范围、探索和开发解决途径、建立模型来验证设计概念、抛弃那些无效的想法以及重新定义问题。

在外在形式上，PPP＋EPC 工程的整个项目团队由"虚拟产品开发"和"实体项目生产"两大组成部分，两大部分并不是前后交替的关系，而是长期共存。管理人员需要重新制定管理制度和流程，如果去应用现有的严格管理流程，那么负责虚拟产品开发的设计团队将会消极回应，并更加难以管理。技术复杂性所带来的挑战，集中体现在负责虚拟产品开发的设计团队与实体项目生产团队的独特沟通和整合方面。

2.4.3 环境复杂性

环境复杂性大抵上可以分为两大类：第一类是指项目所处的地域文化、城市功能、工程地质水文等外部环境本身所具有的复杂性特征；第二类复杂性是工程项目外部环境条件与项目主体之间的相互作用关系，包括叠加、顺序和交互等所具备的复杂性。本书主要讨论第二类复杂性。

（1）传统项目管理形态与复杂环境的冲突

传统项目管理组织的目的有两个：一是使组织成员的目标一致；二是最大限度提高组织运作效率，因此其管理的重点在于控制，组织决策由高层做出，全员被要求无条件执行决策，辅以程序、绩效管控，使得部门成员的行为符合集体利益。

从实践层次来看，这种将管理作为专门的职能从生产环节中分离出来，在我国的建筑企业执行得非常彻底。目前国内绝大部分的工程公司仅保留了管理人员，而与作业层以及支持作业层的辅助性机械和工具完全、彻底剥离。此时工程管理的基点不再是生产环节，而变成了组织控制，管理组织的工作被视为控制基层作业工人的思想与行为，使之成为不折不扣地完成来自组织高层命令的机构，劳务作业被视为所在建筑企业的成本。

正是在这种情况下，建筑业的生产管理机构与政府机关的科层制组织管理结构之间彼此快速接纳。但是，这种直线型的项目管理组织严明的层级结构形态，在实践中有一个依赖的隐性要求：较大程度上要求环境和自身比较稳定。在项目规模较小的时候，工艺上的周期性重复劳动较为稳定，外部影响因素也比较有限的情况下，项目高层有足够的信息和能力对环境变化、自身建设阶段性变化做出正确的反应，此时这种模式就体现出了巨大的优越性。

但是随着当前工程项目规模（总体造价、所跨地域、专业领域等）、项目条件（项目资金筹措方式、以 EPC 为代表的建设主体融合、重大基建项目的气象、地质、水文等项目周边环境）、工程技术（建筑、道路、轨道、岩土、结构、电气安装等新技术新材料的推广运用）、专业化分工（工程总承包、多专业设计团队协作、工程专业化分包、劳务分包、设备租赁等），建筑企业所面临的竞争环境和生产作业环境出现了极大的变化，呈现出越来越强烈的复杂状态。建筑业市场竞争也日趋激烈，从单纯的价格竞争到以制造装备能力、数字化赋值能力、产品品质与良好运营水平等多个方面开展更为深化的综合竞争，从单纯做建筑产品生产到开发、建造和运营的全生命周期建设，从专注于路、桥、隧的某一方面到重大基础设施项目多形式灵活自主运用，总之这种外部环境复杂性与项目自身多功能、高附加值综合产品出现了深度耦合，其所呈现出来的复杂性是传统建筑企业（工程公司）的管理形态必然与之不相适应并产生激烈冲突的，具体表现为企业外部竞争乏力、内部消耗严重。

（2）环境复杂性所带来的挑战

环境的多变、混沌和不可预测对项目管理组织的工作方式、目标管理和实现目标的路径提出了挑战。在执行工程活动过程中，不确定性和复杂性都是价值中性的，事件的发生并不总是有着必然的因果关系或者因果连锁，试图从中建构万无一失的管理体系只能使得项目管理体系更加复杂和运行成本高企，且并不能解决复杂工程中的复杂性。

开放系统的负熵流运动形成系统结构，复杂性源于系统结构。对于任意一个层级的系统，它的边界问题即为环境问题，所以环境的复杂性是基于系统结构的拆分，以及所关注的系统对象本身。

根据 Perrow 提出的系统要素之间的作用关系和配合程度，重大工程的复杂程度可划分为图 2.4-12 所示的 4 类。

系统结构边界是处理所有复杂性问题的切入点。义乌商城大道隧道工程是国内首创轨道、隧道、综合管廊三合一工程，其标准断面形式如图 2.4-13 所示。

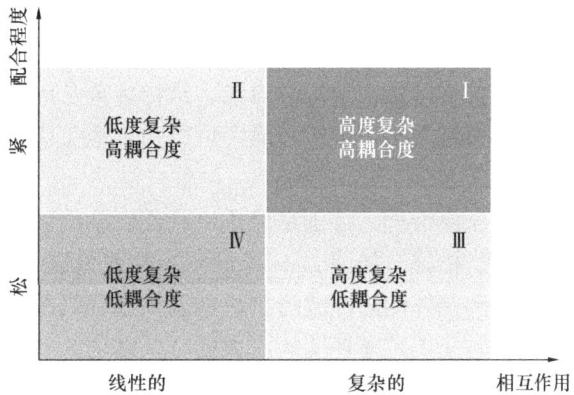

图 2.4-12　系统要素的相互作用和配合程度
构成复杂性的分类关系

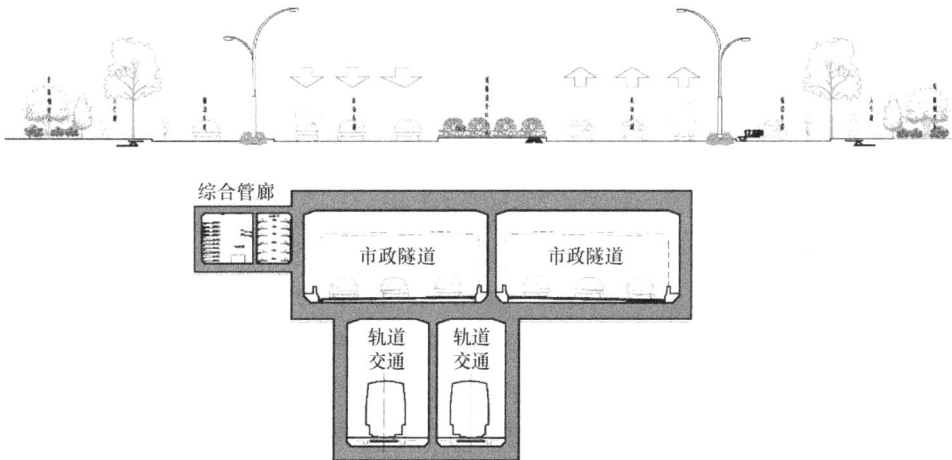

图 2.4-13　义乌商城大道隧道工程标准断面

轨道、隧道、管廊在功能上自成体系，此种情形下三个功能独立的工程作为合建项目时，合的概念仅限于土建结构（地下结构＋基坑围护），秉持不同功能分区低耦合的原则，由此可使诸多工程问题得以简化。

1）低耦合设计概念：轨道、隧道、管廊的控制性线性（平面、竖向设计）各自独立控制，三者的相对关系可做一定裕度的调整；

2）建筑使用功能上，例如轨道、隧道、管廊三大功能分区在行车区间、电气照明、给水排水、消防、智能监控等诸多方面完全独立，互补交集；即便是同时位于同一单体的管理中心，管廊与隧道也独立设置建筑分区和机电管线路径；

3）考虑极端工况，例如某一功能分区出现火灾、事故冲撞、城市内涝等，由于建筑在使用功能上存在隔离，因此所有交界面仅限于结构的可靠性问题，例如耐火极限、防空打击极限、结构防渗漏、结构疲劳及耐久性等相对单一的问题。当某一功能分区出现极端工况，结构的隔离可以为其他关联分区提供必要且足够的应急反应时间和处置裕度。

对于风险治理，特别是低概率的突发事故，从复杂系统的结构边界入手可采取被动"隔离"措施。如图 2.4-14 所示，交改道路紧邻基坑工况，采用防撞墙形式的围挡基座和围挡外侧防撞波形护栏隔离措施，当地面道路车辆出现意外失控事故，隔离措施可以防止失控车辆坠入深大的在建基坑。

图 2.4-14　紧邻基坑的围挡设置
（a）基坑侧防撞墙；（b）基坑内侧；（c）围挡外侧防撞护栏

1）一般而言，复杂性事故（正常意外事故）是环境复杂性与系统自身要素耦合的结果，由此可以大体勾勒出复杂性事故发生路径：起初的事故可能来源于材料、设备、计划、控制以及人员心理、生理等某个小的失误或者轻微波动；

2）当工程系统接近于某种临界状态条件，这种接近临界状态往往是系统在复杂环境的作用下渐进发展的结果；

3）在工程系统远离该种临界状态的条件下，对应的小失误或者轻微波动是可以被接受的。当系统接近该种临界状态时，同样的偏差将被迅速地传导、放大，并涌现许多基于复杂性的系统状态、行为和信息，并且此种情形远远超出现场人员控制的程序化操作规定和经验，超出设计人员的预想；

4）事故不是孤立的，而是一连串的。当第一时点事故发生，后续将速发连串的、严重的、更大的事故。

图 2.4-15 为 2003 年某地铁的联络通道冷冻法失效引发的透水事故的照片，该事故是比较典型的复杂性事故。

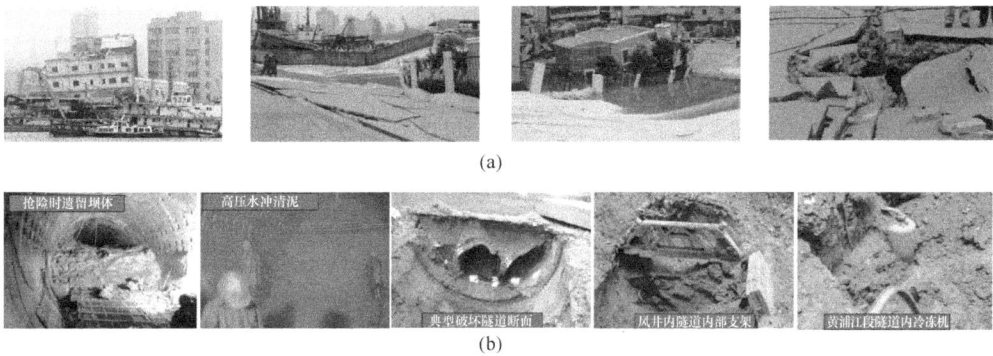

图 2.4-15　某地铁事故现场照片
（a）地表塌陷情况；（b）隧道内毁损情况

环境条件： 该事故发生的位置紧邻大江大河，江岸防汛大堤内侧是马路，路侧建筑林立，越江的大型提升泵站是一条流量可观的污水干管的重要节点。盾构区间所处地层为第 7 层粉砂带承压水，覆土浅，土层透水性强、强度弱。其中可以提炼的复杂性环境因素有：紧邻江河、紧邻建筑、紧邻重要管线、紧邻城市道路、浅埋、不良地质条件。

事发简要经过： 事故发生的三天前，制冷设备出现了故障，设备修复后恢复制冷，时间刚刚够手册规定的等待时间，掌子面稳定且正处于临界状态。冷冻班组与开挖班组是两个独立的作业班组，各自有各自的操作规程，互不熟悉对方工艺和技术要求。当时开挖班组因为设备故障休息较长一段时间，生活迫使他们急于恢复生产。开挖工人也觉得掌子面有点软，于是就用一根钢钎去探了一下掌子面。就这样一个小小的动作，击穿了脆弱的止水帷幕。

初始，暗挖掌子面在钎探点出现渗漏，水量不大，开挖工人认为掌子面少量渗漏是允许的，并未采取措施。随着时间推移，渗漏点出现涌沙、涌水的情况，影响正常开挖作业，于是开挖班组试图用编织物堵塞，但没有成功，于是向现场施工员报告。当一线管理人员赶到现场后，随着掌子面大量涌水出现局部失稳，此时整体有垮塌的风险，管理人员当即安排作业工人撤离。

短时间内相继发生：联络通道透水导致掌子面失稳；联络通道洞身垮塌，江水涌入隧道；盾构环失稳，整体失稳；地面防汛堤及路面塌陷，交通阻断伴随交通事故、管线阻断事故；隧洞垮塌持续，地表塌陷发展，导致污水提升泵房结构整体塌损，临近建筑倾斜、开裂，部分塌损，部分城区停水、停电，污水满溢……

事故中失误 1：开挖工人使用钢钎触探掌子面。有软土暗挖经验的同行们应该了解，用钢钎触探掌子面软硬程度甚至算不得 "失误"，在案例所述的事故中，此前可能一直在使用这种触探行为。

事故中失误 2：制冷设备故障。设备出现偶发性故障是工程中的常见现象。

工程临界状态：恢复冷冻后间隔时间刚刚达到。

因制冷设备故障导致冷冻暂停。故障发生后项目即进行了掌子面封闭保护，设备抢修。待设备修复立即恢复制冷，根据管理手册制冷间隔时间刚刚达到恢复施工要求。

事故链因：小渗漏→局部涌水→联络通道掌子面局部失稳→联络通道垮塌，江河水涌入→主线隧道垮塌→防汛堤及路面塌陷→交通阻断，管线阻断→泵房毁损→周边建筑毁损……

复杂性事故往往具有较强的隐蔽性。上述案例中，如果小渗漏不被忽视而被及时封堵，事故链即被隔断。当然该事故的紧急处置也是采用"隔断"的方法——在仍保持完整的隧洞内堆积大量的袋装水泥，直至填塞满整个硐室以阻止垮塌的持续发展。

复杂性事故具有偶发性，主动预防非常困难（或者预防的费用超出工程的承受能力），更为实用的方法是被动阻隔其发展。比如，传统矿山法隧道中利用围岩自稳能力的新奥法设计，在镶嵌自稳的破碎围岩段并不总是采用硐室加固，而强调快速封闭，在掌子面附近放置逃生钢管即可在极端条件下为人员逃生创造条件。又如，在井道、架体外侧会设置防坠网，因为总有些作业是不可避免地需要临边高空作业（比如架子工）；管理人员无法杜绝操作工人总是保持良好的心理、生理状态，也不能把某一类人规定为危险人群（地域籍贯、性别或者受教育程度），哪些工种之所以成为特殊工种正是其作业本身具有的危险性；在其特定的作业环境下，临边的防坠网起到的正是这种被动阻隔的作用，类似的工程设计也很多。

复杂性事故源于微小的失误，这种失误本身的损失一般是可控的，单个小失误虽然是小概率事件，但是这种小失误的集合是大概率的。只有当工程系统处于临界状态时这种小失误才会引发影响连续扩大的一连串连锁事件，并且连锁事件的发展是迅速扩散的，初期的事件处置往往超出了一线工人和管理人员的认知水平和处置能力。所以，预防复杂性事故的另一个管理视角是避免工程系统（及其局部子系统）在临界状态下运行，即远离临界状态。

第3章 基于复杂适应系统理论的PPP＋EPC重大工程管理技术创新

重大工程领域PPP＋EPC融合模式的应用开辟了城市基础设施建设模式的新途径，但同时也带来了新的管理挑战。重大工程复杂的项目系统是PPP＋EPC融合模式下开展项目高效管理道路上的主要"绊脚石"之一。为了完成本书后续对PPP＋EPC运作方式下项目管理模式与方法的探索，本章将以认知理论阐述与数学模型构建的形式，重点对重大基础设施工程及项目系统的特征和本质属性——复杂性进行多角度探究分析。

在人类的长期实践经验中，由于资源（包括时间、技术等在内）的匮乏（有限性），对效率的追求是一个传统而普适性的做法，如果从这角度上理解管理就是解决工作效率的问题。

当研究的重点转向解决某个特定任务（或者某种特定类型的任务）的方法所需要的资源时，就形成了管理问题。在明确任务目标的前提下，完成任务的途径和解决困难的可能性非常多，所以资源匮乏与目标的关系并不唯一，但紧密联系。复杂性问题就是这样一类由资源有限、技术有限、完成任务（目标）的途径不唯一、任务（目标）本身不唯一所引发的管理问题。

3.1 复杂适应系统理论

3.1.1 系统与系统性

整体论—还原论—系统论不是历史发展的必然更替。有一种观点：事物在整体论面前是一个未被打开的"黑箱"，在还原论面前是一个被打开但是已拆卸零散的"白箱"，而在系统论面前是一个"水晶箱"，它保持了整体的完整性，又能看清内部的各种细节，具备着"黑箱"和"白箱"的各种优点，又克服了"黑箱"和"白箱"的缺点，具有全方位透视的特点。这种黑箱、白箱、水晶箱的观点有一定道理，它形象地说明了不同视角对待事物（研究对象）的方式，但忽略了认知的有限性。

整体大于部分之和，这是整体论最为人熟知但最容易被误读的名句。整体不是其组成部分属性的简单叠加或集总，而是它们的总体融合，这里的融合不仅有整体对部分属性的屏蔽或放大，也有混沌与涌现。"1+1>2""1+1<2""1+1＝2"都可以成立，多数的情形是"1+1≠2"。

在方法论上，整体论和还原论同样支持这样一个观点：整体不等于部分之和，整体的各组成部分具有紧密的内在联系，任何分割都会损害这些联系。因此它们争论的焦点汇聚在这样一个问题上：如果分割必定会损害整体，我们是否还可以依据分割后的部分来认识整体？

然而，任何现实中的整体都是局域性的，都是更大整体的部分。世界上也根本不存在一个所谓的未经分割的绝对整体。罗素曾指出："假使一切知识都是关于整体宇宙的知识，那么就不会有任何知识了。"由此，整体论方法的关键是要善于进行必要的简化，以局域整体的观点在关节处切割自然，而不是以整体拒斥任何分割走向平庸，整体论方法对还原论方法的超越不是抛弃与决裂，而是扬弃与综合。

演化是整体论思想的一个重要来源，同样人们很早注意到演化的产生、发展、消亡作为整体过程不可分割的困境。我们试图做一些有益的设想：系统的演化与结构的产生、整体运动与激发模式、临界行为与普适性、网络科学与一般的相互作用……所有设想有一个共同点就是探讨复杂现象背后的机制，这样的机制是否能够在简单的同时把各种研究方法系统化，形成相互协调的理论体系。

系统是一个用来反映和概括客观事物的普遍性与整体性的基本概念。中国著名学者钱学森认为，系统是由相互作用和相互依赖的若干组成部分结合而成的、具有特定功能的有机整体。系统具有一般性的属性特征，即"系统性"，盛昭瀚将系统性总结为整体性、多元性、相关性、动态性等基本属性。

在工程领域，所有工程实体都是由多种物质资源，如土地、资金、材料、设备等，在自然规律与技术原理的支配下相互关联、组合而成的整体，因此任何一个工程项目都可以看作是一个系统。在传统认知中系统几乎等价于复杂，由此造成了一个假象：谈及系统性则表明问题已超出所掌控的能力范围。

我们已经惯性地将现实中的工程进行一般化划分，比如把某个项目划分为若干的单位工程、子单位工程，继而进一步划分为分部、分项、检验批等，以便可以清晰地看到结构和层次。类似地，我们也已经惯地掌握由图纸向实体转变的劳动力投入，比如我们需要钢筋工、木工、泥工、架子工，他们可以适用于所有的地基与基础工程、主体结构工程甚至其他与现浇结构相关的工作；又如项目开工需要"三通一平"，路通、水通、电通和一块平整的施工场地，否则我们认为还不具备施工的条件，类似的例子我们可以举出很多。由此我们可以有个初步的认识，再复杂的、唯一的项目，都是由类似的材料、工具和劳动力构成。所谓的系统，不仅源于多样的要素，更取决于要素之间的相互影响。

这里以一个实际案例说明工程系统性的概念。砌筑工作划分为三个要素：运送砖块、运送砂浆、砌筑砖墙，由 6 人组成的班组完成该项任务，其中 2 个人负责运送砖块，1 个人负责运送砌砖砂浆，剩余 3 个人负责砌筑。通过观察发现运输砖块的人因为运输距离的问题导致其他 4 名工人经常性地停顿；此外，当一罐砂浆用完时，3 名砌筑工人就会有停歇，该班组的工效情况如表 3.1-1 所示。

砌筑工程组成要素工效参量　　　　　　　　　　　　表 3.1-1

要素	工效参数	说明
运送砖块	4 分钟	手推翻斗车，空车推去；
	4 分钟	装车，装满 100 块砖；
	8 分钟	手推翻斗车，满车拉回；
	4 分钟	砖块摆放就位
拌制、运送砂浆	15 分钟	拌制一盘 150kg 砂浆；
	1 分钟	10kg 砂浆运送一次，每人最高可存放 10kg
砌筑砖墙	1 小时	砌筑 150 块砖，消耗砂浆约 172.5kg

当劳动力投入并附着于材料要素时，各要素之间的影响关系显现出来，要素之间的影响关系如图 3.1-1 所示。通过主动调节这些要素，由此获得对该系统最基础的控制方法。

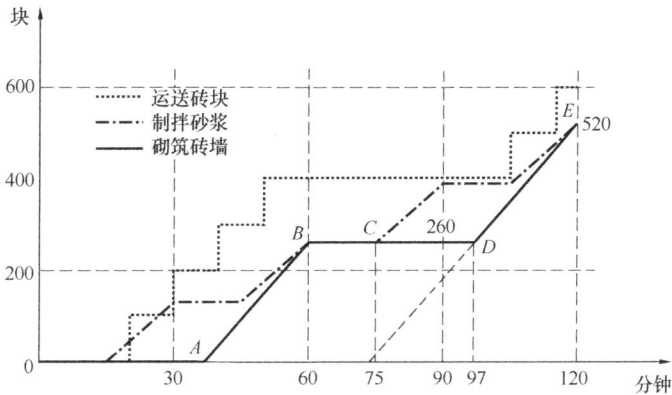

图 3.1-1　砌筑案例—要素之间影响关系（一）

根据绘制的工效图表，观察到拌制砂浆是影响进度的关键因素：砌筑开始于 A 点（约 37 分），仅能维持 23 分钟的正常作业，B 点砂浆告罄需要等待到 D 点（97 分），在 E 点位置再次因为砂浆问题被迫停顿。就两个小时而言，砌筑工人可以在 75 分钟的位置开始工作，而不影响最终的结果。由于受到砂浆拌制和运输工作的限制，砌筑砖墙工人的出工率（作业时间除以总出工时间）约为 37.5%，运输砖块工人的出工率 58.3%，砂浆拌制工人的出工率 100%。照此组织，8 个小时后可以完成约 2000 块砖的砌筑工作。还可以看到，运输砖块的两名工人分别在 40 分钟和 50 分钟自动停了下来，因为现场砖块实在太多了，已经造成了砂浆运输的不便，他们一直等到大约 100 分钟的时候开始恢复工作。

同样工况下，对劳动力配置进行调整，维持运输砖块的工人数量不变，砂浆拌制和砌筑工作工人各调整为 2 人，经过观察记录，工效情况如图 3.1-2 所示，工作 2 个小时后的砖块砌筑完成量为 500 块，实际产出相较于之前并没有提高。但是各工种出工率有较大的提升，砌筑工人 100%，砂浆拌制运输工人 100%，砖块运输工人 75%。

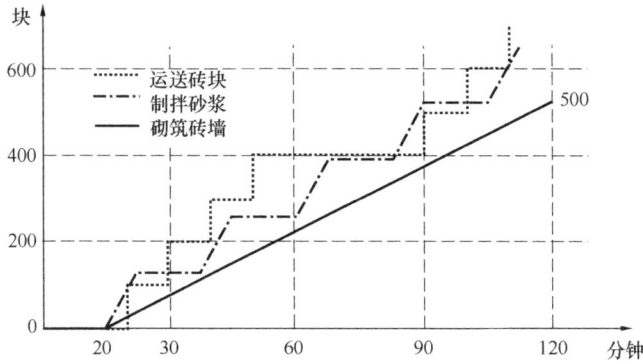

图 3.1-2 砌筑案例—要素之间影响关系（二）

小型机具对砂浆拌制的产量并不会因为劳动力的投入增加而大幅度提升，1 人的配置已满足一台设备的运转所需，每 15 分钟拌制 150kg 的砂浆产量与人数增加无关。同时，如果减少一名运送砖块的工人，当砌筑开始的时间滞后运送砖块 20 分钟，砌砖与运送砖块工作两者之间表现出一种"临界平衡状态"，即每 20 分钟运送的砖块在 20 分钟内全部消耗完成。这种临界平衡状态非常的脆弱，因为供砖的一方任何程度非常轻微地变动，将直接导致砌砖的延误。

在此分析基础上，第二次对劳动力配置进行调整，此时负责运送砖块的工人一名，制拌砂浆工人一名，砌筑砖块工人两名（图 3.1-3）。分析可知，到 100 分钟时可以安排砌筑和拉砖工人休息 7 分钟而不影响总体工效。

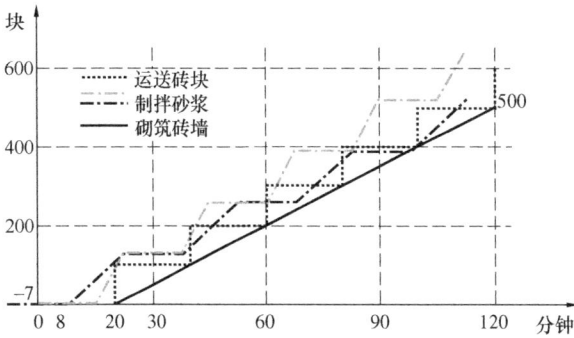

图 3.1-3 砌筑案例—要素之间影响关系（三）

综合以上分析，4 名工人组成的作业团队的工效是较优的投入组合，按 2 小时一个班计算，上述三个方案的最终工效如表 3.1-2 所示。

砌筑工程小班组劳动力配置工效统计　　　　　　　　　表 3.1-2

班组组合	运砖 （人）	制拌砂浆 （人）	砌筑 （人）	合计完成 （块）	平均工效 ［块/（人·h）］
方案 A	2	1	3	520	43.3
方案 B	2	2	2	500	41.7
方案 C	1	1	2	472	59
方案 A 修	2	1＋0.5	2＋0.5	640	53.3

再次对方案 A 进行修正，即砂浆拌制维持一人，而抽调其中一名砌筑工人去帮助运送砖块，当运送完毕后再回到原来的砌筑岗位，工效如图 3.1-4 所示。

方案 A 的修正虽然把工效提高到了 53.3 块/（人·h）的工效，但是需要管理人员进行干预。如果取消这种干预，按照工人完成工程量计发工资，笔者选取了 8 个样本，2 小时的工效如表 3.1-3 所示。结论是不同的样本（班组）之间存在一定的差异，但是总体都高于方案 A。经过若干天的磨合，8 个组合样本之间互相学习、比较，很快他们的工效均趋于一致，如表 3.1-4 所示。并且，班组之间行为方式集中为两种，如图 3.1-5、图 3.1-6 所示。

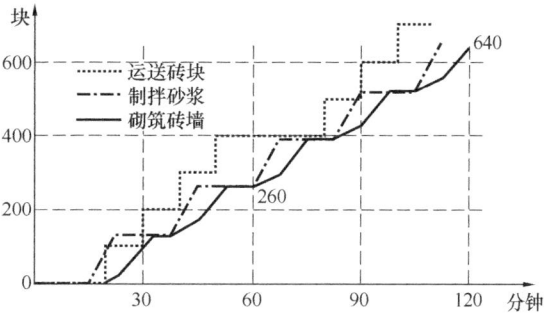

图 3.1-4　砌筑案例—要素之间影响关系（四）

砌筑工程 6 人小班组自组织的工效统计（第一天）　　表 3.1-3

班组组合	合计完成（块）	平均工效[块/（人·h）]	班组组合	合计完成（块）	平均工效[块/（人·h）]
组合 1	583	48.6	组合 2	702	58.5
组合 3	632	52.6	组合 4	546	45.5
组合 5	544	45.3	组合 6	633	52.8
组合 7	670	55.8	组合 8	678	56.5

砌筑工程 6 人小班组自组织的工效统计（第 6 天）　　表 3.1-4

班组组合	合计完成（块）	平均工效[块/（人·h）]	班组组合	合计完成（块）	平均工效[块/（人·h）]
组合 1	685	57	组合 2	724	60.3
组合 3	733	61	组合 4	768	64
组合 5	750	62.5	组合 6	812	67.7
组合 7	698	58.2	组合 8	806	67.2

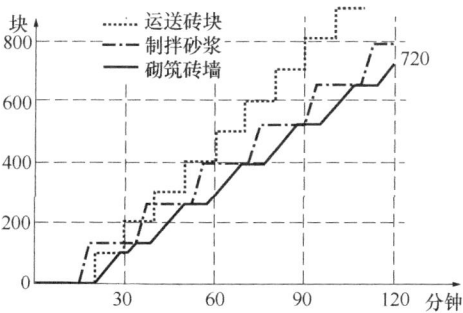

图 3.1-5　砌筑案例—要素之间影响关系（五）

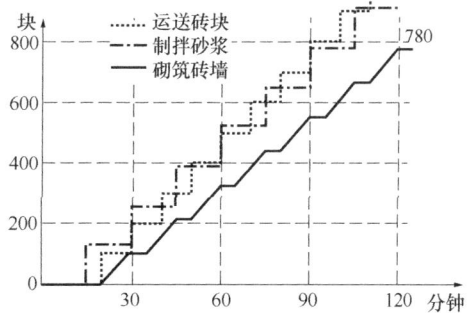

图 3.1-6　砌筑案例—要素之间影响关系（六）

在打破工种限制的前提下，通过班组内部及班组间的比较学习，劳动工效可以得到极大的提高。在图 3.1-5 中，砌筑工人参与到运输砂浆工作；在图 3.1-6 中，制作砂浆的工人只负责拌制工作，而运输到工作面的工作由砌筑班组自行完成；这种由班组自组织完成的工序优化工作并没有外部管理介入。

通过以上分析及 6 人班组砌砖案例的讨论，可以更为深入地认识和理解系统或者系统性，它至少包含三层含义：第一，系统由多个子系统和个体组成，他们之间存在结构、层次等特征，可以相互影响和作用；第二，系统自身可以表现出自组织、自适应的特征，这种特征有助于将复杂的问题简化；第三，几乎所有的系统都存在一些普遍性规律，我们暂时称之为"简单规则"。

3.1.2 复杂工程系统的一般规律

这是一本内容宽泛的书，因为我们的假设超越了理性选择。

理性假设是科学理论形成过程中最具有争议的选择。如果这个假设可以告诉人们按照这个方法去实践，复杂事件的变化规律有迹可循，自身与所追求的目标之间的差距可以测量，那么假设是理性的；相反，如果这个假设并不能把复杂事件变得简单，从而使人们按照这个方法实践找到脱离主体意志的客观规律仍然虚无缥缈，那么这样的假设是非理性的。所以，一个理性的管理者（或理性组织）会尽最大可能利用自身的知识和技能，在每个单位的价值输出上尽可能少地投入资源，特别是这种资源是稀缺的，并且按照这样的方法向自身的目标迈进。这种以最小资源投入而达成目标的行为效果我们称之为"最小熵增效应"（参见本书 3.2.2），这个结论显然具有强烈的主体性。

每一个项目组织，其管理行为和组织动机总能找到一条或者有限条符合/接近"最小熵增效应"的最/较优实现路径；当多元主体协同，作为一个整体系统分析时，还原论者会告诉我们，整体系统的管理行为和组织动机的综合效果等价于多主体的效果叠加。还原论者忽略了人的非理性，即"多元主体管理协同≠∑｛不同的主体的管理行为｝"。多元主体管理协同的复杂性不仅来源于自身，同时还来源于不同历史阶段的规则变动导致的组织之间差异化价值分配，组织之间关联的紧密程度，组织及个体间的情感联系等。

但是，我们总是想法设法地避免非理性的影响，即便是"理性有限"——因为它可以令人信服地讲述人们在没有充足的信息、不具备强大的计算能力的情况下帮助我们做出预测。

是不是有这样一种可能，在简单的理性的基础上叠加出更贴近真实世界的适应性系统。

（1）复杂工程系统演化的相似性初步规律

假定有一个数学模型可以描绘一个 n 维系统 X：$X = \{x_1, x_2, \cdots, x_n\}$，$n$ 是数学维度，说明系统的数学描述可以用 n 个状态参量表示。有了这个假定，系统随时间的演化我们可以用一联立微分方程组来描述：

$$\begin{cases} \dfrac{dx_1}{dt} = f_1(A,\ x_1,\ x_2,\ \cdots,\ x_n) \\[2mm] \dfrac{dx_2}{dt} = f_2(A,\ x_1,\ x_2,\ \cdots,\ x_n) \\[2mm] \cdots\cdots \\[2mm] \dfrac{dx_n}{dt} = f_n(A,\ x_1,\ x_2,\ \cdots,\ x_n) \end{cases} \tag{3.1-1}$$

上式成立的前提是，①各维度参量正交，否则 dX/dt 将产生大量不为零的交叉偏微分；② X 关于时间连续变化，且为渐变（即左右导数相等）。

为了简化模型，我们首先引入一个双参量线性系统模型 $X = \{x,\ y\}$，它当然是 n 维系统 X 的一个简单的特例：

$$\begin{cases} \dfrac{dx}{dt} = B_{11}(A)x + B_{12}(A)y \\[2mm] \dfrac{dy}{dt} = B_{21}(A)x + B_{22}(A)y \end{cases} \tag{3.1-2}$$

式中，$B_{11}(A)$、$B_{12}(A)$、$B_{21}(A)$、$B_{22}(A)$ 为控制参量 A 的常数系数，显然平衡态（无序态）位于原点，$x = y = 0$ 是方程的定态解。如果在 $t = t_0 = 0$ 时赋予系统一个微小的扰动，即 $x_0 = a$，$y_0 = b$，那么 t 时刻以后，方程的解为：

$$\begin{cases} x = \dfrac{(B_{11} - \lambda_2)a + B_{12}b}{\lambda_1 - \lambda_2}\,e^{\lambda_2 t} + \dfrac{(\lambda_1 - B_{11})a - B_{12}b}{\lambda_1 - \lambda_2}\,e^{\lambda_2 t} \\[3mm] y = \dfrac{B_{21}a + (B_{22} - \lambda_2)b}{\lambda_1 - \lambda_2}\,e^{\lambda_1 t} + \dfrac{(\lambda_1 - B_{22})b - B_{21}b}{\lambda_1 - \lambda_2}\,e^{\lambda_2 t} \end{cases} \tag{3.1-3}$$

式中 λ_1，λ_2 是代数方程

$$\lambda^2 - \omega\lambda + T = 0 \tag{3.1-4}$$

的解，这两个解为方程的特征根。特征方程中的 ω 和 T 分别为

$$\begin{cases} \omega = B_{11} + B_{22} \\ T = B_{11} \cdot B_{22} - B_{12} \cdot B_{21} \end{cases} \tag{3.1-5}$$

当 $\omega^2 = 4T$ 时，特征有两个相等的特征根 $\lambda_1 = \lambda_2 = \lambda$，这时式（3.1-3）可改写为：

$$\begin{cases} x = \{a + [a(B_{11} - \lambda) + B_{12}b] \cdot t\}\,e^{\lambda t} \\ y = \{b + [b(B_{22} - \lambda) + B_{21}a] \cdot t\}\,e^{\lambda t} \end{cases} \tag{3.1-6}$$

对于定态热力学分支 $x = y = 0$ 的稳定性完全取决于特征根 λ_1，λ_2 的实部，当这两个根的实部都为负，在 $t \to \infty$ 时才有 $x \to 0$；$y \to 0$ 的热力学分支稳定，所以可以归纳为以下五种情形，如图 3.1-7 所示。

图 3.1-7（a）中 $x = y = 0$ 为稳定结点；（b）中 $x = y = 0$ 为稳定焦点；（c）中 $x = y = 0$ 为鞍点，为不稳定点；（d）中 $x = y = 0$ 为不稳定节点（类似于涌出点）；（e）中 $x = y = 0$ 为不稳定焦点。

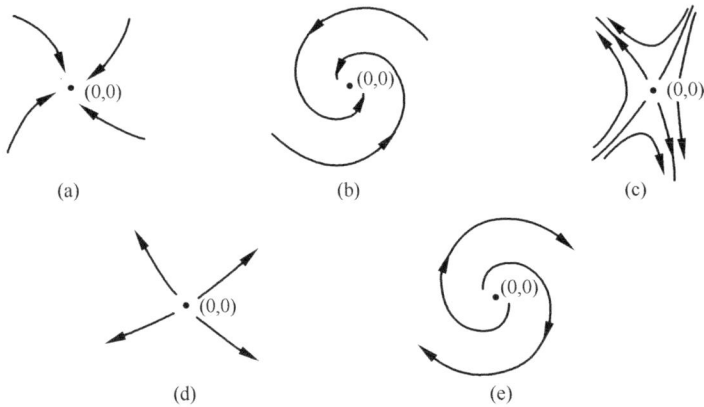

图 3.1-7　双变量系统特征根 ω 和 T 取值与系统稳定性关系

（a）ω，$T>0$；$\omega^2>4T$；λ_1，$\lambda_2<0$；（b）ω，$T>0$；$\omega^2<4T$；$Re\lambda_1=Re\lambda_2<0$；

（c）$T<0$；$\lambda_1>0>\lambda_2$；（d）$\omega<0$；$T>0$；$\omega^2>4T$；λ_1，$\lambda_2>0$；

（e）$\omega<0$；$T>0$；$\omega^2<4T$；$Re\lambda_1=Re\lambda_2>0$

在特征方程系数 ω 和 T 建立平面坐标系，那么该系统的稳定情况如图 3.1-8 所示。

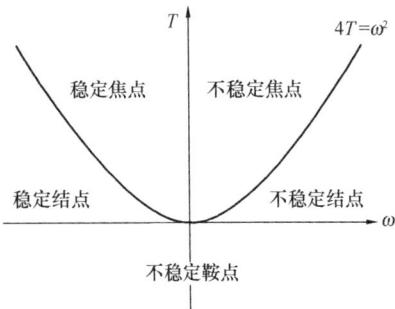

图 3.1-8　双变量系统在 ω-T 平面内 $x=y=0$ 解的稳定性

以上例证说明，线性系统（如前述双变量线性系统）在微扰动影响下有且只有两种归宿，或者趋于零（系统稳定）或者趋于无穷（系统不稳定）。

如果考虑一个双参量非线性系统：

$$\begin{cases} \dfrac{dx}{dt}=f_1(x,y) \\ \dfrac{dy}{dt}=f_2(x,y) \end{cases} \tag{3.1-7}$$

现在非线性的情形，即 $f_1(x,y)$ 和 $f_2(x,y)$ 是关于 x,y（两个自变量）的非线性函数，给定初始条件 $t=t_0=0$ 时方程的定态解为：$f_1(x_0,y_0)=f_2(x_0,y_0)=0$。这是很容易做到的，此时相当于微分方程标准型，通过等价变换即可得到。

记 Δx，Δy 是相对于定态解 (x_0,y_0) 的微小偏离量，即：$x=x_0+\Delta x$，$y=y_0+\Delta y$ 代入函数 $f_1(x,y)$ 和 $f_2(x,y)$，并考虑到记 Δx，$\Delta y<<1$，得到：

$$f_1(x_0+\Delta x,y_0+\Delta y)=f_1(x_0,y_0)+f_{1x}(x_0,y_0)\Delta x+f_{1y}(x_0,y_0)\Delta y$$
$$=f_{1x}(x_0,y_0)\Delta x+f_{1y}(x_0,y_0)\Delta y;$$
$$f_2(x_0+\Delta x,y_0+\Delta y)=f_2(x_0,y_0)+f_{2x}(x_0,y_0)\Delta x+f_{2y}(x_0,y_0)\Delta y$$
$$=f_{2x}(x_0,y_0)\Delta x+f_{2y}(x_0,y_0)\Delta y$$

其中

$$\begin{cases} f_{ix}(x_0, y_0) = \dfrac{\partial f_i(x, y)}{\partial x}\Big|_{\substack{x=x_0 \\ y=y_0}} \\[2mm] f_{iy}(x_0, y_0) = \dfrac{\partial f_i(x, y)}{\partial y}\Big|_{\substack{x=x_0 \\ y=y_0}} \end{cases} i=1,2$$

代入式（3.1-7）可以得到：

$$\begin{cases} \dfrac{d(\Delta x)}{dt} = f_{1x}(x_0, y_0)\Delta x + f_{1y}(x_0, y_0)\Delta y \\[2mm] \dfrac{d(\Delta y)}{dt} = f_{2x}(x_0, y_0)\Delta x + f_{2y}(x_0, y_0)\Delta y \end{cases} \tag{3.1-8}$$

双参量非线性方程组［式（3.1-8）］与双变量的线性方程［式（3.1-2）］在形式上完全一样：我们用"～"表示参量的相似关系，那么比较非线性系统和线性系统则有：

$$\begin{cases} \begin{pmatrix} \Delta x \\ \Delta y \end{pmatrix} \sim \begin{pmatrix} x \\ y \end{pmatrix}; \begin{bmatrix} f_{1x}(x_0, y_0) & f_{1y}(x_0, y_0) \\ f_{2x}(x_0, y_0) & f_{2y}(x_0, y_0) \end{bmatrix} \sim \begin{bmatrix} B_{11} & B_{12} \\ B_{21} & B_{22} \end{bmatrix} \end{cases} \tag{3.1-9}$$

那么我们关于线性系统特征方程根的分析完全适用于非线性系统状态方程（图3.1-7）的讨论。

我们必须指出，线性系统式（3.1-2）和非线性系统式（3.1-7）有着本质差别：首先线性方程仅有唯一的序参量为零的定态解，而非线性方程则可能有多个定态解，包括序参量为零的热力学分支及序参量不为零的耗散结构分支解；其次，线性方程中初始参量 x 和 y 可以取任意值，当 $t \to \infty$ 时只导向两个结果，或者收敛定态点，或者发散至无穷远；而对于非线性方程，只有 $\Delta x, \Delta y$ 在某个定态点附近时才有可能趋向于预设的定态点 (x_0, y_0)，否则随着 $\Delta x, \Delta y$ 的增大，非线性项将起越来越大的作用，在原定态失稳时，这种非线性可能限制序参量的增长，使其不发展到无穷，而演化到新的稳定态上去。

本文试图运用深刻相似性原理把非线性问题近似变换为线性问题。

（2）自组织系统形成的条件

1）开放系统

一个孤立系统的熵必然地随时间增大，称为熵增。当熵达到极大值，系统达到最无序的平衡态，所以孤立系统绝不会出现耗散结构。即使原系统存在耗散结构，一旦把系统孤立起来，这个结构也必然地走向瓦解。开放系统之所以本质区别于孤立系统，原因在于系统与外界的熵交换。一个开放系统可以从外界得到负熵流，也可以得到正熵流。负熵流促使系统形成耗散结构，促进系统无序化的进程，而正熵流促进系统形成组织，使得系统走向有序。

2）远离平衡态

在平衡态附近，系统总倾向于无序。而耗散结构在外界驱动下使之远离平衡态。平衡结构是一种"死"的结果，这种结构的维持不依赖外界，换而言之，应使其与外界隔绝。例如某桥梁型钢墩，为了割接构件与外界的电子交换，需要做防腐隔离，一

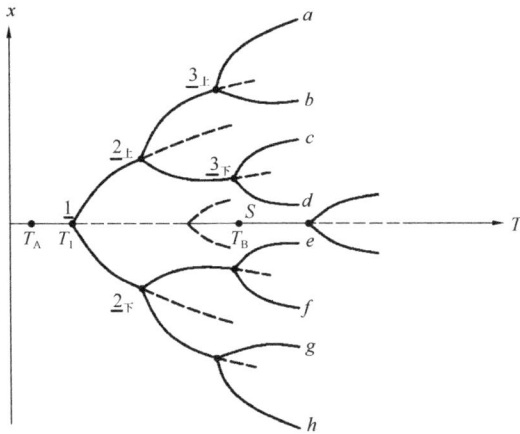

图 3.1-9　分岔树

且这种隔离失效，腐蚀就在系统与外界的交界面发生；当采用牺牲阴极的方法进行防腐保护时，桥梁的防腐系统就成为一种开放系统，阳离子向外界释放，外界向其提供相当数量的阳离子。所以耗散结构是一个"活"的结果，它只有在非平衡条件下才能形成，并不断地"新陈代谢"。

3）涨落导致有序

类似系统分支的行为在复杂性工程中非常常见。图 3.1-9 以树状结构形象表示，当改变控制参数 T（例如工程目标的追求）时，系统发生各种分岔行为（例如项目投资额）。

以图 3.1-9 的分岔树为例描述某隧道工程涉水施工的决策历程，X 表示河道防汛风险，T 表示项目不同发展阶段的决策（从这个意义上，将 T 理解为时间），如表 3.1-5所示。

过河方案决策的分岔树行为　　　　　　　　　　　　表 3.1-5

	T_1	T_2		T_3
涉河风险增（上）	明挖法	渡槽导流方案	a	明挖基坑＋格构柱桁架＋明敷钢管导流管
			b	明挖基坑＋格构柱桁架＋钢筋混凝土渡槽结构
		分阶段改河导流	c	明挖基坑＋全断面异位导流＋河道恢复
			d	明挖基坑＋单侧（左）导流＋单侧（右）导流＋河道恢复
涉河风险减（下）	暗挖法	矿山方案	e	暗挖施工＋浅埋＋跨汛掘进
			f	暗挖施工＋浅埋＋非汛期掘进
		盾构方案	g	盾构施工＋深埋＋跨汛掘进
			h	盾构施工＋深埋＋非汛期掘进

表 3.1-5 是对图 3.1-9 案例具体化，关于隧道过河施工最终的方案如何决定，即项目管理组织如何做出决策，从 $a \rightarrow h$ 有八种可能，如果不对影响决策的因素进行分析，则无法做出判断；更甚者，即便对影响决策的因素都掌握，仍然无法做出准确的预测，因为项目走向将依赖于控制参量的发展路径以及完全偶然的涨落因素。系统进入稳定阶段后，微小的系统涨落已经不能对重新进入稳定的系统结构产生影响，但是在临界点（支点位置），小小的涨落完全可能影响系统发展方向。

结合具体案例做假设性说明：在项目可行性研究阶段（T_1）无论是明挖方案或是暗挖方案在技术上都有可行性，关键是决策者在做出决策时哪个因素与决策者的目标取向形成了起主要作用的正反馈环。决策者对进度目标比较敏感，显然明挖方案在工期上的优势使之在系统预期目标上形成了起到主要影响的正反馈，于是系统在 T_1 分支点行为：$T_1 \rightarrow T_2$ 上，图 3.1-9 的下半区（防汛风险低区）就不会发生，由此意味着项目实施阶段必须面对河道导流的问题；T_2 分支点（例如在初步设计阶段），如果工期目标依然占据主导的正反馈因素，则分阶段导流方案不会成为选择项，而要求河道原位导流，即在 T_3 分支点（例如在施工图设计阶段）。图 3.1-9 中只有 a、b 两个方案进入决策者的视野。显然 a、b 在工期上已无明显差异，如果此时工程度汛风险占主导的正反馈因素，则 b 方案将胜出；如果此时造价因素占主导的正反馈因素，则 a 方案成为决策者优先考虑的方案。可见，一旦系统跳到某一分支上（例如前述的上半支），此时系统状态进入新的稳定阶段，就会对其他分支（例如前述的下半支）表现出排他性，或者可能返回到此前的分支点重新做出选择。

虽然在系统进入稳定阶段后，微小的系统涨落已经不能对重新进入稳定的系统结构产生影响，但是在临界点（支点位置），小小的涨落完全可能影响系统发展方向。通常涨落不仅很弱，而且随机生灭，在时间和空间上没有相干性，即在某一时刻、某一空间位置上的随机变量涨落与其他时刻、其他位置上的涨落完全无关，它们不形成时间和空间上的序。在临界点上的涨落则十分不同，这时表现为巨涨落。仍以上述隧道涉河施工为例，穿越河道的暗挖施工在一般情况下，河道水位的变化（涨落）与河床底下方（空间关联、时间关联）暗挖掘进的作用几乎可以忽略；当掘进时，如果其他因素导致掌子面稳定性处于临界状态，此时的河道水位涨落可能诱发透水事故。所以此时的系统涨落尽管绝对量很小，但相对涨落的影响因子将急剧放大。

（3）重大基础设施工程的自组织性

工程建设也是一个复杂系统，尤其是功能复合的重大基础设施工程。首先，**工程建设是一个开放系统，**因为它需要不断地运送钢材、水泥、混凝土，需要把多余的土方外弃；需要不断运输人力，包括工人、管理人员、技术人员，他们把劳动力的结晶凝结于固化了的产品——不断地输入和输出，促进项目从虚拟到实体，并且使得具体人去使用它，否则工程就失去了价值。**一个开放系统可以从外界得到负熵流，也可以得到正熵流。正熵流促使系统形成耗散结构，促进系统无序化的进程，而负熵流促系统形成组织，使得系统走向有序。**因此，建设工程系统的开放性表现为系统与外界普遍的能量交换，这种交换的相似性与差异性并存。系统作为一个动态、开放的系统，在进行能量交换的同时，还会保持相对平衡。工程师喜欢稳定的平衡系统，因为稳定而可预测，例如稳定的基坑围护、稳定的现金流、稳定的劳务队伍或者稳定的管理节奏。

但是，如果所有的建设工程，都像硬化一块场地内的地面一样简单，那么工程师的意义又在哪里？所以，只有真实存在的远离平衡态的复杂系统使得我们的工作变得更有意义，也只有远离平衡态使得工程建设，为实现工程目标的而展开的建设活动达到有序状态，即工程管理，有真实的价值与现实意义。

复杂系统的各个要素之间的复杂非线性相互作用，使得要素不再是简单的因果关系，而是既存在着正反馈的倍增效应，也存在着限制增长的饱和效应，即负反馈。此外，**要素本身也存在主客观性、结构层级性的特征，并且可能与客体发生交互关系。**这一点在工程建设领域尤其显著。

例如深基坑开挖，开挖卸载使得基坑系统的"势能"增加，坑边加载具备同样的效果，两要素叠加（耦合）所表现的正反馈效是不希望看到的。事实上需要考量的要素绝不止两个，至少应包括：①地质水文气象条件，包括土的分层及物理参数，地下水位及渗透系数，所在地的气象条件等；②周边环境，包括周边构筑物、河道、地下管线、交通等；③设计条件，包括规划要求，建筑要求、结构要求等；④围护结构方案，包括基坑尺寸参数、挡土结构、支撑结构、施工降水及设计控制参数等；⑤施工工艺，比如明挖、盖挖、暗挖以及对应的施工工序等；⑥施工工况，比如挖土方式、运输方式、施工安装方式以及施工作业人员作业方式等。各要素的"硬度"指标是不一致的，比如①、②是硬度最高的，因为这些要素是不以人的意志所转移的客观存在，所能做的只能是提高自身认知水平；③、④相对①、②显然要低一些，因为它们可以人为地去设定；⑤、⑥是围护结构设计师所给定的，可以具有完全的主导权力，对应地作为施工项目经理，首先应接受设计师所给出的设计意见。

一个复杂系统一般由大量的、嵌套的子系统构成。对于一个由大量子系统组成的复杂大系统有微观到宏观的多尺度问题——或者说同时存在宏观分析方法和微观分析方法。宏观分析方法只讨论大系统中各宏观参量而忽略子系统的具体行为，而微观方法则要具体分析各子系统的行为。宏观方法看似简单、实用但忽略系统涨落因素，如果仅从现象到现象的分析难以构成令人信服的理论深度；微观分析方法详尽、具体，包括了宏观与微观的全部信息，系统的涨落也可以充分体现，但是由于它过于复杂，它的方程未必解析，就是准确写出其状态参量也是十分的困难。我们为了解决复杂工程系统从微观到宏观的问题，**在采用微观分析方法时，一般是在特定分析角度下采纳抽象化的、归一化的简化方法，也就是复杂系统的维度提炼、分析和降解。**

例如对城市特定区域的建筑群进行地震灾害风险评估时，首先我们必须确定研究对象——城市特定区域的建筑群，作为一个整体系统它当然宏观的。我们还可以采用GIS技术进行地理信息采集，然后搭建一个宏观分析模型。当然，这样的深度是不够的，我们还应当知道具体到每一个单体建筑的情况，例如单体建筑的建成年代、现状情况，包括建筑布置、建筑功能、结构形式、地基与基础形式等。具体到每个单体我们可以用BIM技术搭建模型。BIM模型和GIS模型的关系，就是微观与宏观之间的关系。

其次，我们必须明确分析的角度。对于地震灾害风险评估这样的工作，灾害就是分析角度，我们必须提炼出抽象化的、归一化的量化测度指标——比如灾害损失，比如灾害发生的概率。那么我们评估风险就有了确定的分析角度，具体到建筑群的地震灾害风险评估，它应该包括特定区域建筑（或建筑群）的损失以及对应损失发生的概率，或者两者的卷积。

再次，我们需要找到一般性规律。对于地震，它是有发生概率条件的灾源；对于建筑（或建筑群），它是承受地震损伤的承灾体；从灾源到承灾体的能量传播过程构成灾变规律，这个规律就是城市特定区域建筑群地震灾害风险分析的本构方程。

从而我们得到了从微观到宏观系统分析的具体方法。

某事件概率：$P(x_1,x_2,\cdots,x_n)dx_1dx_2\cdots dx_n$，表示随机变量取值在 $x_1 \rightarrow x_1+dx_1$，$x_2 \rightarrow x_2+dx_2,\cdots x_n \rightarrow x_n+dx_n$ 范围内概率，而 $P(x_1,x_2,\cdots,x_n)$ 叫作概率分布密度，并且从微观到宏观的卷积规律有：

$$\begin{cases} P(x_1,x_2,\cdots,x_n) \geqslant 0 \\ \int\cdots\int P(x_1,x_2,\cdots,x_n)dx_1dx_2\cdots dx_n = 1 \end{cases} \tag{3.1-10}$$

大到社会系统，小到一个工程项目，复杂系统中这种大系统嵌套子系统的现象在自然界中是相似的。系统的状态不仅是子系统状态的总和，而且是一个综合平均的效应，并且包含物质的（比如材料结构）和非物质的（比如组织、信息、能量等）。复杂系统内部的相互作用除了表现出强烈的非线性、交互性（协同效应）以外，其显著的初始条件敏感依赖性还会引发系统的涨落和演化。

系统的涨落是时间关联的动态参量。在开放复杂系统中，即便是同样的初始状态，同样的时间测度，系统的表现可以完全不同。有些系统控制参量取某些值，**系统的涨落和演化相对于这些系统参量的变化变得微不足道；有些则不然，特别当系统处于临界点时，涨落的影响非常显著；**更有极端情况，系统的初始状态、控制参量都完全一样，时间的测度也完全一样，但是在临界点附近，系统的宏观表现可以完全不同。

在一定的外界条件下，复杂系统通过内部非线性相互作用，经过自我调节适应这种变化，表现出足够的稳定性和适应性，这可以通过前文介绍的砌筑案例得到解释。运送砌体的 2 名工人，会自动识别 3 名砌筑工人对砖块的消耗能力，但他们并不是通过降低劳动强度（比如每次运送砖块的数量减少一些，或者行动速度慢一些）保持持续而稳定的供货方式来表达这种自适应，而是保持某种作息节拍（囤积足够多的砖块，休息一段时间，再一次性运输砖块）。当然，如果没有管理指令（外部条件），一旦完成分工（确定初始条件），这种自我管理的自组织状态并不改变分工现状（主动修正简单规则），即运送砖块的工人并不会主动帮助砌筑工人。2 名运送砖块的工人显然已经满足 3 人砌筑的需求，若再增加一名运送砖块的工人（3 人拉砖，3 人砌筑），此时会因为运送砖块的工人休息频次过高导致砌筑工人高频次的休息，进一步降低整体功效。

系统经过一段时间的演变形成一种稳定有序的稳定结构，在外部条件一定的改变下，系统有序状态可以实现自我适应和自我完善，称为"自适应系统"。工程系统有人参与，参与人的活动有自觉性和目的性，体现了系统对初始条件和简单规则的保持和惯性。

工程建设中的复杂系统所表现的一般化规律有以下总结：

1）工程建设是一个开放系统，一个开放系统从外界得到负熵流，也可以得到正熵流。只有远离平衡态时的工程建设，为实现工程目标的而展开的建设活动达到有序状态，工程管理才有真实的价值意义。

2）复杂系统的各个要素之间存在复杂的非线性相互作用，使得要素不再是简单的因果关系。系统各组成要素本身也存在主客观性、结构层级性的特征，并且可能与客体发生交互关系。

3）系统的涨落是时间关联的动态参量，系统的涨落和演化相对于有些系统参量的变化变得微不足道；当系统处于临界点时，涨落的影响则非常显著。

4）系统经过一段时间的演变形成一种稳定有序的稳定结构，在外部条件一定的改变下，系统的有序状态可以实现自我适应和自我完善，称为"自组织"。

3.2 复杂系统深刻相似性的引入

3.2.1 深刻相似性概念的引入

（1）经典相似性理论及其局限性

在研究复杂系统的科学进程中，出现了多种学科，如系统理论、自组织理论、耗散结构理论、混沌理论等。在研究过程中，复杂系统的一个本质特性逐渐被揭示，即系统的自相似性（self-similarity）。大量事实表明，自相似性不只是存在于生物界，它是一种广泛存在于物质世界、自然界和人类社会文化的普遍法则。

自相似性（self-similarity）简单地说，就是局部的结构或功能与整体相似（这种相似是一种统计意义上的相似），自相似性是宇宙间的一种普遍现象。与自相似性研究强相关的学科包括分形理论、混沌理论、全息理论、相似理论。为了让读者更直观地理解相似性现象的普遍性与自然界的发展规律，下面以几个具有自相似性质的图形和曲线的实例进行说明。

1）自相似

1904 年 Helge von Koch 构造了著名的"Koch 雪花"，他从一个边长为 1 单位的等边三角形开始，构造了三个等边三角形（在每一个边构造一个，如图 3.2-1 所示），每个边长为 1/3。然后在每一步继续迭代……Koch 雪花本身就是以上简短描述过程的极限曲线。

图 3.2-1 显示的是前面四步迭代，当迭代次数趋近于无穷大时，雪花曲线周长也趋近于无穷大。Koch 雪花是一条有无限长度的曲线，此外曲线上任意两点之间的距离也是无限的，可以这样说，由于其处处存在极限性，甚至不能在曲线上取到一段有限长度的曲线段，所以它无处可微。

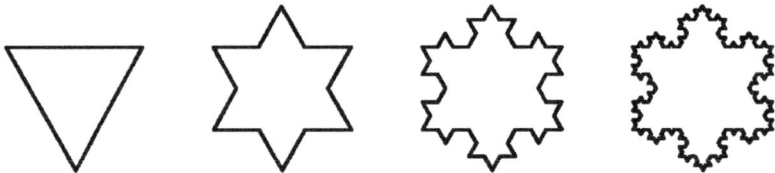

图 3.2-1　Koch 雪花的前四步迭代

2）分形相关实例

精确自相似分形代表的是规则有序，而雪花、树叶、海岸线等自然分形，则是复杂且相对混乱的，通常所理解的规则有序与规则混乱是两个极端，但是在混沌理论的世界里，它们并不太疏远，甚至有着某种非常紧密的联系（图 3.2-2）。

图 3.2-2　自然分形
（a）过饱和水蒸气中形成的雪花；（b）树叶的叶脉；（c）人体肺部毛细血管造影；
（d）海岸线；（e）斑点狗的皮肤；（f）河流入海

相似特性的外部表现形式为相似现象，经典相似理论基于相似现象去认识本质的相似性。例如地球上几乎所有的事物都有掉落地面现象，于是找到了万有引力定律和地球上的重力加速度、重力场，继而建造离心加速机以模拟、控制重力场。所以经典相似理论认为：相似性是构成相似的基础，事物间有相似性便构成相似事物，系统间有相似性就可以构成相似系统。相似理论包含三大相似定理，三大相似理论剥离了时间、空间的参量。具体是几何形状的相似性（第一相似定理）、物理属性相似性（第二相似定理——Ⅱ定理）和事物现象相似性（第三相似定理——相似逆定理）。

第一相似定理又称为"相似正定理"，是对相同的物理定理支配的同类现象（可以用同一数学方程描述的现象）运用相似准则（相似比的不变性）还原的方法。因此，第一相似定理对于不同性质的相似现象或者说未知本质规律的进行相似现象并不适用。

第二相似定理又称为"Ⅱ定理""模型化定理"，它基于独立物理量建立相似准则。第二相似定理在系统分析中发挥了非常积极的作用，它指出：信息对系统和谐有序结构地形成与演变起积极的关联作用。当不同系统中信息场的信息内容与分布规律、信息作用方式与过程存在共同性时，系统间形成相似特性。

第三相似定理又称为"相似逆定理"，它指出凡属同一类物理现象，当单值条件相似的（包括几何条件、物理条件、边界条件等），则拥有该条件的现象必定相似。

由第三相似定理可知，相似现象受相似本质规律支配，当支配系统本质的规律有共性时系统间形成相似性。

总结以上分析，相似性是一切事物的共性，是物质和非物质世界发展演化的简单规则，相似性是自然界必然遵循的基本原则之一。由事物间的相似现象、相似特征经过抽象化提炼的相似理论在描绘系统性问题时出现了较为明显的局限性，它在观察相似现象时，剥离时间维静止地去观察现象和事物。一旦时间维被剥离，通常将极大地简化事物，某些事物因此可能变得抽象。事物的抽象化在具有普适性的同时，往往导致真实性和现实性的缺失，这是导致经典相似理论在描述普遍、复杂、深刻、关联的复杂系统中越来越困难（局限性）的根本原因。

因此，笔者尝试站在更高、更深层次上讨论相似性，**把抽离了时间参量的相似性称为经典相似性理论，而将构建于时间参量基础上的相似性称为深刻相似性**，这是对深埋在复杂性现象所展现出来的相似性做出的必要回应。深刻相似性建构于时间参量的系统演化观点。如果某一系统，在一定（指相对稳定的简单规则）的外部环境影响下，经过若干时间的发展、演化，形成由一系列子系统族（含子系统下的多级）组成的复杂大系统。任取其中两个相对独立的子系统，它们之间所保有的系统间的相似特性同源，以及对外部环境做出基于简单规则的响应。

（2）简单规则

在数学中常用平面极坐标 (r,θ) 描述一条对数螺线，它是拥有标度不变性的函数关系：$lnr \propto \theta$。在自然界中对数螺线状的生物或现象比比皆是，比如鹦鹉螺壳、松果的种植排列、向日葵种植排列、台风云图、恒星星系等（图 3.2-3），它们背后有着一条非常简单的规则，并由简单规则在时间的线性发展中构成深刻的相似规则——标度的对称性。

图 3.2-3　呈对数螺线状的各类事物

所谓"标度变换"就经典相似性理论而言就是相似比的测度，对数螺线有着"标度不变性"的简单特征：只要选取图形的包含中心点局部，通过放大或缩小，只需转过一个角度，就可以与原来的图形曲线完全重合，它与比例无关。类似地具有自相似性质的图形和曲线还有很多，柯赫曲线（Koch curve）、明可夫斯基香肠（Minkowski sausage）、皮亚诺曲线（Peano curve）、门格尔海绵（Menger sponge）等，它们的分形同图案各有不同，但是可以发现所有的分形图案都具有标度的不变性，其构造的背后就是简单规则。

简单规则下的迭代就是一个自我复制、膨胀的过程，它是以初始的图形（本身也是简单图形）**为底，以简单规则生产为指数**（规则决定了指数膨胀速率）**地无差别繁殖。**这种简单规则下地无差别自相似复制（繁殖）对应的系统动力学模型即是正反馈系统模型，**而迭代就是时间的离散化点序。**

（3）时间平移和反演

根据时间、空间的连续性，一切事物的运动都将在一定的时间和空间内完成，一切复杂的系统都可以看成以时间为独立变量的 N 维事物的运动合成。

一个 0 维的质点在连续的时间、空间下运动（运动迹线）形成一维的曲线。当运动遵循某些简单规则时，其运动迹线即可用规则本身来描述。图 3.2-4 所描述的简单运动有：（a）随机运动（例如布朗运动）；（b）沿直线运动；（c）绕某点的圆周运动；（d）以某点为起点的螺线运动。

一个静止不变的质点对任何间隔的 Δt 的时间平移表现出不变性，而一个周期性运动的质点（例如单摆、圆周等）只对周期 T 整数倍的时间平移不变，它们都具有一定的时间平移相似性，并且这种时间平移的相似性都是有严格意义的。图 3.2-4（c）便符合这种严格意义上的时间平移相似性。

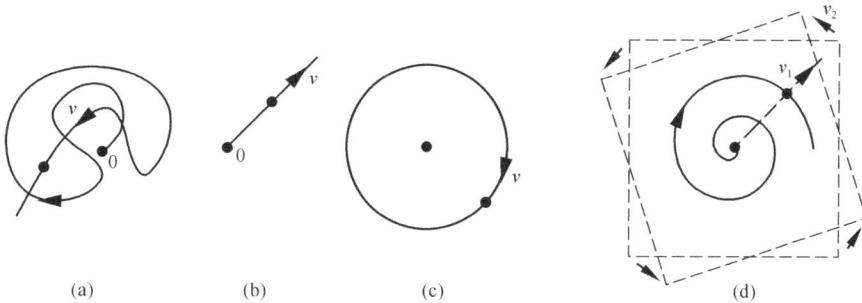

图 3.2-4　几类简单运动

假定质点所在空间是静止、均匀、连续、线性无限延伸的，那么质点运动速度在任何间隔 Δt 的时间平移表现的速度增量是 Δt 的多项式关系增量，则称该质点的运动具有广义的时间平移相似性。图 3.2-4 中（a）、（b）都符合这种广义上的时间平移相似性，而对于（c）和（d）应剔除去中心点附近区域（去心邻域外满足）。

时间由 $t \rightarrow -t$ 的变换称为时间的反演。并不是所有的事物在时间反演下都能够被人们很快察觉：一个无阻尼的单摆，无论正、反运动都不会显示出任何的差异。从观察对象的量纲也可以获得时间反演不变性的结论。给出小结：

1）当事物的运动具有任何间隔 Δt 的时间平移不变性，或者特定周期性 T 的时间平移不变性，我们就称之为严格的时间平移相似性；

2）当事物的运动具有有限增量速度运动，在 $\Delta t \to 0$（相对线性空间的静止、均匀、连续、线性无限延伸）条件下服从时间平移不变性，我们称之为广义时间平移相似性；满足广义时间平移相似性的事物运动具有平稳的渐变特征，其运动规律具有唯一的确定性。

3）某事物含义的状态参量（运动参量、物理参量、几何参量等）的量纲具有非零偶次时间项时，该项变量具有时间反演不变性，称为事物的该项状态参量为时间相似性的自发破缺参量。

（4）深刻相似性概念引入

可以将事物的运动、变化和发展看成时间起点一致的 N 维变量运动、变化和发展，对其运动过程、变化过程和发展过程进行分段、分类、压缩、延拓、变换、抽象、外推、归纳、判断和推理，并在时间连续性前提下，对事物 N 维方向进行分解（投影），达到基于时间维下解释和描述事物的数学方法，该方法称为深刻相似性原理。

1）无记忆系统（静态系统）

定义：对任意的输入，如果对自变量的每一个值，系统的输出仅取决于该时刻的输入，这个系统就是无记忆系统，或称静态系统。

静态并非指系统中一切都静止，也不是指系统边界为空的孤立系统。静态系统与外界仍存在着物质、能量、信息的交换并且满足时间平移相似性。

2）因果动态系统

定义：若系统 t 时刻的输出，只取决于 t 时刻以及 t 时刻之前的输入序列，而与 t 时刻以后的输入序列无关，则称该系统为因果动态系统。简单来说，因果动态系统有以下逻辑关系：

一是对时间反演的唯一确定性。对于给定的输出映射，在给定的时刻，系统的状态是唯一确定的。

二是对时间反演的组合性。对于给定的时间序列 $\{t_0, t_1, t_2\}$，系统由 t_0 发展到 t_2 等价于由 t_0 经历 t_1，最终发展到 t_2 的组合。

三是对时间反演的因果性。对于未来的输入信号不能影响历史的系统状态。

3）稳定的不确定非线性系统

不确定非线性系统（uncertain nonlinear systems）指同时具有不确定系统和非线性系统特点的系统，即其输出与其输入不成正比，同时带有不确定参数、不确定动力学（系统摄动）及外干扰的系统。

对于时变的不确定系统，只要系统本身是稳定态（时间微小的平移符合收敛要求），无论方程本身的不确定性或者边界的不确定性问题，仍然可以通过某一时间点（主要是系统运行的具体时点）附近领域的定常化的近似办法（冻结参数的方法）解决。

4）不稳定的不确定非线性系统

如果从数学上评价，可以认为不稳定的不确定非线性系统即是复杂系统。

如图 3.2-5 所示，实线为线性系统 C_1 和非线性系统 C_2 历史发展轨迹线，在 t_0 时刻定

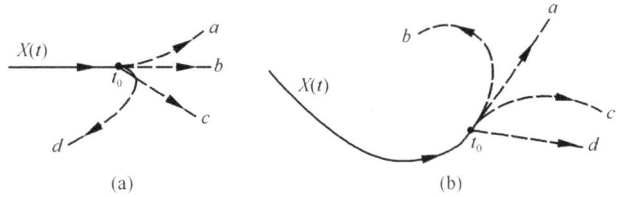

图 3.2-5　不稳定非线性系统运动的趋势预测
(a) 不稳定系统 C_1；(b) 不稳定系统 C_2

性分析和预测系统发展轨迹，比较线性系统 C_1 和非线性系统 C_2 对 t_0 时刻的前方不稳定情况。

对于线性系统 C_1 在 t_0 时刻前方不稳定：

① b 趋势在系统 t_0 时刻稳定的要求，在不稳定条件下 b 的发展趋势不能作为预测选项；

② c 趋势在 t_0 时刻附近出现不可微点的结节，出现了激发态，为此必须从边界条件中找到激发条件，否则不能作为预测选项；

③ a、d 趋势在 t_0 时刻出现可微点的拐点，说明在系统的线性发展前方 $t_1,t_1 > t_0$ 出现不稳定鞍点，该点的一阶微商必定存在，但二阶微商可以不存在；可通过控制序参量方程的特征根解出若干个稳定点。a、d 趋势的取舍是一个随机性问题。

对于非线性系统 C_2 在 t_0 时刻前方不稳定：

① a 趋势即非线性系统线性化的近似方法（系统的一阶近似），在不稳定条件下不能作为预测选项，但可以作为增项偏差的计算基准；

② b、c 趋势在 t_0 时刻出现可微点的拐点，说明在系统的线性发展前方 $t_1,t_1 > t_0$ 出现不稳定鞍点，b、c 趋势的取舍是一个随机性问题。

③ d 趋势在 t_0 时刻附近出现不可微点的结节，出现了激发态，为此必须从边界条件中找到激发条件，否则不能作为预测选项。

结论是，我们对线性系统 C_1 和非线性系统 C_2 趋势的判断有着极其接近的相似性理解和判断，由此为不稳定非线性系统稳定分析增量问题研究提供了近似思路：针对一般结构的随机高阶非线性系统，即该系统同时具有高、低阶非线性不确定项和增长率状态依赖，引入线性辅助函数使闭环系统的状态全局渐近收敛到零点。

由此，我们给出深刻相似性的概念：

复杂系统保持连续运动状态，其在某一时点 t_0 与 $t_0 + \Delta t$ 之间增量运动 $\Delta q(t)$，当 $\Delta t \to 0$ 时增量运动同步 $\Delta q(t) \to 0$，则称系统增量运动和连续运动之间保持时间平移的相似性，并称之为系统的深刻相似性。

3.2.2　复杂系统深刻相似性的定义及性质

在多数情况下，复杂系统的研究大抵可以划分为两类：一类为适应性复杂系统问题，例如免疫系统、生态环境、城市管理，以及本书将在后面章节开展讨论的 PPP

＋EPC 模式下的复杂性项目管控问题；另一类为非适应性复杂系统问题，例如天体运行、地质变动、气象、河流等。根据圣塔菲学派的观点，适应性造就复杂性，并以此作为探索复杂性的理论基点。复杂适应性系统关于"深刻相似性"的理论基点就是系统某时刻的运动状态和下一秒的运动增量之间的相似关系。

非适应复杂系统问题一定满足因果动态系统的所有定律，无论它是线性或者非线性的，定常的或者时变的，在分叉点系统随机选择某一条路径，无论是因微弱扰动引发看似随机的客观必然，或者是系统对称性自发破缺的随机性存在。复杂适应性系统具有主观的预期，系统知晓自身状态并对自身的输入有所控制，所以对未来的预期影响着当下的状态。图 3.2-5 所示的运动轨迹线，如果让一个没有经过专业训练的普通人判断系统的发展趋势预判，他绝不会选择 C_1 系统的 c 趋势，C_2 系统的 d 趋势。

总的来说，适应性的复杂系统关于"深刻相似性"的理论基点就是系统某时刻的运动状态和下一秒的运动增量之间的相似关系，笔者的关注重点是具有深刻相似性的预期表达。

（1）深刻相似性定义

对于无记忆系统，一般数学模型可表示为：$y(t_0) = S(u(t_0))$，$\forall t = t_0$；显然这个系统的状态描述只取决于当前时间点 $t = t_0$。

对于因果动态系统（只取决于 t 时刻以及 t 时刻之前的输入序列），一般数学模型可表示为：$y(t) = S(u(\tau); \tau \in (-\infty, t_0])$，$\forall t = t_0$。

我们可以把因果动态系统看作无记忆系统的一种延拓，具体做法是：

若系统满足广义时间平移相似性条件时，可以引入状态变量方程 $x(t)$，给出关于系统输入输出关系的紧凑描述。

状态变量 $x(t)$ 是一组仅依赖于 t 时刻之前的历史数量变量，一旦知道某一 t_0 初始条件值，就可以利用这组值和 $t \geq t_0$ 的输入唯一地确定 t 时刻的系统输出，其数学模型可描述为：

$$y(t) = S(u(\hat{0}), \hat{0} \in (-\infty, t]; t)$$
$$\Rightarrow y(t) = S(x(t_0); u(\hat{0}), \hat{0} \in (t_0, t]; t) \tag{3.2-1}$$

由此，因果动态系统的输入输出关系可以用由以下两个部分来描述：

一是状态是如何更新的（状态转移映射）：

$$x(t) = \Phi(t, t_0, x_0; u(\tau), \tau \in [t_0, t]) \tag{3.2-2}$$

二是输出是如何确定的（输出映射）：

$$y(t) = h(x(t), u(t), t) \tag{3.2-3}$$

从输出映射关系来看，$y(t)$ 只与当前的输入 $x(t)$、$u(t)$ 和当前时刻 t 有关，与历史输出与当前输出并无直接联系，是通过有记忆的输入和状态影响输出，所以是间接影响。

简单来说，因果动态系统有以下逻辑关系：

一是对时间反演的唯一确定性。对于给定的输出映射，在给定的时刻，系统的状态是唯一确定的，数学表达式：$\Phi(t_0, t_0, x_0; u(\tau), \tau \in [t_0, t]) \equiv x_0$；

二是对时间反演的组合性。对于给定的时间序列 $\{t_0, t_1, t_2\}$，系统由 t_0 发展到 t_2 等价于由 t_0 经历 t_1，最终发展到 t_2 的组合，即 $\Phi(t_2, t_0, x_0; u(\tau), \tau \in [t_0, t_2]) \equiv \Phi(t_2, t_1, (\Phi(t_1, t_0, x_0; u(\tau), \tau \in [t_0, t_1])); u(\tau), \tau \in [t_1, t_2])$, for $t_1 < t_2$；

三是对时间反演的因果性。对于未来的输入信号不能影响历史上的系统状态，即 $\Phi(t_1, t_0, x_0; u(\tau), \tau \in [t_0, t_1]) \equiv \Phi(t_1, t_0, x_0; u(\tau), \tau \in [t_0, t_2])$, for $t_1 < t_2$。

类似地，我们是不是可以由因果动态系统向适应性复杂系统延拓呢？

复杂适应性系统（非线性时变系统）状态变量 $x(t)$ 是一组同时依赖于 t 时刻之前的历史和系统自身目标预期的数量变量，在满足增量运动连续性要求的条件下，每一步距 q 的输入变量 $u(i)$ 是当前状态变量一阶线性切向量的惯性增量 $x(i)$ 与预期目标增量 $m(i)$ 之和：

$$u(i) = x(i) + m(i) \tag{3.2-4}$$

如图 3.2-6 所示，适应性复杂系统自身具备状态感知和目标差距分析时，基于目标预期简单规则向自我调节作出时变性自我修正：

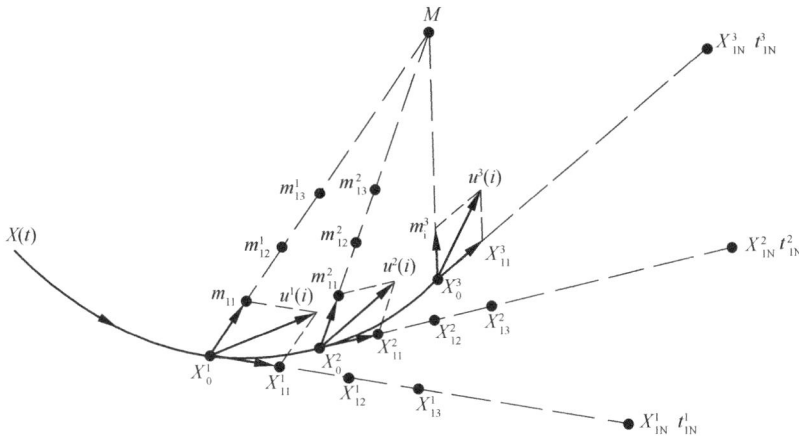

图 3.2-6　适应性复杂系统基于目标追求简单规则下的自我修正模型

期望状态点 $M(m(t), t_v)$ 与当前状态点 $X(x(t), t_0)$ 的时间差 $\Delta T_m = t_m - t_0$，$(t_m > t_0)$。在 $t_0 \rightarrow t_m$ 期间系统对期望点预期向量假定为状态差与时差之比的递增线性关系 $m(t)$：

$$m(t) = x(t_0) + \frac{t - t_0}{t_m - t_0}[m(t_m) - x(t_0)] \tag{3.2-5}$$

那么运动状态预期增量 $\dot{m}(t)$ 保持为常数关系，即

$$\dot{m}(t) = \frac{m(t)}{dt} = \frac{m(t_m) - x(t_0)}{t_m - t_0} = const \tag{3.2-6}$$

根据增量运动相似定理有：

$$m(i) = \sum_{i=1}^{N} q \frac{dm}{dt}\bigg|_{(iq)} = \frac{m(t_m) - x(t_0)}{(t_m - t_0)} \cdot (t_1 - t_0) \tag{3.2-7}$$

由式（3.2-7）可知 $m(i)$ 为一常数，即系统的目标的追求在一个小时段 $[t_0, t_1]$ 内保持恒定不变。

这种不变性来源于系统本身，与系统的外部环境 $v(t)$、系统输入参量 $u(t)$ 无关，与系统对自身运动规律 $x(t)$ 也无关，只与现有状态有关。适应性复杂系统在运动期间对预期目标追求的不变性我们称之为复杂系统深刻相似性。

（2）简单规则与深刻相似性的理论联系

设某复杂性工程项目所组成的动态系统，状态向量、输入向量、输出向量都是关于时间的函数，可分别记为 $x(t)$、$u(t)$、$y(t)$。

假定存在定量化描述（即满足 $x(t)$、$u(t)$、$y(t)$ 的参量维度 n、p、q 都是常数）：

$$\begin{cases} x(t) = (x_1(t), x_2(t), \cdots, x_n(t))^T \\ u(t) = (u_1(t), u_2(t), \cdots, u_p(t))^T \\ y(t) = (y_1(t), y_2(t), \cdots, y_q(t))^T \end{cases} \tag{3.2-8}$$

同时满足系统输入输出函数关系（即存在系统对连续时间情形可限定为）：

$$\begin{cases} \dot{x}(t)_{n\times1} = A_{n\times n} x(t)_{n\times1} + B_{n\times p} u(t)_{p\times1} \\ y(t)_{q\times1} = C_{q\times n} x(t)_{n\times1} + D_{q\times p} u(t)_{p\times1} \end{cases} \tag{3.2-9}$$

对于一个复杂性系统，按照一定的规则对系统进行离散化拆分，被拆分到一定深度的子系统总可以满足上述两个假定条件，此时使得子系统的状态向量 $x(t)$ 具备了定常（时不变）系统的要求，则可采用系统外部描述即传递函数矩阵描述：

$$\hat{y}(s) = G(s)\hat{u}(s) = N(s)D^{-1}(s)\hat{u}(s) = D_L^{-1}(s)N_L(s)\hat{u}(s) \tag{3.2-10}$$

上式是拉普拉斯变化（Laplace Transformation）意义下，反映系统输出向量 y 和输入向量 u 间"传递关系"的一种输入输出描述。并且，总能找到系统的传递函数矩阵 $G(s)$，并且形式上为有理分式函数矩阵。

上式中，$N(s)D^{-1}(s)$ 和 $D_L^{-1}(s)N_L(s)$ 分别为 $G(s)$ 的右矩阵分式描述和左矩阵分式描述，并且 $N(s)$、$D(s)$、$D_L(s)$、$N_L(s)$ 均为多项式矩阵。

满足上述条件的拆分规则称为复杂系统拆分的简单规则。显然，简单规则在抽离时间维度的条件下进行，所以它具有时间标度律的对称性。

引用：反函数相似定理

设连续运动 $x(t)$：$\begin{cases} x = x(t) \\ \dot{x} = \dot{x}(t) \end{cases}$ $(t_0 \leqslant t \leqslant t_1)$，且满足 $x(t)$ 在区间 $[t_0, t_1]$ 内单调连续。反函数 $\begin{cases} t = g(t) \\ t = \dfrac{dt}{dx} \end{cases}$ $(x_0 \leqslant x \leqslant x_1)$ 的导数 i 在区间 (x_0, x_1) 连续。

设增量运动 $t(i)$：步距为常数 q，作用时间为 $|a_i|$ $(i = 1, 2, \cdots, N)$，方向为 $\text{sig}\dfrac{|a_i|}{a_i}$ 的 N 个顺序增量运动。其中，$N = INT\left(\dfrac{x_1 - x_0}{q}\right)$ 为正整数，a_i 由下式求出：

$$\sum_{i=1}^{N} q \frac{dt}{dx} \bigg|_{(iq)} = a_1 + a_2 + \cdots + a_i + a_N \qquad (3.2\text{-}11)$$

若增量运动的步距 $q \rightarrow 0$，则在区间 $[t_0, t_1]$ 内，连续运动 $x(t)$ 与增量运动 $t(i)$ 相似。可简记为：

$$x(t) \cong t(i) \qquad (3.2\text{-}12)$$

对于连续运动离散相似定理：$x(t) \cong x(i)$ 和连续运动反函数定理：$x(t) \cong t(i)$ 可以理解为数→模、模→数转化关系。

本质上讲，简单规则是对系统的空间分割，以步距为指标，而深刻相似性是对时间的分割，以离散化时间间隔为指标，两者在离散化条件下具有数学意义上的互为反函数关系，并且当步距（或时间分割）为小量时，两者等价。

（3）深刻相似性的性质

复杂适应性系统在运动期间对预期目标的追求出于自身要求，影响自身运动状态，对自身运动规律有简单的"吸引"或"规避"的趋势判断，已经跳出了因果动态系统的假定条件。

简单来说，复杂适应性系统有以下逻辑关系（区别于因果动态系统）：

一是对时间反演的不确定性。 对于给定的输出映射，在给定的时刻，系统的状态不是唯一确定的，呈现出一种殊途同归的方式。

二是对确定时间和运动状态即可确定唯一预期增量 $\dot m \ (t)$。

三是对于未来的输入信号仍然不能影响历史系统状态。 虽然系统对预期目标追求随着时间发展而变化，但预期向量 $m(t)$ 是关于时间 t 的一阶线性关系（一阶线性是为简化模型作出的假定），所以适应性系统简化为因果动态系统时两者存在显著差异。预期向量所发挥的作用是保持深刻相似性，未来信号不影响当前复杂适应性系统的状态。

对于复杂适应性系统的深刻相似性，做进一步分析：

1）稳定条件下的负熵流强化效应

根据预期向量的假定条件可知，系统对期望点预期向量假定为状态差与时差之比的递增线性关系，当系统期望点与其运动稳定结点或焦点重合时，与非适应性系统相比，适应性系统将以"负熵流强化"的方式快速趋近，在期望目标点附近的强化效应尤其明显，表现出临近目标的"冲刺状态"，如图 3.2-7 所示。对于非适应性系统的稳定焦点，复杂适应性系统将破坏这种接近均匀焦点的趋近规律。

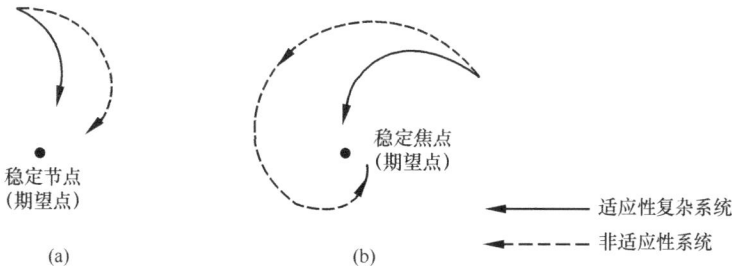

图 3.2-7　适应性复杂系统的期望目标点与稳定结点、焦点的负熵流强化效应

2）不稳定条件下最小熵增效应

对于不稳定复杂适应性系统，其对追求预期目标的路径中出现不稳定耗散分岔时，将自主选择一条最小熵增路径。其运动规律如图 3.2-8 所示。

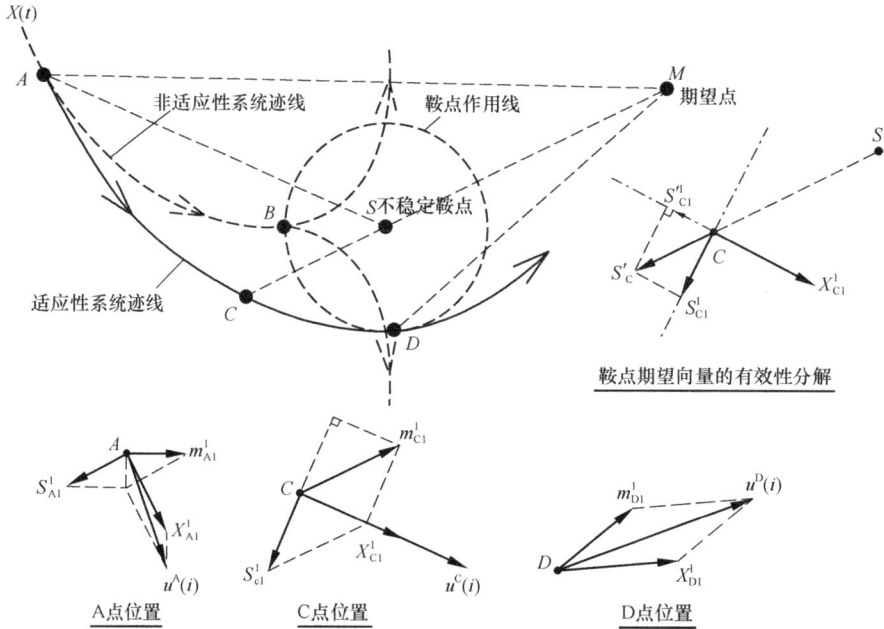

图 3.2-8　适应性复杂系统的不稳定条件下最小熵增效应

如图 3.2-8 所示，系统运动前方出现定态热力学分支（不稳定鞍点），对于非适应性系统在不稳定鞍点影响作用范围之外的运动（图示路径 $A \to B$）不受鞍点影响，在 B 点进入二次项分叉点，其分支选择为随机事件。

对于适应性复杂系统，其同时受期望点 M（表现为吸引）和不稳定鞍点 S（也视为排斥期望点）影响，由此表现为主动绕避（避障行为）行为（图示路径 $A \to C \to D$）。在点 S 实际作用线范围之外，它作为系统的另一类期望点的行为表现与点 M 不同，主要期望影响只体现在避障的方向性。

鞍点位置期望向量实际发挥的作用需要做分解。如图 3.2-8 中 C 点分解表现所示，C 点的期望向量 s_c^1 表现为排除，即方向相反；s_c^1 向 $\dot{x}(i)$ 方向做投影分解，如图所示 $s_c^{\prime 1}$ 和 s_{c1}^1，由于该作用影响来源于系统自身的预期，所以与切向运动方向一致（或相反）的期望作用可以忽略，即令 $s_c^{\prime 1} \equiv 0$，发挥期望影响的只有与切向运动方向垂直的分量 $s_{c1}^1 = s(i)\cos\mu$，μ 为运动状态点与不稳定鞍点连线与运动前进方向切向线的夹角。

图示适应性系统在 A 点即可识别运动前方不稳定鞍点 S，系统避障期望向量发挥作用，图示不稳定鞍点与期望点关系的期望合向量 $s_{A1}^1 + m_{A1}^1$ 位于运行方向切向的右侧，系统总体期望向量影响表现为向右侧"主动避让"，在 C 点位置（仍位于鞍点作用范围以外区域）出现点 C、S、M 连线重合，根据线性增长关系计算可得此时 m_{C1}^1 关

于 x_{C1}^1 垂直方向分量与 s_{A1}^1 大小相等，方向相反。运动至 D 点位置系统运动方向的切向与不稳定鞍点 S 的连线恰好垂直，$s_{c1}^1 = s(i)\cos 90° = 0$，$D$ 以后系统不再受该鞍点的期望值影响，即 $s(t)\,|_{t>t_D} \equiv 0$。

复杂适应性系统并不保证运动迹线进入鞍点作用范围内，一旦进入影响范围其影响作用表现为负熵流强化效应，即实质影响与期望影响的叠加作用。图示期望点与不稳定鞍点的状态空间关系，复杂适应性系统追求最短路径，因此必然有系统运动迹线与不稳定鞍点作用线的切向通过方式，表现为不稳定条件下的最小熵增效应。这种最小熵增效应使得复杂适应性系统对运动规律中二次项分岔（不确定性）的消亡。

3）系统的登顶、俘获与混沌的系统运动

① 当期望点与不稳定鞍点重合（或非常接近）时，非适应性系统是无法稳定到达鞍点的，哪怕该点的作用很弱小［图 3.2-9（c）］，但是对于复杂适应性系统则取决于系统的能力（取决于系统状态与能量持续输入的大小）。

② 当复杂适应性系统能力大于不稳定鞍点 S 的排斥作用，则发生类似于盘山登顶的系统行为，如图 3.2-9（a）所示。

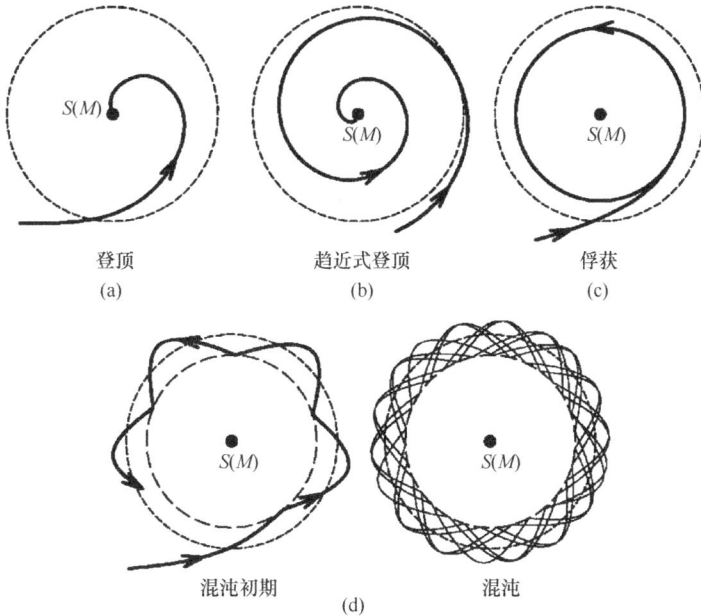

登顶　　　　　　　　趋近式登顶　　　　　　　　俘获
(a)　　　　　　　　　　(b)　　　　　　　　　　　(c)

混沌初期　　　　　　　　　混沌
(d)

图 3.2-9　系统的登顶、俘获与混沌系统运动

由于不稳定鞍点 S 的排斥作用和期望点 M 的作用随着距离关系都表现为线性递增的形式，如两者互逆的作用的线性增长系数相等，则完全取决于系统状态，可以出现焦点趋近式登顶［图 3.2-9（b）］或者类似"俘获"使得系统绕鞍点 S 做类似于卫星绕地运行的周期运动［图 3.2-9（c）］。

③ 当复杂适应性系统的能力不足时，在不稳定鞍点 S 排斥作用和期望点 M 的共同作用下，出现困顿的摆荡行为［图 3.2-9（d）］，这是一种不可预测的混沌状态。在接近作用点的区域排斥影响比较强烈，是混沌行为无法企及的"留白"区域。

复杂适应性系统的登顶和登顶以后的维持都属于开放系统远离平衡态，对于俘获和绕焦点的混沌都属于开发系统的平衡状态。对于俘获行为，以热力学的观点来看，开放系统与外界的熵交换 d_eS 与系统熵增 d_iS 刚好相抵（达成平衡条件）。而对于登顶行为，开放系统与外界的熵交换 d_eS 与系统熵增 d_iS 的关系满足 $d_eS+d_iS<0$（不平衡条件），适应性复杂系统趋于有序。

（4）重大复杂项目系统研究的方法论

工程是人造物，无论是概念的深化，还是具体的方案设计、施工生产组织、产品交付使用，直至拆除，无一不是按照人的安排进行。针对项目复杂性问题，从设计角度，力求复杂问题简单化——绘图纸幅、绘图线条粗细、对应于人体活动的各种空间尺度、车流的车道宽度、结构安全的可靠度、各类活动引发的荷载……事无巨细地做出严谨、准确、成体系的规范性安排；从建设开发（投资回报）角度，同样力求复杂问题简单化，从城市空间到各级规划安排，从当前需求到未来发展趋势，从价值建构到价值实现，从建筑功能到配套设施，从设计施工到产品交付使用……始终有着十分清晰的逻辑安排和规范管理；从施工生产角度，虽说每一项工程各有不同，但组成工程的肉体总如此简单相似，项目的组成内容总涵盖了基础工程、主体工程、机电安装工程、装饰装修工程以及景观绿化配套工程，并照此逻辑顺序完成，对应子项总能找到一般化工序，对应基坑有挖方、修坡、支护，对应现浇结构由钢筋制作、绑扎、模板支架、混凝土浇捣，对应机电安装有预埋管槽、穿线、设备安装、调试……组成项目的管理机构总涵盖了建设、勘察、设计、监理和施工五方责任主体；从产品使用、运营角度，城市公共产品区别于一般私人物业的仅是产品的身份差异，依照产权与使用权情况确定收入分配，使用期间的物业管理、养护、检修和大修等等方面依然保持着简单规则和行为相似特性。

但是，复杂工程系统的复杂性特征并非存在于系统的组分之中，而是存在于大系统所包含的各子系统以及子系统包含的系统组件之间的系统结构之中。**简单事物经过整体、组织而涌现出复杂性。**以深刻相似性观点来看，**开放系统的复杂性就是深刻相似性，而深刻相似是个体（系统组件）基于简单规则的目标追求。**

我们对重大复杂工程研究的方法论可以做图 3.2-10 的归纳，并对复杂性的认识做出一定的澄清：

1）基于简单规则的深刻相似性问题仍要看作复杂性问题。复杂性是现实世界固有的属性，故而不可祈求减少乃至消除本体论意义上的复杂性。

2）与简单性一样，复杂性是价值中性的，有利有弊。

3）描述复杂性需要简化，所谓复杂性降解并不是把复杂性简化甚至消除，而是从认识角度揭示复杂性本质。

对于复杂性系统维度提炼的逻辑性而言，系统的状态空间描述建立在状态和状态空间概念基础上，采用图 3.2-11 所示的方块来表征一个动态系统。

系统的状态变量组 $x_1, x_2, \cdots, x_n$ 属于系统内部，输入变量组 $u_1, u_2, \cdots, u_n$ 和输出变量组 $y_1, y_2, \cdots, y_n$ 位于系统外部边界。一个动态系统，状态向量、输入向

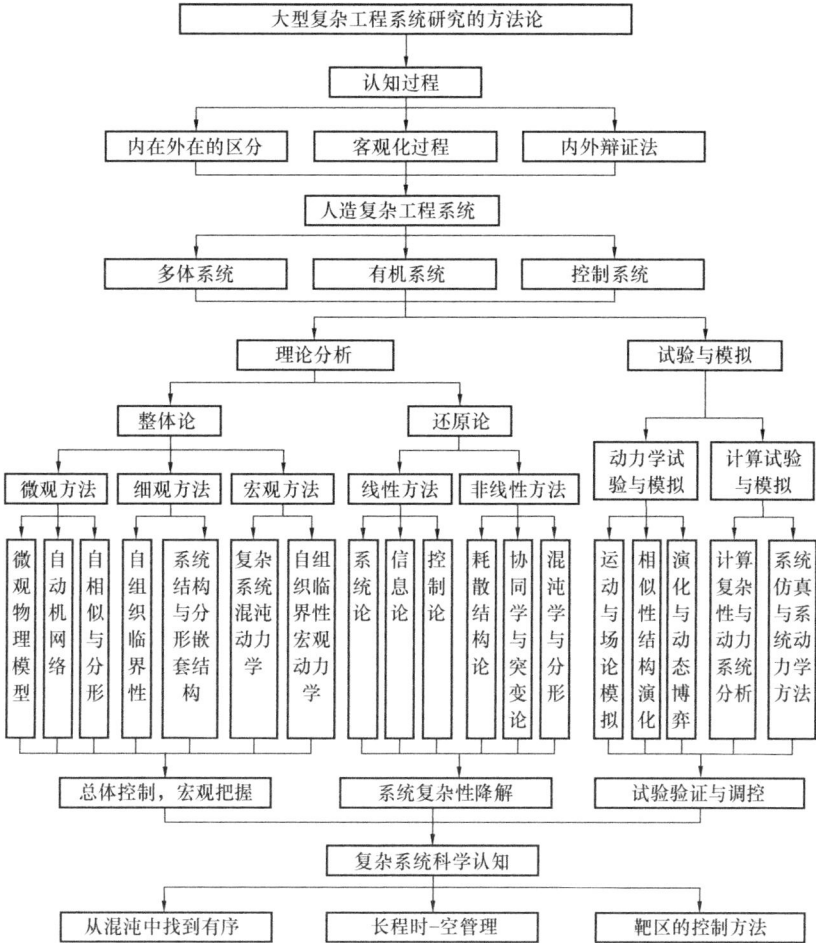

图 3.2-10　重大复杂项目系统研究的方法论

量、输出向量都是关于时间的函数，可分别记
为 $x(t)$、$u(t)$、$y(t)$。状态空间定义为其组成状
态向量的一个集合，状态空间的维数等同于状
态的维数。具体需要考虑以下几个问题（用定
常方法拟合非定常的手法）：

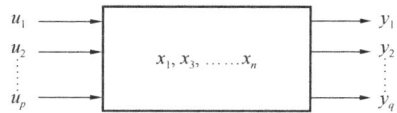

图 3.2-11　动态系统表征

① **状态**：动态系统的状态分为过去、现在和将来的运动状况。准确地说，状态
需要一组必要而充分的数据来说明，即状态变量组。

② **状态变量**：指足以完全确定系统运动状态的最小一组变量；一个用 n 阶微分
方程描述的系统，就有 n 个独立变量，求得这 n 个独立变量的时间序列能够揭示系统
的运动状态；假设 $x_1(t)$，$x_2(t)$，…，$x_n(t)$ 为系统的一组状态变量，则它应满足下列
三个条件：

第一，在任意时刻 $t = t_0$，这组变量的值表示系统在该时刻的状态；

第二，当系统 $t \geqslant t_0$ 的输入和上述初始状态确定以后，状态变量便能完全确定系统在任何 $t \geqslant t_0$ 的时刻行为。对于非适应性系统，状态变量仅包含过去惯性和当下行为。对于适应性系统，则还包括对未来预期目标的追求。

第三，系统运动的简单规则。通过简单规则的组合，建立与时间响应的渐进关系所确定的微分方程是了解运动状态的必然选择。

③ **状态空间的维度逻辑**：状态空间的维度数量与空间内所要研究对象（事物系统）的状态变量组的独立变量数量相一致，即 $\dim \Sigma = \dim x = n$。构成状态空间的维度参量应保证变量逻辑最小、参量独立性，但与对象状态变量组并不一一对应，且选取不唯一。构成状态空间的维度参量应保障参量的独立性、可正交性（线性无关），优先考虑基本量纲。

对于复杂系统，提炼维度是为了复杂系统从整体视角、要素间相互作用、系统结构的产生等维度的视角上解决运动规律问题。

3.3 可视化项目复杂性分类

3.3.1 一种识别项目复杂性的宏观定性方法

笔者运用深刻相似性原理提炼了若干更为一般化的动态变化特征指标，作为识别和刻画特定工程项目外在形象的标准，如表 3.3-1 所示。

工程项目的外在形象指标   表 3.3-1

特征指标	工程项目的外在形象		
	独立的	中度复杂的	高度复杂的
作业时间/ 施工工期	短促而连续 ＜300d	间断性 300～600d	离散无规律 ＞600
方案清晰程度	技术方案成熟，类似成功案例很多； 施工有围场稳定，无需转换	技术方案大部分被定义，但须二次深化； 施工有围场但不稳定	技术方案模糊的或者未界定； 主体施工边界未明确定义
二级团队	＜5 个	5～10 个	＞10 个
人工费含量	＜10%	10%～30%	＞30%
项目意义 （利益相关方）	一般项目，较小的政治意义； 使用者单一，相关利益者数量少，无群类	一般的政治意义；具有公共属性的和具有群类性质的利益相关者	国家、省级重点项目，具有较大的政治意义； 在团队所在单位的最高层可见；使用者广泛，多群类利益团体，且各自期望相互冲突

续表

特征指标	工程项目的外在形象		
	独立的	中度复杂的	高度复杂的
需求波动性与风险	基本需求明确可理解、简单、稳定；产品单一功能	基本需求只有方向明确，需求可变且预计会改变；需求有规范性文件约束；产品多功能复合体	基本需求很难被理解、易变；需求未被规范性文件约束；产品跨管理领域的多功能复合体
业务实践	既有业务实践的有限度改变	既有业务实践的增强	开创性的业务实践
外部环境依赖	仅首末及过程少数项目目标依赖于外部环境；环境条件稳定	目标实现过程中多频次地依赖于外部环境；可接受的管制；环境条件规律性渐变	整体项目的成功在很大程度上取决于外部因素；高度管制；环境条件认知困难，偶发性强烈

备注：上述指标应基于主体做出分析

（1）特征指标描述

以下所描述的指标基于主体，具体指标描述的含义如下：

1）作业时间/施工工期

作业时间取决于本单位或其派出的项目临时机构。如建设单位指派全职团队负责具体工程，则作业时间为连续；如仅指派了驻场代表则作业时间为间断性；如所有管理工作均由职能部门被动完成，则为离散无规律。不直接参与施工作业的主体均按照此标准判断复杂程度。

施工工期主要指直接进行复杂施工活动的主体，如工程总承包单位、施工单位、专业施工单位等，以持续作业的施工工期为指标。如某机电安装工程专业分包单位，虽然工程总工期超过了 600 天，但自身施工作业时间少于 300 天，其复杂性指标为"独立的"（低等）。

2）方案清晰程度

根据不同主体做出不同的判断，判断指标有两个，并须全部满足。

主体施工围场的作业环境是否封闭、连续。如外立面整治工程，在既有建筑外侧实施，显然主体围场边界未必严格定义，应判断为"高度复杂的"（高等）。如需要通过多轮次的交通导改实现施工围场，则应判断为"中度复杂的"（中等）。此处主体施工围场的主体并非指现浇结构的主体结构，而是实施主体。

3）二级团队

根据不同主体对下分解委托做出不同的判断。如建设单位就具体工程分别委托设计、勘察、监理、施工，其二级团队为 4 个，当施工方拆分为两个标段，则为 5 个。如施工单位就具体工程分别将桩基、装饰装修、机电安装、给排水、道路路基等 5 个专业进修队下专业分包，并由直属二级机构负责主体结构，则计算为 6 个。

4）人工费含量

人工费含量即为劳务用工费用占全部工程费用的比例。如以土方专业分包为分析对象，其全部工程费用为 1000 万元，其中支付的人工费（含自身管理人员工资部分）为 120 万，则人工费含量为 12％。这个指标主要反映作业人数的水平。

5）项目意义

这个指标同样基于主体做出判断。例如某市重点工程为该市主要领导所关注（符合最高层上可见），对于市属平台公司而言具有"高度复杂"特性，但对于材料供应商（如混凝土），该项目仅为常规意义供应关系，则不具备类似的复杂性。

6）需求波动性与风险

需求来源于顾客。对于建设单位而言需求可以来自营销部门或者上级部门（分管行政部门或地方政府）；对于设计而言需求来源于建设单位或者建筑、规划等专业设计部门的界定；对于监理、施工而言，需求来源于建设单位或者设计指标。多数需求有相应规范性文件约束，如道路工程的车道宽度、平面竖向线性、建筑界限、盲道设置等，但有些需求没有规范性文件约束，如人行道板铺装的样式、景观绿化等主观性指标。

7）业务实践

业务实践反映主体对工程目标的认知水平，反映实践经验和熟练程度。

8）外部环境依赖

即所谓外部环境的作用存在于系统边界。

（2）工程外在形象脸谱

根据表 3.3-1 绘制工程外在形象脸谱，此图可以形象地描述整体项目的复杂性特征，但是不同主体对同一个客观对象有着不同的认知。图 3.3-1 为某地铁车站项目，不同主体单位视角下的外在形象脸谱图。

从两个可量化的指标：截距及所在轴、合围面积分析项目外在形象脸谱：

1）地下连续墙专业分包

最长截距——方案清晰程度↔作业时间/施工工期，仅有少量的二次深化设计（钢笼吊点设置，笼体加固）；

最短截距——二级团队数量↔人工费含量，反映管理任务少和较少的劳动力投入；

合围面积——面积小，复杂性程度低，控制好边界即可实现自我管理。

2）电力迁改专业分包

最长截距——方案清晰程度↔作业时间/施工工期，被动的离散化作业时间、不稳定的管线路径都反映了电力迁改工程存在很大的不确定性，由此可以做出相对应的措施（复杂性降解）；

最短截距——二级团队数量↔人工费含量，反映管理任务少和较少的劳动力投入；

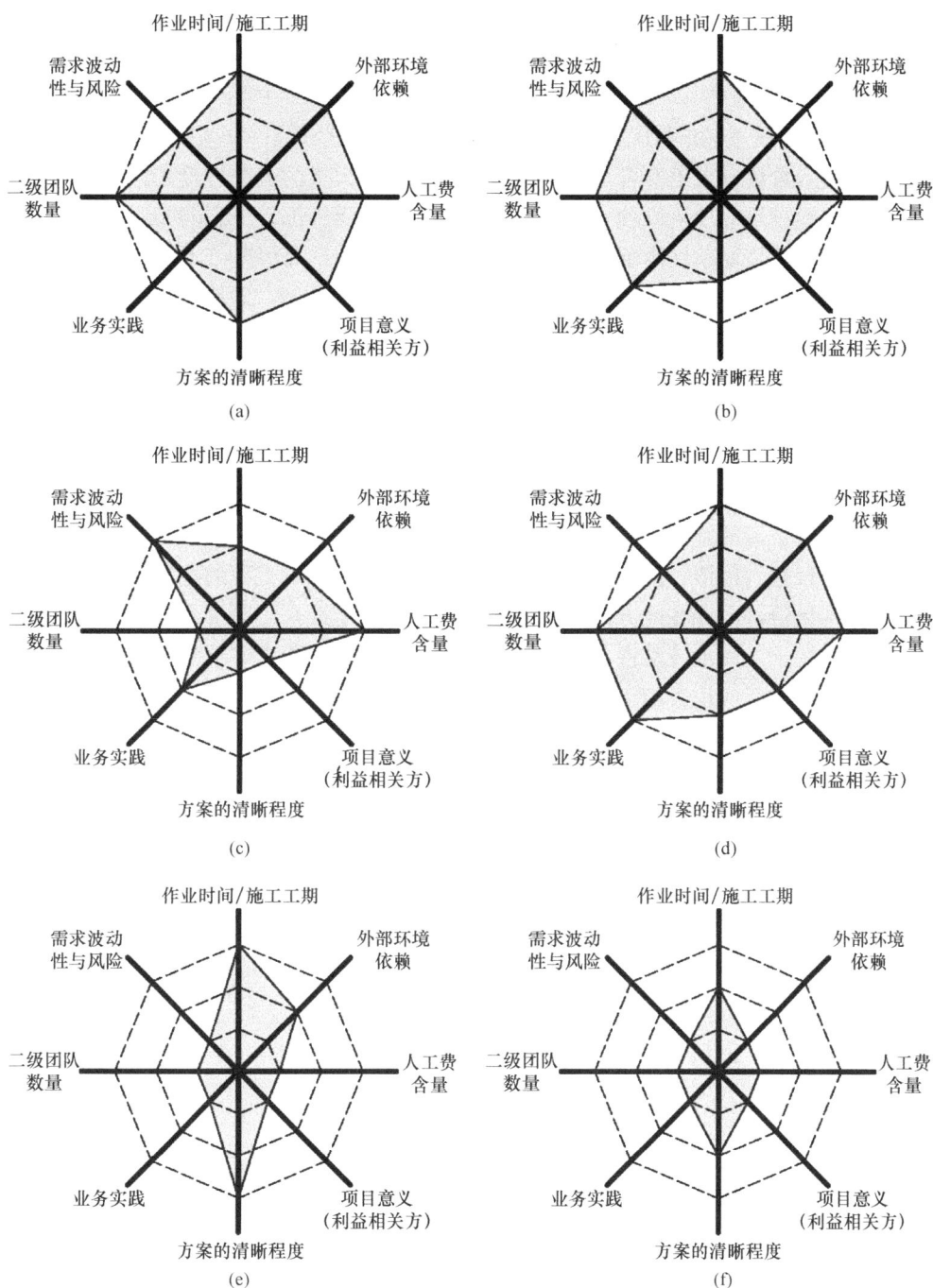

图 3.3-1　某地铁车站项目外在形象脸谱

（a）建设方视角；（b）总体设计方视角；（c）工点设计方视角；

（d）车站土建施工方视角；（e）电力迁改方视角；（f）地下连续墙专业分包方视角

合围面积——面积较小，反映总体复杂性程度较小，即解决好若干关键问题即可实现有效控制。

3）土建施工方

最长截距——存在两对：

二级团队数量↔人工费含量，反映管理任务重且大量的劳动力投入；

业务实践↔外部环境依赖，反映团队经验不足且受外部环境影响大；

最长截距都是复杂性降解的方向，反映了某一方面的高风险（不确定性）。

车站土建施工方尽可能地把工程按照专业分工对下分包，如地下连续墙、土方开挖、支撑架设、主体结构、文明施工等，而仅保留少量的劳务用工，如项目管理人员、生活后勤等，此时发生的人工费占比即可大比例地降低，而二级团队的数量则快速增加。当然施工方希望在降低人工费占比的情况下，同时最大限度地减少二级团队，极端情况即整体转包（不讨论合规性）情况下，二级团队数量↔人工费含量关系所带来的所有复杂性风险完成转移。

延续上述极端的施工方整体转包的例子。此时施工方完全依赖于分包方，即对外部环境的依赖达到极值；同时，整体转包导致主体丧失了对工程的控制能力，业务实践必然达到极值，由此在此方向上构成高风险（不确定性）。

最短截距——需求波动性与风险↔项目意义，图示截距水平反映了车站施工方对项目本身的功能与使用者需求的切合度敏感性表现一般；项目本身对其所在公司偏于中等影响力水平。

合围面积——面积较大，反映总体复杂性程度较大，实现有效控制须处理数量比较多的复杂性降解问题。

4）工点设计院

截距——总体均衡，四个方向的截距均为中等，反映工点设计院对项目的复杂性保持总体可控的状态。其中需求波动性与风险指标较高，说明其对项目的认知不够，不确定风险高；人工费含量高，说明其呈现劳动力密集业态，同时也说明各专业间协同作业工作量大。

合围面积——面积中等，反映总体复杂性程度中等，存在一定数量的复杂性降解问题。

5）总体设计院、建设单位

各个方向的截距指标都处于较高的位置，合围面积很大，总体上可以反映出总体设计院在该车站项目中处于高风险（高度复杂性的项目）情况。

当诊断出具体项目处于高度复杂性状态时，明智的选择是对系统进行结构拆分、降解，并把有限的时间和优质的资源投入到系统的边界上。

表 3.3-1 所设定的指标是定性的，如果需要做定量化计算，那么可以构建评价指标的测度量表，从而使得脸谱刻画得更为精细。

（3）脸谱指标的方向性与工程系统平衡态

在一定的控制条件下，远离平衡态的开放系统在系统内部非线性的相互作用下，通过涨落可以形成稳定的有序结构。那么，工程项目有哪些平衡态呢？表 3.3-2 中枚举了具体案例在复杂性脸谱指标的四对平衡关系中所形成的工程复杂性行为的三种表现形式，不同主体视角下的平衡状态各有侧重。

工程项目的平衡态　　　　　　　　　　　　　　　　　　　　　　表 3. 3-2

平衡关系	系统复杂性行为		
	初始条件的敏感依赖	对称性自发破缺与分岔	混沌
	部分偏差引发整体剧烈变动	个体随机事件引发的集体运动	强烈排他性的同步交叉作业
二级团队数量↔人工费含量	例如：钢筋班纠纷导致木工、泥工、土方等一系列关联班组停滞	例如：随机打入的第一根围护桩，由此决定了整个基坑的实施顺序	例如：楼面完成，钢筋、模板支架、测量、外架同步交叉作业，各平行作业队伍之间争抢作业面、争抢吊装机会，争抢运输通道等
方案清晰程度↔作业时间/施工工期	例如：粉质软土成桩工艺，采用正循环钻机排渣困难；采用反循环钻机钻孔缩颈，长时间多次试桩。期间某一台设备突发小故障，于是决策组织做出对故障点相反的选择	例如：粉质软土成桩工艺，采用正循环钻机排渣困难；采用反循环钻机钻孔缩颈，陷入长时间选择困难。发现相邻工程选择旋挖成桩，于是确定为旋挖工艺	例如：粉质软土成桩工艺，采用正循环钻机排渣困难；采用反循环钻机钻孔缩颈，陷入长时间选择困难，反复分析必选，陷入无法自拔的境地
业务实践↔外部环境依赖	例如：复杂的地下管线分布，而项目团队缺乏实践经验，安排施工排水管道开挖	例如：对季节性很强的河流认知不足，采用简单导流，在汛期出现河水漫灌基坑和城市严重内涝	例如：由于围护变形超标引发结构侵限，继而出现隧道建筑界限侵限，被迫调整道路线性，随后引发设施设备空间不足等，处置经验不足引发的连锁变更和界面混乱
需求波动性与风险↔项目意义	例如：位于重要景区内部的道路，缺少规划定义，或为串联景区节点，或为躲避重要古迹，或为减少林地占用，或为满足商业区开发，导致功能参数紊乱、运行保障失范	例如：某老旧城区有机更新工程，对区域内道路扩宽、提升为交通功能为城市主干道，由此引发的城区撕裂	例如：某植物园工程，功能定义为公共属性的科普基地。实施过程中要求设计方分别满足自然风貌维持兼顾植物多样性、大众科普兼顾高端康养、青少年社会实践兼大型会议会展，由此引发的概念性混乱

由表 3.3-2 可知，工程外在形象脸谱图同轴的两个对象指标分别指向一对平衡关系，项目系统在时间、空间维度上的演化过程中，对象指标如果保持同步增长将促使项目向某种平衡状态演化，系统结构不再稳定。

3.3.2　工程管理模式的复杂性脸谱

（1）不同管理模式处理工程复杂性的适用性分析

从工程复杂性（围绕工程目标的实现能力）角度，图 3.3-2 枚举了当下主要的建设管理模式在处理工程复杂性时的主要适用范围和复杂性降解的切入方向。

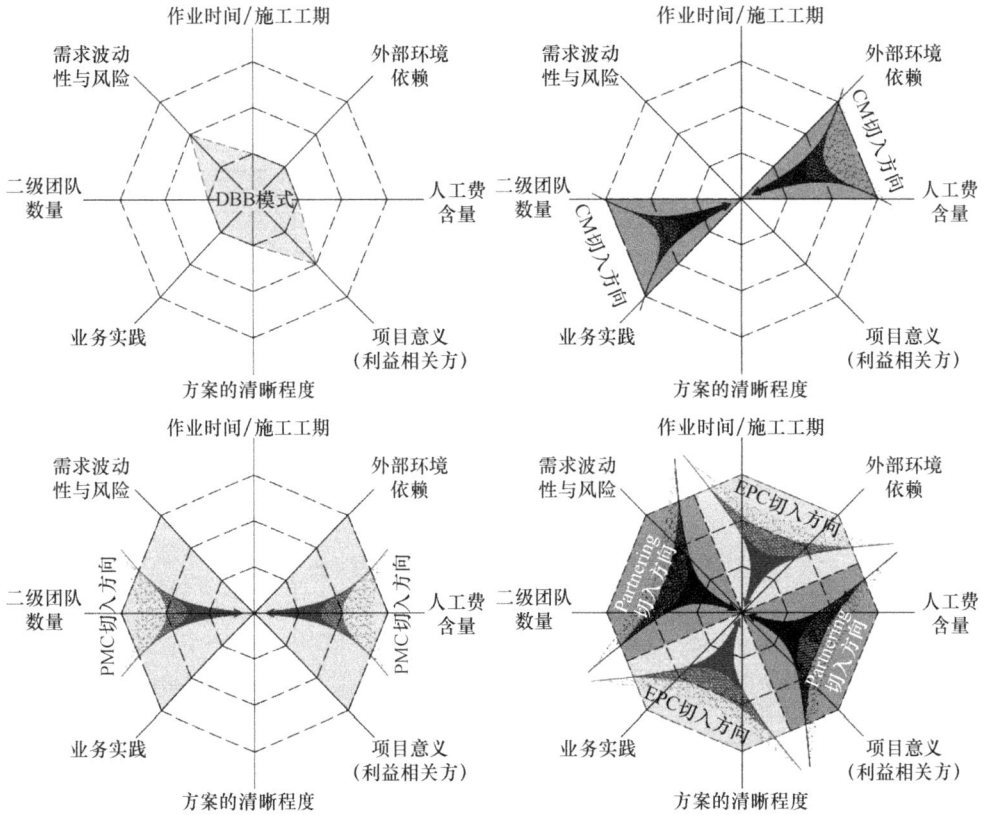

图 3.3-2　基于建设方视角的管理模式脸谱

1）Partnering 模式（合伙模式）

此模式下投资、建设、施工三位一体。Partnering 模式作为一种战略管理模式，旨在建立一种基于信任的追求共同目标和理解各组织期望与价值观的长期伙伴关系，最大化利用各组织的资源。

从工程复杂性角度看，Partnering 模式适用于具有组织复杂性、产品功能复杂性的项目。此模式的优势在于运用市场优化资源配置，精准把握使用者需求，提升基础设施项目产品的品质，基于提供公共产品和公共服务的方式，实现政府与社会资本共赢。该模式对于政府方而言，更多地需要规避政府方在基础设施领域的投资风险、提升公共服务水平，但是就目前发展困境来看自囿于"融资手段"。

2）PMC 模式（项目管理承包模式，Project Management Contractor）

PMC 模式是指业主通过招标的方式聘请一家具有资质的项目管理承包商，对项目全过程进行集成化管理，代表业主对工程项目的组织实施进行全过程或若干阶段的管理和服务。该模式能够实现统一协调和管理项目的设计与施工，减少矛盾，并且PMC 与业主的目标与利益保持一致，相当于是业主机构的延伸，业主只需要派出少量人员对 PMC 的工作进行监督和检查。与传统模式相比，该模式增加了一个管理层，因此多了一笔管理费用，并且项目管理承包公司的水平高低和责任心将极大影响工程的质量和工期。

一般情况下，PMC 方具有丰富的建造与工程成本控制经验，在项目构思、可行性研究、批准立项的早期决策阶段就开始介入，对如高速公路、收费公路、污水处理等传统固定回报方式的基础设施项目有比较准确的投资回报测算。与 EPC 模式相比，该模式下业主与 PMC 企业签订的是委托合同，侧重于技术和管理上的引导，业主对项目的控制力更大，建设全过程的资金运用更全面透明。

此模式往往应用于项目组织比较复杂、技术管理难度较大、整体协调工作较多的大型项目。从工程复杂性角度看，PMC 模式比较适用于较大规模体量引发的组织复杂性、环境复杂性及两者耦合的复杂工程系统。

3）CM 模式（建设—管理模式，Construction-Management）

CM 模式又称阶段发包方式，是指从建设工程的初始阶段雇佣具有施工经验的 CM 单位（或 CM 经理）参与建设工程的实施过程中，提前为设计人员提出施工方面的建议，同时负责管理实施过程。该模式采取分阶段发包，由业主、CM 单位和设计单位组成一个联合小组，由 CM 单位负责工程的监督、协调和管理。

对于重大复杂工程项目，相较于 DBB 模式，CM 模式能够更好地解决快速施工方法在实施过程中出现的组织协调和目标控制问题，其主要特点是在工程实施阶段，业主建立以 CM 单位为核心的建设管理组织体系以及相应的合同体系，目的是将工程建设作为一个完整的过程加以对待，充分考虑协调设计、施工的关系。并且由于设计与施工在早期进行结合，既能帮助设计减少对于施工可行性的不确定性，又利于设计优化，很大程度上减少了设计变更和方案的不清晰程度。从工程复杂性角度看，CM 模式比较适用由于较大的规模体量引发的组织复杂性工程系统。

4）EPC 模式（设计—采购—施工模式，Engineering-Procurement-Construction）

EPC 模式是指工程公司受业主委托，按照合同约定对工程建设项目的设计、采购、施工、试运行等实行全过程或若干阶段的承包模式。在 EPC 模式中，Engineering 不仅是指具体的工程设计工作，同时包括涵盖了整个建设活动期间的总体策划、组织实施活动；Procurement 也不是一般意义上的建筑设备材料采购，而更多的是指专业设备、材料的采购；Construction 应译为"建设"，其内容包括施工、安装、试测、技术培训等。

此模式下设计方和建造方两位一体。一般情况下，EPC 方同时需要具备较强的研发、设计能力和建造施工能力，特别适合于技术复杂、业主需求不明晰引发的工程造价不可控的复杂性项目。

从工程复杂性角度看，EPC 模式适用于技术复杂性、环境复杂性以及两者耦合的复杂工程系统，处理产品品质（包括功能、审美、价值等多方面）有较高追求的复合功能引发的结构复杂性、功能复杂性等复杂性问题。

5）DBB 模式（设计—招标—建造模式，Design-Bid-Build）

DBB 为传统工程项目管理模式，其最突出的特点是强调工程项目的实施按照设计一招标一建造的顺序进行。这个模式在简单的、通用的工程项目中具有清晰的管理边界，在处理项目需求和兼顾利益相关方利益方面有一定的优势。

此模式在应对复杂性较高的项目时，建设单位控制难度大，且在各方利益博弈中容易出现大量消耗和边界问题索赔。

（2）双参量系统的平衡态

在微观理想模型下，借用双参量作用模型建立系统平衡态。

双参量平衡方程：

$$P \cdot Q = cR \tag{3.3-1}$$

式中，P、Q 为双参量，分别对应复杂性脸谱指标的四对平衡参量，默认参量 P 为可控制参量，Q 为不可控制的客观属性参量。参量 R 为价值（品质、效用）参量，为双参量共同作用后的输出，其中 c 为常数，据此得到图 3.3-3 所示双参量平衡状态模型。

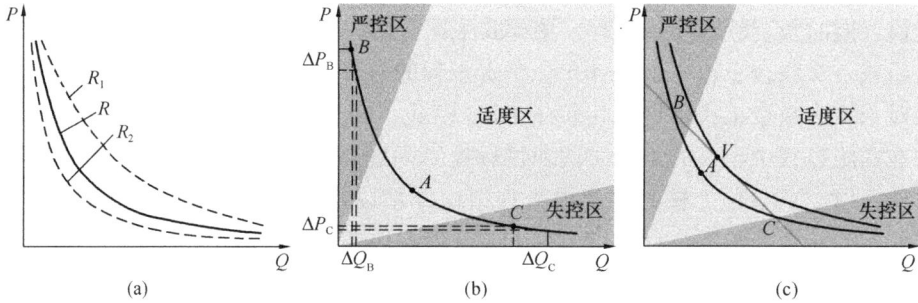

图 3.3-3　双参量平衡状态等效用线

图中，当 R 取某一特定值时，根据双参量平衡方程得到一条下凹的曲线，做出以下定性分析：

1）无差异曲线

所示曲线 R 即为无差异曲线，系统状态点 A、B、C 虽然状态参量不同，但在宏观表现（效用水平 R 的等值线）上并无本质差别。

图中无差异曲线把系统化分成三类：

① 更优效用 R_1：无差异曲线 R 上方的无差异曲线 R_1 相较于 R 取得更高的效用；

② 更劣效用 R_2：无差异曲线 R 下方的无差异曲线 R_2 相较于 R 取得更差的效用；

③ 无差异效用 R：在所有的无差异曲线上的各点都满足相同效用；

④ 不同效应的差异曲线不能相较。

2）系统控制的适度区、失控区、严控区

由图 3.3-3（b）所示，控制参量出现 ΔP 的控制误差时，无差异曲线上 ΔQ 的系统状态取得等效变化，当系统状态变化远大于控制参量的误差，对应区域表现为失控，即系统控制缺失。当系统状态变化远小于控制参量的误差，对应区域为严控区域，即系统控制过度。其他区域具有良好的操控性，称为适度区。

3）最佳效用及最佳效用点

由图 3.3-3（c）所示，对双参量平衡方程取一阶微分，根据相关边界条件即可取得最佳效用斜率和最佳效用点。

图示浅灰色斜截线和黑色无差异曲线表示为双参量平衡方程最佳效用斜率和最佳效用点，两条曲线相交于 V 点，双参量平衡状态模型的最佳效用点唯一。图中 A 点位于最佳效用斜截线下方，显然系统有改良和提升的空间；B、C 点虽然位于最佳斜截线上，但是资源配置未达到最优。所以可以直观判断，对于双参量平衡状态模型，最佳效用点 V 唯一。

4）良好系统、敏感系统、病态系统和邪恶问题

双参量平衡态模型的系统可以根据其运行全程的可操控性划分为良好系统、敏感系统、病态系统。

双参量平衡态模型存在正循环及负循环。如图 3.3-4 所示，当系统运动循环全程处于适度区域，称为该系统为良好系统，部分有限区段进入严控区或失控区则

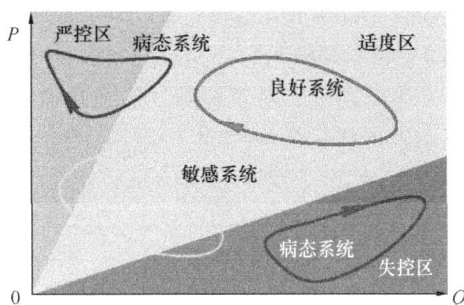

图 3.3-4　双参量平衡态模型的系统分类

称该系统为敏感系统，当系统循环全部或者大部分区域位于严控区或者失控区，则称该系统为病态系统。系统在严控区或者失控区的不良系统行为统称为系统邪恶问题。

(3) 组织分工问题

双参量平衡方程——二级团队数量↔人工费含量的模型工程意义如下：P 为无差别劳动生产数量，Q 为无差别劳动人数，R 为效用（价值实现水平）。此模型则称之为组织分工模型，平衡态称之为组织分工平衡态。

假设 100 人无差别劳动，即 $P = 100 \div 100 = 1$，所有的劳动力在生产活动中都具有可替代性；当所有人的劳动都有严格分工且导致不同训练技能，即 $P = 100 \div 1 = 100$。P 反映了系统运动的稳定性。显然随着 P 增加，生产过程中损失一个劳动力即导致整个生产活动突然陷入停顿的风险极高，当 P 较小时，停顿风险则相对低。

根据剩余价值理论，劳动价值是凝结在商品中无差别的人类劳动。当无差别劳动总人数 Q 值不变时，P 值越大反映生产分工越精细，劳动效用（技能与智慧凝结水平）R 值越高。同样地，当分工精细度 P 值不变，Q 值越大，反映产品价值中包含的无差别劳动总人数越高，劳动效用 R 值越高。因为无差异曲线表示组织管理层对管理分工的主观偏好，无差异曲线的形状也会因为组织管理层的不同而不同。

然而，国内绝大部分工程公司将管理与施工作业剥离使得项目部基层组织分工普遍存在组织分工的病态系统问题，这一点在双参量模型中可以得到分析。

例如，某地铁车站项目主体结构施工期间，基层劳务作业被划分为土方开挖、支撑架设、防水、混凝土浇筑、钢筋绑扎、支架搭设、模板安装、其他杂工等 8 个专业作业班组，班组层级管理人员共有管理人员 22 人，全部作业人员 320 人。在班组层

级 $P_0 = 8$，$Q_0 = 22 \div 320 = 1 : 14.5$，$R_0 = P_0 \cdot Q_0 = 0.55$。

项目基层划分为办公室、工程部、质量部、技术部、财务部、合同部、物资采购部共 7 个部室，共设有 36 人的基层管理人员。在项目基层级 $P_1 = 7$，$Q_1 = 36 \div 22 = 1 : 0.6$，$R_1 = P_1 \cdot Q_1 = 11.7$。此时 $Q_1 > 1$（管理人员多于被管理对象的情形），可见，如果基层管理人员通过班组长管理班组，其班组长大概率处于过度管控区域，班组层级管理人员与基层管理人员关系紧张。如采纳基层管理人员与班组长共同管理一线工人的方式，此时，$P_1' = 8$，$Q_1' = (36 + 22) \div 320 = 1 : 5.5$，$R_1' = P_1' \cdot Q_1' = 1.5$，显然组织分工配置更趋于合理。

项目中层管理人员 14 人，7 个部室，基层员工 36 人，班组管理人员 22 人，此时有 $P_2 = 7$，$Q_2 = 14 \div 58 = 1 : 4.1$，$R_2 = P_2 \cdot Q_2 = 1.7$；项目班子成员 4 人（项目经理、生产经理、总工程师、安全总监各 1 人），此时有 $P_3 = 4$，$Q_3 = 5 \div 14 = 1 : 2.8$，$R_3 = P_3 \cdot Q_3 = 1.4$。

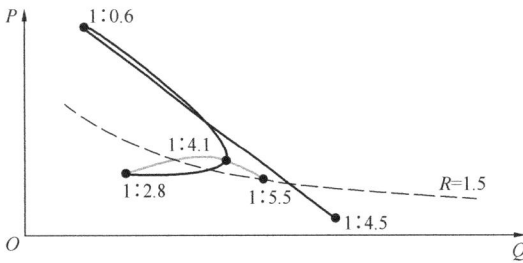

图 3.3-5　某地铁车站项目组织分工效用曲线

总的来说，当基层管理人员只对口管理班组管理人员时：$R_0 : R_1 : R_2 : R_3 = 0.55 : 11.7 : 1.7 : 1.4$，如图 3.3-5 黑色曲线。当基层管理人员下沉与班组共管一线工人时：$R_1' : R_2 : R_3 = 1.5 : 1.7 : 1.4$，如灰色曲线。

从图 3.3-5 可知，灰色曲线所代表的组织分工显然要优于黑色曲线。此外，灰色曲线所代表的由基层向项目领导层的发展效用在降低，表面项目部中层管理人员配备偏强，适当削减后将取得更优的组织分工配置。

（4）产品混合功能问题

城市基础设施满足了城市居民基本的生活需求，比如交通出行、社会交往、文化娱乐等。城市居民因其文化属性、社会地位、生活方式、现实需求和品质追求的差异造成价值的多样化状态，即所谓的差异化需求，但是在公共设施面前这些价值多样性被抹杀。

传统经济学理论认为，私人部门提供公共产品是无效率的。首先，竞争性的市场不可能达到公共产品的帕累托最优。这是因为一方面，公共产品具备非排他性，每个人都相信付费与否都可以享受公共产品的好处，使得公共产品的投资无法收回，私人企业自然不会提供这类产品。其次，公共产品具备非竞争性，使得公共产品边际成本为零，按照帕累托最优所要求的边际成本定价的原则，这些产品必须免费提供，这也是私人企业难以接受的。

由于不同公共产品的受益空间各不相同，PPP＋EPC 模式下投资方通过分析不同公共产品的层次性特征，提出了公共产品存在的不同类型，即公共产品供给多元主体的确认原则（受益空间），通过公共资源型公共产品和俱乐部型公共产品的相关性进行公共产品复合功能的连带开发，实现政府授予经营权（PPP 模式的特许经营）的公共产品由非政府提供。

既有公共产品性质，又有私人产品性质的产品，既是个人投资的对象，又具有溢出效应，从而既需要个人付费，又要社会支付部分成本来保证这类产品的有效供给，这是 PPP＋EPC 模式下运用深度融合技术所构建的具有复合功能的公共产品。

双参量平衡方程参量定义为——需求波动性 ↔ 项目意义 模型的工程意义：P 为非排他性需求（公共属性），Q 为排他性需求（私有属性），R 为效用（价值水平）。此模型则称之为混合功能模型，平衡态称之为产品混合功能平衡态。

这里借用林达尔均衡模型（图 3.3-6）计算公共产品数量与商业开发烈度（私有功能开发）之间的平衡关系。

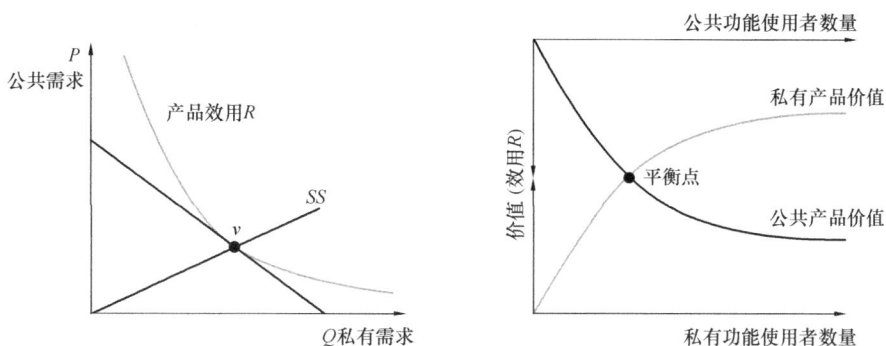

图 3.3-6　混合功能公共产品效用曲线

定义和管理使用者的需求是非常困难的，公共产品的属性决定了利益相关者的宽泛性，因此很难找到合适的利益相关者参与并致力于帮助定义需求，无论是公共服务需求或是消费需求。

当需求不稳定并对其知之甚少、功能趋于复杂或者缺乏使用者的支持时，项目复杂性也随之而来。即孤立的单一需求本身或许并不复杂，但是当赋予公共产品以混合功能时，需求与需求之间的相互依赖将导致复杂性。需求工作的复杂性根源在于公共产品与实际使用者的脱离，即缺乏需求实践。由图 3.3-6 可知，对于混合功能公共产品效用问题，需要寻找公私属性平衡点。

（5）方案的不确定性问题

双参量平衡方程——方案清晰程度↔作业时间的模型工程意义：P 为方案的不确定性，Q 为对应施工时间，R 为效用（设计意图实现）。此模型称之为方案深度模型，平衡态称之为方案不确定性平衡态。

在构成方案深度问题的复杂性中，最重要的是应对生产环节中的不确定性的主动或被动策略区分。即使在工程项目由虚拟向实体的转变过程中有具体和清晰的技术方案，对于实施团队而言总是一种"被动"状态。对传统项目这种"被动"体现在规则要求〔依照《建筑工程设计文件编制深度规定》（建质函〔2016〕247 号）、《建设工程质量管理条例》（国务院第 279 号令）、《建设工程勘察设计管理条例》（国务院第 662 号令）〕，而对于 EPC 类项目这种不确定性可以通过设计方"主动"授权而取得最大可能性的项目成功。

被动战略（复杂性的负面影响）已在前文有详细的阐述，这里补充介绍一点主动策略（利用复杂性取得成功的正面意义）的内容。

1）选择合适的管理办法

本节所采用的双参量模型系统把状态空间划分为三个区域——失控区、严控区、适度区，这里默认无法准确预测复杂性项目，之所以要把开发系统的运动（循环）界定于适度区，并不是为了解决预测的问题，而是解决系统渐进变化的问题，或者更直接地说是解决可控问题。只要系统状态随着运动总处于适度区内，系统的状态变化就处于一种渐进变化的区间内（$\Delta P \sim \Delta Q$）。当系统运行偏离预期目标状态时，运用深刻相似原理施加预期目标吸引子的辅助参量，此时系统具有自适应的特性，从而降低外部控制成本、消除外部控制延迟等控制风险。

不确定性往往不具有渐进变化的规律，例如材料价格随市场的波动、道路的交通流量变化、突发短期降雨、疲劳等人的心理生理变化等等；但是其中有一部分不可确定性具有短期的可预测性，例如材料的全年季节性波动、道路交通量的单日发展规律、短期的天气预报。合适的管理办法的关键在于处理这些有着明显规律的变化，并做出明智的决策：①明确不确定性变化振幅、发展规律和影响权重，以确定主要的控制方向；②方案清晰程度不够的情况下施工作业延误将导致系统复杂性迅速放大，各类风险控制困难。在此情形下，没有最优解只有适宜解；③选择正确的管理方法，例如运用深刻相似性原理构建自适应管理系统，方法应包括业主（平台公司或政府方）的持续评价和反馈，以保证项目按需求交付。

案例：超高压输电电缆的提前锁价策略

220kV 电缆属于定制工业产品，并且由于输变电线路的行业垄断属性，其一般委托国网属地公司完成工程设计、采购和施工工作。一般而言，超高压电缆的线路技术参数（总长、分段长、电力接头位置等）须待土建廊道完成后实测确定。

项目为某隧道工程，于 2014 年开工，计划工期于 2016 年 11 月完成投产，其中涉及铜杆四回路 220kV 输电线路迁改、入廊等工作，该子工程费用批复概算共 2.4 亿元。2014 年全国铜价行情持续走低，项目概算批复时电缆信息价处于极低价位。在全年铜价看涨的判断下，超高压电力 EPC 总承包方在土建线路不确定和市场铜价波动不确定的情况之间作出决策，在适度调整线路裕度的情况下于 2015 年 6 月完成了电缆采购工作。2016 年 4 月因接入变电所需要，进行线路间隔调整，导致线路裕度不足，该 EPC 总承包方对隧道 U 形槽出线到变电所电缆沟体的部分土建进行了返工处理（裁弯取直）。

项目方具体技术预案如下：

1）土建未完、割接方案未定将引发线路长度不确定的风险：①隧道出线到变电所的电缆沟体在设计时按照 L 形最长线路布置，裁弯取直方案在预料之中；②当出现更大幅度的线路变化，利用隧道最后一座 10kV 地下配电房准备提前出线。

2）材料价格波动的不确定性风险：①2015 年 6 月的电解铜价格已跌破了 38000 元/吨的低位，此时锁定主材价格能保证合理的盈利空间；②据全年大宗材料波动规律分析，高能耗大宗材料受国家节能减排考核和北方雾霾治理措施影响，在每年第四季度普遍性上扬；③经历 2014—2015 年的铜价剧烈下行，市场对下半年及来年的价格普遍看涨。

EPC 项目在项目的前期和实施期的早期，其技术方案的不确定性高于传统项目，来源于两个方面：其一，边设计、边采购、边施工的三边因素；其二，不成熟技术方案主动留白的策略。

2）循序渐进的计划和技术方案

循序渐进地制定计划，指在获得更多信息的情况下逐步明晰技术方案，这是 EPC 模式所特有的。项目目标是随着策划的连续迭代，制定更为精确和完备的技术方案，而并不强调项目初期就规划出一个完整、详细的工程计划和完全了解复杂工程系统在长期建设活动中可能面临的所有不确定性风险。对于整个方案中的高风险部分，可以利用深刻相似性原理和简单规则的方法从复杂系统结构中分离出来，有意识地在高风险的部分与其他部分边界建立必要的隔离措施；并且单独制定设计、实施计划，开展更为详尽的测算工作。

案例：义乌商城大道隧道工程轨道区间盾构接收井的实施策略

秦塘站—国际商贸城站区间盾构工作井（以下简称秦国区间工作井）位于商城大道与城中北路交叉口，轨道区间位于隧道下方中部，呈坑中坑布置形式（图 3.3-7）。

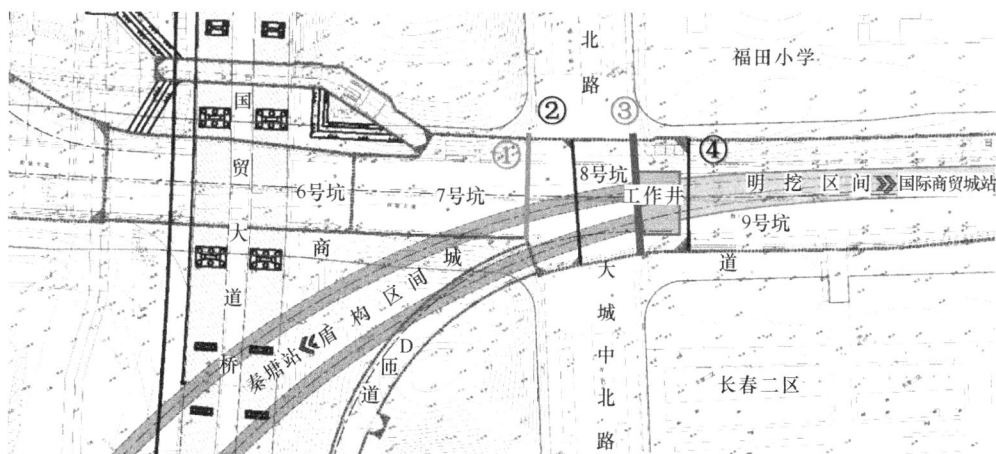

图 3.3-7　秦国区间工作井平面布置示意图

第一次决策（初步设计阶段）：

秦国区间工作井作为轨道与隧道由分建转变为合建的起点，在工序上除应满足本身地下结构基本建设逻辑——围护→土方→底板结构→墙板结构→顶板结构→防水、回填→路面恢复——还须同时考虑盾构工作井的建设要求——工作井→接收盾构机→洞门处理→轨道铺设。

盾构工作井节点具有高度复杂性的高风险关键点，**复杂性降解的一般思路是首先对节点**（图中 8 号基坑）**与相邻段落**（7 号基坑、9 号基坑）**做隔离措施。**

图 3.3-7 所示，8 号、9 号基坑的隔离墙（围护大里程封头墙）的位置④比较明确，但是对于小里程位置的封头墙，可以在①、②、③三个位置做出选择。

位置①：土建工程量最小，且当 D 匝道结构完成后即可辅助主线基坑，实现改土方垂直出土为水平出土，但是管线和交改的工程量最大，开工最迟；

实施路径：D 匝道→城中北路管线向小里程（图示左侧）迁改→城中北路向小里程导改→8 号基坑→盾构接收→顶板及回填→管线回迁→7 号基坑。另外，9 号坑紧邻工作井须提供盾构接收吊装站位。

位置②：土建工程量最大，而管线和交改的工程量适中，开工时间较迟；

实施路径：城中北路管线向小里程迁改→城中北路向小里程导改→8 号基坑→盾构接收→顶板及回填→管线回迁→7 号基坑。同样，9 号坑紧邻工作井须提供盾构接收吊装站位。

位置③：土建工程与位置②差异不大但土方成本急剧升高，管线和交改的工程量最小，开工最快。

实施路径：城中北路管线向小里程方向迁改→8 号基坑→盾构接收→顶板及回填→管线向大里程方向迁改→7 号基坑。此路径 9 号坑无须提供盾构接收吊装站位，9 号坑与 8 号坑完全分离。

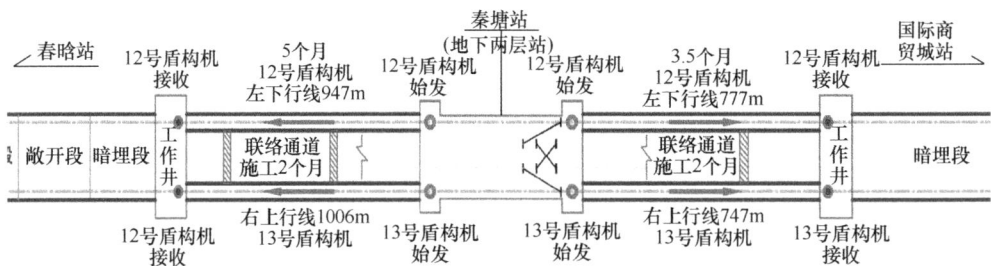

图 3.3-8　春晗—秦塘—国际商贸城区间示意图

对于金义东轨道交通合建段不合理的合同工期要求，需要在双方的长期合作中化解，其中非常重要的是工程总承包团队需要轨道交通业主和轨道交通各平行单位（包括盾构施工方、铺轨施工方、秦塘站点施工方）持续地反馈、响应和正面评价，虽然不能按照合同约定的时间提交轨道土建结构，但是总能满足当下的需求和要求，逐步交付作业面。此时管理团队必须考虑秦国区间盾构工作井作业面提交的时间问题，图 3.3-8 所示，秦国区间盾构工作井的最早交付时间为：与秦塘站土建结构同步完成；最迟交付时间为：秦塘站土建结构完成后的 5 个月交付作业面。

第一阶段决策意见：对比秦塘站的建设进度，采用位置①的实施路径，可以满足与秦塘站土建结构同步交付的要求，同时该方案具有辅助隧道、轨道主线基坑土方运输方式的重要意义，应作为最佳方案考虑。

考虑到本项目土建费用上限包干而管线迁改与交通组织部分费用为开工按实计价的合同规则，在初步方案中仍选择土建费用最高的位置②设置小里程封头墙，并预留位置①实施的条件。

第二阶段决策（施工图设计阶段）：

秦塘站的土建完工时间仍须 20 个月以上，第一阶段决策意见有效，第二阶段决策前分析如下：

① 如图 3.3-8、图 3.3-9 所示，D 匝道、7 号基坑土建结构在秦国区间盾构实施前完成，情况对总体比较有利。如盾构区间早于 D 匝道和 7 号基坑土建结构完成，尤其是 7 号基坑本身属深大基坑，且基坑底距离盾构区间垂直净距小，存在成品保护和不利环境因素耦合的复杂性问题。

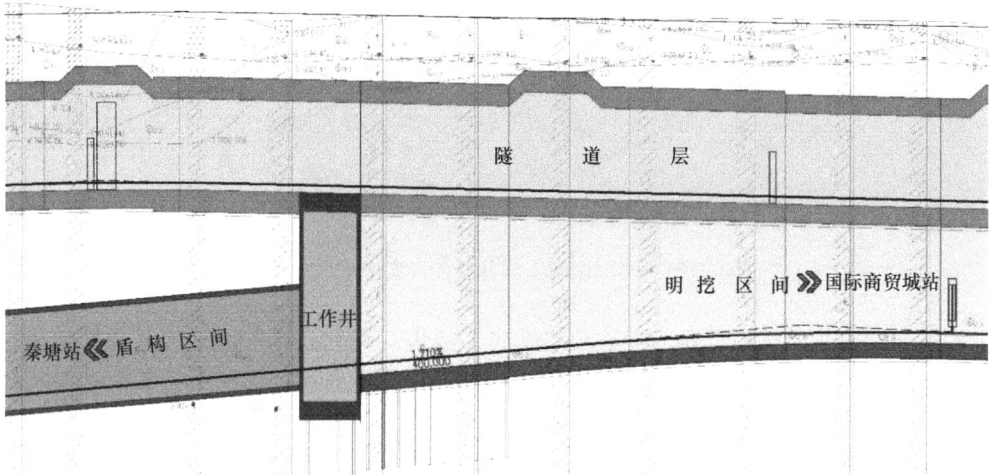

图 3.3-9　秦国区间工作井纵断示意图

② 由于秦国区间盾构工作井位于隧道横断中部，南北两侧因吊装距离过大而不具备吊装条件，若 7 号基坑土建能先于盾构区间完成，在交改上做适度调整即可具备小里程侧吊装的条件，同时考虑到小里程侧为单层结构，而大里程侧为双层结构，将来为盾构机接收的吊出井方案的操作性裕度较大（图 3.3-10）。

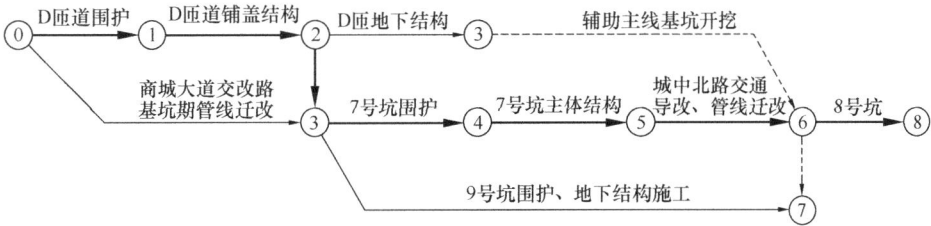

图 3.3-10　秦国区间工作井实施路径分析（施工图阶段）

③ 与此前一致，D 匝道虽为附属结构，但在主线施工期的辅助性很强，可以直接辅助国际商贸城车站（全铺盖的 11 号基坑通过 10 号、9 号从 D 匝道出土，变垂直出土为水平出土，共涉及土方约 74 万 m³，直接节约出土成本约 1850 万元），所以 D 匝道提前实施具有十分重要的经济意义，必须尽可能地提前完成。

为此，在施工图阶段明确的实施路径为：

确定的两阶段实施平面布置如图 3.3-11 所示。

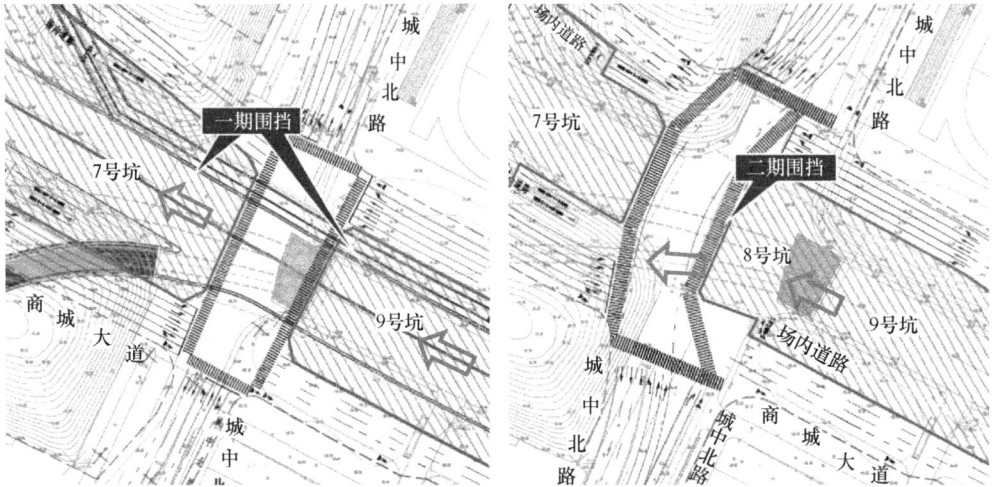

图 3.3-11　秦国区间工作井两阶段实施平面布置图

第二次决策是对第一次决策意见的进一步细化，根据秦国区间盾构工作井提交作业面的时间，提出 7 号基坑提前实施的意见。完成 7 号基坑大里程侧（图示左侧）结构后即对城中北路安排交通倒边，实现 8 号基坑围场，并利用 D 匝道为土方坑内水平出土通道。

第三次决策（实施过程中）：

工程实施过程中出现新的变化，决策团队应根据新的形势做出必要的调整。分析如下：

① 基坑阶段交通导改、管线迁改以及自身施工组织原因导致 7 号坑计划的围场时间较计划滞后 5 个月；

② 秦塘站为保轨道部分，对车站上部结构做了甩项，即待车站轨行区结构完成后即安排盾构始发，较原计划提前了 6 个月。

第三次决策时的情况是：7 号基坑南北两侧围护桩已完成，封头墙尚待本次决策后实施；秦塘站盾构区间的始发最快 8 个月后才具备局部条件。简而言之，如果仍采取第二次决策实施路径（设计施工图方案），必须在 8 个月内完成 7 号基坑两个施工段结构、城中北路管线向新完成的 7 号基坑顶板位置迁改、8 号基坑围护结构并地下两层结构的工作井。经测算，8 个月完成上述工作内容是可能的，但过程中不得出现其他不利风险因素（即裕度不足的计划）。

这些风险包括：安全风险（深大基坑跨汛期施工；紧邻管线、交改道路施工）、质量风险（汛期的防水施工）、技术风险（轨道层向隧道层转化的作业架问题、出洞口的回填问题；混凝土龄期不足导致盾构吊出作业条件不足问题）、进度风险（管线二次迁改的可能滞后风险，以及以上风险如应对不当引发的进度风险）。

第三次决策意见：

① 拆解 7 号基坑与 8 号基坑的关联，立即着手安排 8 号坑整体围场；

② 现有城中北路管线调整至 7 号坑位置，按照临吊施工方案横跨 7 号基坑；

③ 调整 8 号坑小里程封头墙位置，由图示位置②调整至位置①，继续加快 D 匝道结构施工，由此可以实现 D 匝道直接对接 8 号坑，成为主线结构的施工通道。

第三次决策的实施路径（图 3.3-12）：

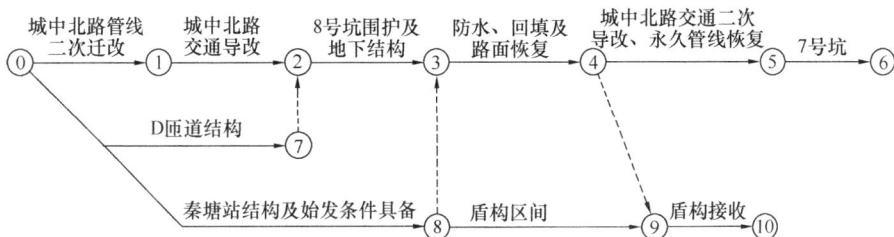

图 3.3-12　秦国区间工作井实施路径（实施过程中调整）

调整后的交改方案（替代原施工图基坑阶段第二期）如图 3.3-13 所示。

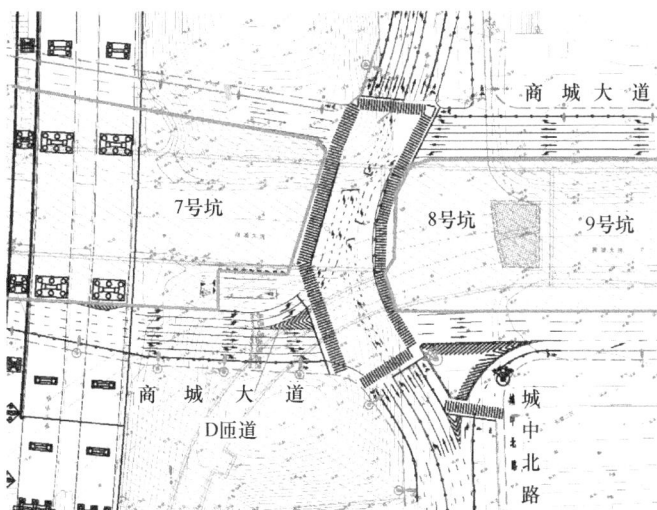

图 3.3-13　秦国区间工作井第二期交改（实施过程中调整）

第三次决策由于在实施期，操作上属于施工方发起的设计变更，应注意变更审批难度（赢得参建各方的支持）。实施上，前两次决策中已经考虑可能选择位置①的封头墙问题，本次调整依照变更价款平衡的思路（封头墙围护桩工程量减少，局部增加小铺盖结构，两者造价平衡）以确保技术方案快速落地。

对于循序渐进的计划和技术方案有以下小结：

1）复杂性（不确定性）是价值中性的，应该从认识角度做出取舍；

2）对工程复杂性问题认识不足时（技术方案清晰程度不够），掌握关键控制信息并推演多种发展可能，随着项目开展做出具体应对；

3）具体复杂性问题（工程节点）的隔离措施十分重要；

4）对复杂性问题的风险评估缺乏信心时，项目决策团队应保持清醒、冷静。

（6）工程风险源识别问题

双参量平衡方程定义为——业务实践↔外部环境依赖的模型工程意义：P 为业务实践水平，Q 为风险源数量，R 为效用（风险处置能力）。此模型称之为风险控制模型，其平衡态称之为工程风险平衡态。当业务实践 P 值大（经验丰富）时，对应的工程风险数量 Q 值就少（工程系统总体可控），当工程风险数量 Q 值增大时（工程风险数量聚集），对应的业务实践 P 值就小，并且曲线呈下凹型。

工程风险当然不止于安全风险，但是安全风险特别是可能导致危大工程的风险，却是工程管理工作中不能忽视的重要课题。复杂工程包含了各种各样的风险限制了建设行为，我们称之为依赖性。

图 3.3-14 所列举的不是安全风险，而是实实在在的安全隐患。安全隐患是可能构成安全事故的缺陷，这些缺陷可以描述为"物的不安全状态，人的不安全行为、环境的不安全因素"，所指向的是管理行为的缺陷。安全风险源是引发安全隐患的本质，项目领导者当然不应拘泥于隐患排查，更关键的是识别风险。

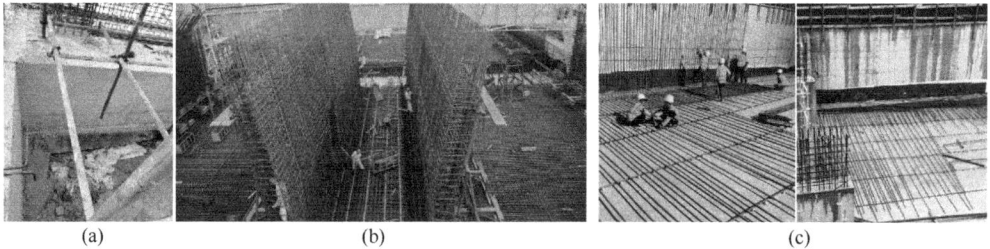

(a)　　　　　　　　(b)　　　　　　　　(c)

图 3.3-14　工程现场若干安全隐患

（a）架体立杆悬空；（b）"蜘蛛人""穿墙人""大力神"；（c）底板钢筋的倒伏隐患

结合图 3.3-14 阐述以下观点。

1）脚手架立杆悬空的原因是什么？

图 3.3-14（a）是某房建工程刚刚完成 ±0.00 结构，准备绑扎一层的结构钢筋，此时基坑尚不具备回填条件，与上部结构同步交叉实施的还有地下室外墙清理、防水、回填等一系列工作。按照每一楼层 7 天完成，当下部的这些工作全部完成后，上部楼层至少应该在 3 层楼面，那么问题来了，外脚手架基础怎么办？

规范的施工操作规程：地下室外墙防水→基坑土方回填→地基承载力检验，编制外脚手架专项施工方案，包括对基础的验算→上部结构，并确保外脚手架高于楼面一步。

现实操作过程：按照操作规程编制方案→按照图示搭设立杆悬空的脚手架→安全事故在另外一个非常微小的扰动下触发。

拥有良好业务实践的管理团队是可以预见安全风险的，预见的风险便能被辨识，图中的隐患就会被避免，所编制的专项施工方案就不会"抄写操作规程"而更有质量。

2）"工程超人"是如何练就的？

图 3.3-14(b) 中攀爬在墙筋上的"蜘蛛人"、钻入墙中的"穿墙人"、试图用工具式脚手架抵抗扭曲、倒伏的钢筋墙的"大力神"……这些"工程超人"是如何练就的呢？每一年的元旦前，全国不少城市都出现了因减排考核导致的大范围限电、减产，造成水泥供应紧缺的情况。图 3.3-14(b) 正是发生在这个背景之下，混凝土的供应困难导致隧道大量的底板浇筑滞后，施工团队在工期与大量工人窝工的双重压力，在底板结构未浇筑的工况下冒险作业。

3）底板钢筋也会倒伏？

如果图 3.3-14(c) 的左侧图是隐患的话，那么右侧图就是一个真实的安全事故现场。事故的发生是在底板的底层钢筋绑扎过程中，因为加固问题，钢筋倒伏而导致一名工人因物体打击致死。当看到事故现场底板筋的 L 形且顶端带着约 30cm 的弯钩的下料方式，整个事故的发生过程就变得真实。为了节省钢材，把底板钢筋与墙板钢筋合并成一整根从技术角度是可行的，但是下料方式的改变所引发的绑扎问题却被忽视了。

以上三个案例有一个共同点，环境的依赖性和约束是动态的，如果不能被正确地识别，扑面而来的就是大量隐患。由于相互依赖性和复杂的反馈回路，变化对复杂项目系统的影响不是孤立研究的离散事件，小的变化组合起来就能产生复杂的行为，无法预测两个正反馈回路耦合条件下的系统行为，但是可以阻止（隔离）两者耦合。

在复杂的项目环境下，风险和不确定性两个概念通常可以互换使用，但是理应对这两个概念有所区分。风险被定义为"某种特定的危险事件（事故或意外事件）发生的可能性与其产生的后果的组合"。风险识别的要旨是"研究风险所对应的危险事件可能发生的条件"。复杂项目中充斥着大量的不确定性，实践证明，在项目执行前或执行中解决所有的不确定性不可实现，只需要解决其中一部分即"可能发生的条件"。

由于相互依赖性和复杂的反馈回路，当一连串"链因"发生并相互作用后，是否能够阻断这条因果链则成为关键（图 3.3-15）。

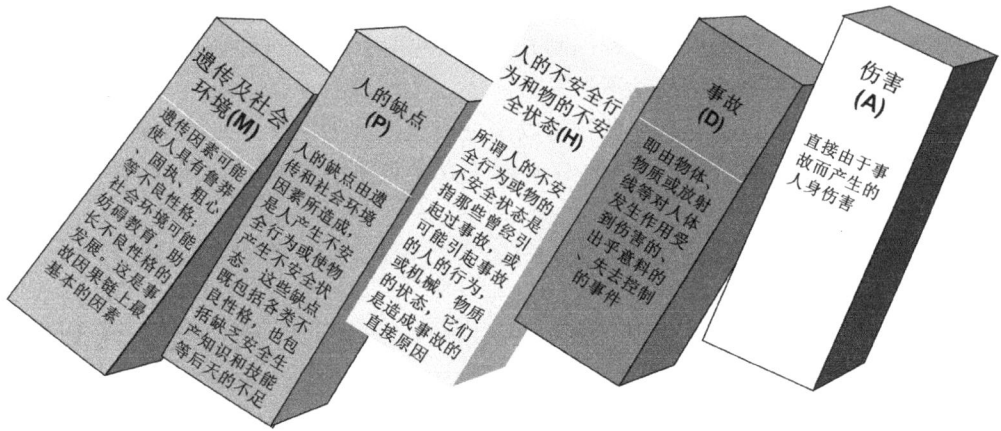

图 3.3-15　海因里希的"因果连锁论"（1931 年，多米诺骨牌模型）

3.4　PPP＋EPC 模式下项目复杂性降解技术

3.4.1　复杂系统结构的型式（网络型式）

（1）复杂系统结构的拆分

相互作用是我们研究复杂性系统的核心，而相互作用的简化，比如"点"、"点"＋"连线"（点代表运用还原论的系统对象分割，连线代表对象之间的作用），由此建立抽象化的复杂性系统模型，成为我们讨论复杂系统的确定性和随机性的主要手段。"点"、"点"＋"连线"构成网络结构，这种网络结构的分析方法很习惯地被称为"系统图论"。

首先要申明，系统结构的拆分是抽离时间维度下的拆分。**对系统进行拆解时，是基于系统本身的"简单规则"，通过拆分、建构和显示，简单规则使得认识系统的方法论在"整体"和"还原"两个方面得到"结合"。**

以工程案例说明：一个以明挖法施工的地铁车站的实施组织问题。

第一层拆分：施工区域、公共区域两个部分。

图 3.4-1 所示工程案例：某市区地铁车站的结构宽度为 22m，道路红线（包括可利用的路外侧绿地等）宽度为 45m。由此在空间关系上必须把两者拆开。

图 3.4-1（a）表示为现状关系，可以看作车站结构与地面道路的简单叠加（也可以看作恢复后的情形）。图 3.4-1（b）可以看作施工区域与公共空间拆离后的"施工期"情形。实现这一拆分主要途径是绿化迁改、迁管和交改等工作（图 3.4-2）。

施工区域与公共区域的拆分贯穿整个施工活动过程，并保持相似性的简单规则。

第二层拆分：公共区域的二级功能空间：由绿化、管线、交通组成；施工区域的二级功能空间：由绿化迁移、管线迁改、交通导改及其他施工空间组成。

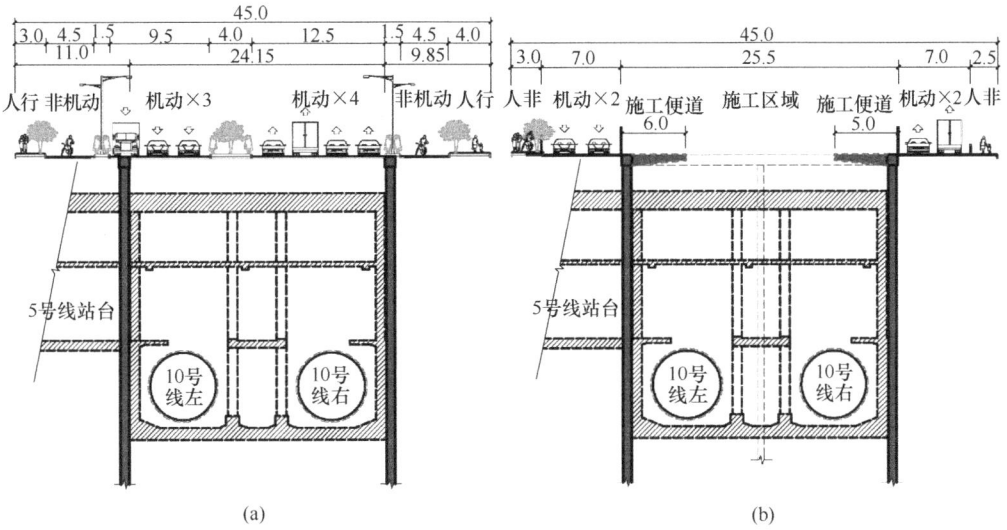

图 3.4-1　某地铁车站的空间关系

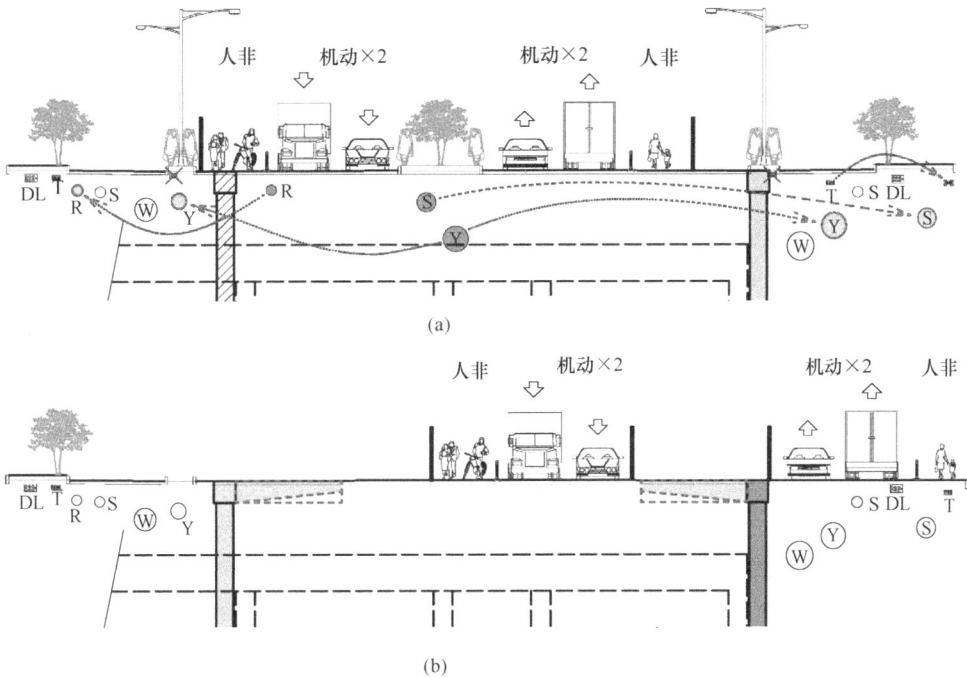

图 3.4-2　施工准备期的实施步骤示意
（a）方案 A；（b）方案 B

第三层拆分：管线由雨水、污水、给水、弱电、电力和燃气等诸多专业组成；交通由道路、路面排水、交安设施、道路照明等专业组成；绿化迁移由绿化移栽、土石方开挖等专业组成；管线迁改由专业管道安装、砌筑专业、现浇结构专业、土石方开发等专业组成；交通导改由道路结构、交通标志标线、交通照明和智能交通专业组成。

在第三层的基础上还可以继续拆分，这里不做进一步展开。但是对系统的结构拆分（或者称"分割"）的过程中有以下几点必须引起注意：

一是：**系统拆解（分割）基于简单规则，规则不唯一，拆解方法也不唯一。**

前述工程案例，基于主体规则进行每个层次的拆分。公共区域面向社会群体开放，施工区域面向建设主体开放，两者的空间边界清晰，空间包括物理空间和管理权空间。建设主体单位应事先办理相应物理空间（借地、占道、占绿）使用权的手续，同时承担相应的管理责任（保洁、路面养护、公共设施维护等公共空间管理权与施工区域管理的切分和移交）。

工程项目按照主体规则进行拆解是传统模式下的规则逻辑，但并不是唯一方式。例如以"价值"规则进行拆解，就本案例而言，第一层拆分为公共空间、准公共空间、私有空间；对公共空间的第二层拆分：交通、绿地；对交通进行第三层拆分：人行、慢行、机动；对机动交通的第四级拆分：过境、到达、静态。例如本工程地处商业繁荣的城市核心区域，按照价值逻辑拆分后，对交通导改部分的实施策略会发生根本变化，不再是基于流量的道路承载能力评价，而是转变为基于城市功能区块的需求对应的交通服务水平。更具体地来说：

措施 A：保留相对独立和足够空间尺度的人行空间和非机动空间，图 3.4-2 所示案例将人行与非机动车进行压并，成为人非混行空间。此时人行停留、驻足的安全环境和必需的空间尺度是维持沿线准公共空间（商业建筑）价值的基础条件；

措施 B：最大限度地剥离过境机动交通。例如采取降速措施，伴随道路通过性降低，通过城市路网自适应迫使过境交通主动绕避；采取压减机动车道数量、设立限制货车通行的措施，同样也可以起到剥离过境交通流的目的；

措施 C：保障到达和静态交通。例如设立公交专用通道；强化交改道路与地块衔接；充分利用间隙、碎片用地和施工转换期间的间断性临时用地，开辟为公共停车泊位；

措施 D：提升施工期的周边环境。例如现有城市家具的维持和更新、绿化维持和更新、宁静交通措施等。

本书在后续章节中将从"价值"逻辑展开具体讨论，这里不再做更多展开。

二是：**系统每一次拆解（分割）都将带来作用损失，损失的内容应作为下一级的边界条件。**

简单规则基于深刻相似性原理，从而保证拆解全过程的规则连续、清晰和稳定，是实现系统复杂性的合理降解的现实要求。

本节前述案例中，讨论到基于主体的拆解规则，无论专业管线在管位空间上如何发生变化，绝对不影响运营主体之间的关系。具体到迁改施工，建设单位与水务公司订立迁改合同；而具体到实施（设计、采购、施工的全部活动），则由水务公司负责二次对下委托。在此规则下，给水管道的土方挖填与其他专业的土方挖填绝不会（也不能）发生联系。基于工效原则（价值逻辑）的跨专业之间的土石方平衡是无法实现的。如果强行打破这种规则，要求自来水施工单位利用燃气管道挖掘的土方作为回填料，建设单位（打破规则的一方）必须承担土石料本身的质量、挖运时序的衔接、运输方式以及其他如交通、天气、场地条件等一系列随机性因素所带来的"额外"的风险。

三是：**由于系统各组件之间有着相互作用，简单规则下的系统的拆解顺序也不唯一，不同的拆解序列可以得到不同的控制模型。**

前述工程案例中，将中央绿化带硬化的时序给予提前，并作为侧临时交通，图 3.4-2 所示的两步走方式为方案 A，图 3.4-3 所示的一步到位的方式为方案 B，通过对方案 A、B 进行比选，以简要说明不同的拆解顺序所引发的不同的控制模型。

图 3.4-4 是简化的车站平面布置图（雨水管线迁改）。位于中央绿化带内的雨水管是直径较大、埋深较深的重要管线，设计按照永久迁改至右幅道路非机动车道下，并考虑道路左幅的排水需求，增设永久 $DN600$ 排水管，平面布置简图如图 3.4-4 所示。

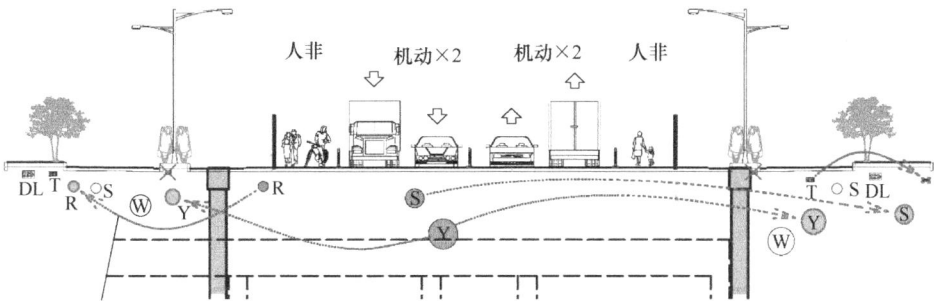

图 3.4-3　施工准备期的实施步骤示意（方案 B）

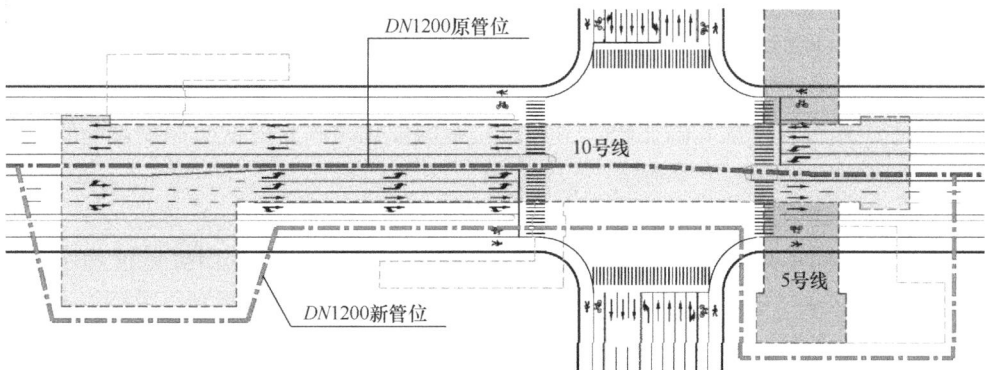

图 3.4-4　车站平面布置图（雨水管迁改布置）

图 3.4-5 是方案 A、B 的进度计划网络图（舍去时间赋值和部分无直接关联的工

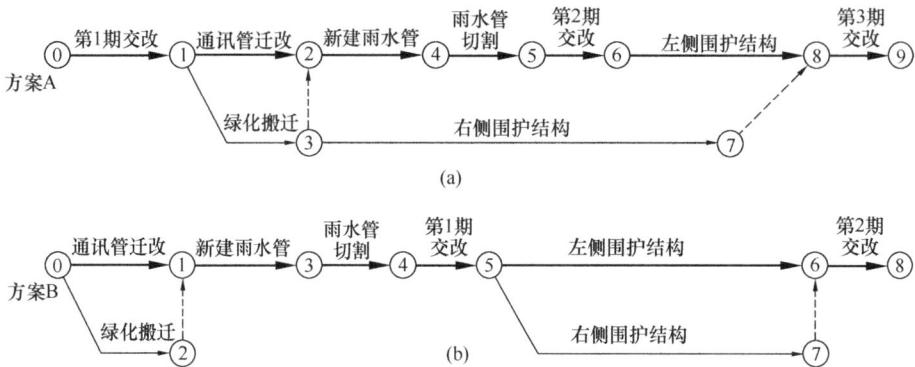

图 3.4-5　施工准备期的实施步骤示意
(a) 方案 A；(b) 方案 B

序)，两个方案的起终点相同，但实现路径不同。

对两个方案进行比较，方案 A 把车站基坑围护工程进行左右拆离，付出的代价是增加了 1 期交改。由图 3.4-5 可知，增加的 1 期交改仅需对现有路面的交通标线、隔离等设施进一次调整，其费用增加可准确测算并作出决策完全可以接受。

同时，方案 B 围护工程的实施取决于雨水管道的迁改，而处于中央绿化的雨水管道由于其埋深和管径因素，其实施难度不小(本质上也是属于危大工程的深基坑工程)，当方案 B 的工序起点→⑤之间发生任何控制偏差即影响整个系统。而对于方案 A，①→⑤之间发生控制性偏差，①→⑦完全仍可独立运行，特别当①→⑦的工期大于①→⑤时，两者工期差有多少给予整个系统的缓冲空间就有多少。此外，方案 A 相较于方案 B 对围护工程的资源投入有着明显的"削峰"作用。实际工程案例围护工程采用超深地下连续墙施工，实际场地条件狭窄而不能满足两套设备同时投入的要求，即方案 B 的⑤→⑥和⑤→⑦工序并不能同步交叉施工。

假定，工期上方案 B 的工序⑤→⑥等于⑤→⑦，场地条件也允许同步交叉施工，作为网络计划计算总工期，此时我们发现方案 B 的工期要短于方案 A(正好相差方案 A 中的起点→①)，显然方案 B 具有一定的"误导性"。

通过方案 A 与方案 B 的比较，中央绿化带的硬化时序上的变化深刻影响着工程的进展。

(2) 系统结构的网络

系统按照简单规则进行拆分时，很自然地形成了图"树"，而拆分过程中损失(相互作用)需要"找回"，每找回一对作用关系即在树的基础上增加一个圈，圈是弱作用，枝是强作用。当外部条件发生变化时，这种"强弱关系"可能发生逆转，无论是主动的还是被动的情形。图 3.4-6 是根据图 3.4-5 的方案 A 演变而来，其实际意义如图中注释，其中带负号的虚线箭头代表相互负反馈关系，带正号的虚线箭头代表正反馈关系。

图 3.4-6 所示，对某地铁车站工程空间按照主体规则进行二级拆解，时间维度为

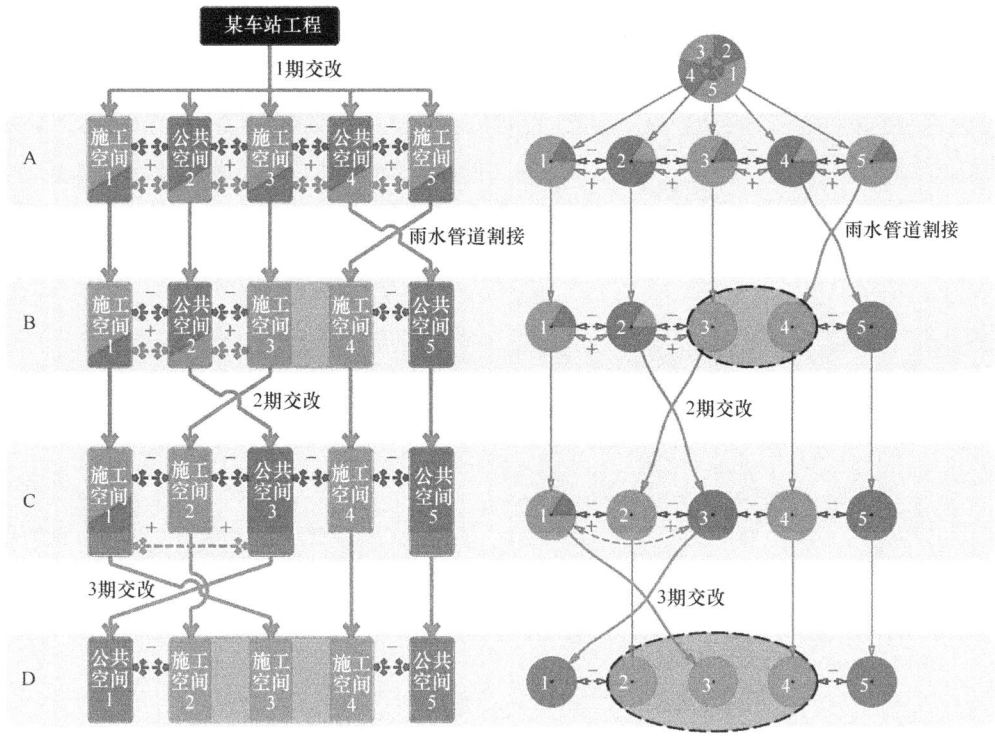

图 3.4-6　某地铁车站系统拆解网络图

O→A→B→C→D，空间上划分为 1、2、3、4、5 五个部分。如果忽略图中的弱作用，图形为树，表现为系统结构拆解过程出现损失。即便是物理空间上，这样的空间分割也是不彻底的。正是这种空间上分割得不彻底，使得被拆解出现了"正反馈"作用关系，并可能引发"初始条件敏感依赖性"。例如施工可能对运行管线物理破坏，特殊的天气条件引发安全事故（如城市内涝等）。更为现实的是，这种不彻底的拆分可能直接导致工程无法正常开展。

若仅考虑雨水管道的影响，A-4 和 A-5 之间的"正反馈"作用是由于服务于公共空间的雨水管道需要从空间 4 中剥离（迁改），剥离完成后，空间 4 的功能实现单一。这种操作在系统控制矩阵中是正交变换（解法上就是拉普拉斯变换，实现变量分离的数学解耦）。空间 4 和空间 5 在时间 B→D 演化过程既保持了相对的稳定，又保障了车站右侧连续墙稳定地连续施工。

对于处于空间 3 位置的雨水干管，它从该空间的剥离存在"拆一为二"的过程，考虑到左侧支管的管径相对较小，埋深也较浅，是否存在首先分离 A1 和 A2 之间的正反馈作用呢？当然也是成立的，不过受工艺对空间的要求限制，拆解的路径应为：A2～A3→A1～A2。在一定条件下（右侧的新建雨水主管实施中存在工作量较大导致的工期较长，或者其他不可控因素影响）这种拆解顺序的变化是有积极意义的。调整后的系统结构拆解网络图如图 3.4-7 所示。

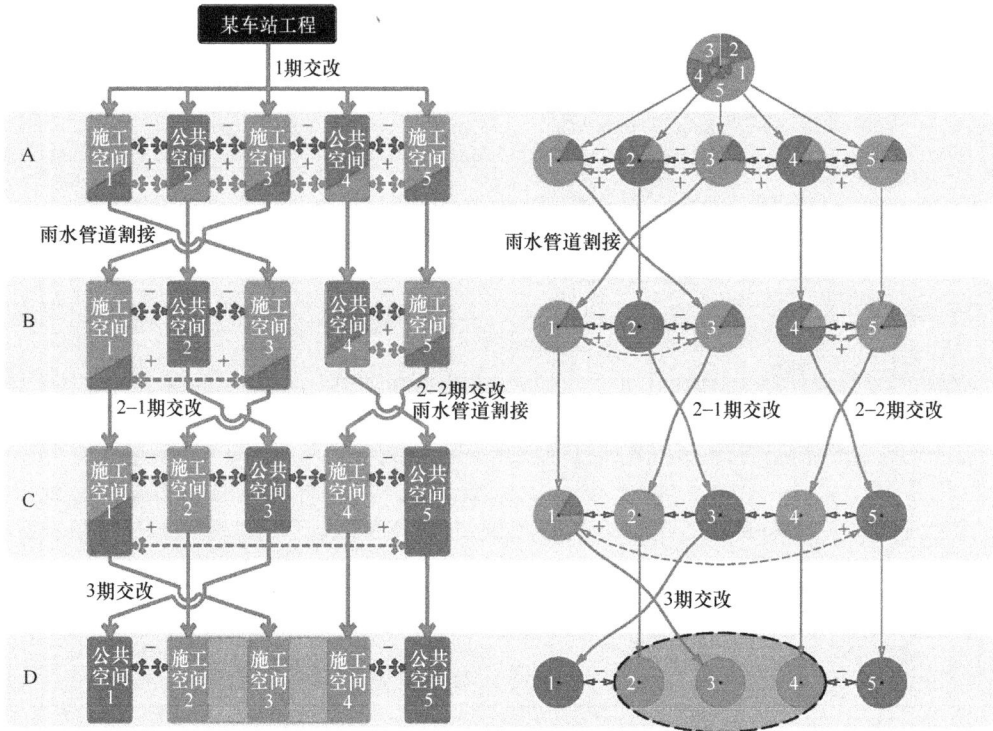

图 3.4-7　某地铁车站系统拆解网络图（修）

图 3.4-7 的拆解方式是对空间 4 和空间 5 的功能转换，并给予了更多的缓冲空间。前者控制性节点是 3 个，而后者控制性节点是 4 个，所谓节点即临界点，与之对应的是空间功能变换（相变），顺序拆解的关键部位是空间 3。

这就是复杂性系统科学：从具体系统中来，到具体系统中去，尽可能提炼一般化的思维方式、抽象模型和分析方法，可定量或定性分析，但是最终都要解释现象和解决实际问题。

（3）相互作用与相变、临界性

对系统按照简单规则进行逐级拆分可以得到一张网络图（拆解层次越多，网络结构越复杂）。但是每拆解一次都将引起损失，需要边界条件补足。每次拆解都基于同一个规则，即需要补足的部分信息是统一维度的参序量。

考察图 3.4-7 的 B3，时间开区间（$t_A \rightarrow t_B$）——属于开区间是因为在临界点（系统叉点）附近不满足稳定性要求——表示雨水管道施工班组新设管道和割接井（为简化分析，此处忽略同处一个空间的给水管的影响）。在具体的施工部分，场地封闭、班组单一，其在（$t_A \rightarrow t_B$）内的运动简单而稳定，可近似为一个线性系统，此时该班组的作业时间、作业空间、物资材料供给、劳动力的投入等等共同描绘了一个子系统的状态参量，其稳定而有规律的运动模式可视为一种自组织状态。

在 t_B 时点，施工需要打开用户管接入新建管，同时需要打开原主干管使新建管接入，排水系统的原有序状态被打破，从而进入"分岔"。当然，在很短的时间内须把原用户管封闭（废除），由此排水系统经历了"有序"→"无序"→"有序"的过程。在临界点附近，系统微小的"涨落"即可引发系统稳定性"灾难"。例如突发的暴雨、错误的割接顺序、排水泵的故障等。在相变中（临界点附近），序参量（系统状态）、驱动参数（系统输入）、长程序或端程序（传递函数）、对称破缺（系统分岔）、关联长度是常常出现的概念。

3.4.2 复杂性系统的降解原理

系统结构以图的形式进行抽象形成网络，它由顶点和顶点之间的连线构成，顶点之间的连接具有方向性。本书基于简单规则（即基于深刻相似性原理的追求或排斥）对复杂工程系统进行结构拆解，并且根据距离按照线性递增或者递减给予网络赋值，形成加权有向网络。

（1）复杂性系统的骨架——网络

复杂工程系统经过结构拆解形成的加权有向网络是复杂性系统分析的基本骨架。工程计划网络图是利用网络图的形式，把复杂的工程项目拆解成相对独立又互相联系的工序（作业），然后通过分析与计算、协调与优化，实现对工程项目进行最优管理的目的。

图 3.4-8 是非典型意义的某隧道工程前期工作的工程计划网络图。

在网络图中，某隧道工程的前期工作，按照主体规则拆分为四个部分，分别为设计任务（对应设计部门）、招标投标（对应采购部门）、现场施工（对应项目工程部门）、征迁与前期（对应技术前期部门）。在一级拆分的基础上可以接着进行二级拆分和三级拆分。

从图 3.4-8 看，如果忽然部门之间的横向联系（图中竖向的虚线），图表现为"树"的形式，代表着部门控制权（强作用）随时间变化的动态过程。横向联系代表着部门间的监督权（或协同、沟通、移交等）。

由图 3.4-8 分析有向线条的路径，每项工作的责任主体明确，这是因为系统结构拆解过程中始终遵循"以主体逻辑"的简单规则，并且每个主体都可以找到各自的关键线路。当执行过程中出现偏差时（或事后复盘时）可以很清楚地找到问题所在（责任方）。同时，主体具有一定的自主能力调整各自的工作计划，其工作的相对独立性使得计划的工作弹性（系统结构稳定性）得到增强。

图 3.4-9 所示，为一般典型意义上的网络图。工程划分为 Ⅰ～Ⅵ个标段，每个标段所要完成的步骤相同。由于资源有限，采取工作流水节拍的方式（事实上每项工作时长不一致，这种流水节拍并不呈现周期性）。

与图 3.4-8 相比较，由图 3.4-9 分析有向线条的路径，每项工作由不同的主体完成，即各方围绕某一个具体目标，共同协作完成一项任务。其工作目标（围绕 1 标段开工）具有不变性，而图示参与 1 标段开工的各主体在发生变化。

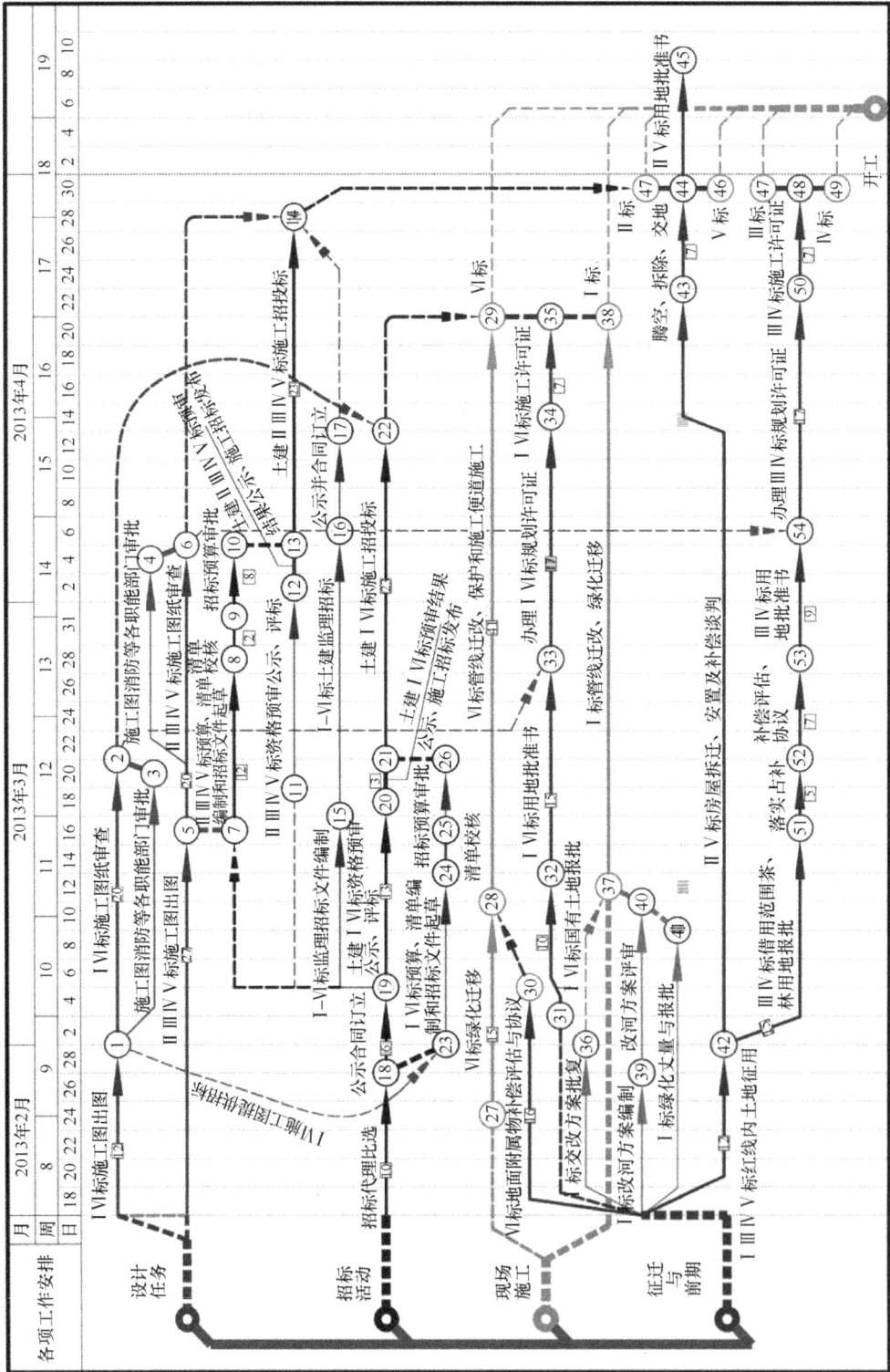

图 3.4-8 某隧道工程前期工作计划控制性网络图

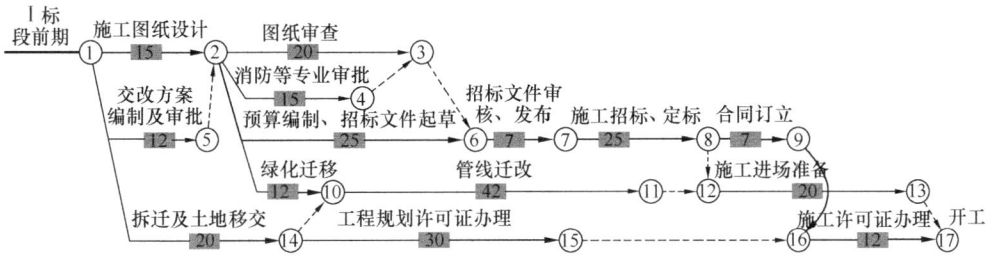

图 3.4-9　某隧道工程前期工作计划控制性网络图（典型）

所以两个图对应的工作任务完全一致，但是表达方式（网络形式）不同呈现出不同的管理行为（复杂性降解逻辑）。

（2）深刻相似性原理

在施工任务分解并据此制定工程总体计划过程中，人们通常习惯于按照工序分割，这种方法默认空间不变。如图 3.4-10 所示某桥梁施工的网络图。

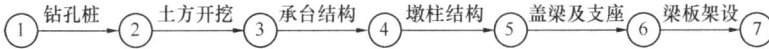

图 3.4-10　某桥梁施工网络计划图

如果项目是一座长达数公里、数十公里甚至更长的重大基础设施项目，即便是结构形式上十分简单、标准化的"墩柱＋T 梁"高架工程，对某固定的被拆分的施工段落（比如 5 跨一联中的某一联），图 3.4-10 所示的进度控制计划仍然适用，但是若干个简单施工段落的"简单叠加"，例如形成空间序列之间的流水节拍，如图 3.4-11 所示，可作为某一工序空间序列的向量。

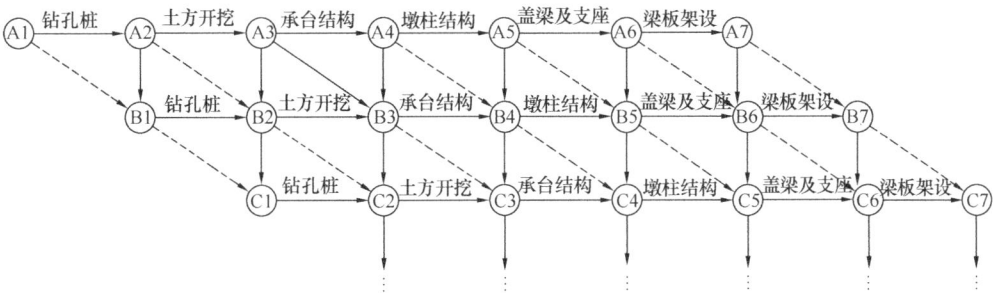

图 3.4-11　某桥梁施工网络计划图（分割空间）

由序列 A1→B1→C1……表示钻孔桩作业班组一次完成 A、B、C……分段的钻孔桩施工活动，此时桩基班组子系统的序参量具备时间平移的特性，即符合简单规则的时间标度律的对称性要求。

简单规则对系统拆分形成的结构应具备子系统自身状态参量满足时间标度律对称性的要求，这是运用深刻性原理的前提。此时被拆分的子系统之间的边界条件构成了互为输入输出的序列。

139

施工活动 A1、B1、C1……之间是简单的工序循环，当工作内容完全一致时呈现比较严格的周期性，而对工作目标保持时间维度下的对称性，这种动力系统对目标追求的不变性称为深刻相似性。（参见 3.2.3 节）

当一个复杂适应性系统，按照简单规则进行拆分，使其满足参量维度不变性和时间维度连续性的两个假定条件后，即可用极限近似的思想（主要是采用相似性离散定理、相似性离散逆定理）处理该系统的非线性问题，描述系统对期望目标的追求，我们称这种方法为深刻相似性原理。

（3）自适应系统对期望目标的追求

任何事物（包括复杂系统）至少在两个维度——时间和空间（至少存在一维）——中存在。图 3.4-12 是对图 3.4-11 在时间-空间内的表达。

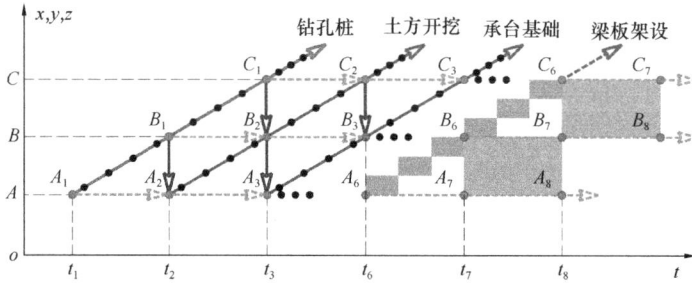

图 3.4-12　某桥梁施工在四维空间中的抽象

延续前面高架桥的案例，A、B、C……是空间序列，那么钻孔桩工序施工活动所表征的运动规律由 A1→B1→C1……有向连线形成向量（假定桩位为空间一点，成桩开始时间点打一个点，沿着点序列连续时间量化后形成的向量）。土方开挖、承台基础等其他工序下部结构都可以按照这个方法抽象为一个向量。

当进入板梁架设时，可以按照同样的方式抽象形成"块"序列（工艺上梁板是以跨为段落的分片架设）。之后桥面系工序，如找平层、伸缩缝、沥青摊铺、路灯安装等所抽象形成的点（块）序列，沿序列的发展方向基本保持空间尺度均衡。

时空中的点，在连续时间的作用下形成有向线。如果点在空间中静止，则在四维空间中形成一条与时间维平行的有向直线段；如果点在空间中匀速直线运动，则在四维空间中形成一条有向斜线段。我们把时空中点称为事件，系统属于事件或有限事件的集合。

系统本身的状态，例如质量、颜色、吸能（比如吸收热量等）、放能（发声、发光或发热等）等都可以用维数来表示，共同构成复杂的 N 维现实世界。用 N 维描述系统，包括上述所有的状态特征维度，只要与时间耦合即形成运动，运动就是描述的事物在时间连续作用下的变化。同样，N 维系统与连续空间进行耦合后形成分布，状态空间就是描述事物与空间耦合时的分布变化。再有，系统在空间与时间维度的共同作用下，各个状态指标形成了流。

时间与空间两个维度是超越一切的，它们都是连续、均匀、无限和线性的，因此当我们把复杂系统理解成高纬度时，它与时间的乘积并不改变其相似属性，时间与任意维度的状态变量组的乘积也不改变其相似属性，抽离也一样。

深刻相似性原理便基于此，它所根植的相似性属性可以在空间和时间的任意层次、任意部分进行相似性变换，通过任意地叠加、组合或对其本身进行压缩、延展都不改变系统的相似性属性，所以用"深刻"二字表达这种维度上的超越，由此构建虚拟的现实世界，使得复杂系统通过复杂性降解得以再现。

3.4.3　PPP＋EPC 模式下项目复杂性降解路径

（1）适应性工程系统的治理结构设计

复杂环境的不确定性难以预测和管理，因为它涉及复杂行为（主体和系统）、对变化的反应以及干预措施意想不到的后果。海因里希的"因果连锁论"非常形象地用多米诺骨牌描述复杂性系统在平衡状态下敏感依赖性的发散趋势。同时提出了应对复杂性工程环境依赖性的方法——阻断风险发展链条控制方法。

由前文可知，具体的工程复杂系统，可能是白箱或灰箱。工程是人造物，我们希望它应该具备控制系统的四个特征：

第一个特征：有一个预定的稳定状态或平衡状态。本书用四对指标构建四个基本平衡态正基于此，并希望用双参量平衡方程拟合复杂系统某一维度的平衡状态、对称性和发展规律。

第二个特征：从外部环境到系统内部有一种信息的传递。本书引入了两个超越维度的参量——时间、空间，并运用离散化方法刻画了非线性的复杂系统行为。

第三个特征：系统具有一种专门校正行动的装置。控制的基础是信息，一切信息的传递都是为了控制，进而任何控制又都有赖于信息反馈来实现。

第四个特征：系统为在不断变化的环境中维持自身的稳定，内部都具有自动调节的机制。换而言之，控制系统都是一种动力系统。

（2）适应性工程系统的控制过程

传统控制系统控制过程如图 3.4-13 所示，传统的控制论中控制主体能独立地完成信息收集、反馈、分析和纠偏等一系列控制逻辑，但是系统对控制的传递规则（传递函数）、对目标的锁定（恒定的目标值）是一成不变的，即系统能够对周边环境因素做出调整，但不会修改系统自身的规则。

适应性系统只有在两个超越维度被离散化的条件下才符合此规律。对比传统的控

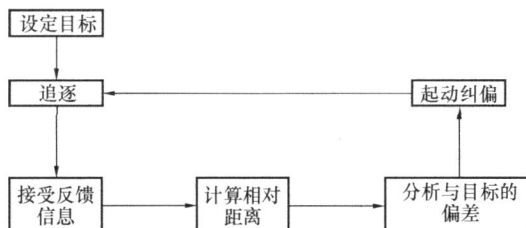

图 3.4-13　传统控制系统控制过程

制系统控制过程设定：

第一："不断建造的工程"相当于"追逐"；"对产品目标的使用"也相当于"追逐"，即动力系统的运动的过程是对目标追逐的过程。

第二：目标不是单一的、静态的，而是多个动态目标。

第三：复杂系统的结构拆解基于简单规则，拆解过程中只处理边界与时间、空间耦合时的传递关系。

深刻相似性原理正是基于此，它所根植的相似性属性可以在空间和时间的任意层次、任意部分进行相似性变换，通过任意地叠加、组合或对其本身进行压缩、延展都不改变系统的相似性属性，所以用"深刻"二字表达这种维度上的超越，由此构建虚拟的现实世界，使得复杂系统通过复杂性降解得以再现或被仿真。比如工程管理复杂系统我们提取了四个维度——组织分工、混合功能、技术方案的清晰程度和风险源识别，其他复杂性系统当然还可以根据实际需要做调整和取舍。所以复杂系统的状态参序量是 $2+N$ 维的，其中 2 是超越维度。

第四：依靠人或电脑软件计算来循环渐进地启动纠偏行为、系统内部传递规律、系统目标运动规律。

图 3.4-14 是复杂适应性系统控制过程。

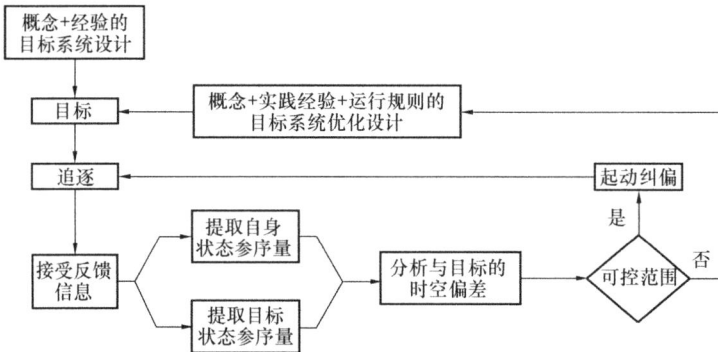

图 3.4-14　复杂适应性系统控制过程

复杂适应性系统控制方法较传统系统控制方法显示出了以下变化：

1）建立容错机制，即对目标的偏差结果做出定性（或发展趋势）分析判断，决定是否需要调整自身的运动规则，调整目标的设计。

2）给出控制指标的自我设计和偏差自动预测，同时提取自身状态参序量和动态目标参序量，并对两者的偏差做预测分析；

3）对目标的追逐具有动态功能，包括自动感知、自动调节输入控制等。

（3）基于八个复杂性指标的复杂性降解原则

复杂项目管理通过项目管理要素在"组织 ↔ 分工""需求 ↔ 意义""方案清晰程度 ↔ 作业时间"" 业务实践 ↔ 外部环境依赖 "的复杂性解耦的基础上进行有效的资源配置、主体利益的合理分配，从而实现整体最优的项目运行机制。复杂项目管理依据复杂性脸谱的维度遵循八项原则，即主体责任唯一性、分工边界明晰、作业时间适度、模糊性方案的清晰目标、业务实践有限增强、环境依赖管制、项目需求一致性、项目意义多样化。

1）主体责任唯一性原则

每一个管理体系或者参与组织，每一个项目管理要素，只允许设置唯一的主体责任人。若存在两个或以上的主体责任人时，复杂性耦合会形成分岔趋势，就会造成不同责任主体之间扯皮、推诿和责任不清等现象。主体责任唯一性原则在实际操作过程中主要有三种情形：一是科层组织架构前提下设置下级服从上级的强制规则；二是民主集中制架构前提下设置少数服从多数的强制性规则；三是民主评议制架构下的精英（专家）决策规则。以上任何一种情形都将形成决策规则，规则约束下的主体责任唯一性原则主要涉及项目中的控制、确认和执行管理要求。

例如：某大型复杂合建工程包含地铁车站、地下停车场库、地下商业、车站地面出入口、地面图书馆和青少年活动中心等工程，拟采用 BOT 模式建造，在不同的情形下将出现不同的主体责任划分。

情形一：以市属平台公司作为业主方的科层制规则

平台公司负责管理总体控制，在完成上述建设内容的前提下，针对"工程需求↔工程意义"的复杂性价值维度，其管理行为逻辑是尽可能规避主体责任，其管理行为如图 3.4-15 所示。

此时公众的需求、产品利益相关方的需求以及产品自身在运营期间需求都被隔离，业主单位与使用者之间不直接发生交互，转而由第三方识别并作出响应。例如，某大型医院对车站出入口在空间关系上有强烈的接入需求（某利益相关方的需求）通过特定渠道向业主单位反馈时，业主单位并不直接作出回应，转而通过第三方（如概念设计单位）作出判断（如有必要还需寻求专家咨询意见支持），并以此作

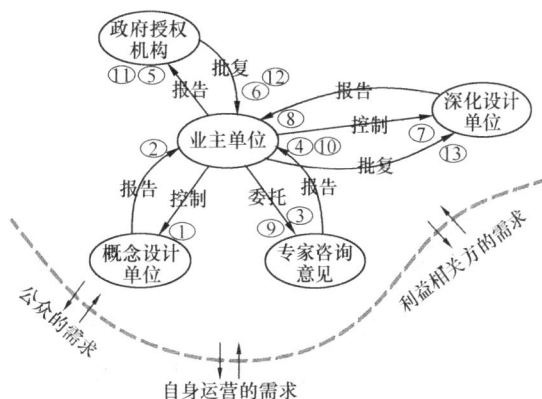

图 3.4-15　科层规则下的避责管理行为

为决策意见。管理行为的路径是：①医院联系业主单位；②业主单位委托概念设计单位与该医院直接对接；③由概念设计单位将医院需求体现在设计方案中；④获得监督角色的专家咨询和政府方的共同确认；⑤业主单位作出决策。在此路径中任意一方（包括概念设计、专家咨询、政府授权机构）的反对意见都可以轻而易举地否决它，即便这样的需求响应可能对产品自身带来好处。

科层制规则的优点是集各方的意见的公约值，并且决策意见非常稳健。随着项目时间的推移，上位意见仍然具有强烈的约束效果，即概念方案必须符合规划意见；初步设

计必须符合概念方案；施工图设计必须符合初步设计；专项深化设计必须符合施工图设计。这种自上而下的逻辑来源于科层规则自上而下的约束规则。所以科层制规则的缺点也集中在这一约束规则上。主要表现为对决策取向的保守，方案内容集各方意见的公约值，如有一方反对则不能被确认；随着外部环境发生变化，演化的僵化发生于其自上而下的约束规则导致调整变得非常困难，除非管理行为出现终止条件（原方案不可实施的情形）；对复杂性平衡态的矛盾问题的犹豫不决，表现为对称性自我破缺的困难。

情形二：以投资方联合体为业主方的民主集中制原则

项目公司负责管理总体控制，在完成相同案例建设内容的前提下，针对"工程需求↔工程意义"的复杂性价值维度，其管理行为逻辑是尽可能体现投资方意志，其管理行为如图 3.4-16 所示。

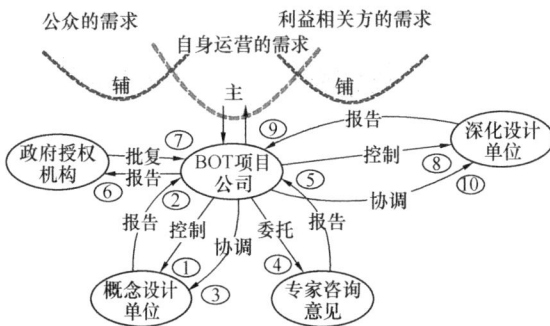

图 3.4-16　民主集中制规则下投资人利益
最大化的管理行为

比较图 3.4-15 的科层规则和图 3.4-16 的民主集中规则，在控制权分解路径看似相似，但运行逻辑上后者执行"股东至上"逻辑。

第一，投资方从投资——回报路径上实施管理策划活动时，不再漠视外在客观需求，尤其是产品运营期间本身的需求。此时产品功能与产品需求之间的关系成为概念设计的立脚点。

特定重要利益相关方的需求，项目公司在其需求与产品功能匹配的基础上，还需对其业态、特定消费群体展开细致研究，并做出必要的设计安排。如沿用此前大型医院对车站出入口接入的问题上，一般管理决策行为可描述为：①医院联系业主单位提出车站接入需求；→②业主单位主动与该医院对接，了解掌握利益相关方的需求（如无障碍、换乘、安防、防疫、快速急救通道等）；→③根据特定群体的消费行为和习惯，在概念设计单位的帮助下确定紧密关联的地下商业空间；④与医院开展谈判，取得（或合作开发）关联开发的经营权，如鲜花水果、母婴保健、医药、医疗器材、餐饮等商业空间开发权；→⑤在此基础上，在更为宽泛的连片开发空间上，设置消费主体自我实现的商业功能，如康养、护理、保健、金融保险等，此类商业功能将负载更高品质的产品价值。

第二，民主集中制规则充分体现"股东至上"逻辑。股东至上理论认为，股东是公司的拥有者，由股东投入资本形成公司的资产财富，也由股东承担公司的大部分风险，因此不容置疑股东应具有公司的绝对控制权和剩余收益权。公司经营的目的是最大化股东的利益，管理者只有按照股东的利益行使控制权才是公司治理的有效保证。股东至上理论强调公司要将股东的利益置于首位，它认为股东的利益高高在上，管理者以及其他契约者都服务于股东，只能处于被动地位，从属于资本。股东是公司的所有者，管理目标是抑制管理者违反股东利益而发生的机会行为。

例如，概念设计方案必须体现项目公司投资人的价值取向，只有符合投资人意志的方案才能由项目公司上报地方政府授权机构审批。由此逻辑，对概念设计单位控制权授予的同时，项目公司自主保留制衡的权力。因此复杂性平衡态的矛盾问题，往往聚焦于概念设计单位与项目公司对公共产品功能、价值的认知冲突。

第三，由资本主导的消费空间滥觞和公共空间的价值失范。如缺少必要的刚性制约，由资本主导城市公共空间生产，此时公共空间本身所具有的开放性、社会性和非排他性的特征将在消费语境下发生转变，其结构与功能开始全面而迅速地向消费方向转移，从公共活动的空间向可以被消费的空间变换。自然风景优越或人文积淀深厚的空间，无论是山上或海边，都可以转化为消费空间，排他性必然显现。从更大范围来讲，城市中心、郊区、街道、火车站、博物馆、医院、学校以及寺庙，一切由资本控制的公共空间将广泛地将公民转化为顾客而从中获利。

例如某重大合建工程，它包含地铁车站、地下停车场库、地下商业、车站地面出入口、地面图书馆和青少年活动中心等合建内容，在消费语境下，这些城市公共空间生产的设计取向将呈现两种趋势：一是商业综合体，功能大而全，范围涵盖车站内部与整个地下、地上；二是公共空间的重构，由项目公司运营的图书馆、青少年活动中心呈现内部空间的商业化。一方面由营利机构介入提供有偿（或隐性的有偿）公共服务，例如在图书馆内部功能移植"购物＋休闲娱乐"等业态的商业经营性空间，引入会所制的沙龙、学术研讨或读书会等准公共性质空间；或在青少年活动中心移植培训机构、矫正机构或校外教育机构等。另一方面可以通过提升空间质量增加消费所带来的高附加值，例如以地域文化为载体的大众娱乐，打造以"新、奇、特"为形式和审美追求的标志性场所。更具体来讲，打造"佛""修炼"意象的特色图书馆，形成特定受众而形成排他性，借公共之名行商业消费之实；又如，青少年活动中心的公共场所，按照"个性化风潮"进行指向性诱导设计——如体育明星、榭丽舍大道、三国文化等作为消费符号的主题场所——以满足特定群体的特定消费需求。这些公共建筑空间、公共场所空间往往指向符号具象化，或前卫时尚，或商业艳俗，或复古怀旧，或青春叛逆，由此造就符号化消费倾向。

所以说，在民主集中制的规则下，资本将主导公共空间转向商业化空间。一切以股东利益为导向，公共空间呈现阶层化排他。其优点是公共空间的生产缓解了公众对公共设施的旺盛需求与地方脆弱财政之间的矛盾，缺点是公共空间的公共属性在商业消费的绑架下因消费引发阶层划分，而失去其根本的价值和公共意义。

2）分工边界明晰原则

在对复杂系统结构进行分解时，被分解组件（子系统）的边界出现信息损失无法避免，此时上一层系统必须对下一层的拆解行为负责，即无一遗漏地对边界信息损失进行完备性的拾遗，我们借用一个法律术语，将这种边界上的信息损失所引发的信息传递断裂称为"亲亲相隐"现象。

亲亲相隐带有主观意向，即一个组织内部希望传递对该组织有利的信息，避免

（过滤）对该组织不利的信息的倾向。事实上，主观上阻断的信息是复杂工程系统发边界损失信息的一部分，另一部分的损失并不是主观上被刻意损失的，但对于整体系统同样具有负面意义。所以本书采取更为一般的定义，即把分工所引发的信息损失称为"边界损失"。

由分工所引发的管理成本是高昂的，分工是控制权分解进而引发监督权和制衡权的原点。例如把工程项目分解为设计和施工（本质上也是控制权的分解），业主单位为保证系统分解后边界上的损失"拾遗"，从而委托监理单位负责边界信息损失的"拾遗"，委托专业技术咨询单位（也可以由业主单位自身承担）对分解的控制权、监督权进行制衡（图 3.4-17）。

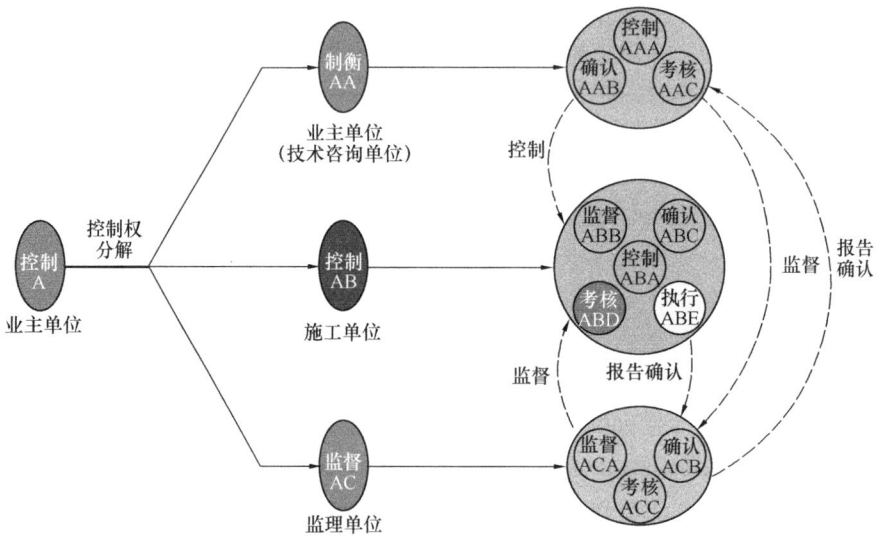

图 3.4-17　管理分工过程中的控制权分解逻辑

案例：某道路工程的业主单位按照传统形式对工程进行分解

1 道路设计；2 道路施工；3 道路监理。监理作为业主单位监督权的执行人员，其工作的实质并不产生工程产值（为建设单位管理费）。它的管理工作即处理 1/2 之间的分工边界。

构成 1/2 之间的分工边界的信息主要有：设计工况 ↔ 施工工况、设计做法 ↔ 施工措施、设计指标 ↔ 施工检验。

例如：路床范围内出现不利软土层，即设计工况与施工工况的边界出现信息缺失，如不进行拾遗则无法继续施工；道路设计未对进入填筑路基范围内的管道的做法给出约定，此时施工方可以填筑至管道底标高后进行管道安装，也可以回填至路基顶面后进行反向开挖，即设计做法与施工措施的边界出现信息缺失时，需要拾遗明确缺失的信息，否则可能带来质量隐患；设计只给出路基压实度指标，而未说明检验方法时，施工方可以选择核子密度仪法、灌砂法、环刀法等佐证压实度的所有施工验收规范所约定的任意一种方法。

边界不清晰致使信息缺失并且引发拾遗困难的情形通常有两种：一是管理系统中监管组织缺失；二是控制权授予规则不合理诱发的亲亲相隐缺陷。

为了说明上述两种情形，我们延续上述案例重新分解。

情形一：管理系统中监管组织缺失引发的边界损失

A-1 道路设计 A-2 道路施工；A-3 电力监理。B-1 电力公司；B-1-1 电力管道设计；B-1-2 电力管道施工；B-1-3 电力监理，此时的管理系统如图 3.4-18 所示。

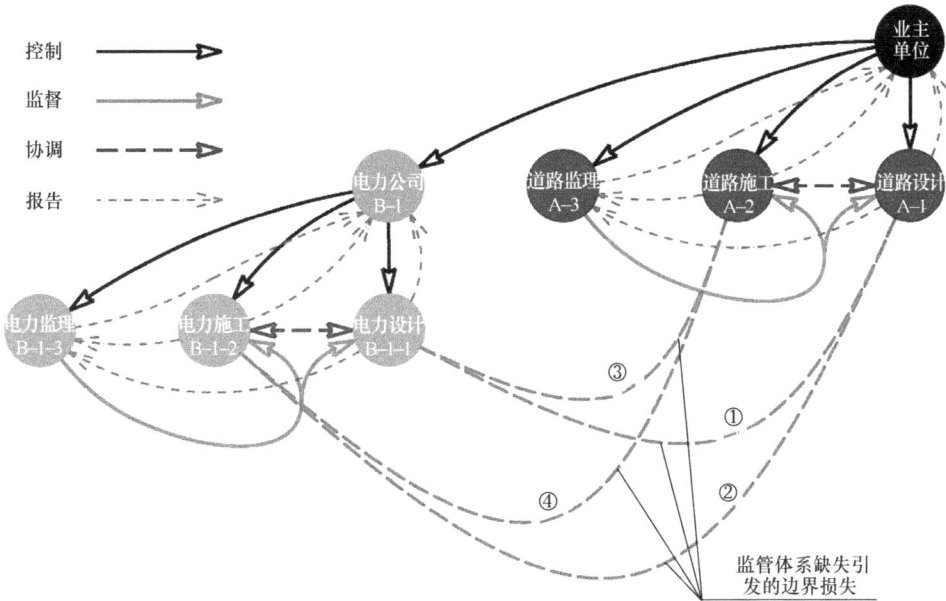

图 3.4-18　管理系统中监管缺失引发的边界损失

边界信息损失①：电力管道管位设置不合理，使得电力盖板位于机动车道范围内，引发盖板耐久性问题；

边界信息损失②：电力管道井盖位于非机动车道位置，未做必要的下沉措施，引发盲道板不贯通问题；

边界信息损失③，电力管道位于机动车道位置，未考虑碾压工况，导致部分管道因路基碾压受损问题；

边界信息损失④，电力施工介入时间过迟，导致新建道路二次开槽和路面修复，沥青接缝引发道路面层耐久性问题。

情形二：控制权授予规则不合理诱发的亲亲相隐缺陷导致的边界损失

如图 3.4-18 所示的管理系统，道路穿越软弱地基段时采用双轴水泥搅拌桩加固，经验证，实际施工工况要好于设计工况，原设计水泥产量 15％ 经施工优化后仅需投入 10％ 即可到达设计要求的承载力，此时业主对设计、业主对施工以及业主对监理的合同均不支持优化奖励的激励条款（同样也可视为一种约束）。此时，设计方案优化的信息传递对施工不利，即节约水泥用量而达到设计指标要求，对于设计、监理两方同样不利，即根据工程造价规则引发技术服务费用降低，同时优化工作需要本方付出更多的管理力量，于是诱发了施工、设计和监理三方的亲亲相隐的管理缺陷。

对于常见的亲亲相隐的缺陷可以由图 3.4-19 描述。如图有 A、B、C、D 四个组织，A 组织依靠 B 组织收集 D 组织的信息对 C 组织进行管理，C 组织依靠 D 组织报告信息接收 A 组织的管理。D 组织只向 C 组织报告对自身有利的信息，A 组织向 C 组织通报了 D 组织存在的问题，要求 C 组织加强对 D 组织的管理，由于 C 组织难以收集 D 组织存在的真实、有效并完备的信息使得 C 组织处于整个管理系统的被动局面，引发不合理授权规则的管理混乱。

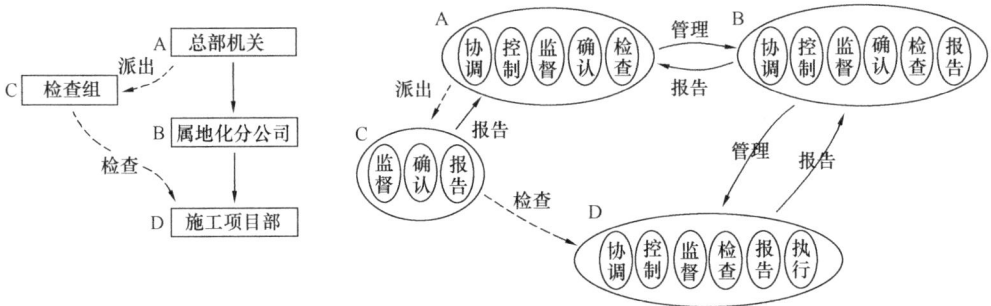

图 3.4-19　不合理授权引发的管理混乱

图 3.4-19 的左侧是对此管理关系的具体化示例，是为了帮助读者朋友理解不合理授权引发的组织内部管理混乱的内在逻辑。如图，总部机关 A 派出检查组 C 对 D 施工项目部进行检查的动因有三种情形：

一是总部机关 A 掌握了对施工项目部 D 不利的信息，或者需要对不利信息做进一步核实以便采取下一步的管控措施或者纠正管理错误。此时 C 已经掌握 D 的部分不利信息，虽然 D 和属地化分公司 B 存在亲亲相隐的动因，当 C 与 B、D 均保有信息不对称条件，C 对 D 检查将引发 D 同时连带 B 的管理混乱（驱使 D 和 B 组织内部向"组织 ↔ 分工"维度的平衡态发展）。此种情形即常见的上级机关对问题督查的工作原理，当 B 与 D 发生混乱时，极有可能进一步引发该组织短暂性的管理失能，这也是整体系统必须评价的重要风险。此种风险源的复杂性维度发端于"组织 ↔ 分工"维度。

二是 C 的存在并非临时性的（图示箭头改为实线），此时 C 组织的存在将促使 D 和 B 产生稳定的亲亲相隐规律。同时 C 组织不再具有信息不对称条件，其局面陷入被动，因此 C 组织长期存在的必要性存疑，同时对于 D 组织而言，主体责任唯一性受到挑战，组织分工不合理引发自身管理混乱，内耗严重。

三是 C 组织的存在是临时性的，但是它并未掌握 A 组织所传递的对于 D 的不良信息，此时 B 和 D 的亲亲相隐规则发挥，屏蔽 C 获取不良信息，此时 C 的实际作用带有极大的局限性，同时也使得组织内部出现官僚主义和权力寻租的腐败风险。

3）作业时间适度原则

单链条的简单劳动作业时间一般取决于完成的工作量和完成工作的速度，即：作业时间 = 工作量÷作业速度。作业速度与作业时间的关系如图 3.4-20 所示。

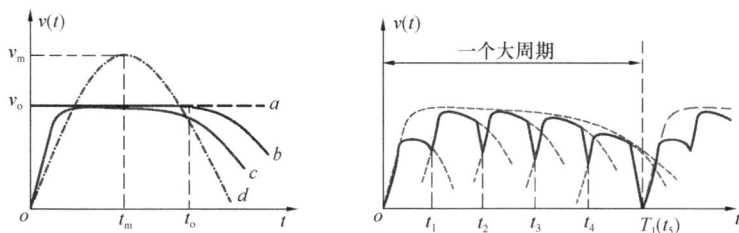

图 3.4-20　工作速度与作业时间关系

图 3.4-20 左 a 表示作业速度与作业时间无关的情况，类似于纯机械自动作业，例如打印机打印纸张，每分钟打印 80 张纸，如果需要打印 1000 张纸大约 12 分钟半即可完成，当然这样的机械式劳动力是不存在的。

图 3.4-20 左 b 与 c 表示连续作业导致的疲劳影响了工作速度（包括精确操作的程度），所区别的是 b 表示简单作业，而 c 表示复杂作业。简单作业可以忽略短暂地熟悉环境的过程，类似于工厂化流水线体力作业，在施工现场诸如土方开挖、材料搬运、支架搭设、钢筋制作与绑扎等。c 表示需要做大量准备的复杂作业，类似于文稿撰写、设计图纸、现场管理等脑力作业。一般而言，图 b 和 c 的作业情形具有普遍性意义。

图 3.4-20 左 d 表现出强烈的短瞬峰值，此种类似于严酷环境条件下的特种作业，例如水下打捞、盾构机带压换刀、大型起重设备的单次吊装等。

图 3.4-20 右侧表示循环条件下工作速度与工作时间之间的关系。单循环连续作业条件下适度作业时间为 t_o，按照若干个作—息循环安排作业时间，形成连续的适度作业时间，即间断性连续作业形成一个大周期的适度作业循环 T。

自从国内工程公司的管理与劳务剥离，加之工程项目异地作业的特殊情况，一线管理人员和劳务工人长期处在相对封闭的有限空间，从事长期、连续作业活动，从而带来了生理、社交和心理上的巨大考验。这种相对隔离的空间和时间条件产生了极为独特的建设工程群体文化，从业人员群体既需要进行高强度的作业，还需要建立高度耐受的团队人际关系，与建设活动中的机械设备、钢筋混凝土相比，与达成目标、人格特征、社会倦怠和心理压力进行的斗争也同样艰巨。

工程不是单链条作业，团队成员之间存在组织关系下的控制、检查、监督、报告、协调、合作等复杂关系，这些复杂关系在长周期项目中达到某种临界状态很可能会暴露出人的弱点，即处于极端情况下，团队成员在长期工作压力下的忍受能力达到极值，可能导致其举止失措、麻木迟钝或者情绪失控等复杂混沌状态。

案例：地下连续墙作业的排班问题

地下连续墙作业可以划分为四大部分：成槽部分、钢筋部分、吊装运输部分和混凝土浇筑部分，每部分的作业速度并不均衡。其作业程序如图 3.4-21 所示。

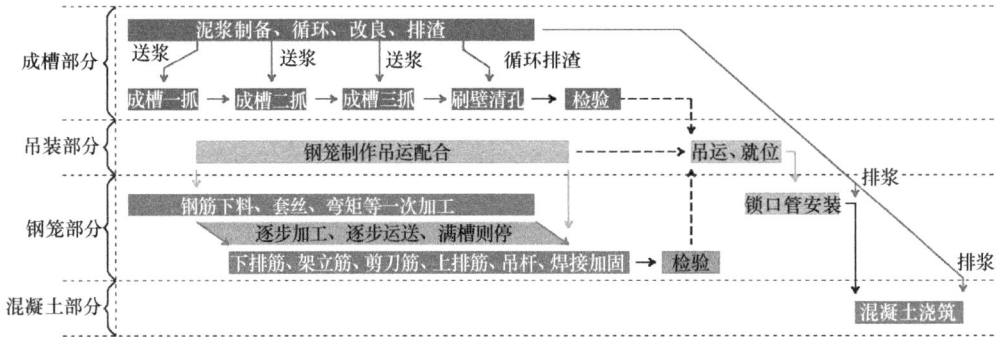

图 3.4-21　地下连续墙作业程序

由成槽部分、钢筋部分、吊装部分和混凝土部分相互协同作业共同完成的地下连续墙施工活动，各专业班组的作业时间配置服从于工序逻辑，其单循环并行工序关系如图 3.4-22 所示。

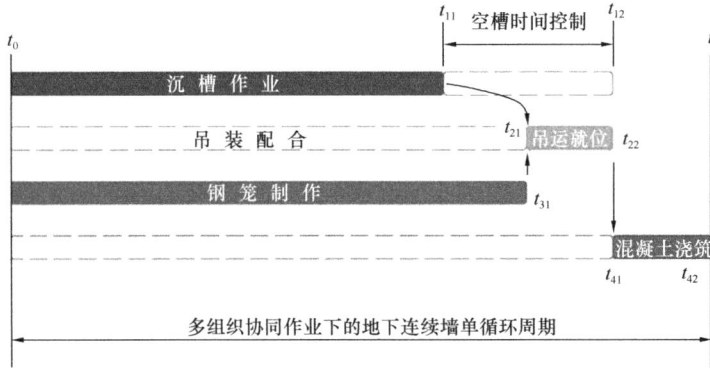

图 3.4-22　多组织协同作业下的地下连续墙单循环周期作业时间

主要的并行工序分别是沉槽作业和钢筋制作。对于沉槽作业，单循环作业完成后（时点 t_{11}）有两种自由的选择，立即进入下一循环，或者等待全部作业结束。而对于钢筋制作，时间点 t_{31} 时部分工作可以停止，完全结束需要到 t_{22}，即钢筋吊运结束。$t_{31} \rightarrow t_{22}$ 的时间段视为作业人员被动的休息时间（此时需要配合的人工投入比较少，可以忽略）。对于沉槽到混凝土浇筑的时间段 $t_{11} \rightarrow t_{12}$ 存在技术限制条件，比如最长空槽时间是 8 小时（取决于土质和泥浆质量），该指标控制了沉槽完成与钢筋制作完成的时间差（数量关系是 1：1，完成一幅沉槽必须同步完成一幅钢筋），而沉槽取决于环境条件（依赖性），钢筋制作对环境的依赖性则没有沉槽作业那么强烈，于是构成了沉槽时间控制钢笼时间的工序决定关系。这可以理解为，如果沉槽不做停歇，钢笼必须有临时囤放的空间，否则在 $t_{11} \rightarrow t_{21}$ 不为零的情况下，循环叠加必然造成 $t_{11} \rightarrow t_{12}$ 的失控。

关于吊装部分，所在具体工程的地下连续墙的数量较多时，则可以采用单台套双机组合履带吊机配合若干同步作业的沉槽＋钢笼的组合，此时配合钢笼制作的吊装设备则另行安排（一般配备 25t 左右的汽车式起重机即可）。对于混凝土作业班组，有效作业时间更短，则可以考虑兼顾其他施工作业，一般来说此泥工班组兼顾前置工序的导墙浇筑和后续工序的基坑冠梁支撑等。

需要说明的是，还应考虑长期作业的疲劳问题，所以各工序联合、并行作业时应做到各自小循环与大循环的"周期回归"（小循环套大循环，呈现周期稳定），做到作业时间张弛有序，保留必要的工序转换与间歇是整体系统抵抗外部环境不确定性的需要。

4）模糊方案的目标清晰原则

复杂工程往往具有相当大的不确定性和模糊性，当面对具体工程问题或者实施条件信息不足时，很难识别利益相关方、定义项目价值、确定相互依赖的各个复杂性要素（维度）的边界。这里有一点需要特别澄清的是，不确定性或者模糊性方案并不等同于工程目标模糊。根据工程的定义，如果目标不确立，工程本身就不成立，如果你不能确定工程本身的目标，那么你就不能承担一个项目。所以我们要特别区分方案模糊的工程和目标模糊的工程（图 3.4-23）。

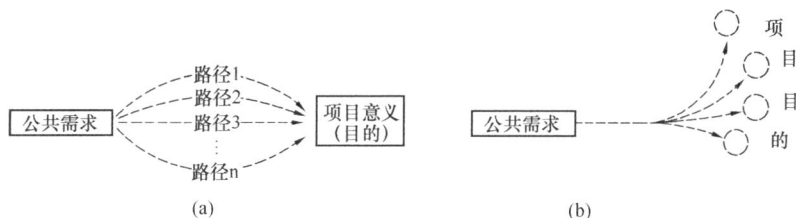

图 3.4-23　方案模糊的工程和目标模糊的工程
（a）路径不确定；（b）目的不确定

倘若将公众对公共产品的需求看成一个随时间不断动态变化的集合，显然一个或若干个工程只能响应其中一部分的需求，需求的紧迫程度和需求的数量几乎可以成为项目的意义，所以基础设施项目是对特定的公共需求的具象结果。所谓方案不确定或者模糊是实现路径的范畴，这也反映了复杂系统的特征。

其次，目标具有主体性，即同一项目不同主体，目标不同。工程立项以后的各个阶段、各个局部都会因主体不同而造成目标不一致，从而引发复杂性问题，本质上也是路径不确定性问题。

引发方案模糊的最主要原因是可利用的信息量不够，项目目标在实现路径上处于探索、研究或发展的过程中，使得具体工程问题或解决方案尚无法足够清晰地展现在眼前。

案例：某旅游综合体 EPC 项目

该项目所处城区（新城）的总体规划定位：国内一流生态科技城市、长三角休闲度假和健康养生目的地、浙西地区旅游集散中心。新城总体结构为"一城、四组团、一体、四片区"。如图 3.4-24 所示，该旅游综合体项目所在的黄饶半岛总用地面积约 23.46km²，东西约 12.7km，南北约 3.9km。区域内部交通路网基本缺失，主要村道（下山线）路幅宽度为 5m，全长 6.8km，一端接于国道，另一端至江边防汛堤，为断头路状态。

在项目可行性研究阶段，规划部门提出了五个问题：

第一、如何展现新安江深厚的文化内涵？即文化传承问题；

第二、如何保护现有的自然资源？即生态保护、修复问题；

第三、如何准确定位高铁枢纽对旅游发展的驱动？即区块功能重塑问题；

第四、如何结合现有资源打造独特的景观？即符号化提炼问题；

第五、如何利用综保工程带动区域发展？即旅游经济问题。

由此基本决定了该项目的意义：传承新安江深厚历史文化内涵，融合两岸独特山水资源，通过区域整合重塑区块功能，将"17°新安江"奇山奇雾特色自然风貌引入高端康养和旅游休闲产业，由此培育生态、绿色和可持续发展的地方旅游经济（图 3.4-24）。

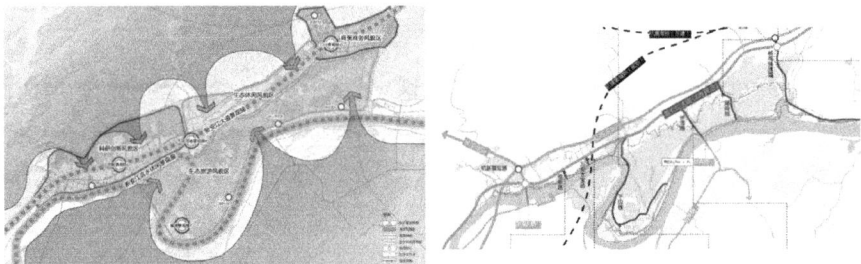

图 3.4-24　某 EPC 工程景观概念方案及现状路网

策划阶段确定的开发建设路径为：主干路网完善→沿江治理和生态修复→以基础路网为轴线向节点景观与绿地拓展→结合休闲、康养产业整理土地→包括民宿、酒店、餐饮、水上娱乐等旅游服务产业的接续性开发建设。

如图 3.4-25 所示，滨江景观路作为串联半岛区域诸多功能区的主要通道，支撑着整个半岛景区的交通功能。根据景区规划，开放景区可供游客的游览面积为 566hm²，一般节假日接待游客量 3 万人次/日，以上数据还不包括景区内酒店、医院以及 1 万余人口的原住民的交通出行量。综合考虑，该道路按照城市次干道标准和双向四车道规模（路幅 15~18m）设计已属适度偏紧，即设计日交通通行能力在 25000~30000pcu/d。

当时 EPC 总承包方承诺业主方包括滨江景观路在内 7 条道路在一年内建设完成，

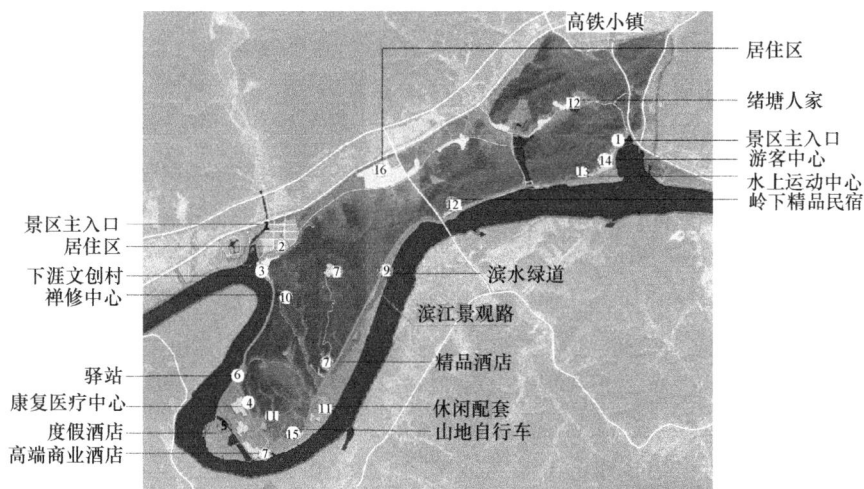

图 3.4-25　某 EPC 工程规划总平面图

而此时道路的用地规划尚未完成，区块内大量的基本农田、一般农田、自然村落、沿江地质灾害隐患地段、沿江防汛大堤等，存在一系列外部环境依赖性制约条件。项目业主赋予了设计方极大的规划自主权，但是设计方执着于景观审美、原生态维持等理念，机械地按照生态最小干预的原则将景观设计方案中该道路的路幅宽度压缩至8.5m（按内部园路标准，如图 3.4-26 所示）。

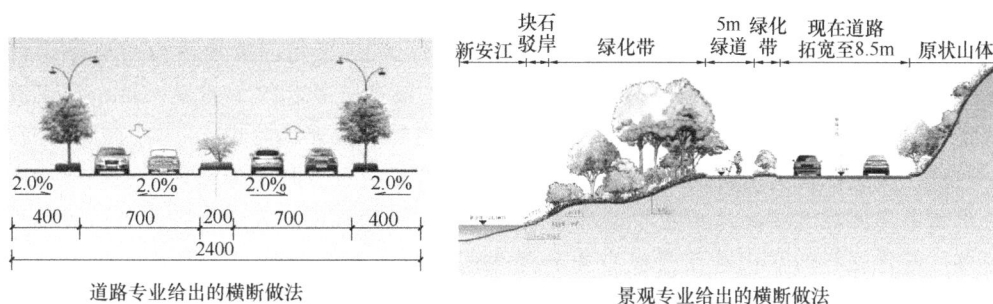

图 3.4-26　滨江景观路横断（道路、景观方案对比）

当面临复杂性工程重大模糊方案时，参与项目决策的各方（包括政府方、业主、设计、工程总承包、全过程咨询等）对方案的认识必然地存在差异和信息不对称，此时解决方案的环境也是模糊的。

比如政府方和业主单位迫切地希望在年内拿出阶段性成果以证明工作业绩，他最为紧迫的困境是建设用地的征用和基本农田占补问题，也是地方政府所能掌控的不确定性。

对设计方而言，复杂性工程囊括了大量的专业设计，包括规划、建筑、景观、道路、水利、桥梁、隧道、岩土、给水排水、电气以及水环境治理等，他们的工作互为条件。处于顶端的显然是规划专业，其次是建筑和景观，然后是其他配套专业。但是作为旅游综合体开发项目，景观专业设计师又处于主导位置（项目牵头方），并且作为主持项目的景观设计师在业内享有很高的声誉和影响力，他的影响力在很大程度上可以左右模糊方案的演化方向。

对于施工总承包和全过程咨询单位而言，他们在项目前期是没有实物工程量，大量的调查、丈量、清理等附属工作使得管理费用大量消耗，而模糊的方案却无法使其预测项目的可靠收益。

项目团队介入该项目后，从概念性规划方案起历时超过一个年度。方案模糊性项目要求团队：

情商：磨砺你的情绪，在沟通、解决问题和制定决策时有效地使用情感。无论是好的情绪或是坏的，模糊性方案探索过程中你的情绪不再只属于你个人；

隐喻和讲故事：使用隐喻和意象，在感官、情感上对项目进行丰富映射，俘获你的合作者，使其在感性上认同你对概念的理解；

可视化：使用丰富的图片、模型和简单的图表来呈现项目，使得虚拟的设计产品具象化，由此建立利益相关者的信任；

实验和案例：明智地选择实验，或者借用具有一定关联、参考意味的概念，用以消除方案的不确定性和模糊性。

这一切都很重要，但是最为重要的一点：清晰目标原则。清晰的目标使得模糊方案在消除不确定性的过程中不至于误入歧途。

这里还隐藏着动态博弈的过程。政府和业主方提出，是否可以把 8.5m 的再压缩到 6.5m。根据《土地利用现状分类》GB/T 21010 规范规定，当景区内的道路设计宽度小于 6.5m 时不再需要获取用地指标，可以直接在一般农田上建设。这个提议获得了设计方和工程总承包方轻率的认同，短时间内即组织开工建设。

这一变更在没有法定的规划条件约束下，违背了项目目标清晰原则，最终使得本应承担半岛区域主要交通功能的道路被矮化为高等级的绿道，最初的项目整体目标被曲解，或许这样的演化对于景观审美和原生态保护方面有所增益，但是整体项目投资↔回报受到了极大的损伤，总体规划中的康业设施和旅游服务产业被迫裁剪，原计划总投资 30 亿元的项目最终也只完成了大约 10 亿元，整体项目品质受到了极大的伤害。

5）业务实践有限增强原则

既有的实践经验对于团队预测复杂项目的演化规律和不确定风险所起到的作用是不言而喻的。具体工程的不可复制性使得每一个项目或多或少都有新的问题需要面对，对于复杂性工程系统而言，这些新问题很大概率能够帮助我们增加业务实践，使其成为新的实践经验。

想要实现某一相关领域的业务增加，至少需要一位业务老师，他未必是工程师，但一定是业务实践增加相关专业领域的专家，至少是专业从业人员。

例如盾构机刀盘因为磨损导致停车，需要带压更换刀具的情况，表 3.4-1 所描述的就是盾构隧道带压刀具更换相比工厂换刀所需要的业务拓展的管理系统。

进行带压开舱换刀作业的基本流程为：作业人员加压舱加压→依次进入人舱、气泡舱、刀盘端→刀盘刀具检查，报告确认→焊切等带压作业→作业结束，依次关闭舱门，返回减压舱→减压流程→出舱休整。

盾构隧道带压刀具更换主要关键技术（列举部分）　　表 3.4-1

主要关键技术		说　明
开挖面 稳定技术	开挖面稳定	气压置换土压，压力值计算
	气密性保证	1）封闭泥浆：例如羧甲基纤维素钠（CMC）浆料配合比配置 2）泥浆成膜：泥皮型泥膜、泥皮＋渗透带型泥膜 3）泥膜闭气测试：室内模拟试验，现场试验
饱和法 开舱技术	置换气体 （防氮中毒）组分	1）工作气体Ⅰ：5％的氦氧混合气体 2）工作气体Ⅱ：10％的氦氧混合气体 3）调节气体：医用氧气 10％的氦氧混合气体
	潜水作业（高压作业）	加压、减压、带压作业与潜水作业一致
	带压进舱	主舱加压→副舱加压→人员进舱
带压换刀	高压焊接	氧浓度适配、保护气体焊接、焊接废气防中毒等
	高压切割	切割气体、灭火设备、气体检测

潜水作业与带压换刀作业的特殊作业环境有着非常多的相似性，但是仅仅聘用潜水特种作业人员和具备简单的换刀技能训练远远不够。如果项目团队安排仅拥有潜水作业实践经验的人员进行盾构隧道带压开舱换刀作业，其所承担的环境风险是巨大的。此时需要的业务拓展必须包括：盾构维修机师、岩土工程师、材料（特种泥浆材料制备）工程师、检测工程师（泥膜检测、气密检测）、高压工作气体的专业技术人员、潜水作业操作人员等，并且把这些人员配备齐全后需要进行联合作业的磨合。可见，在复杂性条件下建立一个知识管理体系来保障业务实践的增加，显然是不理智的。

所以，复杂项目管理策略中应该执行业务实践有限增强原则。

6）环境依赖的隔离原则

工程系统与环境系统耦合构成复杂性系统行为，一旦建立比较完备的隔离系统就相当于在两个系统之间建立一种传递媒介，可以明晰作用路径和作用关系。这种隔离的措施在工程项目中普遍存在，关键问题是工程系统与环境系统之间的作用是多方位的，无论空间维度还是信息维度都属于多维的状态。

例如一个地下工程，其承载力取决于它与地基之间的关系，如筏板天然地基，即通过基础底板与地基之间发生面与面的作用形成；或者地基承载力不够，在地基施工前使用水泥搅拌桩等加固措施，也就是形成复合地基，即桩土联合受力，承受由上部荷载传递而来的地基与基础的受力作用，此时我们仍然可以理解为面与面之间的作用关系；或者使用桩基础，那么基础与地基之间的作用空间关系就发生了变化。所以，系统之间的作用发生在边界，边界明晰则路径明确，即传递函数明确，系统可控。隔离的作用是使得两个系统之间的作用关系趋向于明确。

隔离也是复杂性工程的设计内容，为了实现复杂性系统边界路径明晰、传递函数明确，在设计隔离时应从"易识别""易控制"和"简捷有效"的角度出发，找到衡量复杂系统在边界上与外界交换的测度指标，比如能量的交换、物质的运动和信息的传递。

具体到地下工程，最为常见的复杂性工程是岩土工程，其中岩土则是最具代表性的材料，地下结构与岩土之间的耦合关系如何测度，其中有一个非常重要的指标——变形。可以说，结构变形是目前岩土工程能够直接易测的数字指标之一，其占据学科极其重要的作用。可以从正反分析设计方法两个角度对变形进行控制，即所谓的"深基坑变形控制优化设计方法"，该方法是指在基坑支护位移满足环境依赖条件下，尽可能优化方案，以达到经济合理、技术可行、安全可靠的设计目标。

7）项目需求一致性原则

重大复杂工程项目具有投资主体多元、地域分散、技术复杂、质量要求严格、沟通协调困难等特点，且在管理过程中易受到外界各种因素的干扰，工期、质量、成本和管理的绩效考核等标准得不到保障。从工程管理的目标控制和管理效率角度出发，一定程度的管理放权是解决重大复杂工程管理所必须面对的客观要求，并且需要在整体管理体系中遵循项目需求一致性的原则。

需求不一致将引发不协同，根据何清华等学者的研究分析，导致重大复杂工程项目组织不协同的原因主要有目标不一致、文化不融合、资源不均衡、过程分离性、信息不共享、程序不规范等，但是这些同样是构成重大复杂工程集成优势的原因，不可消除。

从哲学角度上看，多要素及要素差异的辩证统一是复杂系统涌现的前提。例如一条市政隧道，我们需要坚实的结构，但是仅有坚实的结构并不构成隧道作为地下空间的交通功能，它还必须要有道路、供电照明、通风等其他要素作为从属要素参与其中，同时为应对极端工况还需要消防、监控、防排涝等应急系统要素，由此构成了一个功能体系完整的市政隧道。换句话说，满足交通需求的市政隧道需要多种要素辩证统一，共同构成。

同样，作为市政隧道的建设活动需要土建、道路、装饰、动力照明、消防、通风、弱电综合等诸多专业施工组织协同完成，所以复杂系统不协同的原因同样是构成复杂系统功能涌现的原因，两者共生而不可绝对消亡。

当然不能放任组织内部的不协同，放任自流的状态与系统组成要素机械叠加并无本质差异，也是一种无组织的状态。引导复杂性系统远离平衡态是整体项目需求一致性的要求，简单而言就是项目的建设各方——投资方、设计方、建造方、监督方——必须将项目作为各方实现价值目标的唯一路径。路径必须唯一，如果某一方另有路径实现成功，则项目需求的一致性原则受到挑战。这种基于项目建设活动总体获得成功（产品功能的实现）的价值实现路径成为各参加方共同达成预期目标的唯一路径，就是工程项目需求一致性原则。

从项目需求一致性原则中所派生的两方面控制有：

其一，成果共享原则：当项目获得成功，主要参建各方应共享其成果。

其二，风险共担原则：当项目因风险出现整体失败，主要参建各方应共担其失败的后果。

8）项目意义多样化原则

PPP 模式的实践已经提示我们，PPP 模式并没有解决地方负债高企的困境。恰恰相反，当它沦为地方政府的融资工具时，反而急速扩大了地方债务。于是，2016年以后中央财政部联合多部委出台一系列审批、入库等限制性政策文件；另一方面，新政策对"物有所值"的限定性政策倒逼地方政府和社会投资主体必须创新投资理念，引发了公共产品特许经营导向私有化的另一类极端性问题，即社会投资人是否具备"道德超人"资格的历史拷问。

一方面是公共产品自我价值实现乏力，快速推高地方债务的困境；另一方面是公共产品的私有化或准私有化所带来的价值危机的困境。实现项目意义（公共产品价值建构）必须在产品的非经营性和经营性两者之间找到平衡点，找到一条具有多样性功能的合建公共产品以切合城市群体日常生活的"投—建—营"发展之路，即在处于对立状态的两个困境之中找到一条 PPP 模式的自救之路，否则难以实现 PPP 模式引入政府投资主体的初心——优化资源配置、解决地方政府债务、提供新常态经济发展新引擎。

项目意义的多样性原则体现在内外两方面的管理策略：

首先，从资本角度看，市场化配置资源的改革要求项目本身物有所值。PPP 作为城市基础设施的投资项目，要求项目本身具有创造价值的能力。通过项目投资方和地方政府缔结而成的项目公司形成投资新载体，发挥各种主体的优势，在提高资本投资效率、化解投资风险和分享投资利益上结成了统一的利益共同体，不仅可以达到资本最佳使用价值（VFM），还可以为项目参建主体无论在融资组合上、优势技术组合上发挥强强联合的优势，并且在公共产品切合公共需求方面形成多方共赢合作机制。

其次，从产品价值角度看，项目意义多样化是提升公共产品品质的一次创新。传统的政府主导的基础设施投资主要基于单一功能（或以某一主要功能为基础）的公共产品，而社会资本为打破 PPP 投资模式单一的"政府付费"回报机制，必须在满足原有基础性公共功能的条件下，找到投资回报的盈利点。当产品从功能上脱离公共需求时必然导致投资失败，因此市场对优化资源配置的作用得到确立。

（4）基于四组基础双参量复杂性问题降解方法

重大基础设施项目决策问题主要是解决三个核心问题：一是项目决策机构的法人治理结构问题，即由哪些主体组成项目决策机构以及内部如何运作的问题；二是项目决策治理的目标体系问题，即制定项目的总体战略目标以及目标分解、绩效考核等问题；三是项目决策治理能力问题，即具体工程复杂性问题如何分析、研究并采取应对措施以提升解决工程问题的能力问题。前面两个问题将在第四章中阐述，这里主要阐述第三个核心问题，即决策治理能力问题。

目前项目的优化主要基于具体的技术方案展开，以解决某两个指标（参量）之间基于线性规划的"权衡"最优问题，例如在外部资源约束确定的条件下分析进度和成本之间的最优化问题。但是这些分析忽略了方案优化前后的复杂性变化，从而造成项目优化过程中出现复杂性风险（组织、技术、环境等复杂性风险），导致实际执行效果不佳。

复杂性普遍存在于具体的工程问题之中，并且本书认为任意一个由复杂性引发的工程问题的冲突点都包含四对平衡关系，它是这些复杂性指标综合作用的结果。对由复杂性引发的具体工程问题进行管控时，需要根据具体情况进行复杂性的解耦（复杂性降解）。

如图 3.4-27 所示，将复杂性的要素指标划分为主观类指标和客观类指标两大类，其中"方案清晰程度↔作业时间"是特殊的一对关系。

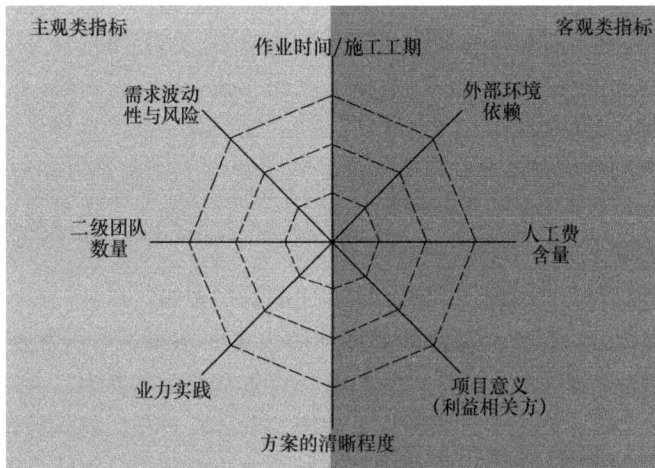

图 3.4-27　复杂性脸谱（指标）的主客观关系

1)"组织↔分工"对项目复杂性的降解方法

对于绑扎墙板钢筋的简单工作，一个熟练的劳动力一小时内可以绑扎 200 个绑扎点。对于线性规划，安排两个劳动力用 1 小时完成 400 个绑扎点与安排一个劳动用 2 小时完成 400 个绑扎点，这两者之间并没有本质差异；但是对于非线性的情况则要复杂得多，因为必须考虑作业面的条件（即安排两个劳动力同时作业时可能存在相互干扰的问题）的影响。

复杂性脸谱指标"组织↔分工（二级团队数量↔人工费含量）"表示任务的并行关系。如图 3.4-28 所示，某工作任务由 Ⅰ、Ⅱ、Ⅲ 三个专业工序协同完成，当把整体任务按照 A、B、C、D 划分为四个区块后，上级组织则必须负责任务分解后的边界损失的拾遗。

不同的拆分路径，尽管最终呈现的拆分单元完全一致，但是在管理上将呈现完全

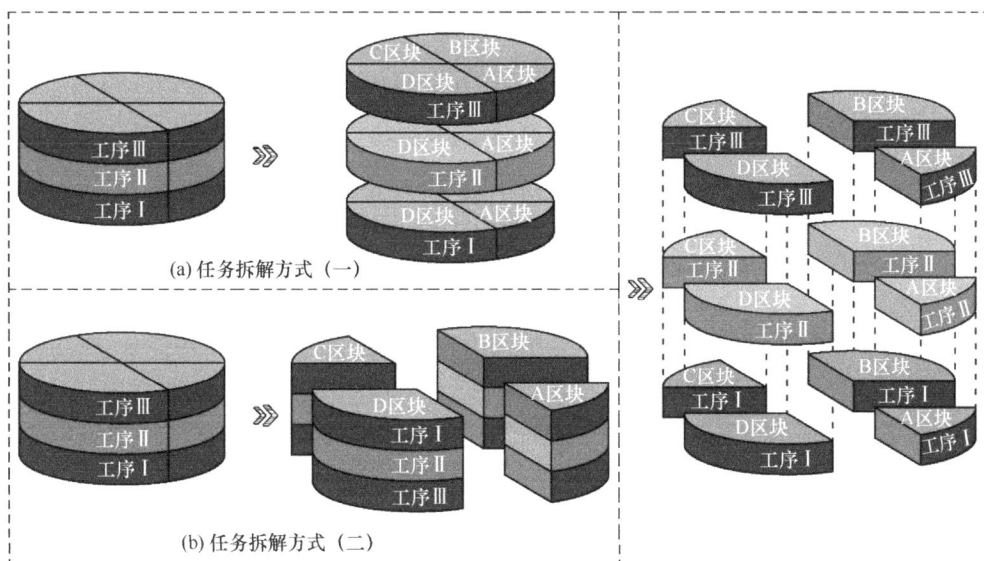

图 3.4-28　施工任务不同的拆分方式

不同的结果。

任务拆解方式（a）是资源控制最优的方式，即第一层级组织重点关注不同工序之间的衔接界面，二级组织（单一专业）重点关注于投入资源的最佳周转效率。

任务拆解方式（b）是进度控制最优的方式，即第一层组织重点关注不同区块之间的并行作业，二级组织（多专业）重点关注不同工序的衔接界面。

对于简单任务而言，拆分方式（a）将取得最优的资源利用效率，而对于其他维度呈现的复杂性问题（例如特别严重的外部环境依赖、方案清晰度严重缺水、技术难度特别大等），应优先采用任务拆解方式（b）。

对"组织↔分工"复杂性问题降解方法如图 3.4-29 所示。

2）"需求波动↔项目意义"对项目复杂性的降解方法

特定主体的单个需求并不能构成复杂性，复杂性在于不同主体的不同需求之间的相互依赖和相互排斥。

需求波动指向主体间信息的不对称与沟通的不相容，或者理解为信任问题，这一类冲突是带有明显主观性的软冲突。信息不对称所可能产生的冲突在工程建设管理领域是极为常见的复杂性问题——主体文化、习惯、价值观、认知等方面的碰撞。例如在长期的科层体制下，地方政府或地属国有平台公司形成了严格的"层级对等"的管理行为习惯。在通知检查的情况下，被检单位如未派出相应层级或职务对等的领导参加检查活动，则检查方可能认为被检查一方不够重视该项检查工作从而引发不必要的"冲突"。

项目意义指向主体对项目目标（利益）的不相容。目标一致是多方合作的基石，

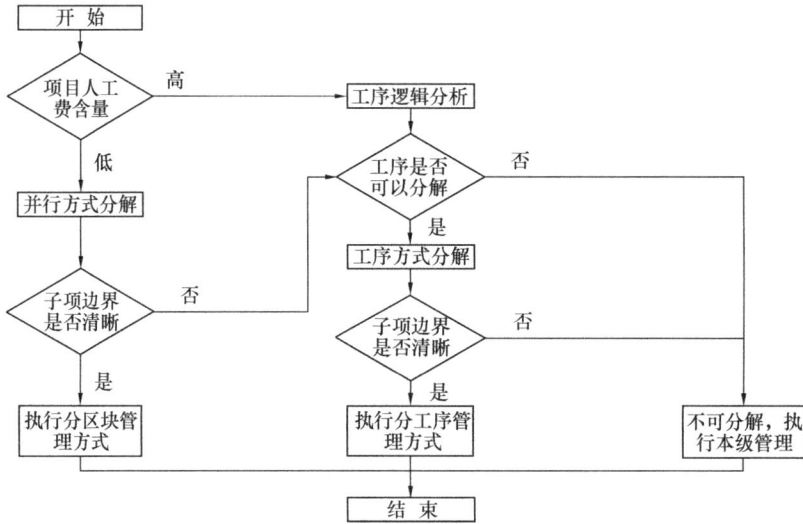

图 3.4-29　　"组织↔分工"复杂性降解方法图

反之则可能引发冲突。主体间利益诉求并不一致，所以目标冲突往往不可避免，这一类冲突带有明显偏刚性的硬冲突。并且这类冲突很难通过各主体双方调和或让步方式直接解决，需要制定合理的规则对双方的行为加以约束。例如工程结算中的材料价格，对于投资方而言希望物美价廉，漠视施工方的实际成本和消耗；而对于施工而言希望获得丰厚的利润，漠视投资方对产品品质的追求，如果双方未能就定价机制达成一致（计价规则），此时对于确定该项材料的价格将非常的困难。

复杂性脸谱指标"需求波动↔项目意义"表示了不同主体之间引发决策冲突的两个直接因素——由于缺乏互信，或者本方对于对方需求了解甚少，此时将加剧对利益冲突的"忧虑"并引发强烈的敌意；或者由于双方主体之间带有偏刚性的潜在利益冲突，加剧双方互信的缺失，导致不受控制的现实冲突。

对"需求波动↔项目意义"一方加以有效管理即可实现复杂性的降解。主体对项目意义的认识本身是多样化的，当主体间相互了解、相互尊重，由此在平等互利条件下积极地化解冲突是从"需求波动"指标入手的解决方式。当主体间目标（利益）客观上趋同，随着双方合作逐步深入过程中，逐渐认识到对方需求与缓慢释放自身的利益诉求并不直接冲突时，互信同样可以逐步建立，此时的复杂性化解是从"项目意义"指标入手的解决方式。

对于不可调和的完全刚性冲突（基于契约合作的工程管理组织体系不出现这种极端情况），在 PPP＋EPC 模式下设计方一般充当第三方化解此类冲突，此时作为第三方可以保持价值中性或者带有自身倾向性，如图 3.4-30 所示。

对"需求波动↔项目意义"复杂性问题降解方法如图 3.4-31 所示。

3）"业务实践↔外部环境依赖"对项目复杂性的降解方法

在传统模式下，为了确保完全公开、公平、公正的竞争性环境，对工程外部环境

利益冲突　　　　第三者解决方案　　　第三者带有倾
　　　　　　　　　　　　　　　　　　向性的解决方案

图 3.4-30　主体间偏刚性冲突的第三方解决方式

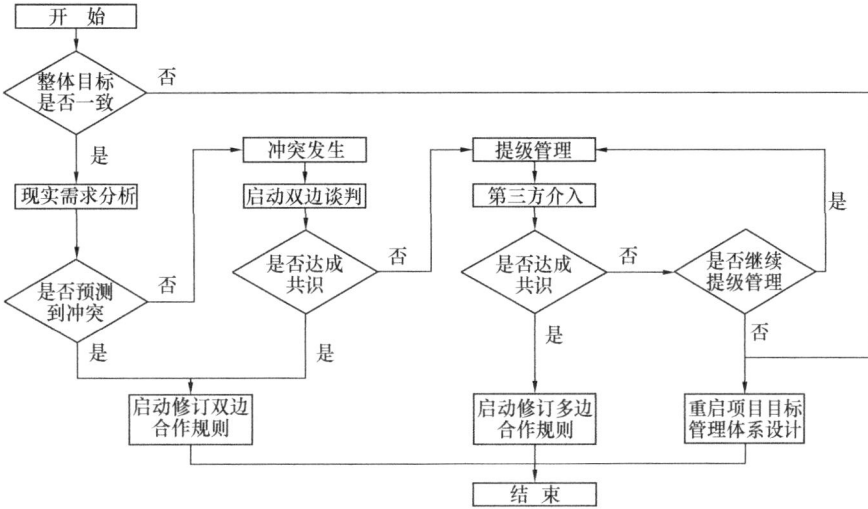

图 3.4-31　"需求波动↔项目意义"复杂性降解方法

的认知完全取决于设计方，由此制定的技术方案与选择的实施主体完全分离，可能造成实施主体的业务实践在应对外部环境依赖的复杂性问题中处置能力不足的问题。

同时，由于设计方在指定技术方案时往往处于项目前期阶段，对复杂的外部环境的有效信息掌握并不充分，所制定的技术方案本身存在缺陷。此方案在施工招标投标过程中被程序"固化"，实施过程中设计方受"亲亲相隐"的管理行为约束，即便发现自身设计存在某些缺陷，并不能主动地提出修改或采取弥补技术缺陷措施，由此造成项目复杂性问题得不到合理的管控。

此外，传统的承包方式下建设单位（投资方）对项目风险做了比较完备的程序性风险规避措施，例如要求施工投标方在项目投标时自行踏勘现场，在实施过程中设置补充调查的专项措施类包干费用以此规避建设单位责任等。程序性风险规避并不能等同于真实的风险规避，只能说是一种管理意义上的风险转移，由此对施工方的业务实践提出了更为严苛的要求。当施工方由于自身能力（即业务实践）缺陷对复杂环境出现判断失误时，程序性风险规避并不能避免事故的发生。

PPP＋EPC 项目按照设计—施工一体化的方式组织项目管理，从根本上解决了上述三个方面的管理缺陷。

对"业务实践↔外部环境依赖"复杂性问题降解方法如图 3.4-32 所示。

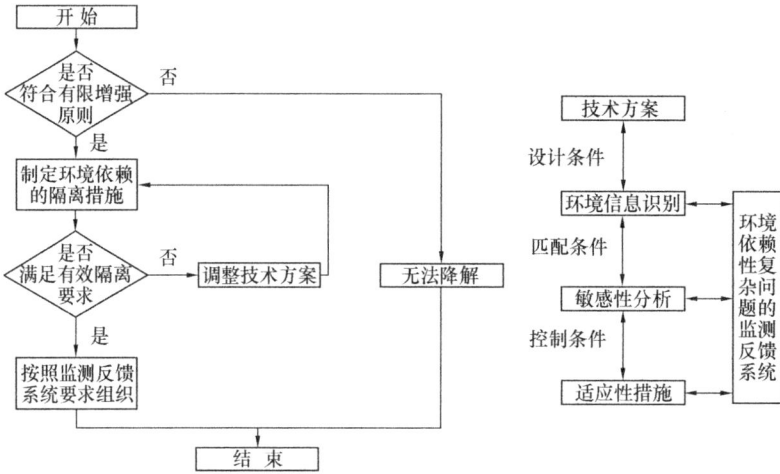

图 3.4-32 "业务实践↔外部环境依赖"复杂性降解方法

4)"方案清晰程度↔作业时间"对项目复杂性的降解方法

一般情况下 PPP＋EPC 模式执行渐进式并行的设计方法，其技术路线如图 3.4-33 所示。

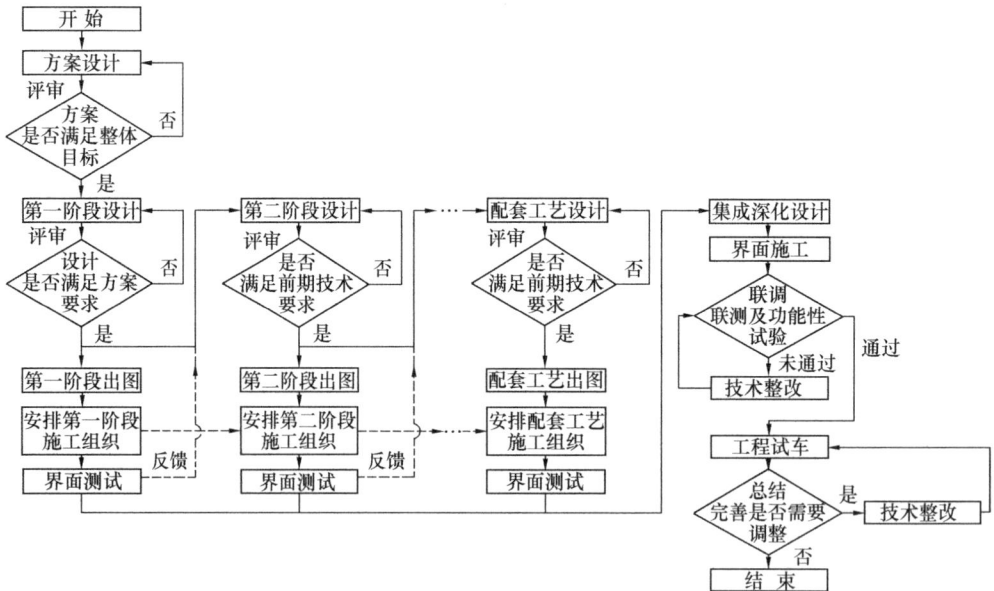

图 3.4-33 渐进式并行设计方法的一般技术路线

造成方案清晰程度不够的原因主要是设计方所拥有的项目有效信息不足，包括场地（主要是地下）环境影响因素调查不充分、规范性支撑文件缺乏等。对于作业时间短而急的项目，方案清晰程度不足将直接致使项目无法开工。从风险管理角度看，短促的施工作业时间使得设计方消除方案出现不确定性，此时如果设计方对有效信息程度的补充不充分，信息的损失将直接构成工程隐患。

复杂性脸谱指标"方案清晰程度↔作业时间"表现了项目的鲁棒性。从系统的角度看，方案的清晰度和作业时间均应保持在一个适应的区间内（图 3.4-34 的适度区），使得项目决策在全生命周期内同时具有良好的适应性和稳健性。首先，项目决策者对项目信息的认知有一个渐进增长的过程，在认知不完整的情况下做出决策，被损失的那部分信息（风险）在一定条件下直接转化为隐患。其次，复杂系统本身所具有的动态演进，决策方案在形成过程中需要做出相应的适应性调整以满足现实的情景变动。此外，工程所处的内外部条件不断变动，项目决策长期犹豫不决所导致的方案清晰程度随着时间演进得不到有效收敛，将导致工程管理系统失控，即系统稳健性不足。

对"方案清晰程度↔作业时间"复杂性问题降解方法如图 3.4-34 所示。

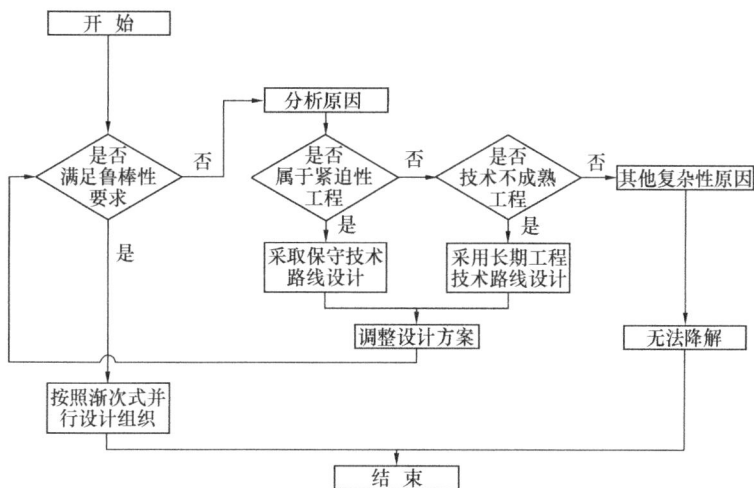

图 3.4-34　"方案清晰程度↔作业时间"复杂性降解方法

5）复杂性工程问题的综合分析方法

与一般工程决策相比，重大复杂工程决策需要覆盖不同类型的决策问题，并具有全局分析和综合判断的能力。复杂性工程问题的综合分析方法主要是针对具体工程问题的四对复杂性指标相互耦合状态下的结构化决策问题。

综合分析方法主要是在处理复杂性问题时按照系统结构进行拆解和边界信息拾遗，其技术路线如图 3.4-35 所示。

从定性到定量的综合分析方法体现了对具体工程问题从定性判断到精确控制的技术深化过程，也体现了以形象思维为主的经验判断到以逻辑思维为主的定量分析的渐进认识的过程。对于工程复杂性问题决策，必须认识到主体对预期目标的追求将直接影响主体的决策，即说明了具体复杂性问题的降解有多种解，这些解不仅与项目管理

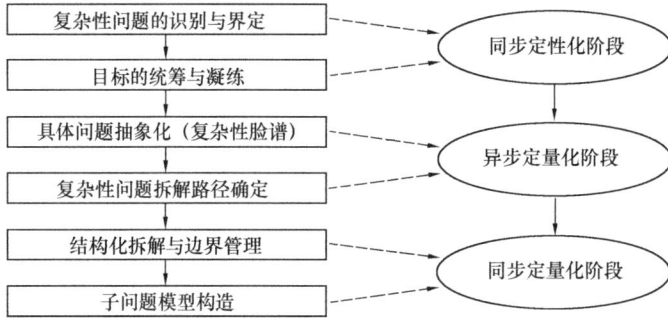

图 3.4-35　复杂性问题降解技术路线

的整体目标有关，还与结构化拆解的路径有关。更为一般地说，复杂性问题降解所具有的多解之间，只在与特定主体关联的情况下才能评判是否最优或较优。

1）复杂性问题的识别与界定

目前关于重大基础设施工程的复杂性描述多是自觉性的描述：工程规模大、结构复杂、技术要求高、环境复杂、施工难度大等。复杂性脸谱的意义就在于脱离工程本身构成要素的自觉性描述而是从管理认识角度分析非结构化（起码是非显性结构化）复杂性问题。

结构化工程问题有其自身逻辑关系。比如明挖隧道工程，首先是地下结构，然后是附着于隧道内部的动力照明系统、地面交通系统、智能监控系统等，其组成虽然复杂但具有显性的结构化关系。工程施工组织同样遵循这个结构化关系开展，首先是完成土建结构，然后是动力照明、智能监控等附属工程，最后完成路面工程和装饰装修部分。当然这些子系统之间的边界是清晰的，相互作用也是清晰、可拆解、可还原的。

但是，还有更多的工程问题并不具有这样显性的结构化。比如明挖隧道工程，传统承包模式下，设计与施工都是业主单位委托的平行单位，双方独立完成各自作业任务。如果把工程视为一个系统，设计只与工程的首末状态有关，而并不过多关心实施过程，简单来讲，结构的每一个分段首先实施哪一段不在设计考虑的范畴之内。但是施工方除关心首末状态，并且必须分析并确定实现的路径。例如从工后沉降角度看，相邻两段结构如果跨度较大，所引发的工后沉降差异相对较大，结构段之间的中埋式防水板、剪力杆所承担的质量风险显然要高于连续施工（时间跨度小）的结构段部分。当然这样的微小差异在孤立的条件下并没有显著区别，但是在特定的复杂性条件下，这样微小的误差可能被迅速扩大。假设这样的结构段出现在富水的粉砂地层中，结构的小渗漏所夹带的泥沙可能导致地层被掏空，直至突发性的地面塌陷。地层掏空也可能引发连锁性的事故链，比如地面塌陷导致其他管线接续性被破坏，或者周边的建构筑物基础出现损伤等。

如何识别复杂性问题？因为复杂性是某一类动力系统的动力学行为，一般具有非线性、时变性和不确定性等特征，所以识别复杂性问题必须从系统的角度考察——系统是由相互作用和相互依赖的若干组成部分（要素）结合而成的、具有特定功能的有机整体。

第一，确定展开分析的宏观对象。这个对象可以是物质的，或是非物质的，并且至少可以分解为两个部分。例如，某盾构隧道穿越目标结构物，那么物理对象包括"盾构机↔结构物"，非物理对象包括"管理组织↔管理行为"等。

第二，确定分析对象的边界，边界包括实体边界、虚拟边界。对于"某盾构隧道穿越目标结构物"具体案例，实体边界包括盾构机及影响范围内隧道结构和影响范围内的目标结构物。虚拟边界主要是指各实施主体之间的管理边界，包括发生在管理组织之间的控制、监督、协调、报告、确认等信息。

第三，复杂性问题构成的界定关键是确定对象之间发生于边界的耦合作用的类别。具体案例中，盾构机与目标结构之间发生力的耦合作用，两者之间通过彼此的应力（由应力引发的应变）关系发生耦合作用。管理组织与管理行为之间通过追求特定目标发生耦合作用。

2）目标的统筹与凝练

目标统筹是对管理系统中不同主体的管理目标之间关联关系的具体化，包括优先权设置、多控制目标的集中协同和分散管理等。仍以盾构隧道穿越目标结构物为案例做分析，设计需要预测并评估隧道与目标结构物都在允许的影响目标范围之内，施工需要在设计给定允许目标范围内完成施工任务，监测单位按照要求完成动态的信息采集与反馈等。各方所有目标的统筹反映不同目标的关联关系，都是围绕顺利完成盾构隧道对目标结构物的穿越，既要保证新建隧道的建成，又要保障目标结构物的影响在可控范围内，以这样一个整体目标开展相关活动。

凝练是对管理系统中不同主体目标之间进行问题的标准归一化变换，建立共性的关键技术，归一化的意义是解决被管理系统主体间协同控制的兼容和效率问题。具体案例中，建设、设计、施工、监理和监测等单位的具体目标各不相同，但都同时指向一个（或某几个）具体的标准——变形，作为可测量的归一化指标。此时有建设单位根据变形预测实际的完成情况并综合评价各方的工作质量，设计单位根据变形评估隧道或者目标结构物的适用性（包括安全、结构、使用功能等），施工单位根据变形确定合理的施工参数（包括土仓压力、掘进速度、注浆参数等），监测单位根据变形确定信息采集的密度、频次、是否报警等信息发布，监理单位根据变形监督施工与设计控制指标的匹配性，并做出确认、报告等管理行为。

PPP＋EPC项目需要建立一个由参建各方共同参与的驾驭具体工程复杂性的管理体系，包括认识系统、协同系统和执行系统，才能针对具体复杂性问题作出科学的决策。

认识系统主要用于识别、研究和分析主体间、主客体间存在的机制和机理。具体案例中，认识系统包括：系统输入信息（隧道掘进过程中的盾构机的掘进参数）、系统输出信息（对象结构物的允许变形量），以及系统随时间演进的输入、输入信息的动态增量等。

协同系统主要用于控制管理组织的协同作业，确保管理组织、管理行为之间的衔接和协调。具体案例中，协同系统包括：建设、设计、施工、监理和监测等主体之间相互配合、支撑、协同的作业衔接、协调和控制关系。

执行系统主要用于被管理系统的具体操作，侧重于复杂问题的控制与执行。具体案例中，执行系统对参建各方的具体管理行为做出具体的分工。建设方负责总体协调各参建方，根据具体隧道穿越目标结构物的建设任务进行组织分工授予控制权、监督权，并执行协调、制衡、检查等管理行为；设计方按照授权对盾构穿越目标结构物的实施行为进行分析、评估，提出具体技术要求等，量化管理行为中的控制指标，并执行通知、报告等管理行为；类似地，施工、监理、监测等不同主体按照执行系统的授权组织开展各自的管理行为，这里不做赘述。

笔者将复杂性问题的识别和鉴定、目标的统筹和凝练称为解决复杂性问题的同步定性化阶段，该阶段的主要工作是建立一个由参建各方共同参与的驾驭具体工程复杂性的管理体系。

3) 具体问题的抽象化（基于复杂性脸谱）

经过目标的统筹和凝练后，需要确定某一具体复杂性问题的决策目标。此时需要选定特定主体并以此为视角进行关联要素的筛选。

盾构隧道穿越目标结构物为案例，关联要素筛选结果如表 3.4-2 所示。

表 3.4-2 将具体工程按照复杂性脸谱（指标）进行分类，可以清晰地显示出四对复杂性关系之间存在相互联系与相互作用。分类是基于工程问题复杂性的认知做出的，分类逻辑的清晰则更有利于系统结构化拆解后边界信息的拾遗。

按照复杂性脸谱（指标）分类（系统结构化拆解）的边界信息进行拾遗，如表 3.4-3所示。

盾构隧道穿越目标结构的关联要素筛选（EPC 总承包方） 表 3.4-2

复杂性指标	关联要素	补充说明
组织 ↔ 分工	设计团队	轨道设计、岩土与结构设计人员
		技术专家顾问团队
	采购团队	材料、设备供应商
		检测试验服务团队
	施工团队	盾构班组、加固班组、测量班组等
业务实践↔环境依赖	盾构推进	可控制参数：推力、扭矩和土压力等
		间距可控制参数：推进速度、刀盘转速等
		被动参数：贯入度、油缸行程液压参数等
	隧道注浆（同步、二次）	浆料强度、注浆压力、注浆量、维持时间控制等
	岩土及岩土监测	岩土分层及物理参数掌握
		盾构、隧道参数模拟允许值、报警值
		土体参数模拟允许值、报警值
	目标结构物（间接关联）	目标结构物初始情况
		目标结构物模拟允许值、报警值

复杂性指标	关联要素	补充说明
项目需求↔ 项目意义	资源及环境 （人、机、料、 法、环）需求	专业作业班组及劳动力需求
		盾构机、起重、加固设备等设施设备需求
		管片、混凝土、水泥、水玻璃、 盾尾油脂等主材和耗材的需求
		经过测试（试车、试验）确定的施工方法
		适宜的作业场地、便利的交通条件等 对正常作业所需的环境条件创造
	完成穿越	隧道的结构变形、建筑界限保障、线性平顺满足 结构安全和使用功能要求；允许误差，可控制可修复
		目标结构物的沉降、位移满足结构安全和使用功能 的要求；允许少量偏差，可控制可修复
方案清晰程度↔ 作业时间	技术方案	分析计算模型、反分析计算模型
		施工图、风险评估与措施设计
		施工组织计划、专项施工方案、应急预案等
	作业时间	确定作业循环、动态信息化施工

边界信息对应主体管理职责，如表 3.4-3 所示的边界信息即可视为盾构隧道穿越目标结构物复杂性问题的具体管理内容。

两对复杂性指标的正、逆序反映辩证观点如表 3.4-3 所示，"业务↔环境"对于"组织↔分工"的要求是应选择满足业务实践的专业化团队，并且应对适应环境的工作成果要求做出有效性检验，以便具体施工任务的正常开展；反之，"组织↔分工"对于"业务↔环境"的要求是具体业务描述清晰，对环境依赖条件的采集和定量化分析需要描述清晰，以便于管理组织按照科学分工合理划分工作任务。

4）复杂性问题拆解路径的确定

盾构隧道穿越目标结构物为案例，导致管理与控制失败的直接结果是什么？显然不应该是组织间的利益冲突（指向"组织↔分工"和"项目需求↔工程意义"）导致的工程管控失败，也不应该是组织间的协同问题（"组织↔分工"和"方案清晰程度↔作业时间"）引发的工程长期停滞和混乱。本书将现有的 4 对关系进行逐一分析，得出对管理目标影响最为直接、剧烈的那一对关系——"业务实践↔环境依赖"和"方案清晰程度↔作业时间"，如图 3.4-26 所示，并以此作为应对具体复杂性问题的拆解方向。

案例所确定的核心关系为"业务实践↔环境依赖"和"方案清晰程度↔作业时间"。

核心要素四项之一，业务实践指向盾构专业班组，说明具体案例复杂性问题降解的管理组织应围绕"盾构专业班组"开展，首要的任务是关联部门对核心组织（盾构专业班组）的服务。

盾构隧道穿越目标结构问题的结构化拆解后边界拾遗（基于 EPC 总承包方） 表 3.4-3

	组织 ↔ 分工	业务 ↔ 环境	需求 ↔ 意义	方案 ↔ 时间
组织 ↔ 分工	对	专业划分合理，边界清晰； 环境信息分类清晰，指标清晰	需求清晰，审批完备，监管有效； 建立绩效考核机制	方案清晰度满足执行要求； 随时间演进建立适应性组织
业务 ↔ 环境	选择有经验的专业化队伍； 成果的检验，保证其有效性	称	需求满足业务开展要求； 隔离有效、稳定并可测量和分析	环境调查充分、翔实，可验证； 有效信息渐进积累促使方案明晰
需求 ↔ 意义	对需求信息归口明确，保障供应； 具体目标明确，可量化	业务要求可实现、有替代措施 边界隔离并明确隔离的技术要求	关	制定动态的需求计划、保供措施； 基于极端工况的应急保障措施。
方案 ↔ 时间	有方案编审、执行和监督机制； 建立信息化施工的收集反馈机制	技术方案成熟，有案例借鉴； 有明晰的作业循环和协调关系	需求计划的匹配性和可预测性； 极端工况的应急救援预案	系

核心要素四项之二，环境依赖性，说明具体案例对环境的认知必须充分，盾构机与目标结构物之间的隔离是建立在具体土体之上，为此对土的认识、分析和评估成为关键要素。

核心要素四项之三，方案清晰程度，说明具体案例对方案的清晰程度有着非常高质量的要求，其深度已经远远超过一般施工图深度的要求。一般施工图只需要告诉施工方完成成果的信息，对路径（实现过程）并不做过多的约束。但是对于具体案例的复杂性问题而言，这样的深度要求显然是不够的，问题的关键是实现路径多种多样，答案并不唯一，为此在设计中对过程技术参数做出具体指导成为关键。

核心要素四项之四，作业时间，说明具体案例对作业时间应做更为科学的规划。适宜的时间与方案清晰度的关系可以很大程度上可以化解复杂性的影响，即以时间换取空间，或者以空间换取时间。本案例中，组织之间的协同、设计计算模型的反向分析的迭代和逼近、设备物资的供货保障等多个方面，随着盾构机的掘进获得越来越多的有效信息，逐步地改进和优化管理和技术。当盾构机推进至目标结构物影响范围内之前，如果一系列问题都得到了很好的解决，显然此时的技术方案更为成熟、作业时间的控制更为精确。

具体案例的关键管理要素之间的耦合关系如图 3.4-36 所示。

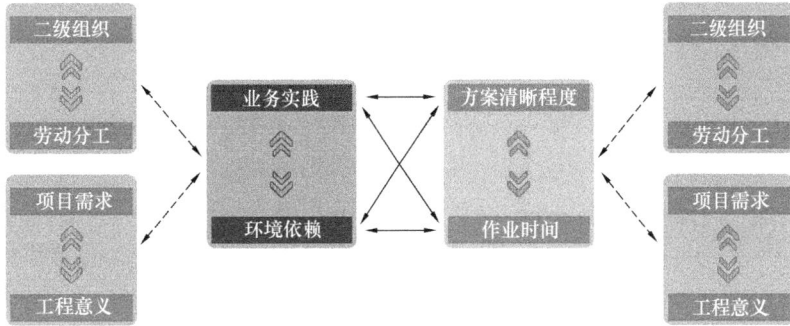

图 3.4-36　关键管理要素之间的关联关系（具体案例）

由此确定复杂性问题拆解路径：

第一层拆解：拆解"组织 ↔ 分工""项目需求 ↔ 工程意义"与对象系统的两对关联关系；

第二次拆解：拆解"业务实践 ↔ 环境依赖"与"方案清晰程度 ↔ 作业时间"两对关联关系。

5）结构化拆解与边界管理

结构化拆解的关键是对边界进行管理，每一次拆解边界信息应做遍历性的拾遗，在拾遗遇到困难时一般设置隔离，通过隔离使得作用路径明晰，拾遗的完备性就可以得到保证。一般来讲对"组织 ↔ 分工""项目需求 ↔ 工程意义"的拆解相对比较简单，因为这些关系是按照结构化设计搭建的，因而边界相对比较清晰。

此处主要介绍相对比较困难的另外两对核心关系——"业务实践 ↔ 环境依赖"与"方案清晰程度↔作业时间"。一般情况下只需做一次拆解即可，如图 3.4-26 所示，但是具体案例是以此为核心指标的，为了满足精细化控制的要求，案例第二次的拆解需要直接拆解为四个独立要素。

盾构隧道穿越目标结构的复杂性案例中，所要关心的对象（系统）包含四个独立要素，其他要素对于由这四个独立要素组成的系统来说都是输入性参序量，它们有：

① 组织部分：来自上级组织的控制信号；

② 分工部分：来自横向组织的监督、协调等协同信号；

③ 需求部分：物质、动力的输入部分；

④ 意义部分：预期目标，与输出进行校对，由自适应分析后成为自我控制的输入信号，是控制信号间歇过程的补充。

此时，构建一个自适应的动力系统。对于具体案例可以称之为"盾构穿越目标结构施工控制系统"，其基本运行流程（模型）如图 3.4-37 所示。

6）子问题模型构造

子问题是在系统结构化拆解后，对边界信息进行充分拾遗，并由此对拆解后各子系统进行定量化模型构造。

如图 3.4-37 所示，具体案例被拆解为互为输入输出（传递函数）的四个子问题

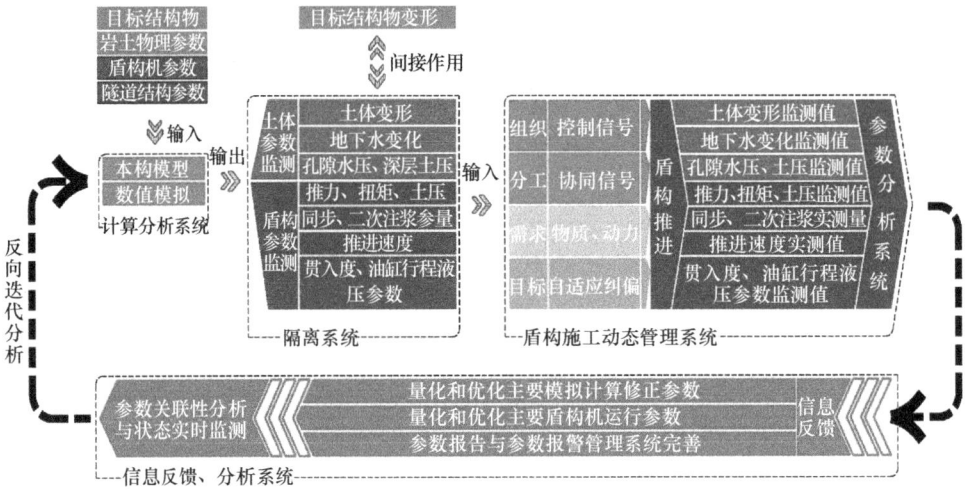

图 3.4-37　盾构穿越目标结构施工控制系统

模型（系统模型），它们为具体复杂性问题的降解和精确控制提供务实的技术方案。

　　再将具体案例作一般化推广，对待复杂性工程问题，要如何从定性向定量化综合分析，建立相对简单的子问题，并且用传递函数把这些子问题联系起来构造一个与原问题抽象仿真的管理系统，如图 3.4-38 所示。

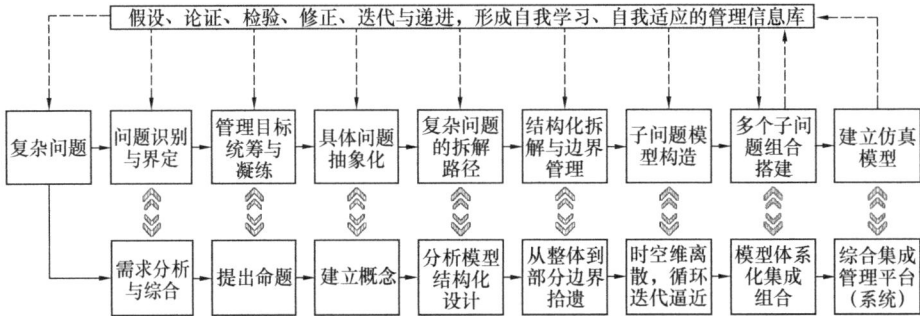

图 3.4-38　从定性到定量的综合集成的一般步骤

　　实际工程中会有很多复杂问题，在城市基础设施领域中比较典型的有：

　　情形一：在对概念方案进行扩充形成初步设计的阶段，需要多种专业、多种需求的筛选、整合，形成一个具有综合性的修建性方案。承包方需要告知建设单位（或地方政府）项目目标和项目意义，虚拟各种场景，如与既有的建筑和现状的关系如何，还和很多更为具体的参数，比如投资规模、预期收益、城市用地、搬迁的范围和数量、建设工期以及建造模式等。

　　情形二：在项目前期施工准备阶段，存在交通组织、施工用地、管线迁改、绿化占用以及周边地块衔接、维持的系统综合问题。在建成区实施重大基础设施项目，土地征用和搬迁总是非常困难且投资占比较高的一种，很大程度上决定了施工营建的方式。另一方面，施工对既有交通空间占用的同时必须平衡社会群体对城市交通的需求，关系处理的质量很大程度反映了建造方的管理水平。再有，管线迁移的问题，特别是影响城市运行的重要管线对工程实施的影响同样考验建设管理者的水平。

情形三：在环境条件依赖性特别高的敏感节点，比如紧邻既有建筑、轨道、重要管线、大江大河等，需要特别关注施工活动的微小扰动可能引发的恶性事故的风险。这些敏感节点如何叠加其他不确定性高的复杂因素，如不利地质条件、大交通流、季节性强烈的河道以及其他突发的极端天气条件等，复杂性工程问题就凸显在管理者面前。

情形四：在工程转换节点，例如交改的改道期间、大江大河分期围堰的改道期间、主体结构施工向机电安装、装饰装修转换节点等，以及工程即将投产的试运行节点，此时对场景的变换所带来的突发、涌现等情形，如果项目管理者没有足够的准备和预判也将导致工程进入混乱，甚至导致恶性的事故发生。

复杂问题在特定的空间和时间限定范围内，可以称之为工程管理的重点、难点或者关键节点，需要逐个处理。但是，有些特别复杂的工程并不能用"点"来形容这些复杂性问题。例如某过街地道工程，采用浅埋暗挖方式通过大交通流的城市主干道，整个暗挖的过程几乎覆盖了整体项目建设工期，暗挖工期也超过了 6 个月；例如某工程全铺盖施工，仅铺盖结构就划分为 4 个交通改道阶段，同步进行多阶段的管线迁改、临吊保护等。在面对数量多、历时长、多个复杂问题交织、关联等诸多复杂问题的同步、协调管理时，对项目综合集成管理平台的需求就应运而生（图 3.4-38）。

第4章 基于价值共创的 PPP＋EPC
重大工程治理体系设计与运作

本书将 PPP＋EPC 模式概述为：在设计方参与并主导下社会资本与政府方开展 PPP 合作，政府方按约定给予社会资本特定关联区域内的特许经营权（包括适度的规划自主权），社会资本按照约定提供符合公共属性的基础设施产品，并在此基础上运用先进的技术手段开发附着在公共产品上服务、与公共产品紧密关联的商业，以此获得相应的投资回报。本书无意于混淆工程投融资模式和工程建设管理模式，但是当项目设计方兼具投资人身份时，所带来的模式创新必然地体现在项目投资回报和全生命周期建设管理两个方面。

本书试图用具体工程案例去描述复杂性项目构成，而不管是哪一类复杂性，都源于各主体对项目实体的目标追求。为实现一定的目标，而互相协作结合的集体或团体称之为组织。管理学所谓的组织（organization），是指这样一个社会实体，它具有明确的目标导向和精心设计的结构与有意识协调的活动系统，同时又与外部环境保持密切的联系。工程项目管理组织有着区别于其他社会组织的特征：第一，它是依附于具体工程的建设活动而存在和消亡的；第二，它是由多个法人主体派出授权人员，通过相互协作而结成的一个或多个临时机构；第三，工程项目管理组织的主体各自对目标有着各自的解读和相互独立的实现路径。

4.1 PPP＋EPC 项目管理模式的目标管理体系设计

在重大复杂性工程系统的前提条件下，PPP＋EPC 模式下的工程建设目标管理体系不同于传统目标管理体系，在具有"持续追逐"的动态性、与主体关联的自适应性和基于不同主体目标相互影响作用的关联性（目标本身的耦合关系）的特征以外，PPP＋EPC 模式下目标管理体系的设计更注重整体最优的控制要求，表现出整体目标管理体系的自我容错与终止、自我设计与自主纠偏和自我感知与适应三方的变化。

4.1.1 传统 PPP 项目的目标管理体系

传统 PPP 项目的目标管理体系一般表现为工程建设目标，并且保证自上而下的分解、自下而上的保障，即建构"目标→责任"逻辑关系，如图 4.1-1 所示。

图 4.1-1 的逻辑关系为：PPP 采购人受 PPP 授权机构委托，承担相应的 PPP 项目建设任务，形成了 PPP 采购人的责任；同时 PPP 采购人基于项目认知形成的预期，具化为自身对项目的目标，两者的叠合共同组成了项目公司的责任，以采购合同的形式得到固化。同样，项目公司经 PPP 采购人委托，以合同方式固化为项目公司

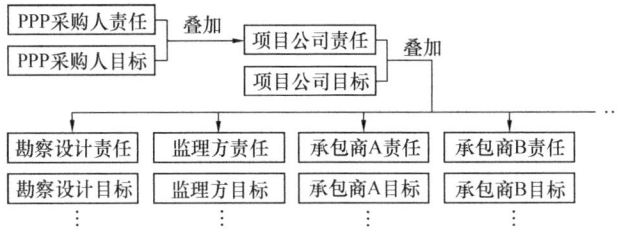

图 4.1-1　传统 PPP 项目目标管理体系

责任，同时项目公司基于项目认知形成自身的预期，具化为自身目标，两者在叠合下形成的责任做必要的拆解后，分别称为勘察设计、工程监理、项目各承包商的责任。他们的责任之和等于项目公司责任与目标的叠合。以此类推，呈自上而下的责任分解和逐层目标叠合。如果从下而上看，则形成了下层组织对上层组织的承诺和保障，所有的目标关系最终由相互间的契约关系得到固化。

从传递、叠合的关系上看，传统 PPP 项目（或推广至其他建设模式）的项目目标管理体系可等价视作项目契约关系体系；从契约关系体系上看，传统 PPP 项目（或推广至其他建设模式）的目标是固化的静态关系；从复杂性工程体系的目标成功概率上看，由契约关系固化的目标管理体系是每一个参与工程建设者"被迫忽视"复杂性的理性选择（所谓理性来源于现行招标投标法规），是重大复杂性项目在传统治理模式下鲜有成功案例的主要原因之一。对于重大基础设施项目，难得有不突破计划工期的，难得有不突破工程概预算的，难得有不发生安全事故的，难得有在质量上不留遗憾的。

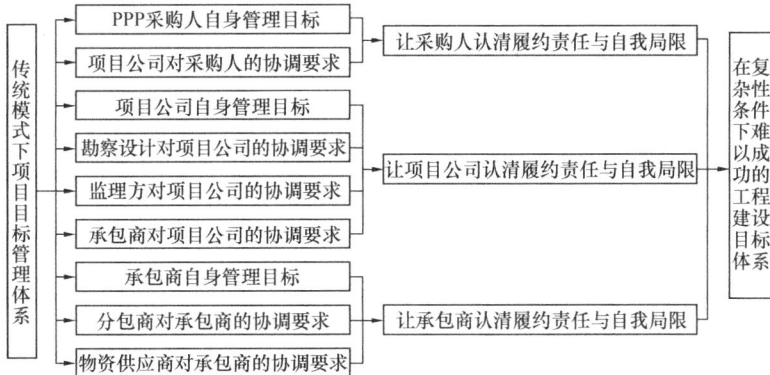

图 4.1-2　传统 PPP 项目目标管理体系相互制约关系

在面临复杂系统问题时，若各管理主体对项目的复杂性认知深度不足，图 4.1-2 说明的是管理组织内部目标管理的相互制约关系，只是揭开了复杂性工程认知问题的局部而已。

4.1.2　一体化目标管理体系设计

很多复杂性工程的失败都是由于项目核心决策团队对项目复杂性的认识不足，一旦项目系统进入复杂性平衡状态的临界状态，此时对项目的控制已经非常困难。如果对复杂工程系统的认知和控制能够像开启智能导航软件驾驶车辆一样，一旦目标确定，所有的可能路径、最佳路径、路径上的拥堵情况、沿路径的交通管理卡口等关键信息被实时地显示出了，当驾驶过程中出现选择性错误或者路径上突发事故导致拥堵情况变化，导航系统随时提醒驾驶人做出适应性调整，那么项目管理人员对复杂性工程的认知（获取信息的完整性、及时性甚至前瞻性）和对控制能力必然有了质的提高。我们是不是有能力构建一种类似于交通导航的复杂性管理模型，或者形象地称之为"复杂性地图"的模型？

工程目标与交通导航目标的对比与理解如表 4.1-1 所示。

工程目标管理系统与交通导航目标系统的对比和理解　　　　　　表 4.1-1

指标分类	交通导航目标系统	工程目标体系	联系与区分说明
本质	单一主体目标达成	多个主体目标达成	前者主体间不直接发生联系，而是通过影响外部环境被动接受； 后者主体间呈联合、顺序和交互关系
前提	通过路径离散、重组构成未来可预期	未来可预期，严格执行，目标可量化	前者以集体的历史实践构成全部环境状态，预期演化本质上与时间无关，即被动适应性； 后者的主体运动以明确的规则和明确目标展开，预期演化只与时间有关，即默认在有限时间范围内环境状态与时间无关
激励	最小熵增	最小熵增	前者的熵增是关于时间的单值函数，与路径无关； 后者的熵增是关于时间、路径及与路径相关的㶲（exergy）效率的多变元函数，一般呈非线性一
环境	显性，易采集	非显性，须借助显性参量	前者的状态是集体的历史实践的集合； 后者的状态是基于规则的演化，由于复杂系统演化的不确定性，仿真时须借助若干显性参量予以辅助
导向	以结果为导向，结果无关联	产出导向，关注发展方向	前者以结果为导向，运动序列之间孤立； 后者以动态的产出为导向，并且运动序列之间保持惯性
灵活性	容错，基于当前的预期调整	有限容错，基于历史的预测调整	前者为无记忆系统，当出现错误时基于当前预期判断做出选择 后者为有记忆系统，当出现错误时很可能引发中止

从表 4.1-1 可知，复杂工程目标管理系统借鉴交通地图的智能导航系统不仅存在于"感知"，更为关键的技术是刻画复杂性状态空间的"地图"以及多主体管理目标体系的定量化设计。

（1）系统复杂性状态空间建构

基于"场论"的复杂性地图的建构：

1）为考察系统的复杂性指标的量在空间的分布和变化规律，为揭示和探索这些规律，我们借用数学上"场"的概念构建一个随时间演化的动态的场，并把描述复杂性量的动态场的可视化图形称之为复杂性地图。

2）复杂性脸谱中每一对平衡关系构成一个复杂性图层。各图层相互叠合构成一个完整的复杂性状态空间。复杂性是由要素（指标）耦合构成的数量场中任意一点（耦合点），当任意方向导数（梯度）为 0 时构成极点，在可视化图形中该点位于谷底或峰顶。

3）把系统起点状态（或当前状态）和系统期望点状态（目标）设置于复杂性地图之中，由此找到一条或若干条目标实现路径，并按照最小熵增的路径规划方法寻找"最/较优解"。

我们建构复杂性地图的目的就是为了运用可视化模拟技术帮助我们快速认知所管理对象系统的复杂性状态，根据当前系统状态、系统运动规律和所追求的目标状态做出科学的预测性分析，并做出合理的管理决策。使用复杂性地图就是针对系统复杂性的可视化仿真模拟。

（2）多主体目标管理体系设计

1）多主体目标管理体系设计应聚焦实现路径、复杂性平衡态节点，以保障目标设计的科学性。

在传统的以目标为导向的目标管理体系下，目标设计强调大目标及按路径分解的一连串小目标的刻画而忽视实现条件的约束（忽视路径）。殊不知复杂性项目实现路径并不唯一，并且随着项目的演进最/较优路径不断地发生变化。被考核团队如果仅仅追求短期目标而忽略最/较路径的变化（计划赶不上变化），由此将导致整体管理行为的"短视""转嫁"和"冲突"等不协同的困境。

重大复杂项目管理的多主体性引发了不同利益主体间寻求不同利益目标的复杂性平衡态节点（预期目标点与鞍点重合）。工程管理系统内部为各自成功而开展竞争，为促使对方发挥优势而开展合作，为分散自身风险而展现相互博弈，如不主动科学干预并不能保证在整体最优的前提下实现多主体的联合和协同。

而干预必须基于规则或者管理工作流程。项目主体决策者主要依靠自身的工程经验，和对具体项目的认知水平，在自身利益最优的情况下制定规则。由于缺乏第三方的认可和监督，规则在实施过程中遇到挑战——不同主体在以管理流程为基础制定规则必然出现差异，不协同现象由此产生。在项目复杂性平衡态节点，或者项目演化趋向于此类平衡点，项目管理者虽然依据自身规则制定预案，但由于主体性差异造成项目参与者在共同发现演化方向的风险，并试图挣脱困境时，整体项目组织即出现阶段性的混乱（内耗）的局面，如此时遭遇极端外部环境条件，造成整体项目失败的风险急剧上升。

2）工程目标分解（复杂性解耦）过程中未对边界损失遍历性的"拾遗"，引发横向关联缺失导致的目标失败。

例如某基坑工程的围护桩考核目标（分解目标），可以因为管线迁改、交通导改、夜间施工审批、城市创卫等各种横向干扰因素（边界损失）而导致目标管理失败，而被考核团队（例如桩基队伍）由此解除绩效约束。

层次分解的特征：上一级目标的应对措施是下一级的目标。如图 4.1-3 所示，工程目标的分解是自上而下逐层展开，而实现目标的路径则是自下而上的层层保障。

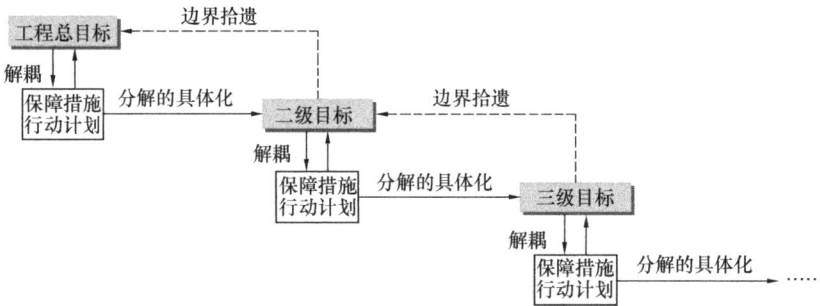

图 4.1-3 工程目标分解与边界拾遗

复杂系统的每一次分解都将产生新的管理边界，基于系统结构的分割和分割后边界信息拾遗是认识并掌握复杂性系统运动规律的主要方法。

本位管理是项目管理的基础，在多单位、多层次的复杂项目管理中，由于管理分工造成的控制权、监督权、执行权的分离，管理过程应严格按照事先策划的管理权限方案执行，既不应越位管理，也不应缺位管理。其中越位管理是拆分逻辑的违反，缺位管理是边界信息损失造成的管理漏洞拾遗。管理缺位和管理越位一样，均会使管理程序变得虚无。

3）工程目标从分解到重组构成协同系统的框架和战略，使得某一具体目标出现延误（局部失败），其影响在整个目标管理体系中可控、可消减。

目标体系设计是根据项目管理的服务能力和需求，从系统性、完备性管理角度出发，全面关注项目各参与主体的利益，以一体化的价值共创为目标，进行工程目标体系的设计，建立共同性约束机制和一致性决策机制，才能保证工程目标体系的科学性和可行性。

一体化目标体系设计的实现方式就是标准化，而标准化的实质是整体抑制局部功能突现。工程目标体系设计的思路：目标多样化，管理一体化，文件标准化，过程管理信息化，如图 4.1-4 所示。

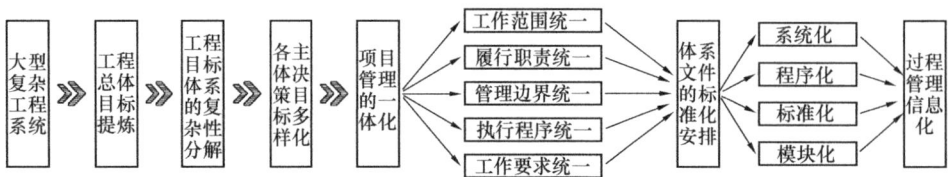

图 4.1-4 工程目标体系设计思路

通过目标体系设计明确工作内容、交付成果、管理边界，活动程序和作业要求，找到降解复杂工程项目管理过程中"组织 ↔ 分工""需求 ↔ 意义""方案清晰程度 ↔ 作业时间""业务实践 ↔ 外部环境依赖"的耦合，形成项目管理手册、程序文件和作业文件，如图 4.1-5 所示。

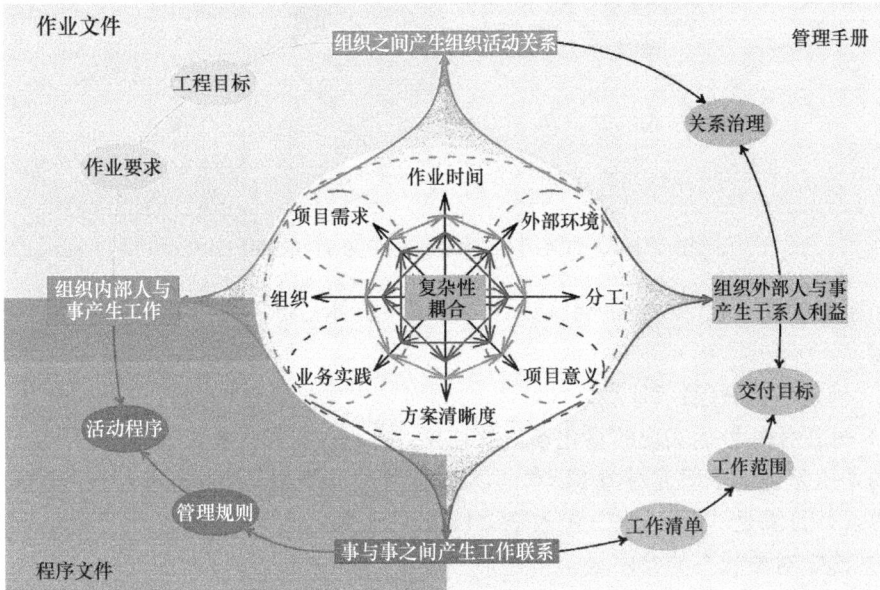

图 4.1-5　工程目标体系设计与管理策划

4.1.3　结构化目标设计基本步骤

目标管理是以目标的设置和分解、目标的实施及完成情况的检查和奖惩为手段，是通过员工的自我管理来实现企业经营目的一种管理方法。美国管理大师彼得·德鲁克（Peter F. Drucker）认为，并不是有了工作才有目标，而是有了目标才能确定每个人的工作。一方面强调完成目标，实现工作成果；另一方面重视人的作用，强调员工自主参与目标的制定、实施、控制、检查和评价。

经典管理理论对目标管理 MBO 的定义为：目标管理是以目标为导向，以人为中心，以成果为标准，而使组织和个人取得最佳业绩的现代管理方法。目标管理亦称"成果管理"，俗称责任制，是指在企业在个体职工的积极参与下，自上而下地确定工作目标，并在工作中实行"自我控制"，自下而上地保证目标实现的一种管理办法。

因此管理者需要通过目标对下级进行管理，当组织的最高层管理者确定了组织目标后，必须对其进行有效分解，转变成各个部门以及个人的分目标，从而帮助管理者根据分目标的完成情况对下级进行考核、评价和奖惩。

对于复杂性工程而言，管理层确定目标是非常困难的一件事，本书将根据 3.3 节中的管理行为复杂性脸谱介绍一种结构化设计方法。

命题（图 4.1-6）：如何把 2L 水装进容量为 1L 的杯子中？

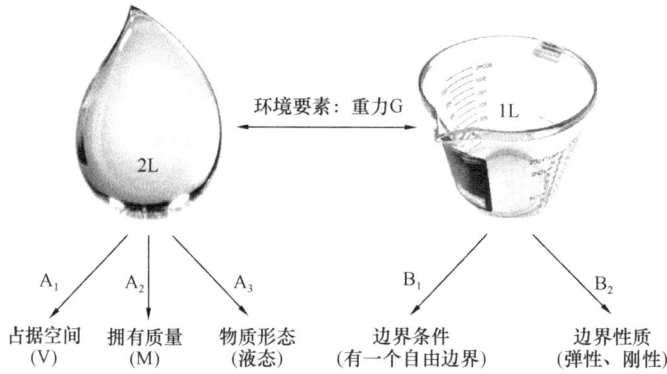

图 4.1-6　如何把 2L 水装进容量为 1L 的杯子中？

用系统的观点和结构化的目标设计方法解决具体目标系统设计的工作主要分为六个步骤：

1）确定研究对象：2L 水；

2）分析任务目标实现的量化参量的抽象：命题"把 2L 水装进容量为 1L 的杯子中"的本质是规定了研究对象 2L 水的状态参序量，即 2L 水的物理存在不突破杯子的边界，并且满足"2L 的水"包含于"1L 的杯子"；

3）确定对象状态的参序量：

参量 A_1：占据一定的空间，定量化指标为体积（V）；

参量 A_2：拥有一定的质量，定量化指标为质量（M）；

参量 A_3：所具有的物质形态，定量化指标为〈气态，液态，固态〉。

4）由目标引发的状态要求，包括初始条件、边界条件、外部耦合作用等：

初始条件 B_0：任意时刻的 2L 的液体水和 1L 杯子；

边界条件 B_1：由杯子形状知，边界条件只限定了底与侧，而顶面自由；

边界条件 B_2：固定边界性质，刚性或弹塑性。

外部耦合作用 C：质量 M↔重力场 G。

5）对预期目标追求的路径（实施路径）进行分析，我们首先将要素的两两耦合作用形成分析矩阵，如图 4.1-7 所示。

	B_0	B_1	B_2	C
A_1	✗	✗	○	✗
A_2	✗	✗	◎	✗
A_3	✗	○	◎	✗

	B_0	B_1	C
$A_1 \otimes B_0$	—	✗	✗
$A_1 \otimes B_1$	✗	—	✗
$A_1 \otimes C$	✗	✗	—

	B_0	B_1	C
$A_2 \otimes B_0$	—	○	✗
$A_2 \otimes B_1$	✗	—	✗
$A_2 \otimes C$	✗	○	—

	B_0	C
$A_3 \otimes B_0$	—	✗
$A_3 \otimes C$	✗	—

图 4.1-7　全要素两两耦合分析矩阵

图中浅灰色圆圈表示对象本身与其参序量之间的关系，即已知水的体积即可推算其质量，已知水的物质状态即可确定其比重，从而建立体积与质量之间的物理关系，分析时不考虑间接影响。

那么可实现路边的路径（图 4.1-7 黑圈关系）有：

第一路径：$A_1 \otimes B_2$——通过改变杯子的材料性能，比如做杯子的材料是橡皮，使得 1L 的杯子随着时间的演化，其容积膨胀至足以容纳 2L 的水。即通过改变固定边界的性质实现目标；

第二路径：$A_3 \otimes B_1$——通过改变水的物质状态，比如把水结成冰柱，把 2L 的水直接装入 1L 的杯子，当然对于自由边界相应地提升至某一高度。即通过改变物质状态参量实现目标；

第三路径：$A_2 \otimes C \otimes B_1$——通过改变重力场环境与水质量的耦合，比如把水放置在失重的环境中，然后把失重的 2L 水装进 1L 的杯子中，此时自由边界相应地提升至某一高度。即通过改变环境条件和边界条件以实现目标。

6）对可行性路径进行比较分析，根据实现成本选取一条路径。由此实现原目标向新目标转化，转化的过程中实现定状态、定初始条件和定边界条件，使"泛化"的管理目标变换为一个或多个"确定"的管理目标集合。

对研究对象进行结构化拆解是提炼复杂问题目标的关键。命题把 2L 水装进 1L 的水杯中，通过结构化拆解一共找到了三条路径，由此解决该命题的任务就被转化为"改变杯子材料性能使其在膨胀至 2L 的容积以上""改变水的物资状态使其直立在杯子中"和"找到一个失重的环境使水的实际高度大于杯口时不至于满溢"三个目标中的任意一个。

更为一般地说，把复杂性工程问题通过复杂性降解（本质上是子系统或要素之间的解耦）方法进行结构化解构，这样的方法称之为结构化设计方法。当把工程管理目标进行结构化解构时，则称之为工程目标管理系统结构化设计。

从以上命题的结构化过程中可以发现有些问题需要多层级解构才能找到一条可行性路径，比如第三路径 $A_2 \otimes C \otimes B_1$，第一步是解决重力场与质量的耦合问题，即找到一个失重的环境；第二步是允许杯子上口的自由边界上移，即不要求水面不得高于杯口。符合"$\otimes$"表示并列关系，其含义是不做任何运算，只表示两侧的量相连，但是两者顺序固定，不可互换，顺序不同意义也不同。

4.1.4　以价值共创为核心的项目整体目标设计

PPP＋EPC 模式要求项目的经营覆盖投资，权利和债务都被限定在项目边界范围内，所以 PPP＋EPC 模式下的重大基础设施项目（以基础设施为主体的关联区域开发项目群，包括城市基础设施、城市公共事业、居住、商业地产等多个关联项目的集群）的总目标是发现并锁定公私利益平衡条件下的项目价值，既需要进行宏观经济环境的调研，还需要对项目市场进行具体分析和科学决策。

城市基础设施特许经营权项目的关注重点不在项目所在行业本身的竞争力，而在项目本身的市场竞争力，也就是说项目自身经济强度和配套政策是否能够在不损害公共价值意义的前置条件下具有一般性商业投资项目的私有价值意义，并在两者找到平衡点。

所谓公共价值意义就是基础设施项目作为公共产品所应具备的非排他性、非竞争性的产品属性，通过追求更高的品质使其具有功能复合、生态平衡、文化融合、大众审美等延展性特征。所谓私有价值意义，即作为一般性商业投资项目所具有的排他性、竞争性的产品属性，通过产品开发、产品特许经营、产品的产权交易等市场化手段实现投资回报。

这些看似矛盾的属性关系可以通过设计手段实现对立价值的统一。公共产品的价值属性可界定为垄断性、商业性、纯公共性和准公共性四个类别，从一般性商业投资角度看，垄断性与商业性符合其投资价值，而纯公共性不属于其投资范围，准公共性介于两者之间。因此，基础设施项目必须建立在具有市场化可盈利的价值意义的基础之上，以保障投资人不仅有收益，而且收益水平不低于社会投资平均机会成本。

PPP＋EPC 模式下的项目整体目标的设计准则：PPP＋EPC 项目整体目标所表达的项目意义（价值观念）确立了以城市基础设施（或公共事业设施）的基础功能为核心，围绕人本、复合、场所、自然和物有所值的价值原点制定规划、设计、建造和运营的实施策略，通过塑造城市生活来构建公共产品价值，并由此确定整体项目的建设目标。设计准则的递推逻辑关系如图 4.1-8 所示。

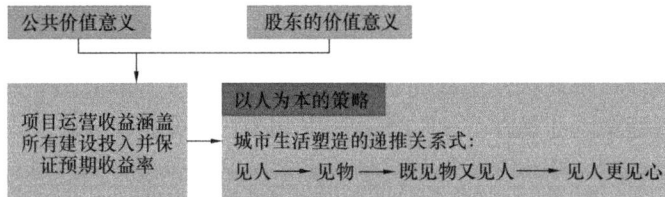

图 4.1-8　整体目标的设计准则

纯公共产品不能从产品本身获取回报，传统 PPP 模式主要依靠政府付费维持项目运作。受限于 PPP 项目备案准入机制，需要另觅建设用地或者其他优质的城市资源项目与之"捆绑"或"打包"以形成抵偿的方式，这样的方式脱离公共产品本身，不是本书研究的范畴。

PPP＋EPC 模式在本书中之所以提出"设计主导"所注重的是项目本身（所谓物有所值不是肥瘦搭配的抵偿方案），特别是功能复合的公共产品"公"与"私"之间的对立统一关系，共同塑造城市群体的日常生活。

一切物质建设是以人的需要为前提的，物为人用则盛，为人弃而衰败。公共产品同样是物化存在对象，当它具备功能的那一刻起，由于其在城市中的特殊地位并不缺乏使用者，所以在公共功能之上它具有更为普遍性的人间气息，这既是价值创造出发点又是归宿。同时，人性化无论在公共空间或是在私有空间，都是价值建构的基石、城市生活载体，反映出人的需求。

现代主义把"功能"客观化了，纯粹的分类和明确的界限使之走向非人性化和不切实际的极端。PPP＋EPC 模式由设计为主导，从城市生活塑造的顶端思维出发，将人的使用价值重新植入功能的考虑范畴中，努力破除公共与私有的边界、城市土地功能分区的机械的规划边界、基础设施项目抽象人的假定所导致的功能虚化，转而对城市生活进行更深层次的解读和认知，回归功能的本义。从单一维度的公共产品、公共服务和公共空间建设，转向对城市生活的关注；从追求视觉美学效果转向具有社会学意义的城市生活塑造；从单一功能公共产品生产转向公私边界模糊的复合功能产品生产，解决基础设施项目关注人本身的需求问题。

"以人为本"的产品设计策略依据是回归城市生活，设计的目标不仅局限于创造一种物化的形态，更要创造让人感动的场所，提供更美好的城市生活，柴米油盐、衣食住行以致酒色财气都应接纳其中。因此，基于"以人为本"的项目整体目标设计准则为：见人→见物→见物见人→见人更见心。

"见人"是设计的出发点，项目必须考察设计客体与人的需求关系。一条道路，或隧道，或高架，它的存在对于关联区域意味着什么——谁会去使用它，或者说使用它的目的是什么，究竟是从何而来去往何处？它的存在对于沿线区域意味着什么——摆在哪里，该有多大，它的存在给人带来了方便或是不便，究竟是几家欢喜几家愁？它的存在对于身处其中的人们意味着什么——它如何被使用，它在展示或是预警，人们如何能获得认知和定向？

"见物"是设计应对纷繁的需求做出功能化的取舍，项目必然地走向物化实体，如它的功能设定、功能量化、功能组织。功能设定与需求需要一一对应，基于城市生活需求的功能设定提供了多功能选择和功能间联系的可能性，具有了更大的灵活性。功能的量化为所设定的功能寻求相应的场所空间，基于城市生活的场所不仅需要定义功能实现过程中的空间尺度，还需要定义空间共享、空间承继和空间精神的尺度。空间共享遵循整体性原则，表现为功能实现的弹性；空间承继遵循连续性原则，表现为不同功能对应日常生活行为的过往、现实和未来的连结；空间精神遵循文化认同原则，表现为人和场所、空间建立感情交流，产生认同的精神意义。

"见人见物"是设计在项目的空间秩序中基于可持续发展架构做出的深度融合统筹规划。传统的基础设施联项目通过功能区块划分的简单空间秩序脱离了城市生活的日常，而拥有复合功能的基础设施项目的功能空间中，交通组织、活动场所、形象景观、购物娱乐等功能聚集，让公共产品呈现出相互交融、相互影响的高度复杂性。从现象上观察，此时产品的室内室外空间边界，公共与私有的边界，出行与消费的行为边界都趋向于模糊和泛化，大型城市公共设施如大型地下交通枢纽、轨道交通车站、城市公共绿地与广场、大型商业购物中心等相互交织并存，突破了建筑自身功能体系的范畴，各自接纳对方成为共同体。商场需要客流支撑起营业额、车站需要商业支撑其运行经费、地下交通剥离了过境交通为商业向公共空间的拓展创造条件、便捷与通达的交通枢纽吸纳大量交通流量使得商业更为繁荣。建筑内部公共空间一体化、建筑实体与外部空间的一体化、建筑空间与城市空间的一体化改变了空间秩序的排列规则。

所谓的"见人更见心"则是设计手段技术理性和人文精神的统一，是城市公共空间的有形与无形价值的整合。当技术理性和人文精神的深度融合厘清了重大基础设施项目所代表的公共产品（客体）的不同主体对价值的诉求内容和生成方式，以及两者的逻辑关系，那么一个具有自我价值实现的项目整体目标得以实现。

首先，人文精神表现为价值的理性。对于产品的公共属性而言，它决定了非排他的、非竞争的公共价值，拥有最广泛的使用者；对于产品的私有属性而言，它提供了消费选择的潜在可能，应符合城市日常生活。公共空间的人文精神蕴含"是什么"与"为什么"两种理性选择，反映的是从价值的本质出发理解城市生活是什么——希望安逸舒适，但拒绝阳光和朋友徘徊在窗外；需要工作创造收入，但拒绝工作后的乏味和工作本身的空虚；躲避疾病灾祸，但拒绝一成不变的平庸；需要冰冷的钢筋水泥庇佑，但拒绝这是家园的全部……

其次，技术理性表现为解决方案和实施策略。工程不是自在之物，而是人们主动干预形成的结果，是规划、设计、建造和运行的全部，它是一个认识的过程，是一个适应的过程，更是一个预期和实现预期的过程。城市管理者、投资人、设计师、建造师都是城市的群体之一，从自我认识中迎合某些消费对于他们也许并不困难，通过功能的复合让城市公共产品本身创造价值覆盖其投入，这样的设计技术可以做到，但是让技术回归理性是困难的。PPP＋EPC 要求获取城市空间和土地使用的规划权利后，技术遵循深入了解城市、把握关联区域的城市生活特质、分析存在问题与症结、提出恰如其分的解决方案和实施策略的原则。在此模式下规划、设计、建造和运营的技术比传统模式得到了更多的自由发挥空间，在保持自身的主体性和独立性的同时，正确处理公共与私有之间的关系是技术理性最为艰难的一步。

整体目标走向共同目标是从"见人"到"见人心"的过程，只能说："见人难，见人心更难。"

4.1.5 从整体到局部的分解、融合

经典的目标管理理论要求制定的目标应满足具体的、可测量、可实现、相关联、限定时间的五项 Smart 原则，PPP＋EPC 项目同样需要这样一个目标设定的过程。

（1）整体目标在空间维的分解、融合

PPP＋EPC 项目遵循"以人为本"的项目整体目标设计准则，其所指向的城市生活塑造的递推关系也是 PPP＋EPC 项目价值深度融合实现的概念性路径（图 4.1-9）。

传统的基础设施用于联系功能区块的简单空间秩序组合，呈现出功能组合和空间模式的并联、行为流程的机械与单一。而公共价值与私有价值深度融合后的空间秩序则变得复杂和随机，强调空间的吸引力和停留感，包含更多的非消费行为——等待、欣赏、驻足、玩耍等，同时伴随可能的消费行为发生——餐饮、购物、娱乐等复杂的行为流程。

传统的交通枢纽节点强化通过性的聚散，并不欢迎客流在节点的驻留，当复合商业功能实现后，节点充分强大的集聚能力能够接受客流在节点内部停留。同样，

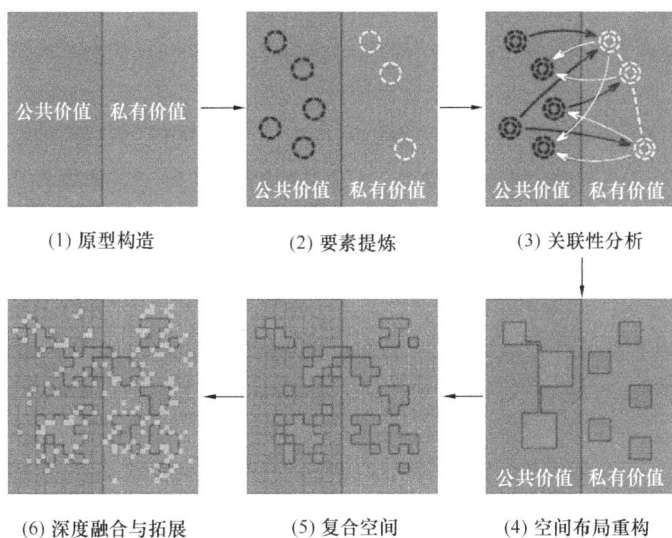

(1) 原型构造　　　　(2) 要素提炼　　　　(3) 关联性分析

(6) 深度融合与拓展　　(5) 复合空间　　　　(4) 空间布局重构

图 4.1-9　PPP＋EPC 项目价值深度融合实现的概念路径

传统商业空间有着明确的消费特征，而功能复合的商业空间提供了中庭、内街、叠层等赋予空间文化娱乐、社会交往、交通联系和休憩观景等准公共功能的手法，其消费行为不再具有强烈明确的购物目的，而是呈现分散、模糊和富有动态感的特点（图 4.1-10）。

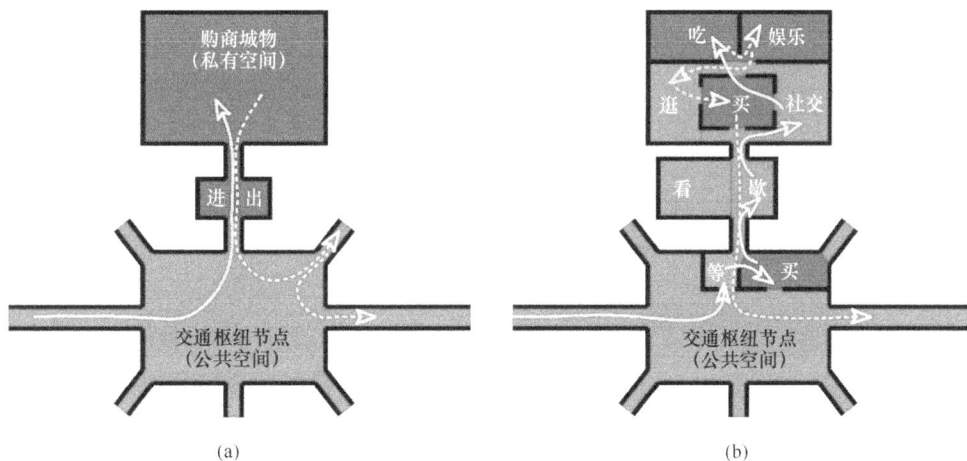

(a)　　　　　　　　　　　　　　　　(b)

图 4.1-10　基于城市生活塑造的行为流线

(a) 传统公私分离条件下的行为流线；(b) 深度融合条件下的行为流线

当具象化项目整体目标的五项 Smart 原则后，已经可以很清晰地评判 PPP＋EPC 项目是否满足投资的前提条件——盈利能力。当盈利能力不足以支撑投资资金时，一定程度的偏差允许通过其他手段加以补充。

这些补充的手段包括：特许经营权的扩展，例如扩大特性经营范围、延长特许经营期限、规划继续放权、财税政策的扶持、融资政策的支持、土地配套政策的辅助或者专项的政府付费等补偿政策的补充。这些辅助手段需要特定条件特定选取，没有一定之规，本书不做展开。

（2）整体目标在时间维的分解、融合

把项目在空间维上进行分解、融合时，可以比较清晰地了解到 PPP＋EPC 项目在空间上的边界、组合和具体内容组成，同样适用于基础设施项目为主干，关联区域连带开发的合建项目。

整体项目目标在空间上进行分解后可以形成若干个相互影响的子项，它们的集合称之为项目群，项目群各个子项目的目标实现路径就是整体项目在时间维上进行分解、融合并采纳设计准则一致的原则（图 4.1-11）。

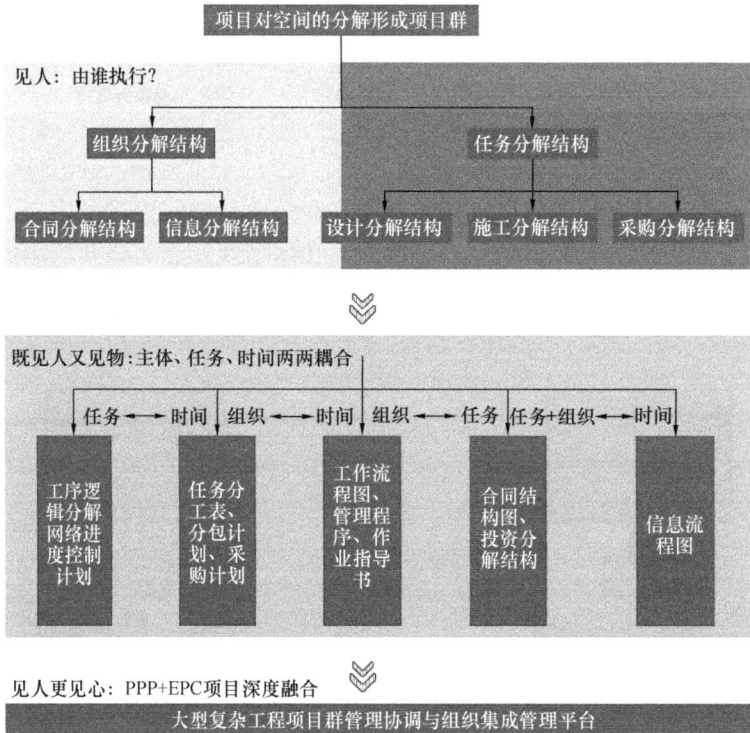

图 4.1-11　整体目标在时间维的分解、融合

整体设计准则（见人→见物→既见物又见人→见人更见心）在空间维上进行分解、融合时，所分析的对象是项目自身，而在时间维上进行分解、融合时，所分析的对象是项目建设团队。此时，可以理解为：

"见人"是执行项目建设团队的各参建主体的价值诉求（目标按主体分解），设计在其中起到总制衡的管理作用。"见物"是项目建设团队为实现计划各自分解任务的计划过程（目标按时间分解形成实施路径），设计在其中起到总控制的管理作用。"既见物又见人"是项目建设团队相互协调，各自完成各自任务的动态执行过程（目标的管理协同与组织集成），设计在其中起到总协调的管理作用；"见人更见心"是项目建设团队一体化融合形成管理平台（综合集成管理平台建设），设计是管理平台运转的灵魂。

项目管理的研究和应用中，WBS 的概念及方法较为逐渐成熟并且广泛地应用于项目管理活动中，成为项目管理的实用性管理方法和工具。WBS 按照系统原理和要求把项目按照目标、任务、工作范围、合同要求等要素分解成相互独立、相互联系、同时相互影响的管理单元。PPP+EPC 模式则是在此基础上与时间进行耦合，通过与网络图同步使用，把管理单元之间的遍历性的拾遗纳入管理内容实现管理活动。各管理单元的时间赋值（序列）不是一成不变的，而是可以动态拆解、组合和交互的，这是动态化 WBS 分解的魅力所在（典型案例可参阅本书 3.3.2 节中关于盾构工作井作业单元的动态化组合管理的内容）。

组织分解结构（OBS）的研究相对比较少，更多的学者关注合同与合同管理。合同的分解结构很多情况下与项目的组织分解结构是一一对应的，但是合同管理很少讨论为什么这样分解，或者按照专业逻辑分解。实际上组织分解是构成工程复杂性的一个非常重要的指标（参见本书 3.3.2 节复杂性脸谱的组织 ↔ 分工双参量平衡关系），它的分解逻辑（规则）决定了项目运行的基础，合理的组织结构是组织高效运行的先决条件。PPP+EPC 模式下功能合建所构成的复杂项目系统使得每一个项目子项之间成为联系非常紧密的有机体，在不确定的外部环境（或其他复杂性因素）下，整体项目如何演进使得系统运动方向与整体项目目标保持一致、可控，在全局中必然地由设计发挥主导作用，也唯有设计方可以完成全局性的把控，这也是 EPC 一体化执行项目管理的依据。因此，重大复杂工程项目群的结构化主要体现在组织结构分解方法的运用上，而不仅是依照专业类型或者工程体量产值切分，切分的切入点是边界，切分的逻辑是保证边界信息遍历性拾遗的可靠性，以实现整体项目在组织结构分解后清晰地描述每个子项组织单元活动的运动规律。

4.2　PPP+EPC 项目管理模式的治理体系设计

PPP+EPC 模式下的治理结构设计的原点——制衡。

4.2.1　PPP 项目公司的法人治理结构

在传统基础设施工程领域中，政府作为单一的投资主体和建设管理主体，对整合建设资源、保障工程投资和建设质量等方面具有主导作用。但是此模式下投资主体、建设管理主体和监管主体三合一，容易出现权利失衡使得管理能力低下，得不到根本性的促进和提升。在平级监督机构监管乏力、失效甚至监督权滥用引发权力寻租和政府行为异化的情况下，国家不断探索基础设施工程建设管理新的模式，并且通过法律、法规和政策性文件加以规范和治理。以 PPP 模式为代表的项目法人责任制正是在这样的背景下被提出。

项目法人责任制要求建设项目的投资主体和责任主体，对项目的立项、筹资、建设和生产经营、还本付息以及资产的增值保值的全过程负责，并承担投资风险。从这个角度上说，在以"政府付费"为主要回报方式的城市基础设施 PPP 项目在项目法人责任制的设计方面存在明显的瑕疵（产权主体缺位问题），即解除了作为投资主体在经营环节，特别是资产增值保值的项目本身"物有所值"的基础性要求。而本书所倡导的"PPP＋EPC 模式"从项目本身价值创造介入，有效地解决了产权主体缺位和国有资产虚置的根本性问题，使得建设项目按照"产权清晰、职责明确、政企分开、管理科学"的现代企业制度进行管理，全面提高了投资有效性和公共产品的品质与效益。

在 PPP 项目运行规则下，项目公司与地方政府事业部门或地方事业单位或地方直属平台公司在公司机构属性、价值取向等方面存在差异，主要包括以下几个方面：

第一，目标任务不同。社会资本（或其联合体）投资的项目公司是营利性组织，对外提供有偿产品和服务，其根本目的是追求公司利润最大化，并将按照股权对利润进行分配，进而实现股东利益最大化，即体现"股东至上"的原则。而事业单位是非营利性组织，主要是向社会提供公共服务和公共产品，具有天然的"道德超人"属性。当把具有公共属性的基础设施项目向社会资本开发后，公共属性的保障成为先天的"悖论"和 PPP 管理制度设计的"佯谬"。这也是城市基础设施项目 PPP 模式当下难以推广突破的关键原因之一。

第二，组织架构不同。公司法人治理结构主要以产权为基础，一般实行股东大会、董事会和经理层三层架构，而事业单位法人治理结构一般执行理事会、管理层的两层架构。

国有企业改革试行多年后，很多地方政府所属的平台公司同样进行了公司法人治理结构的改革，一般形成由地属国资委、董事会和经理层组成的三层架构，但是无论是地方政府直属平台公司还是事业单位，都由政府部门、相关职能部门的主要工作人员主持公司日常管理，重大决策和监督运行仍由地方政府的主要领导负责，图 4.2-1 为某地方政府直属平台公司的典型组织架构。

地方平台公司的董事会存在双重领导的特征，主要人事权由地方政府党委直接管理（平台公司主要负责人可以是公务员或事业单位工作人员，或者为属地政府管理干部），公司资产由地方国资委全资（或控股）管理。

地方政府直属平台公司一般具有四大业务板块：一是承担重大基础设施项目的建设任务，一般以某某工程建设指挥部形式出现；二是承担城市资产（公共设施）的管理、运营和维护工作，常见的组织形式是某某城市资产管理有限公司（二级机构）；三是承担本级地方政府基础设施的投融资工作，常见的形式是以母体公司或二级公司为主体承担基础设施项目的贷款、发债、股权上市等融资性任务；四是承担本级政府的土地一级市场的开发工作，并且大部分地方政府还授权平台公司同时进行土地二级市场开发（包括房地产开发和公益性安置房、廉租房、人才用房的开发和经营等），以支持日益膨胀的基础设施建设资金需求。

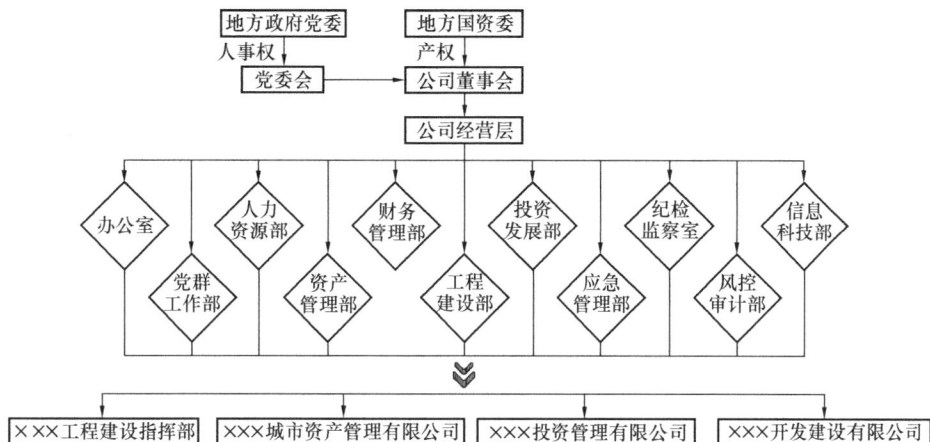

图 4.2-1　某市城投集团组织架构

而项目公司的组织架构体现的是混合所有制条件下的公司法人结构，基本脱离了地方政府的管理范畴，具有独立的法人权利和义务。

第三，决策机制不同。公司法人的决策机制主要由公司董事会决定，董事会席位分配根据股权份额而定。事业单位或地属平台公司的决策则由地方政府主导，以体现政府意志。

4.2.2　PPP＋EPC 项目的法人治理结构设计

在 PPP＋EPC 模式下的城市基础设施项目而言，设计方既是新建项目的规划者，又是建成项目的规划延续者。在项目孕育的胚胎期（可参见本书 2.1.2 节相关内容），设计方从城市管理者（决策者）和上位规划者两个方面对项目进行初始的构想，设计院需要及时捕捉其中"认知、需求"方面的信息，有计划地组织技术力量进行研究与开发，此时设计师（设计主创）把前期识别的认知与需求凝结于新项目的概念方案之中。信息化和敏捷化使得设计经营比以往任何时候都更具挑战性和风险性。设计经营是一种思考的技能，其超出了项目概念性方案虚拟化、数值化的技术界限，属于创造者与城市管理者交互的外在形式，其内容包含"概念"＋"经验"＋"设计师本人"。

所以，由设计方主导的 PPP＋EPC 模式具有实际意义上的 PPP 采购非竞争属性。当然，这一点并非没有相关制度支撑，《关于进一步加强地方政府和社会资本合作（PPP）示范项目规范管理的通知》（财金〔2018〕54 号）对采用单一来源采购的非竞争性项目做出了更为细致地规定，对准入门槛、所有制歧视条款、代持股份等提出明确要求，确保采用单一来源采购的项目事出有因且合法合规。

（1）治理目标的认识和默契

设计方介入项目胚胎期，使得具体工程的概念性方案必须是人文精神和技术理性的高度统一体。这是由设计经营在项目孕育胚胎期所独具的挑战和风险所决定的，因为过度强调技术理性所带来的急功近利的狭隘商业投资观点将导致公共产品普遍价值失落和既有意识形态下信仰丧失，将难以赢得城市管理者的"芳心"。同样滥用人文关怀、集体审美和无限广义的公共精神将直接削弱项目产品本身在宽泛意义上的价值属性，使得公共产品作为公共资产在增值保值方面难以得到可持续发展。所以，PPP＋EPC 模式下设计方在项目胚胎期就深入参与项目研究与概念方案设计，必然导向人文精神和技术理性的高度统一，这种高度统一是项目治理目标的认知要求，也是设计方作为潜在投资人与城市管理者的管理行为达成默契的结果。

（2）PPP＋EPC 项目法人治理结构的设计

法人治理结构是指法人组织为达到治理目标，而形成的组织架构和制度安排。组织架构是对权力的分配与界定，包括决策机构、执行机构和监督机构；制度安排是对权力运行的规范，如决策程序、激励约束机制等。法人治理结构之所以产生，是法人组织普遍存在所有权和控制权分离的情形下，出现委托代理关系以形成有效约束和激励机制。所以治理结构可以用一个词语清晰描述——制衡，概括为法人治理结构本质意义上是通过制度设计达到公司所有权、经营权和监督权的分立和制衡。

所以由设计方主导的 PPP＋EPC 模式下，项目公司法人治理结构的设计应形成如下分权和制衡关系，如图 4.2-2 所示。

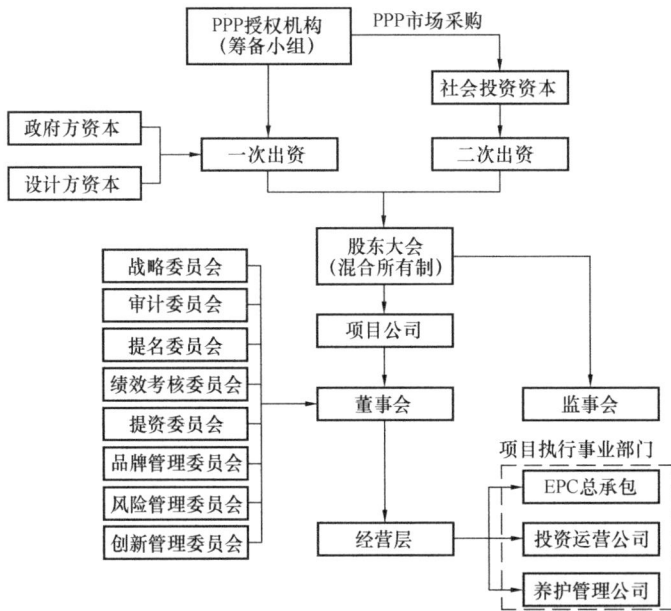

图 4.2-2　PPP＋EPC 模式项目法人治理结构的分权和制衡关系

4.2.3　PPP＋EPC 项目的混合所有制股权分配

如图 4.2-2 所示，PPP＋EPC 模式下的项目公司的股权结构将大概率出现混合所有制的特征，主要原因在于以下三个方面：

第一方面是工程建造任务被锁定为在以设计方为主导的 EPC 框架下完成，PPP

＋EPC 模式要求通过项目本身的运营创造价值并获取回报的机制要求 PPP 社会投资人必须重视项目运营。简单来说，主动规避工程公司通过 PPP 模式直接承揽工程项目建设的行为，转变为寻找更为纯粹的投资人。此时的投资人被要求拥有丰富的投融资经验，并且该模式鼓励私有资本积极介入公共基础设施项目，以及对私募基金、债券型基金等各类投资类型都保有开放的态度。

第二，设计方具有投资人和 EPC 模式主导方的双重身份，首先确立基础设施项目的公共属性，并与政府方达成兜底的约束条件；其次设计方作为一般投资人之一，其建设活动的开展必须基于项目本身的价值获取回报。

第三，由于设计方与政府方的第一次出资在项目公司股权分配中不占有主导地位，此时政府方对设计方的委托可以采用比较灵活的方式。特别复杂的项目可以采取单一来源的非竞争方式，也可以由 PPP 授权机构通过两阶段采购方式确立委托。所谓的两阶段采购方式，即第一阶段以概念性方案为标的的设计采购，第二阶段以社会投资人为标的的 PPP 社会投资人采购。本书默认设计方为国有大型勘察设计中的"头部企业"，当其与地方政府开展合作参与 PPP 项目投资时，即确立了项目公司股权结构中的国有资本部分。

4.2.4　PPP＋EPC 项目的法人治理权分配

PPP＋EPC 模式下的项目法人治理结构设计应重点解决其决策权、管理权和监督权的分配问题。

（1）决策权

重大复杂性基础设施项目的决策权按照决策对象属性、重要性程度、时间紧急程度，可划分为两个承担主体——专门委员会和董事会常务委员会。由于 PPP＋EPC 项目主要依靠项目本身的价值创造获取回报，政府财政补助作为补充和辅助，从提高资金利用效率和社会投资人自主决策权两方面入手，该类项目将脱离财政审计的旧窠。同时由于社会资本就股权组成中占据主导地位，因此在法人治理结构中设置专门委员会的制度安排是兼顾"公""私"利益以达到权力制衡所必需的制度性安排。

图 4.2-2 所列举的八个专门委员会成员主要由股东代表、政府部门和社会知名人士共同组成。专门委员会主要负责重大事项决策，代表股东大会对董事会常务委员会进行授权，对重大决策事项进行审议，并对主体部分法人实施监督。

项目公司具有独立法人资格，以其全部资产对其债务承担责任。其在建设期间的重大决策权主要由项目公司董事会常务委员会组织实施，包括建立管理制度和管理程序、投资决策、主要管理人员聘用等。

（2）监督权

由股东大会推选产生监事会和监事会监事，对项目公司的业务活动进行监督和检查。监事会的主要职权是：监督检查项目公司的财务会计活动；监督检查公司董事会和经理等管理人员执行职务时是否存在违反法律、法规或者公司章程的行为；要求公司董事和经理纠正其损害公司利益的行为；提议召开临时股东大会等。

（3）执行权

执行权主要包括组织、策划、实施、协调、控制、监督等一系列项目执行阶段的管理权。PPP＋EPC 的执行权主要由董事会常务委员会以及其任命的项目公司经营层负责。

4.2.5　基于权力制衡的项目组织架构设计

PPP＋EPC 模式下的项目公司董事会的董事成员由专门委员会委员和代表股东利益的资方董事共同出任，其中专门委员会中包括政府方委员、社会人士委员等非资方委员参与，并拥有集体否决权。

（1）专门委员会

专门委员会由一次出资方（政府出资＋设计院出资）和二次出资方（社会投资人及其联合体）共同推选，组成人员包括政府方委员、资方（含设计院）委员和社会人士委员。专门委员会委员主要由行业和公共事务的专家担任，并保证资方委员不占多数。专门委员会议事规则按照公司章程议事规则执行重大决策事项的评议任务。

（2）董事会

项目董事会董事由股东大会推选产生，专门委员会委员同时出任项目公司董事会董事。经股东大会选举产生董事会常务委员会委员和董事长。董事会常务委员会委员不与专门委员会委员交叉任职。

（3）董事会常务委员会

由项目公司设立，在董事会休会期间处理公司事务的常务决策的执行机构，故又称执行委员会。常务委员会依公司章程、股东大会决议、董事会决议和专门委员会评议报告，通过集会方式执行公司业务。会议由董事长随时召集并主持，以出席会议者过半数进行决议行事；常务委员会的权限通常只限于具体业务的执行，不包括经营业务的决策。重大决策事项须经专门委员会评议后提交董事会做出。

（4）决策机构和决策机制

项目公司董事会代表全体股东利益，具有项目组织最高决策权力，按照民主集中议事方式执行票决制，其决策机制安排与一般公司法人治理结构基本相同。董事会常务委员会委员以及超过一定比例的董事会成员均可提出召开董事会会议，提交重大决策事项的议案。

专门委员会拥有重大决策事项的集体否决权。常务委员会委员或一定比例的董事会成员提交的重大决策事项须提交专门委员评议。专门委员会对议案进行答辩、质询，并按照专门委员会票决议事规则独立做出评议结论。所形成的专门委员会集体意见或支持或否决，不做主动性修订。专门委员会的否决意见是构成董事会集体票决的前置条件，所以在重大事项决策机制上专门委员会拥有独立的重大决策事项的集体否决权。

做出这样的制度性安排是为了避免资本力量自主权扩大引发公共空间被削弱或侵害的情形发生，确保公共产品的公共属性。

4.3　PPP＋EPC 模式的运作流程

4.3.1　PPP＋EPC 模式运作总体流程

就基本流程而言，PPP＋EPC 模式的运作流程与一般 PPP 项目并无本质区别，一般 PPP 项目的运作流程如图 4.3-1 所示。

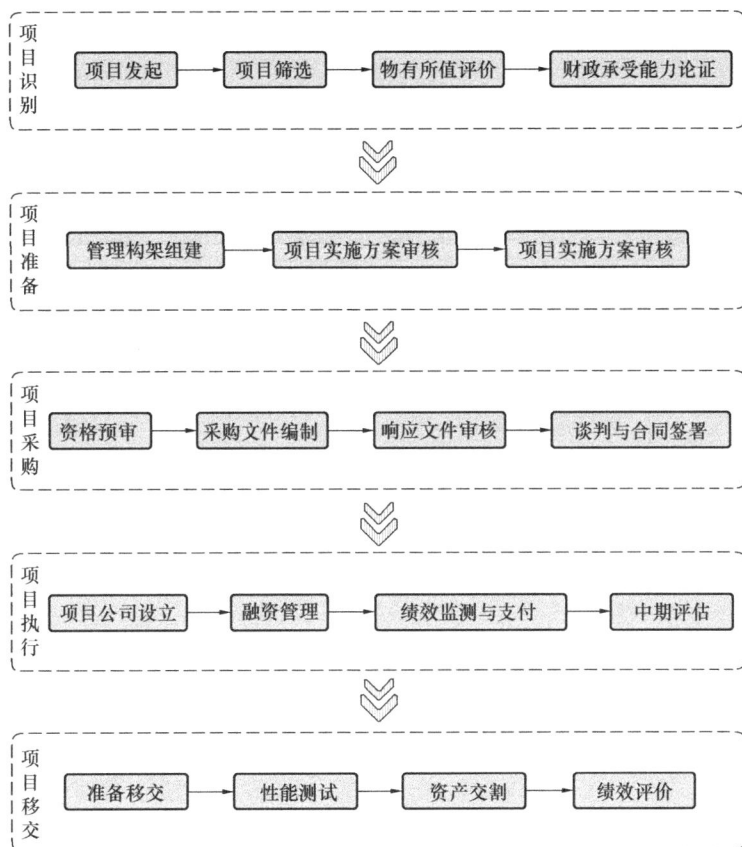

图 4.3-1　PPP 模式运作流程

一般 PPP 模式主要适用于投资规模较大、需求长期稳定、价格调整机制灵活、市场化程度较高的基础设施及公共服务类项目。比如，燃气、供电、供水、供热、污水及垃圾处理等市政设施，公路、铁路、机场、城市轨道交通等交通设施，医疗、旅游、教育培训、健康养老等公共服务项目，以及水利、资源环境和生态保护等项目均可推行 PPP 模式。不过，PPP＋EPC 模式与 PPP 模式的运行流程还是有显著区别的，因为 PPP＋EPC 更适用于通过项目合建创造更高品质的城市公共产品，所以其要求也更为严格。

4.3.2 PPP+EPC 项目识别阶段

项目识别阶段是 PPP 项目的第一个阶段，目的是科学地筛选适合开展 PPP 模式运作的项目。财政部《政府和社会资本合作模式操作指南（试行）》（财金〔2014〕113 号）中规定项目识别期要开展的工作有：物有所值评价和政府财政承受能力论证，其中物有所值评价注重 PPP 项目的社会效益和经济效益，政府财政承受能力论证则主要关注 PPP 项目对地方财政预算支出的影响。

PPP+EPC 模式在项目识别阶段开始工作的时间维度要明显早于传统 PPP 项目，其主要原因在于设计方作为政府方的技术咨询单位能够第一时间介入项目，并且较传统 PPP 项目，设计方所要开展的工作要更为细致和具体，可将其划分为七步，如图 4.3-2 所示。PPP+EPC 模式与传统 PPP 项目在项目识别阶段展开的工作流程的关联性与差异性如下文所述。

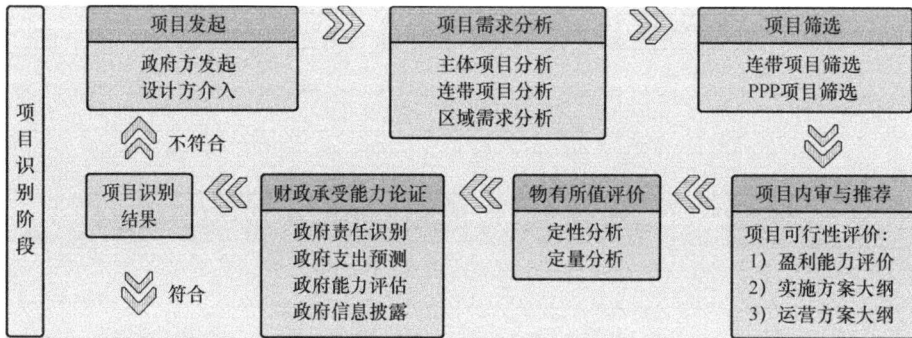

图 4.3-2　PPP+EPC 模式项目识别阶段工作流程

（1）项目发起

PPP 项目可以由政府或社会资本发起，其中以政府发起为主。政府发起和实施 PPP 项目的目的在于：一是满足自身的融资需求，解决项目建设的资金缺口，化解地方政府的债务风险。由于《国务院关于加强地方政府性债务管理的意见》（国发〔2014〕43 号）要求全面规范地方政府隐性债务，并且剥离融资平台公司的政府融资职能，因此地方政府推广 PPP 模式，一是希望解决融资难的问题。二是政府作为社会公众意愿的代表，旨在利用社会资本丰富的管理经验和先进的技术手段让基础设施项目产生更大的社会效益，为社会提供更优质的公共服务和公共产品（新建项目），并且进一步提高公共服务和公共产品的质量（存量项目）。三是转变政府职能，提高政府行政能力；原来基础设施项目是由政府依靠财政支出自行融资建设，因此政府几乎承担了所有的风险，而 PPP 模式转向社会资本实施、政府监督合作的建设形式，将投资权和运营权都放给了社会资本，形成了政府和社会资本风险共担、利益共享的机制，提高了基础设施建设的运行效率和资金利用率。

社会资本发起和参与 PPP 项目的目的在于：一是利用资金、技术、人才、运营等资源获得项目合同，包括施工合同、设备销售合同、运营维护合同等，以期获得合理的投资回报；二是在一定年限内获得项目特许经营所带来的垄断利益；三是占领行业市场份额，提高企业在行业的影响力与竞争力。

PPP 模式可以帮助政府和社会资本进行长期合作，如果政府仅把 PPP 看作是融资渠道，而社会资本仅希望赶上 PPP 浪潮以乘机快速获得投资回报，这与推广 PPP 的初衷不一致的，必将导致大量伪 PPP 项目和失败 PPP 项目的发生。

PPP＋EPC 模式是政府方发起，设计院介入辅助的管理模式。设计方介入是通过把拟建项目放在城市公共空间的宏观角度下来充分理解城市基础设施项目，特别是对区域有重大影响力的重大基础设施项目，是在理解公共意义的基础上，通过自身的带动作用主动积极地调整项目自身的技术支撑体系，以土地集约利用、城市功能更新、公共利益保障、商业利益兼顾为指导实行连带开发策略，旨在充分发挥基础设施项目作为公共产品的基本属性，将商业开发作为补充，"运营"作为 PPP 项目的重心，以扩宽模式的适用性。

（2）项目需求分析

PPP 项目的需求分析主要由政府方完成，社会资本方在这方面关注得较少。事实上项目的需求分析是设计院向政府推荐采用 PPP 模式营建的原点，除了在 PPP＋EPC 模式下，这项工作从来没有受到过这样的重视。

一般而言，政府进行项目需求分析时更多的是着眼于项目本身，例如市政道路工程的建设，可以弥补城市路网在某一方面的交通功能缺失，或是交通功能提升后能够改善路网的某些尖锐问题，由此分析该道路在整个路网系统中起到的作用。路网对于城市规划分区的作用主要体现于功能分区，道路在改善交通和促进城市经济发展等方面具有积极意义，在其建设期和运营期间对环境（如废气、废水、噪声）、人文景观（物理存在形式）以及社会生活等可能造成负面的影响。因此，项目需求分析需要从积极影响和消极影响两方面进行论证，并给出具体的建议，如建设模式（PPP、EPC 或传统模式）、主要技术方案（平面路径及起终点、高架方案、隧道方案等）、主要经济技术指标（建设规模、用地、配套及工程投资费用估算等）等诸多方面。

PPP＋EPC 模式要求项目的回报方式以项目自身运营期间的营收为主，特别是市政类项目在缺乏直接的使用者付费回报方式的条件下，需要通过对项目进行二次开发（特定关联区域统筹开发）和挖掘潜在用户的隐性收费来实现自身营收，所以 PPP＋EPC 模式对项目的需要分析更为细致和富有挑战。

PPP＋EPC 模式下，基础设施项目建设必须回归城市公共空间公共属性的原点，从其价值产生的来源入手，建立满足公共要求（即向全体使用者开放并保证无需付费）的主体项目，满足使用者多样性选择且准公益类（向全体使用者开放并确保低水平使用费用）的附属准公共产品，以及满足使用者自由选择且非公益类（商业形式）的附属商业化产品。这种"公共产品＋准公共产品＋商业化产品"三者并存的搭配方式，实现功能需求、公益性需求、消费需求的相互依托，保持商业化产品、准公共产品对公共产品的从属关系，并对标于需求层次理论。

城市空间与人的相互作用不仅仅停留在主观意识层面,因为人的需求分为五个层次,按照自下而上的层次结构可以将需求分为:生理(食物和衣服),安全(工作保障),社交需要(友谊),尊重和自我实现。还有些学者对需求层次的划分有不同的见解,比如 Gehl J. 通过对传统城市公共空间中步行为主的人的行为进行观察分析,表明人的户外活动可以分为:"必须性的活动"(necessary activities)、"选择性的活动"(optional actives)、"社交活动"(social activities),而后两者活动的满足与否很大程度上决定了公共空间质量的好坏。又如 Carr S. 在《公共空间》一书中指出人在公共空间的活动需求可以划分为五个层次:"舒适"(comfort),包括人从空间中获得舒适感受;"放松"(relaxation),即在舒适的基础之上人体感受到适度的愉悦感;"被动参与"(Passive engagement),由单纯的视觉体验扩展至无预见的行为参与;"主动参与"(active engagement)表现为有计划地主动参与到空间中的活动;"发现"(discover),即公共空间具有激发产生新的令人愉悦的空间体验能力,他认为很多公共空间(公共产品)设计忽视了以人的需求作为出发点的重要性。

把上述需求进行归类总结,我们可以得出,如图 4.3-3 所示关系。

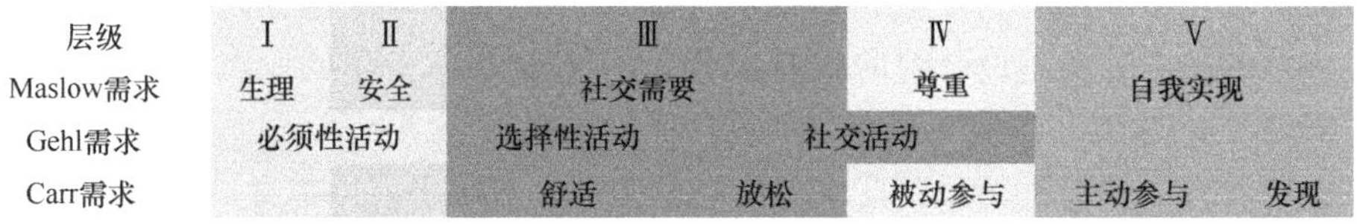

层级	I	II	III		IV	V	
Maslow需求	生理	安全	社交需要		尊重	自我实现	
Gehl需求	必须性活动		选择性活动	社交活动			
Carr需求			舒适	放松	被动参与	主动参与	发现

图 4.3-3　群体行为对标需求层次理论的关系

从群体行为需求的角度来研究城市空间(或特指基础设施项目)的价值特征,突破了将空间视为审美对象和主观感知对象的局限,符合城市公共空间生产的"属人性""为人性"的基本特征。当然群体行为需求分析涵盖了相当丰富的学科领域,包括城市规划、人口学、人文历史学、社会学、城市经济学、行为心理学等。

但是,人的存在与需求在城市空间的发展和建设中,却常常被忽略或抽象化。所谓的抽象的人实际是不存在的,因为具体的人是有着丰富需求层次且身处特定文化环境的,他们由于生活方式、价值观念、行为模式的不同,对外部环境需求和理解必然会存在差异,从而构成了每个人在日常生活中各不相同的需求形态、特点和形式。

PPP+EPC 模式对需求展开分析的另一个关键原因是,解决项目功能配置的问题。基础设施项目本身所具有的公共属性和其创造的公共空间本身都是有一个明确基础功能指向的,例如广场、公园、街道等城市外部开发空间通常指向公众社交、健身、步行通达等功能,轨道交通和城市干道通常指向交通出行功能,影剧院、医院、学校等通常指向观影、医疗和教育的功能……事实上人们的需求在上述特定指向功能的公共空间内依然是多样的,因此才同时构成了城市丰富多彩的生活。人们对城市公共产品、公共空间的内容和质量提出了更高的要求,而在 PPP+EPC 模式下,采用合建形式构建出功能复合、形式开放、内容丰富多样、环境友好的高品质产品正好能够满足人们的要求。所以,在需求分析的基础上,筛选出更适合于采用 PPP+EPC

模式的基础设施项目，并由设计院向政府做推荐是项目需求分析工作所做的核心内容。

(3) 项目筛选

通常，PPP 项目的筛选是由财政部门会同行业主管部门开展，通过评估筛选并确定备选项目，财政部门则需要根据筛选的结果制定项目年度和中期的开发计划。而 PPP+EPC 模式下，项目的筛选工作是持续而具体的。设计和建筑是包括基础设施项目在内的所有城市公共产品生产的前提条件，设计方在项目胚胎阶段对项目的理解和品质的把握直接影响了后续产品的质量和使用。项目胚胎阶段是在项目立项之前，总体把握项目的目标定位、技术可行性、项目所涵盖的基本内容以及项目营运业态，此时设计院在项目形成的技术上具备核心话语权且占据主导因素。因此，设计院在项目胚胎期的基本判断很大程度上影响着政府的决策，PPP+EPC 模式的推动更是设计院对项目本身盈利能力（经济效益的考量）信心的直接体现。

在目前的规划编制和实践的体制下，政府在规划决策过程中处于绝对的主体地位，以政绩为标杆的价值观念是最容易诱发政府及其处于决策地位的部门对城市形象的迷恋。政府在规划决策过程，常常需要借助设计院之手，然而当极富野心的综合大型设计院不再把自身定位为"智囊"的附从角色时，极有可能被利益驱动，不再局限项目所处区域的公共价值（文化价值、社会价值、环境价值），而是从"一揽子"解决方案出发，为政府部门提供技术服务的工具。

在新时期，城市公共产品中提供公共服务的基础设施项目往往是一个复合的、跨学科的、具备关联区域带动的复杂系统项目，附庸于地方政府的专业规划院在旧体制下的墨守成规已显得能力不足，鲜有地方规划设计院具备应对复杂系统项目的宏观把握能力。因此，从体制与机制上打破这种附庸关系是大势所趋，并且国内许多大型综合设计院对此也正蠢蠢欲动。

复杂系统项目要求设计院和设计师从项目定位、概念梳理到空间设计都具备极开阔、长远的视野，具备宏观把握城市整体空间的能力，实现地段价值的挖掘与呈现，阐述连带区域的互动关系，并在设计过程中能够做到以基础设施项目为骨干进行功能集群塑造、单体项目的节点推敲、从内部到外部的空间布局和联系等，才能提炼出满足 PPP+EPC 项目"价值创造"要求的潜在项目。

由此观点出发，PPP+EPC 的项目筛选是主动作为的结果，而不是被动的取舍，并且设计院虽然在主动构建中发挥着不可替代的技术支撑和引导作用，但是还需要政府方对各方面做出考量，并做出最终决策。

(4) 项目内审与推荐

项目的内审与推荐是设计院和政府方共同完成的。对于设计院而言，其作为社会投资方之一，对于是否采用 PPP 模式和如何采用 PPP 模式进行开发，需要通过内部评审以形成集体决议，再向政府方推荐。而对于政府方，需要依据 PPP 项目运作和财政部门的相关要求，提交相应资料并将其列入自身工作计划。

财政部关于 PPP 项目管理的要求为：新建、改建项目应提交可行性研究报告

（现阶段尚未编制可研报告的部分项目除外）、项目建设成本和运营成本初步预计、项目产出说明和初步实施方案，存量项目应提交存量公共资产的历史资料、项目建设成本和运营成本、项目产出说明和初步实施方案。

其中，项目的盈利能力是能否采用 PPP＋EPC 模式进行开发的核心指标，财政部 10 号文要求 PPP 项目"使用者付费比例不得低于 10％"，而对于 PPP＋EPC 模式的要求则是项目盈利能力能够实现成本的全覆盖，并保有一定的盈余。正是 PPP＋EPC 对项目自身盈利能力的高标准，项目才被要求具有极高的实施和运营能力，其中运营方案应包括主体项目的运营和特定关联区域统筹开发后的物业运营。

（5）物有所值评价

物有所值是实施 PPP 模式的原则之一。PPP 项目选择的首要工作是，比较项目在采用 PPP 模式和采用传统政府建设管理模式下的优劣，用以提高项目决策的科学性和合理性。因此，财政部门将会同行业主管部门从定性和定量两方面开展物有所值评价工作，一般 PPP 项目的物有所值评价以定性分析为主（相关行业的物有所值的定量分析模型建立存在一定难度，目前仍处于边实践边探索的阶段），而 PPP＋EPC 项目则必须将定量化分析放在突出的位置上。

1）物有所值定性分析

定性评价的重点在于项目采用 PPP 模式与采用政府传统采购模式相比，能否实现增加供给、优化风险分配、提高运营效率、促进创新和公平竞争等。物有所值定性分析步骤如下：

① 确定定性分析方法（指标、权重等），报财政部门和行业主管部门审定；

② 成立定性分析专家小组（不少于 7 名专家，包括工程技术、金融、项目管理、财政和法律专家）；

③ 召开专家小组会议，开展项目定性分析；

④ 整理定性分析结果（含定性分析结论），报财政部门和行业主管部门审定。

2）物有所值定量分析

物有所值定量评价是通过对 PPP 项目全生命周期内，采用传统模式的"公共部门比较值"（包括初始值、竞争调整值、风险承担成本等）与采用 PPP 模式的"影子报价政府支出成本净现值"（包括建设成本、运营成本、自留风险承担成本、相关费用等）进行比较，判断采取不同模式下节约项目全生命周期成本的程度。物有所值定量分析步骤如下：

① 确定定量分析方法，报财政部门和行业主管部门审定；

② 成立定量分析专家小组；

③ 根据项目产出说明，计算"公共部门比较值"，作为比较基准；

④ 根据项目初步实施方案，计算"影子报价政府支出成本净现值"；

⑤ 比较"公共部门比较值"与"影子报价政府支出成本的净现值"，判断 PPP 模式降低项目全生命周期成本的程度；

⑥ 整理定量分析结果（含定量分析结论），报财政部门和行业主管部门审定；

⑦ 汇编物有所值评价报告（含评价结论），报省财政部门备案。

(6) 财政承受能力论证

PPP+EPC 模式所着力解决的核心问题是地方财政的中长期可持续性，此项论证工作主要是依据财政部的《政府和社会资本合作项目财政承受能力论证指引》要求开展，因此 PPP+EPC 模式与一般 PPP 项目的工作程序保持一致。

财政承受能力论证包括责任识别、支出测算、能力评估、信息披露，基本流程如图 4.3-4 所示。

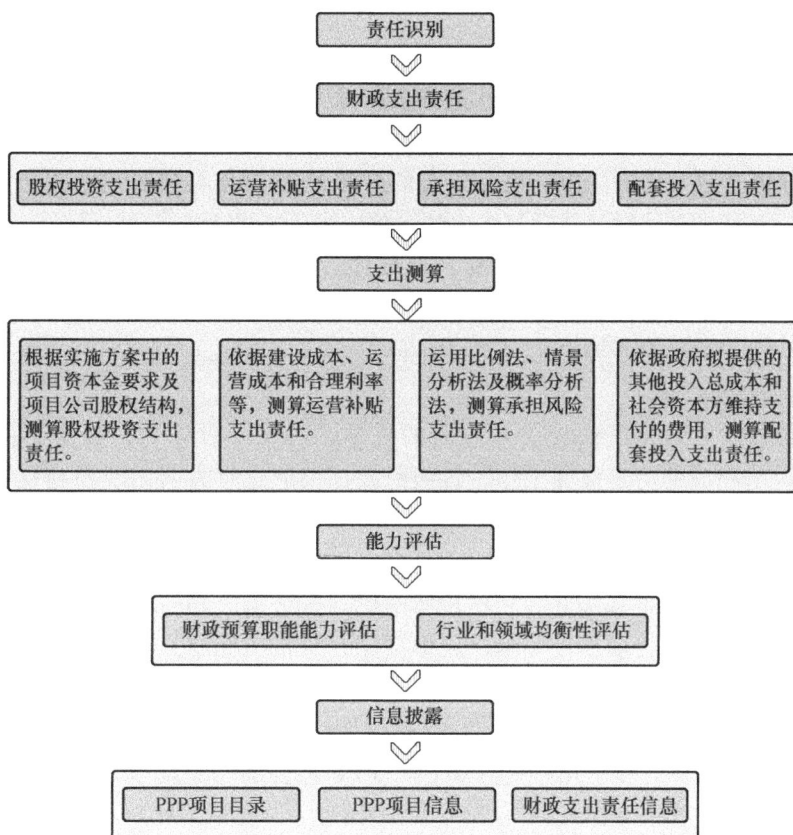

图 4.3-4 财政承受能力论证工作流程

1）政府责任识别

① 股权投资：政府与社会资本共同组建项目公司，政府承担股权投资支出的责任；

② 运营补贴：在项目运营期间，政府承担直接付费责任；

③ 风险承担：项目实施方案中政府承担风险带来的财政或支出责任；

④ 配套投入：政府提供的项目配套工程投入后的责任通常包括土地征收和整理、建设部分项目配套措施、完成项目与现有相关基础设施和公用事业的对接、投资补助、贷款贴息等。

2）政府支出测算

① 股权投资支出：依据项目资本金要求及项目公司股权结构合理确定；

② 运营补贴支出：根据项目建设成本、运营成本及利润水平合理确定，并按照不同付费模式分别测算；

③ 风险承担支出：充分考虑各类风险出现的概率和风险发生的支出责任，采用比例法、情景分析法和概率法进行测算；

④ 配套投入支出：综合考虑政府将提供的其他配套投入的总成本和社会资本方需要为此支付的费用。

3）政府能力评估

财政承受能力评估包括财政支出能力评估以及行业和领域平衡性评估。

① 财政支出能力评估：根据 PPP 项目的预算支出责任，评估 PPP 项目实施对当前及今后年度财政支出的影响；每一年度的所有 PPP 项目都需要在财政预算中安排支出责任，并且其占一般公共预算支出的比例应当不超过 10%。

② 行业和领域均衡性评估：根据 PPP 模式适用的行业和领域范围，以及经济与社会的发展需要和公众对公共服务的需求，平衡不同行业和领域的 PPP 项目数量，防止某一行业和领域 PPP 项目过于集中。

4）政府信息披露

新《预算法》强化了信息公开方面的规定，PPP 项目作为财政支出的组成部分，也要进行相应的信息披露工作。各级财政部门通过官方网站及报刊媒体，每年定期地披露当地 PPP 项目目录、项目信息及财政支出责任情况。所披露的财政支出责任情况包括：PPP 项目的财政支出责任数额及年度预算安排情况、财政承受能力论证所考虑的主要因素和指标等。项目实施后，各级财政部门应当及时跟踪并了解项目的运营情况，包括项目使用量、成本费用、考核指标等，并定期对外发布这些信息。

(7) 项目识别结果处理

PPP+EPC 模式在项目申报过程中执行 PPP 项目的相关要求，并且对项目识别结果的处理方法完全一致。

项目实施方案中的物有所值和财政承受能力经财政部门验证并通过的，由项目实施机构报政府审核。其中，通过物有所值评价和财政承受能力论证的项目可进行准备，未通过验证的项目可在实施方案调整后重新验证，但是经二次验证仍然不能通过的项目不能够再采用 PPP 模式。当然，最后未通过 PPP 模式验证的项目仍可采取非 PPP 模式进行建设。

科学开展项目识别论证、政府采购、预算收支与绩效管理、资产负债管理、信息披露与监督检查等工作是保证项目全生命周期规范实施、高效运营的关键。

4.3.3 PPP＋EPC 项目准备阶段

在 PPP＋EPC 模式的准备阶段的各方工作流程如图 4.3-5 所示。

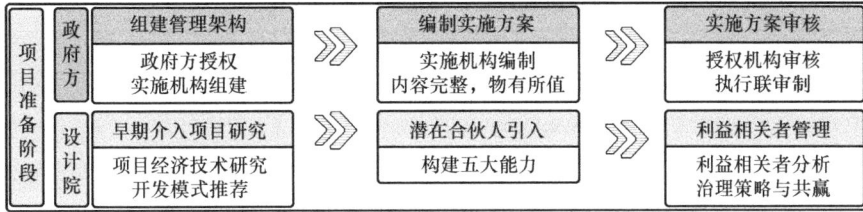

图 4.3-5　PPP＋EPC 模式的准备阶段的各方工作流程

PPP 项目经过最初的项目评估和选择后，其工作焦点便转移到项目准备工作。对于政府方而言，PPP＋EPC 项目准备阶段按照一般 PPP 项目的准备工作内容开展，主要分为三个方面的工作。

(1) 组建管理架构 (基于政府方)

在 PPP 项目正式运作的前期，首先要确定项目由哪一级政府机构授权实施。授权机构 (给予实施机构授权) 的确定需考虑以下两个条件：一是该机构应为县级 (含) 及以上地方人民政府；二是负责付费并承担编制预算义务的人民政府，也就是"谁付费、谁批预算、谁负责管辖和审批"。

在实际操作中，授权机构在授权成立实施机构的同时，还会成立由本级机构领导担任组长的 PPP 领导协调小组，用于对接项目落实和实施协调机制。此领导协调小组的主要工作是，负责落实实施机构在 PPP 合同中无法兑现的权利和义务，以确保项目操作期间权责关系的完整性，例如征地拆迁、项目审批、设计审查、重大方案变更审查等。

一般情况下，实施机构需要具备独立法人资格。PPP 项目在执行阶段的实际操作中，虽然大多数政府授权机构 (平台公司) 建设期的管理经验比较丰富，权责界定比较清晰，但是其对行业的运营监管边界则往往较为模糊，甚至出现监管机构与现行的行业监管管理部门 (比较常见的有市政设施监管中心、城市管理执法局市政处、公路养护管理所等) 无差别并且等同行业监管的情形。由于上述行业监管的对象 (其养护、运营费用全额由财政支持) 与 PPP 合同执行的运营条款存在不匹配的情况，导致 PPP 管理绩效监测与考评的要求长期得不到落实的情况时有发生，这也是目前 PPP 项目重建设轻运营的一个集中体现。

实施机构在实际操作中的另一个重大分歧是，当政府授权的实施机构同时还作为政府方投资代表时，即实施机构以双重身份出现在 PPP 项目的运作过程中，会造成两种消极影响：一是地方政府所属的平台公司作为实施机构，同时代表政府方出资 SPV 公司参与项目的盈利回报，会弱化其在项目执行阶段代表政府发挥监督和管理职能；二是实施机构同时代表政府出资 SPV 公司时，使得政府自身不占控股比例，这种独特身份让其能够主导 SPV 公司的一切重大决策，从而脱离市场优化资源配置的作用，导致社会资本方退化为工程总承包方。

目前 PPP 项目的政策性文件对实施机构的界定 (规定) 如表 4.3-1 所示。

PPP 项目实施机构范围的相关规定

表 4.3-1

文件名称	相关规定及解读
《关于印发政府和社会资本合作模式操作指南（试行）的通知》（财金〔2014〕113 号）	"政府或其指定的有关职能部门或者事业单位可作为项目实施机构……" 据此，有三类主体可以作为 PPP 项目实施机构：一是政府；二是政府指定的有关职能部门；三是政府指定的事业单位
《关于开展政府和社会资本合作的指导意见》（发改投资〔2014〕2724 号） 《传统基础设施领域实施政府和社会资本合作项目工作导则》（发改投资〔2016〕2231 号）	"按照地方政府的相关要求，明确相应的行业管理部门、事业单位、行业运营公司或其他相关机构，作为政府授权的项目实施机构……" "由当地政府行业主管部门或者其委托的相关单位作为 PPP 项目实施机构，负责项目准备及实施工作" 由此可见，国家发改委强调，实施机构不限于政府部门和事业单位，政府委托的相关单位（往往是平台公司）也可以作为实施机构
《基础设施和公用事业特许经营管理办法》（2015 年第 25 号令）	"县级以上人民政府应当授权有关部门或单位作为实施机构负责特许经营项目有关实施工作，并明确具体授权范围。" 此规定中的"单位"不仅包含事业单位，还包括国有企业等其他相关单位

（2）编制实施方案（基于政府方）

PPP 实施方案是指政府方为实施 PPP 项目所指定的计划性文件。由于 PPP 项目涉及的政府部门较多、专业性较强、实施周期较长，为保障 PPP 项目的正常开展，根据财政部 92 号文和发改委 2231 号文的有关要求，PPP 项目实施机构需要负责编制 PPP 项目实施方案。

实施方案应包括：编制依据和原则、项目概况、运作方式、风险分配框架、合同体系与交易结构、社会资本遴选方案、监督架构、财务分析等内容，各章节的具体编写内容可参照图 4.3-6 所示。

图 4.3-6 编制实施方案的主要内容

(3) 实施方案审核（基于政府方）

PPP 项目由于涉及众多政府部门、实施环节和利益相关方，需要相关政府部门的参与和配合来协调各方关系和保证 PPP 项目的顺利实施。实施方案联审考虑的内容包括项目建设的必要性及合规性、PPP 模式的适用性、财政承受能力以及价格的合理性等方面。

《国务院办公厅转发财政部发展改革委人民银行关于在公共服务领域推广政府和社会资本合作模式指导意见的通知》（国办发〔2015〕42 号）提出了"对实施方案进行联审"的概念。并且 2016 年年初的《政府和社会资本合作法（征求意见稿）》中，再次提到了针对实施方案展开联审机制，虽然《政府和社会资本合作法》仅是征求意见稿，不具有实质效力，但由此可以看出我国政府十分重视 PPP 模式的联审机制。2016 年 8 月 10 日，国家发展改革委颁布的《国家发展改革委关于切实做好传统基础设施领域政府和社会资本合作有关工作的通知》（发改投资〔2016〕1744 号）中，也对 PPP 项目的联审有所提及："积极推行多评合一、统一评审的工作模式，提高审核效率。各地发展改革部门要会同相关部门建立 PPP 项目联审机制，积极引入第三方评估机构，从项目建设的必要性、合规性、规划衔接性、PPP 模式适用性、财务可负担性以及价格和收费的合理性等方面，对项目进行综合评估"。

并且，我国已有多地政府出台了相关规定，要求 PPP 项目执行联审制度，且目前已有多个项目按照联审程序完成了前期审批手续，可见 PPP 联审制度已逐渐成形。但是，联审制度应该以建立规范统一的操作程序为基础，现有的联审制度在实质上仍然无法解决 PPP 模式操作程序及部门分工的问题。

PPP＋EPC 模式下，由于设计方在项目前期已经深度介入，当政府方接受设计方的建议按照"设计—融资—建设—运营—移交"的路径进行项目实施时，为规避程序上的风险，政府必然需要按照一般 PPP 项目的程序开展 PPP＋EPC 项目准备阶段的工作，即"组建管理架构""编制实施方案""实施方案联审"等三方面工作。因此，政府方在编审实施方案的时，需要在适应性方面做出改变，即允许在 PPP 项目实施时采用 EPC 总承包管理方式，并在项目的组成内容中充分考虑"国有资产管理和专属经营权的运营"和"特定关联区域统筹开发"等"合建项目"的综合组件。

政府方为避免非竞争性的单一来源采购所带来的风险，相对理性和保守的做法是，对设计院在项目胚胎期所做的研究工作（例如开展修建性详细规划研究等）单独委托并支付研究费用，以避免设计院作为社会投资方（或者联合体之一）参与项目采购阶段活动时的无差别条件。

设计院自然更希望能通过政府方采取的单一来源采购的非竞争方式来介入优质的 PPP 项目，但是当政府方无法承诺采用非竞争采购方式时，设计院为保证自身能够在 PPP 项目采购阶段具备较大的竞争优势，便需要在项目准备阶段积极主动作为，其可以做好的工作内容主要包括确定潜在合伙人、利益相关者管理、投标方案准备三方内容。

（4）潜在合伙人（基于设计院）

一般而言，设计院在寻找共同参与 PPP＋EPC 项目的合作伙伴时，应基于以下五方面的能力来考量合作伙伴：一是潜在合伙人具备良好的投融资能力，保障项目的低成本融资和充足资金投入；二是潜在合伙人具备实现项目某组成部分持续良好运营的能力，以保障项目能够稳定获得运营期的预期收益；三是潜在合伙人与政府方具有天然的合作关系，以保障在执行期的项目具备与政府方进行良好沟通与协调的能力；四是潜在合伙人具备良好的施工能力，以确保项目能够在建设期的按期履约；五是潜在合伙人具备良好的宏观政策理解力和宏观趋势把握力，以规避项目执行期的政策性风险。

图 4.3-7　PPP 项目团队的理想模型

由此组建的项目团队，是为了实现优势互补、专业突出、强强联合的项目全生命周期管理的内部治理预期，即建构"以技术为核心，同时具备五大能力"的项目管理团队最为理想，如图 4.3-7 所示。

（5）利益相关者管理（基于设计院）

最早使用"利益相关者"这个概念的经济学家是 Ansoff，并且 Freeman 在 1984 年对广义利益相关者的定义对如今的相关研究仍然具有很深远的影响，他认为"企业利益相关者是指那些能影响企业目标的实现或被企业目标的实现所影响的个人或群体"。Mitchell 在 1997 年指出利益相关者理论的两个核心问题：一是利益相关者的认定（stakeholders identification），即谁是企业的利益相关者；二是利益相关者的属性（stakeholders saliencies），即管理者依据什么来给予特定群体以关注。随后他从三个维度区分了利益相关者之间的关系，指出利益相关者至少具备三个属性的其中之一：即影响力（power），某一群体是否拥有影响企业决策的地位、能力和相应的手段；合法性（legilimacy），某一群体是否被赋予法律意义上或者对于企业的特定索取权；紧迫性（urgency），某一群体的要求是否能够立即引起企业高层的关注。并且，他将这三个属性作为评价利益相关者的三个维度，把利益相关者细分为三类：①确定型利益相关者（definitive stakeholders），这一群体同时拥有对企业的合法性、影响力和紧迫性，这一群体的典型代表有大股东、拥有人力资本的管理者等；②预期型利益相关者（expectant Stakeholders），这一群体拥有上述属性中的两项；③潜在型利益相关者（latent Stakeholders），是指只拥有上述属性中的一项的群体。

PPP＋EPC 模式的组织架构及主要职能如图 4.3-8 所示，由此推知，基于 Mitchell 的利益相关者理论（分别满足确定型利益相关者、预期型利益相关者、潜在型利益相关者与设计院的关系）的设计院主导的 PPP＋EPC 模式，要求设计院依据"利

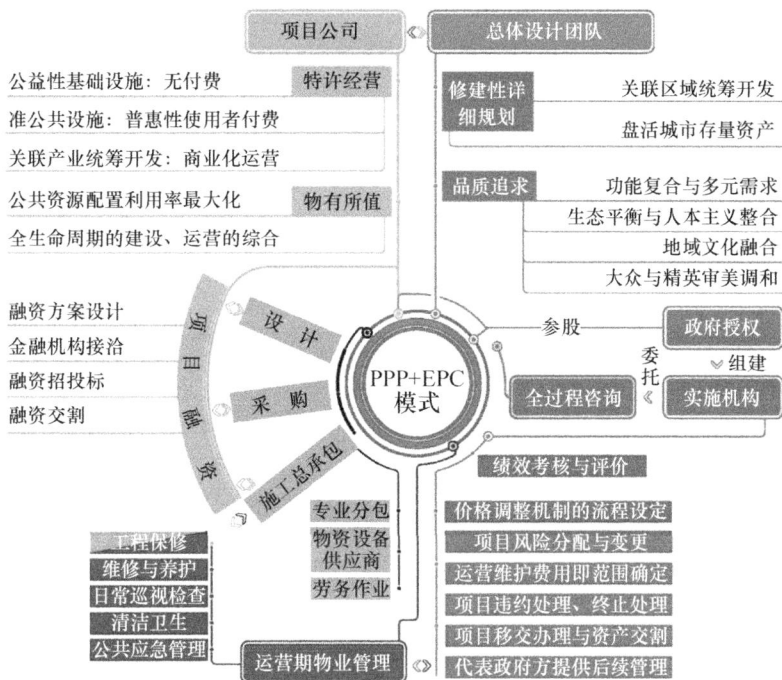

图 4.3-8　PPP＋EPC 模式以设计为主导的组织架构

益相关者共赢"的经营理念进行投标的策略性安排。

PPP＋EPC 模式下设计院与各层级利益相关者的安排如下：

第 1 级：投资人伙伴——设计院＋其他社会投资人组成投资联合体；

第 2 级：建设团队联营体——项目公司＋EPC 总承包＋施工分包组成的建设团队联营体；

第 3 级：项目参建群体——建设团队联营体＋第三方协作方（承继、委托）＋政府方（平台公司）＋轨道指挥部等项目各参建主体单位组成的项目参建群体；

第 4 级：项目供应商、专业分包、建设系统主管部门、沿线城市居民、社区和企事业单位、项目参建群体成员管理权下的其他平行交叉施工项目（以上仅均为预期型利益相关者）；

第 5 级：属地街道、政府其他监管单位、更为广泛的市民等。

前三级均满足 Mitchell 利益相关者理论中关于确定型利益相关者的评价条件，这是传统 PPP 模式或者 EPC 模式所不具备的，也是 PPP＋EPC 模式深度融合优势的内在原因。以义乌商城大道项目为例，电建华东院在项目中所包含的利益相关者的关系图谱如图 4.3-9 所示。

图 4.3-9 反映的是项目执行阶段中建设期各主体之间的关系，然而 PPP＋EPC 项目准备阶段的利益相关者关系是处于一个不断演化的过程。治理利益相关者的难易程度并不以其所属的等级为标准，在实际执行过程中，低等级的利益关系者由于其与项

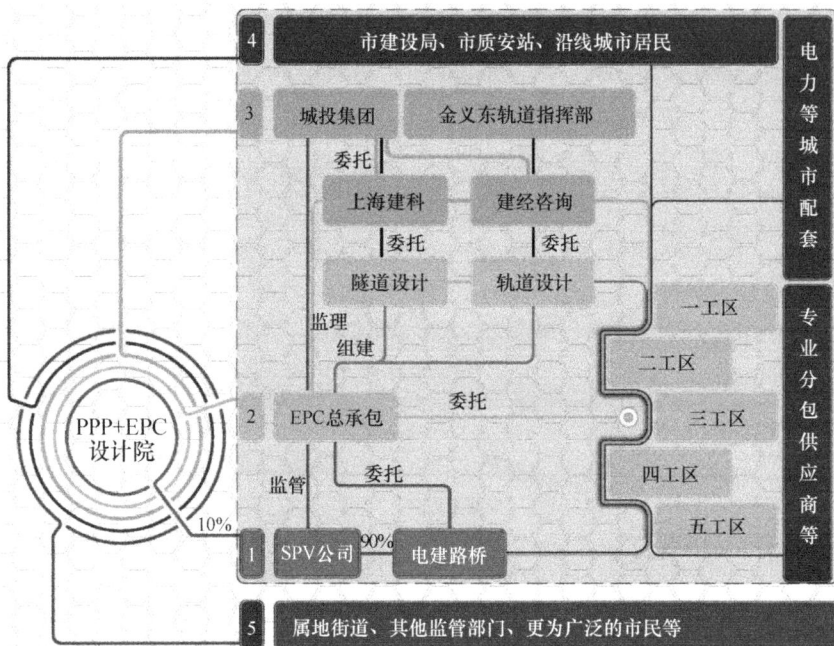

图 4.3-9　PPP＋EPC 模式（施工期间）利益相关者关系图谱

目的利益密切程度不高，其对项目造成的影响往往被忽视，在某些情况下这种不重视会带来非常糟糕的后果。

1）关系治理策略一：提级管理

如图 4.3-9 所示，项目所在属地街道（可能跨越多个街道）与设计院之间的利益相关度仅处于满足"潜在利益相关"条件的第五级。

在项目准备阶段，设计院与属地街道并不存在直接的工作联系。在用地权属调查时，设计院一般通过实施机构（平台公司）委托第三方咨询单位（专业调查公司）获取前期的有关资料。在做入户调查时，同样通过实施机构联系对口的街道工作人员对接相应社区和居民。随后可以预见的情形是，当项目进入执行阶段，设计院在办理项目所在街道在征地搬迁、沿线沿边特定关联区域的物业权取得、临时借地、施工期交通组织等诸多方面的工作时，将与属地街道发生直接联系。属地街道的执法、交管、林水等诸多部门将直接介入项目并进行监管；街道将负责项目执行期间，与沿线沿边居民、重要单位等的对接、协调工作，可见与属地街道保持良好的工作关系至关重要。

当设计院代表投资团队向项目所在街道（其中之一）做出许诺，一旦项目中标即在其辖区内注册设立 SPV 公司时，对于所在街道而言，其在招商和地税方面的帮助将是非常显著的。此时，设计院（其代表的投资团队）与属地街道的关系通过许诺的方式由第五级提升至第四级，即预期性相关利益者，这种提级管理的治理策略能够对项目的准备期调查和执行期推进带来极大的便利。

2）关系治理策略二：第三者介入冲突治理

如图 4.3-10 所示，义乌商城大道在项目胚胎期时，金义东轨道交通就已经提出义乌段全程高架的规划方案，然而这与同一时间提出的商城大道规划建设地下市政隧道方案存在巨大冲突。除提出"二选一"的一般性解决方案外，参与金义东轨道交通设计的华东院还向义乌市提出了"合建"的包容性方案，并且保证双方投资规模最终仍处于原定报批限额之内，由此获得了项目的主导地位。

上述案例表明，利益相关等级高的合作伙伴未必联系紧密，当金义东指挥部与义乌城投集团在处理高架轨道、地下市政隧道两个规划方案在商城大道线位上的冲突时，其处理方式是各自把问题提交给上级处理。然而当下级单位向上级单位提交问题时，如果其自身不能提出对策性意见，则很有可能陷入被动的局面。但是本案例中，当华东院主体抛出双方只做适当修改而非否定性的处理意见时，双方很快就达成了共识。如图 4.3-10 所示，以马蹄形磁铁表示利益诉求的双方，当第三枚磁铁（华东院）介入后即可达成普遍的共识。

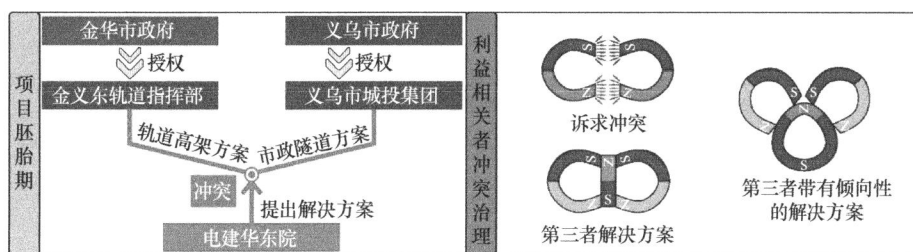

图 4.3-10　利益相关者冲突治理

第三方作为独立的一方主体，往往可以根据冲突双方的诉求关系做出合理的倾向性策略安排（如图 4.3-10 图右侧所示），使得项目在邀标带有强烈的"排他性"潜在特征（诱导政府方采用单一来源采购方式决标）。设计方在项目胚胎期参与政府方决策，需要表现出强烈的"技术优势"，但是当其对项目有着更为长远的预期时，则须刻意淡化其经济诉求。

3）关系治理策略三：项目化团队作战单元

拥有庞大组织的大型国有企业的传统项目管理模式通常表现为矩阵组织的二维结构，其后果是公司层级在拥有过多权利和资源同时远离了市场需求。并且这种管理模式在程序设计时，对控制运营风险的节点的设计并不合理，导致官僚主义和教条主义流弊，使得直面客户的项目基层管理人员在处理客户需求时将大量的时间与精力投入在与公司后方平台的频繁沟通与协调上，极大地削弱了企业的对外服务能力。而 PPP＋EPC 模式对标复杂工程，设计方在项目酝酿的早期就通过密集的技术交流与政府方形成了一种微妙而不稳定的关系，并随后不断地与政府保持高效的对话机制和高度的信息透明度。项目本身的复杂性来源于经济、技术、模式、规划、功能、生态以及审美等诸多方面，单兵作战无从应对错综复杂的复杂性，并且传统公司低效的信息传递和冗长的协调过程更是无法适应环境快速多变的特点，项目化团队模式正是基于此提出。

项目化团队是由少数人组成的小团队，一般由"对外沟通、对内协调、技术支撑"三个骨干组成，少量辅助人员配合，团队规模控制在 3～10 人，各自分工如图 4.3-11 所示。项目化团队的对内协调人员必须在现有的国有管理体系中具备一定的职务（一般为公司中层副职以上），以便帮助团队从公司后方实现组织赋能。对外沟通人员则被要求具备较高的对话沟通能力，善于理顺和协调各利益相关方之间的关系，并且密切关注各利益方和与自身利益直接相关的内容，以全面了解各方诉求和冲突点，就其从业资历而言只需适度，过浅则淡薄无力，过深则威严难近。技术支撑人员是团队效率的体现，一般选择实战经验丰富、思路开拓且敬业勤奋的一线技术骨干担任。

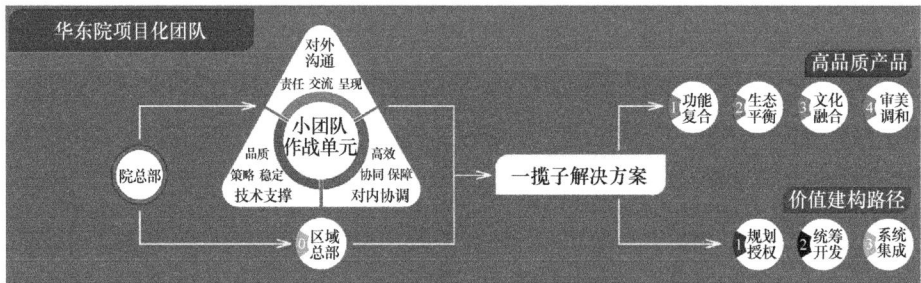

图 4.3-11　项目化团队作战单元

华东院"负责、高效、最好"的企业精神对应着作战团队三角骨干中的"对外、对内、技术"，其核心思想是围绕客户的信任与需求，形成面向客户的作战单元，通过项目化作战单元，形成了前方组织有责、有权，后方组织赋能、监管的协同合作模式。

4）关系治理策略四：股东利益至上的传统观念颠覆

任何一个公司的发展都离不开各利益相关者的投入或参与，公司追求的绝不仅是股东的利益，更应该是所有与公司有契约关系的利益相关者的整体利益。利益相关者理论的核心在于，一个高效的公司管理一定要满足公司总价值的最大化，忠于一个共赢的制度安排，形成一种合作博弈的伙伴关系。基于利益相关者理论的关系治理有以下优势：其一，利益相关者理论更注重激励管理者和员工为公司做出更大的付出与贡献，并且允许员工参与决策的管理方式还可以强化公司的对内向心力，利于各部门之间的沟通，打破有利于决策的局限性。其二，供应商与客户交叉持股的做法对投资更有利，这种模式下形成的合作计划相比只代表股东利益的公司而言更容易实现。最后，股东以及债权人的支持，可以为公司提供强有力的资金来源以及稳定的资金链。总之，基于利益相关者理论的治理策略有利于调动多方积极性，从而为公司创造更大的财富与价值。

PPP＋EPC 模式下，设计院直接介入 SPV 公司，其技术实力在为工程带来效益的同时，自身也能够在投资—回报机制中获取收益；同时，社会投资人在设计方的主导下对项目品质追求和城市基础设施公共空间价值构建技术路径建立起了十足的信心，这是一种相互促进的正反馈循环关系。并且，政府方对设计方基于项目本身的价值创造直接参与投资并获取回报的方式，而非传统的付费机制，责权平衡的条件和充分授权的基础得以巩固。

4.3.4　PPP＋EPC 项目采购阶段

PPP＋EPC 模式采购阶段的工作流程如图 4.3-12 所示。

图 4.3-12　采购工作流程

PPP 项目经过前期的识别阶段和准备阶段后，工作重心转移到项目采购。项目采购的成败、采购结果的优劣将直接影响项目目标的实现。政府方首先需根据 PPP 项目采购的需求和特点选取合适的采购方式，随后遵循公平、公正、公开和诚实信用原则，依照相关法律法规，综合考虑专业资质、技术技能、管理经验、财务实力、诚信评价，选择安全可靠的社会资本方作为项目合作伙伴。对于项目实施机构而言，PPP＋EPC 项目采购按照一般 PPP 项目的采购工作开展，这个时期主要有四方面工作。

(1) 资格预审

在 PPP 项目采购的前期，首先需要进行资格预审，资格预审流程如图 4.3-13 所示。

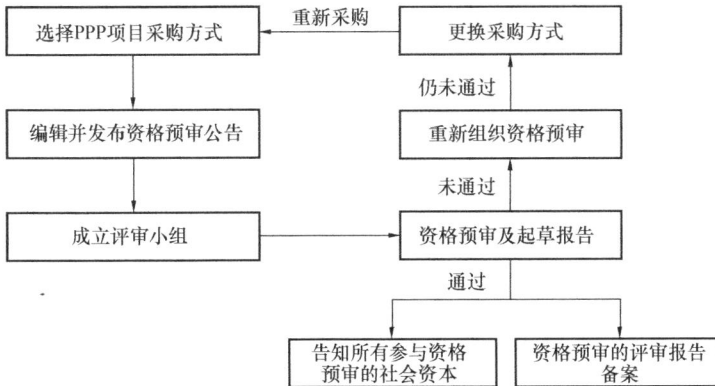

图 4.3-13　资格预审流程

资格预审的准备工作包括编制资格预审文件、发布资格预审公告、成立评审小组。项目实施机构应当根据项目需要准备资格预审文件，发布资格预审公告，邀请社会资本和与其合作的金融机构参与资格预审，验证项目是否能获得社会资本的响应和实现充分竞争。项目实施机构的授权机构一般为县级（含）以上地方人民政府，资格预审公告应当发布在县级（含）以上人民政府财政部门指定的政府采购信息发布媒体上。项目实施机构应当根据市场成熟程度、项目本身需求、潜在投资者数量，精准审慎设定资格条件，通过资格条件有效筛选出与项目匹配程度高的投资者群体。

项目实施机构、采购代理机构应当成立评审小组，负责 PPP 项目采购的资格预审和评审工作。评审小组应由项目实施机构代表、评审专家共 5 人以上单数组成，其中评审专家人数不得少于评审小组成员总数的 2/3。项目实施机构可以自行选定评审专家，但其中至少应当包含 1 名财务专家和 1 名法律专家。项目实施机构代表不得以评审专家身份参与项目评审。

通过资格预审即表示确定了可以参与项目竞争的潜在投资者群体，潜在投资者数量不宜过多，以免造成人员、时间、财力物力的损耗，以及潜在投资者的资源浪费和恶性竞争。通过资格预审的社会资本足够，项目实施机构可以开展采购文件编制工作；通过资格预审的社会资本不足，项目实施机构应当调整资格预审文件和公告内容，重新组织资格预审；若再次资格预审后社会资本仍不足，项目实施机构应当考虑更换采购方式。资格预审完成后，资格预审结果应当告知所有参与资格预审的社会资本，并将评审报告提交人民政府财政部门备案。

（2）采购文件编制

完成资格预审后，项目实施机构需要进行项目采购文件的编制，并组织社会资本到现场进行考察或召开采购前答疑会。

项目采购文件应当包括四部分内容：第一部分是投资者须知，包括项目采购的具体内容及方式、对投资者的基本要求、投资竞争保证金的提交、采购响应文件的相关事项、评审小组组建、评审标准及方法、合同的谈判等。第二部分是采购前置条件，包括特许经营期限、项目的边界条件、政府采购政策要求、土地使用权、运营期监管、特许期满后的移交标准等。第三部分是采购响应文件格式和要求。第四部分是各类合同文本，采购文件中应当明确项目合同必须在获得人民政府审核同意后方可生效。

采用竞争性谈判或者竞争性磋商采购方式的，还应当在采购文件中注明评审小组根据与社会资本方的谈判情况可能有实质性变动，包括采购需求中的技术、服务要求以及项目合同草案条款。

项目采购文件编制完成并经项目实施机构审核、修正、定稿后，应提供或发售给通过资格预审的社会资本。为了及时向社会资本解答项目方案、采购文件中的疑虑和问题，使社会资本直观了解项目建设的各项边界条件，减少文件编制的盲目性和不确定性，项目实施机构应当在正式采购前组织社会资本到现场考察，或召开采购前答疑会，根据现场考察及答疑情况调整、修改项目方案和内容。若调整、修改的内容对社会资本编制的响应文件造成影响，需及时告知社会资本项目变更的具体内容。

（3）响应文件审核

参与 PPP 项目采购的社会资本必须按照采购文件中规定的格式和要求响应文件，并在截止日期前提交项目实施机构。响应文件中涉及的技术方案、财务方案、法律方案等要确保逻辑上自洽、数量上合理，不存在冲突和矛盾，避免响应文件变成废标。响应文件审核前，项目实施机构需召开采购会，邀请提交响应文件的社会资本、纪检、监察等部门出席，公开查验响应文件的密封情况、宣读社会资本的投标报价、报价声明等内容。公开宣读的报价内容将作为审核的依据。

PPP 项目综合评审涉及技术、财务、法律等多个专家小组，文件审核工作量非常大，政府方应当在正式评审前组织工作人员进行全面、细致、规范地梳理、汇总和澄清，以保证评审专家高效完成工作。评审专家在响应文件审核时，应当根据采购文件规定的程序、方法和标准，秉持公平公正、客观审慎的原则进行独立审核，对于允许进行资格后审的社会资本进行资格审查，对于已通过资格预审的社会资本可以不进行资格审查。评审专家要对评审意见负责，在评审报告中签字表明对自己的评审意见承担法律责任。评审专家对资格预审报告或者评审报告有异议，应当签署不同意见并说明理由，如发现采购文件内容违反国家有关强制性规定的，应当停止评审并向项目实施机构说明情况。

响应文件审核的全过程中，评审专家应当遵守工作纪律，不得泄露评审情况和评审中获悉的国家秘密、商业秘密；在审核过程中发现社会资本有行贿、提供虚假材料或者串通等违法行为的，应当及时向人民政府财政部门报告；在审核过程中受到非法干涉的，应当及时向财政、监察等部门举报。

（4）谈判与合同签署

项目采购响应文件评审完成后，采购阶段进入最后的谈判与合同签署工作。项目实施机构成立专门的采购结果确认谈判工作组，负责采购结果确认前的谈判和最终的采购结果确认工作。合同谈判涉及面广、专业要求高、谈判流程长，谈判工作组应当包括财政预算管理部门、行业主管部门代表、财务专家、法律专家等，涉及价格管理、环境保护的项目，还应当包括价格管理、环境保护行政执法机关代表，评审专家可以作为谈判工作组成员参与采购结果确认谈判。谈判工作组可以根据需要划分成不同的专业工作小组、谈判支持团队、一线谈判团队，在分工负责的基础上进行统筹合作。

采购结果确认谈判工作组应当按照评审报告推荐的候选社会资本排名，依次与候选社会资本及与其合作的金融机构就项目合同中可变的细节问题进行项目合同签署前的确认谈判，合同确认谈判过程中与项目有关的具体问题都应经过充分论证、及时调整后达成一致，谈判小组与决策层之间应当保持畅通的汇报渠道，社会资本也应保持内部决策体系的顺畅高效，确保合同谈判工作有效推进。率先达成一致的即为预中标、成交社会资本。

项目实施机构与预中标、成交社会资本签署确认谈判备忘录后，需将项目采购文件、确认谈判备忘录、项目合同文本、成交社会资本响应文件等在县级（含）以上人民政府财政部门指定的政府采购信息发布媒体上进行公示。公示无异议后，将中标、成交结果进行公告，同时发出中标、成交通知书。

在中标、成交通知书发出后 30 日内，中标、成交的社会资本需与项目实施机构签订经本级人民政府审核同意的 PPP 项目合同，并为该项目设立专门的项目公司。项目公司成立后，必须与项目实施机构重新签署 PPP 项目合同，或签署关于继承 PPP 项目合同的补充合同。

4.3.5 PPP＋EPC 项目执行阶段

（1）项目公司设立

项目公司作为政府与社会资本合作的载体和项目实施的主体，在 PPP＋EPC 项目的执行阶段起着重要作用，承担着具体项目融资、建设、运营、管理工作。

现有关于 PPP 项目的法律法规中，关于项目公司的规定有"可设立项目公司""通常设立项目公司"，这说明 PPP 模式中并不是一定要设立项目公司，是否需要设立项目公司应取决于具体项目。

《PPP 项目合同指南（试行）》规定："项目公司是依法设立的自主运营、自负盈亏的具有独立法人资格的经营实体。"又进一步说明"社会资本是 PPP 项目的实际投资人。但在 PPP 实践中，社会资本通常不会直接作为 PPP 项目的实施主体，而会专门针对该项目成立项目公司，作为 PPP 项目合同及项目其他相关合同的签约主体，负责项目具体实施"。在我国实践中，项目公司一般不采取合伙企业形式，大多以有限责任公司的形式设立。

项目公司因其独特的资本结构、多方参与共同投资、股东分担风险，在实践中大多数 PPP 项目均会成立项目公司，以便于融资和财务管理，有利于降低项目管理成本，提高项目效率。

（2）融资管理

中标的社会资本依法设立项目公司后，由项目公司负责项目融资并提供融资方案、融资合同和履约保函。项目公司通过初始融资、再融资保障项目的投资需求，融资包含各股东的股权投资、债权、资产证券化、项目收益债等。

项目公司在进行融资时，应按照交易结构开展融资方案设计、机构接洽、融资谈判、合同签订和融资交割等工作。为了实现项目顺利融资，项目公司可将项目资产进行抵押或质押，可采取多种渠道合法筹集项目资本金以外的其他建设资金。项目公司所有的资本金及其他融入资金只能用于本项目的建设运营及维护等活动中，不得用于其他用途。

由于 PPP 项目融资规模较大、资金使用时间较长，项目的融资成本较高，当地银行贷款利率普遍在基准利率的基础上进行上浮。为了避免项目融资成本过高，项目公司需与当地银行达成合理的贷款协议，并按照项目融资需求按时提供相应的资金，以免对项目进度、成本控制造成严重影响。在项目执行的过程中，项目实施机构和财政部门需对项目公司进行监督，防止企业债务转为政府债务。

对于融资问题，项目公司可以从以下四方面着手：一是引入竞争机制，以双牵头行模式组建银团进行融资，通过融资招标方式争取优惠的贷款条件，避免银行授信额度不足导致项目融资困难；二是适当采取股东担保措施，提高项目公司信用等级，降低融资利率；三是融合多种融资方式，开拓多元融资渠道合法筹集资金，可以采取私募基金、银团贷款、发行债券、战略投资等多种方式，使用银行承兑汇票、国内信用证、供应链等短期流动工具；四是谨慎选择合作伙伴，尽可能选择信用等级高的合作银行，在融资协议中明确借贷双方责任、权利、利益，以及银行监管权限，并对其违约做出明确规定。

项目公司是社会资本参与 PPP 项目的载体，项目融资是社会资本的责任和义务，社会资本需要协助项目公司完成融资，在必要时承担项目融资的责任。项目公司在进行融资时，社会资本有义务按照金融机构的要求，提供相应的抵押、担保、回购等担保责任。项目公司无法在规定期限内完成融资时，社会资本应发挥融资综合协调能力，提供融资支持，协助项目公司申请项目贷款，在压缩贷款审批周期、降低贷款利率、争取优惠条件等方面提供必要支持，保证融资资金满足项目建设和运营需要。

政府作为项目公司的股东，按照风险分配框架的规定，一般无义务承担融资责任，但是需要防范项目公司将企业债务转为政府债务的风险。在项目执行过程中，政府需要严格控制融资风险，不得新增政府债务。项目公司未按要求完成融资的，政府可提取履约保函直至终止项目合同。

(3) 绩效监测与支付

PPP 项目绩效评价是对项目全生命周期的绩效情况进行评价，对项目起到监控、评估和预警作用，并为支付提供依据。

1）PPP 项目绩效评价的工作安排及流程

PPP 项目绩效评价的主体从广义上包含了与项目直接相关的各级政府及其所属相关职能部门、项目实施机构、政府出资代表、社会资本方、项目公司，以及与项目间接相关的外部监督主体如同级人大代表、政协、社会公众等。不同评价主体有不同的评价目的，本书主要针对以政府为评价主体展开。

以政府为评价主体的 PPP 项目绩效评价工作一般由项目实施机构根据项目合同牵头组织开展，邀请工程技术、项目管理、经济、法律等方面的专家、使用者代表和第三方机构参与评价。

在项目执行阶段开展的绩效评价一般称为实施过程中的年度绩效评价，也可以是季度绩效评价或半年绩效评价。项目公司需提供与项目建设相关的合同、审批文件，以及项目运营、维护合同、维护方案等文件。项目实施机构应当编制绩效评价方案，监督项目公司和社会资本履行合同义务，评估项目公司的设立、融资、建设管理等内容，定期监测项目产出绩效指标，对绩效评价结果进行客观归因，组织编制季度和年度绩效评价报告，并以此为依据对项目公司和社会资本方进行奖勤罚懒、奖优罚劣。同时提供项目产出说明、修订项目合同文件，向社会公众公示评价结果，并交由财政部门备案。

PPP 项目绩效评价工作程序如图 4.3-14 所示。

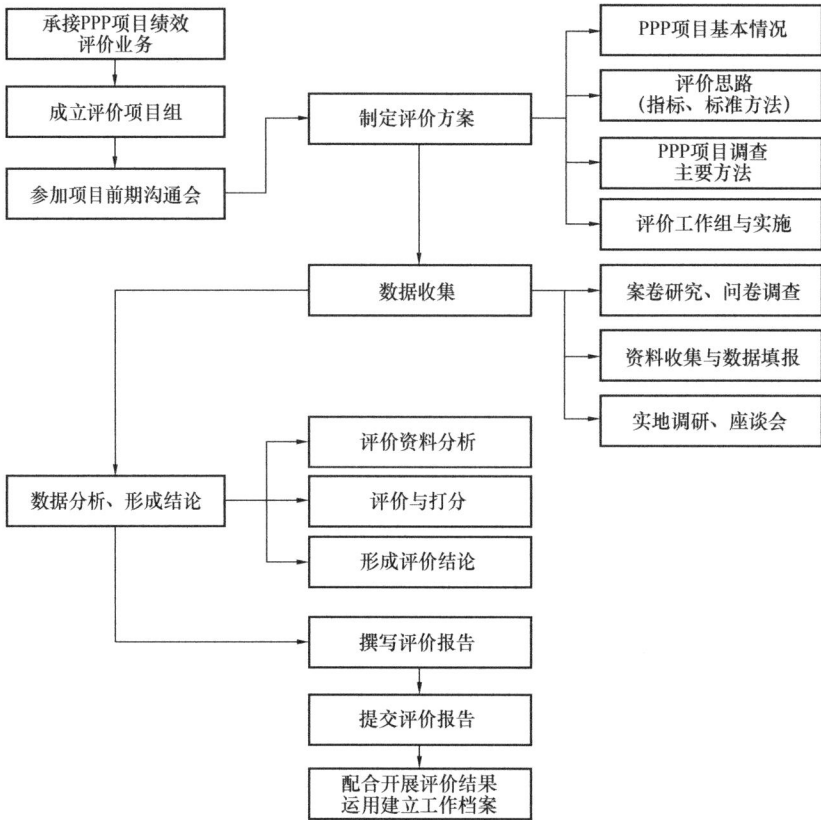

图 4.3-14　PPP 项目绩效评价流程

PPP 项目绩效评价工作程序一般包含三大环节：一是前期准备环节，由项目实施机构、财政部门自行开展或委托第三方专业机构开展，需要确定绩效评价项目，明确绩效评价主体及要求；二是绩效评价实施环节，由项目实施机构组织绩效评价工作专家小组制订绩效评价工作方案，方案内容具体包括项目概况、评价思路、评价方法及手段、组织实施、进度安排等，收集绩效评价相关资料并开展社会公众满意度调查，审核绩效评价资料，综合分析并确定评价结论，撰写绩效评价报告；三是绩效评价管理环节，向政府相关部门提交绩效评价结果，建立绩效评价档案，依法公开绩效评价信息。

2）PPP 项目主要绩效评价内容

PPP 项目主要共性的绩效评价内容包括五个部分：项目资金使用绩效评价、服务质量与效率评价、社会公众满意度评价、社会绩效评价、可持续发展能力评价。

项目资金使用绩效评价是政府绩效管理的重要组成部分，以绩效目标实现为导向、以绩效评价为手段、以结果运用为保障，使用评价方法、量化指标及评价标准，对政府部门职能绩效目标的实现程度、项目预算的执行结果进行综合性评价。通过开展项目资金使用绩效评价工作，可以监测项目实施状态与既定目标是否偏离，为政府纠正目标与实际偏差、改善项目管理提供依据与经验。

服务质量与效率评价是政府和项目公司满足社会公众需求、维护公共利益、实现公共产品精准供给的重要参考，评价中的供给数量、供给质量、供给效率的评价标准应侧重于服务需求满足程度，供给结构、服务态度的评价标准应侧重于服务的多样化、差异化、个性化。

社会公众满意度评价是以社会公众为核心、以公众感受为评价标准，对项目公司提供的服务满意程度的定性评价。社会公众的肯定或否定评价是项目公司提升运营管理能力的重要参考，是项目实施机构安排预算支出的重要依据，通过收集、解决、反馈公众的建议意见和投诉诉求，有效提升群众满意度。

社会绩效评价是调查和预测项目运行产生的社会影响和社会效应的重要手段，根据项目所在地的发展目标、效益目标、公平目标、环境目标等对项目进行多因素、多目标的综合评价分析，检验公共项目是否物有所值，找寻公共项目如何影响社会绩效。

PPP 项目应以实现可持续发展为目标，以代际公平为原则，坚持经济、社会、环境的协调发展。通过可持续发展能力评价，衡量项目能否给社会资本带来长期、稳定、合理的投资回报，能否给社会公众提供优质、低价、覆盖面广的公共产品和服务，能否改善城市环境、提高资源利用率、提升居民生活品质。

3）PPP 项目绩效评价指标体系

项目绩效评价指标体系的构建是绩效评价工作的重点，指标体系应当要发挥导向作用、约束作用和激励作用，评价指标的选择应遵循共性指标与个性指标相结合、定量指标与定性指标相结合、静态指标与动态指标相结合、全过程指标与阶段性指标相结合、系统指标与分层次指标相结合的原则，评价指标的权重应以系统优化、目标导向、民主集中、结合实际的原则进行确定。在项目执行阶段，绩效评价指标需要包括综合管理、项目投入、项目产出、项目效益、安全管理、工程资料六大方面。

4）PPP 项目绩效支付

国办发〔2015〕42 号文中规定，每个 PPP 项目都需政府依据公共服务绩效评价结果向社会资本支付相应对价。这意味着 PPP 项目支出是建立在绩效考核的基础上，严格依照约定的绩效标准和程序对已经使用或者具备使用条件的公共服务进行对价的支付。只有项目公司和社会资本提供了满足公共服务约定的绩效要求，政府才承担支付义务，其支付的数额也严格依照绩效考核的实际结果进行必要的调整。通过以绩效评价结果为支付依据的支付方式，可以达到有效监督社会资本或项目公司切实履行合同义务的目的。

PPP 项目绩效支付包含三个部分：一是政府有义务按合同确定的内容支付相应的项目可行性缺口补助，以及各项承诺补贴或奖励性资金；二是社会资本需按合同约定将项目产出进行分红或支付利益给政府；三是项目实施机构应根据合同约定的产出说明，按照实际绩效直接或通知财政部门向社会资本或项目公司足额支付，并负责监督社会资本或项目公司履行合同义务。

PPP 项目绩效支付的核心是绩效监督机构根据绩效评价标准对项目公司运作的绩效结果进行监督评价，项目公司按照合同约定提供满足绩效标准及要求的产品或服务。在这个过程中，绩效评价的主体（即绩效监督机构）和客体（即项目公司和社会资本方）为达到各自的目的采取各种策略，从而形成相互博弈的过程。绩效监督机构和项目公司各自的行为选择将直接影响到最后绩效评价结果以及最终支付额度，最终的绩效支付结果即是双方相互博弈的结果。

基于绩效的支付方式改变了传统政府自建工程的风险配置模式，政府不再承担建设和运营风险，消除了项目超支等因素导致隐性债务发生的风险，实质性地否定了政府的回购义务，避免兜底性支出义务的产生，打破刚性兑付。政府按照绩效给予社会资本合理的奖励，可以激励社会资本积极开展创新，加强成本控制，纠正部分项目"重建设、轻运营"的倾向，极大地改善政府通过可用性付费、固定回报、保底收益等方式向社会资本承诺锁定大部分回报的情形，从机制上解决超预算等问题。

由于 PPP 项目具有复杂性和长期性，绩效支出必须采取长周期的平滑支付方式，严格依照项目进展依约按期支付，既可以合理配置财政资源、缓解财政压力、避免财政支付风险的集中，又能确保公共服务的及时有效供给，推动经济发展。PPP 模式具有自我风险防范机制，规范地 PPP 项目支出是在良好透明的财政约束下进行的必要财政支出。在科学的财政论证的基础上，政府要明确将 PPP 项目支出纳入预算管理，包括年度预算和中期财政规划，依法依约履行财政支出责任，避免对合作项目和政府信用造成损害。

（4）中期评估

项目实施机构应在 3～5 年对项目进行中期评估，针对项目运行状况，项目合同的合规性、适应性及合理性，已发现问题的风险进行重点分析，做好项目建设运营的绩效监测，提出应对措施并形成中期评估报告，交由财政部门备案。中期评估方式主要有两种：一是政府公用事业主管部门组织相关人员对特许经营项目进行中期评估；二是政府公用事业主管部门委托咨询机构作为第三方对特许经营项目进行中期评估。

中期评估对于政府、项目公司、社会公众而言有着重要作用。中期评估是完善政府监管 PPP+EPC 项目的必要手段。通过中期评估工作，政府主管部门可以全面了解项目运营、管理、财务等方面的真实状况，了解社会公众对项目的看法、态度和期望，为下一步监管工作指明方向，可以明确对项目的监管方式、监管范围、监管力度等，从而更好地促进和规范项目发展。

中期评估是激励项目公司发展的有效动力。中期评估基本涵盖了项目运营的所有方面，项目公司通过中期评估可以了解项目的客观情况，发现自身运营和管理中的优势与不足，并依据中期评估报告中的建议和意见及时调整修改，进一步提升运营和管理水平。

中期评估是维护社会公众利益的重要保障。PPP 项目涉及社会公众的切身利益，社会公众参与监督的积极性较高，中期评估可以反映社会公众对 PPP 项目的看法及态度、服务质量的满意状况，查验项目公司对社会公众的咨询、投诉和处理、建议和意见、监督工作的成效，政府和项目公司真实地了解项目能否向社会公众提供优质的服务。同时，通过中期评估可以建立健全项目的公示制度，完善公众咨询、投诉和处理机制，鼓励公众参与项目监督，进而保证项目的透明度，并进一步加强公众的外在监督。

4.3.6　PPP＋EPC 项目移交阶段

项目移交通常是指在项目合作期限结束或者项目合同提前终止后，项目公司将全部项目设施及相关权益以合同约定的条件和程序移交给政府或者政府指定的其他机构。PPP 项目特许经营期满后，项目公司便需要将项目的经营权（或所有权与经营权同时）向政府移交。项目移交的过程主要分为准备移交、性能测试、资产交割、绩效评价五个阶段，如图 4.3-15 所示。

项目移交的基本原则是，项目公司必须确保项目符合政府回收项目的基本要求。项目合作期限届满或项目合同提前终止后，政府需要对项目进行重新采购或自行运营的，项目公司必须尽可能减少移交对公共产品或服务供给的影响，确保项目持续运营。

(1) 项目移交情形

1）合作期届满的移交

在项目特许经营期满后，PPP 项目公司将全部项目设施设备完好、无偿地移交给实施机构或政府指定部门，社会资本从项目中完全退出，但项目公司或社会资本基于合同所应承担的赔偿、违约责任仍应承担。项目公司在移交前和移交期内不得有损害甲方或公共利益的行为，如项目公司违反本条义务导致的损害发生在移交之后，甲方除扣除移交履约保函中的保证金外，仍可以继续向社会资本或项目公司索赔损失。

对于 PPP 项目合同约定期满移交的项目，政府应与项目公司或社会资本方在合作期结束前一段时间（过渡期）共同组织成立移交工作组，启动移交准备工作。移交工作组按照 PPP 项目合同约定的移交标准，组织进行资产评估和性能测试，保证项目处于良好运营和维护状态。项目公司应按 PPP 项目合同要求及有关规定完成移交工作并办理移交手续。

根据 2231 号文规定，在 PPP 项目合作期限内，如出现重大违约或者不可抗力导致项目运营持续恶化，危及公共安全或重大公共利益时，政府要及时采取应对措施，必要时可指定项目实施机构等临时接管项目，切实保障公共安全和重大公共利益，直至项目恢复正常运营。不能恢复正常运营的，要提前终止，并按 PPP 合同约定妥善做好后续工作。

2）提前终止的移交

运营期内，合同提前终止时，项目公司应按合同期届满时移交的标准的约定开展移交工作。但甲方有权将应支付给项目公司的最后一期服务费作为移交保证金，待项目公司完成移交义务后按实结算。除此之外，项目公司应促使其与本项目有关的各合

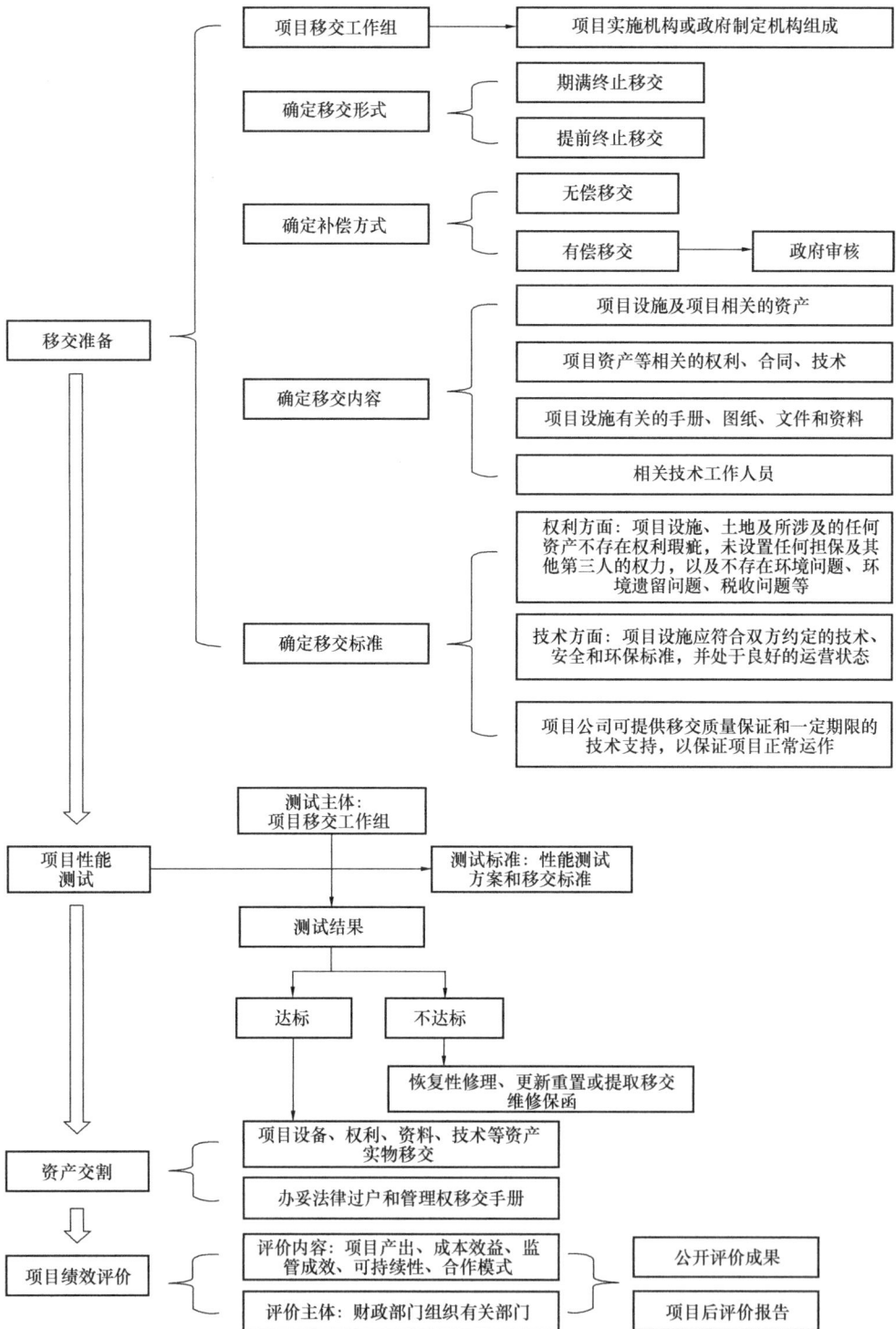

图 4.3-15　项目移交流程图

同相对人（甲方除外）与甲方（或其指定的接管机构）就有关本项目尚未履行完毕的合同签订权利义务转移合同，并办理相应手续。

在以下几种情况下，项目可以提前终止：

① 出现项目合同约定的提前终止情形。

② 因不可抗力导致项目合同无法继续履行。

③ 因甲方违约，社会资本或项目公司有权单方提前终止

④ 社会资本或项目公司违约，甲方有权单方提前终止。

⑤ 甲乙双方协商一致提前终止。

⑥ 法律、行政法规规定的其他情形。

除因项目公司违约而导致项目提前终止的，应当按照国家有关规定或合同约定，给予项目公司或社会资本方合理补偿。同时，在项目提前终止的情况下，政府也应采取有效措施，保证相关公共服务的正常提供。

（2）项目移交标准

为了确保回收的项目符合政府预期，PPP 项目移交时必须具备项目移交的条件和标准，特别是在项目移交后政府还将自行或另行选择第三方继续运营该项目的情形下，移交的条件和标准更为重要。移交标准主要有以下两个方面：

1）权利方面的条件和标准

项目设施、土地及所涉及的任何资产不存在权利瑕疵，其上未设置任何担保及其他第三人的权利。PPP 项目移交时项目公司应确保项目不存在债务、抵押、质押、留置、担保物权等担保权益或所有权约束，亦不得存在任何种类和性质的索赔权。但在提前终止导致移交的情形下，如移交时尚有未清偿的项目贷款，就该未清偿贷款所设置的担保除外。

项目相关的土地及场地在移交日应不存在因项目公司运行维护项目设施导致的或项目公司另外引致的环境污染，以及第三方在本项目相关的土地及场地引致的环境污染。如能证明在移交日之前已经存在的潜在环境污染应由项目公司承担违约赔偿责任。

2）技术方面的条件和标准

项目设施应符合双方约定的技术、安全和环保标准，并处于良好的运营状况。在移交时，对项目设备及其功能方面的移交标准有严格的要求，一般要求投资人在移交项目前对项目进行恢复性大修，确保项目设备的整体完好率达到100％。在一些 PPP 项目合同中，会对"良好运营状况"的标准做进一步明确。

接收方也可让项目公司提供移交质量保证和一定期限的技术支持，可根据项目的实际情况。可根据要求提供质量保函，约定质量保证期间、保证范围及缴纳一定的保证金，并在政府对项目进行管理、运营、维护和修理时提供技术支持，以保证项目的正常运作。对于城市隧道项目，移交过程不应影响运营、维修及系统内其他事务的正常运作，应能够保持交通系统向社会公众提供满足运营服务标准要求的运输服务，移交时所有系统应处于良好状态，能够充分满足运营需要。

（3）准备移交

1）明确相关移交事项

项目实施机构或政府指定的其他机构应根据项目合同约定与社会资本方或项目公司确认移交情形和补偿方式，制定资产评估和性能测试方案。项目合同中应明确约定移交形式、补偿方式、移交内容和移交标准。移交形式包括期满终止移交和提前终止移交，补偿方式包括无偿移交和有偿移交，移交内容包括项目资产、人员、文档和知识产权等，移交标准包括设备完好率和最短可使用年限等指标。采用有偿移交的，项目合同中应明确约定补偿方案；没有约定或约定不明的，项目实施机构应按照"恢复相同经济地位"原则拟定补偿方案，报政府审核同意后实施。

2）成立移交委员会

特许经营期届满前一定期限，一般为合作期届满前 12 个月，政府方或其指定机构和项目公司应共同成立移交委员会，负责项目移交的相关事宜。移交委员会应在双方同意的时间举行会谈，商定项目设施移交的实施方案，实施方案包括但不限于以下内容：移交的详细程序、培训计划和将要移交的设备、设施、物品、零配件和备件等的详细清单，移交前的检测验收程序，以及向第三方公告移交的方式。

甲方和项目公司应在合作期届满 6 个月内举办会议，就项目详细的移交程序达成一致意见并签署移交合同。项目公司应提交拟移交的设施、设备和物品详细清单、移交的技术环节及负责移交的代表姓名，甲方应将其负责接收的代表姓名通知项目公司。于甲方或指定的接管机构要求时，项目公司应配合办理本项目移交所需的相关手续。移交委员会有义务促使项目公司履行移交义务，包括：项目公司按照《移交考核要求》和本协议规定向政府方或其指定机构无偿移交；项目公司应负责过渡期间的运营管理工作，并给予政府方或其指定机构充分配合。

（4）性能测试

在 PPP 项目移交前，通常需要对项目的资产状况进行评估并对项目状况能否达到合同约定的移交条件和标准进行测试。如未达到合同的移交标准和要求，项目公司继续整改，直至达到所述标准和要求。在未达到所述标准和要求之前，项目公司的移交义务被视为没有完成。除非另有规定，项目公司任何为履行移交义务的整改所需要的时间，不视为延长移交时间。如超出合同期限仍未完成移交的，社会资本根据合同规定承担违约责任。

实践中，上述评估和测试工作通常由政府委托的独立专家或者由政府和项目公司共同组成的项目移交工作组负责，由其指定资产评估和性能测试方案。项目移交工作组应严格按照性能测试方案和移交标准对移交资产进行性能测试。经评估和测试，项目状况不符合约定的移交条件和标准的，政府有权提取移交维修保函，并要求项目公司对项目设施进行相应的恢复性修理、更新重置，以确保项目在移交时满足约定要求。

在移交日，项目公司应保证特许经营期届满移交资产：①符合《移交考核要求》列载的移交技术要求。②符合本协议所规定的安全和环境要求。③处于良好的运营状况，得到良好维护，正常磨损除外。

(5) 资产交割

社会资本或项目公司应将满足性能测试要求的项目资产、知识产权和技术法律文件，连同资产清单移交给项目实施机构或政府指定的其他机构，办妥法律过户和管理权移交手续。社会资本或项目公司应配合做好项目运营平稳过渡相关工作。PPP 项目的资产交割主要包括项目的合同转让和技术转让两大部分。

在移交过程中，项目公司应配合政府指定接收方完成项目运营过渡工作，提供必要的指导培训。在资产交割过程中，项目公司应按照移交资产清单，将资产及相应的权利、资料完整移交给接收方；按照约定，按时移走属于项目公司的物品。接收方应按照约定验收相应资产、权利、资料。双方应配合完成权利变更登记等关于资产转移的法律手续，按约定缴纳移交中应缴纳的税费。资产交割同时伴随着相应的风险转移。通常情况下，在移交日前，由项目公司承担项目设施的全部或者部分损失或损坏的风险，除非该损失或损坏是由政府的过错或违约所致；在移交日及其后，由政府承担项目设施的全部或者部分损失或损坏的风险。

除合同约定已提前交付的财产和材料以外的，下列财产和资料无偿移交给甲方（包括但不限于竣工决算审计确定的投资形成的资产，正常损耗的除外）：

1）本项目范围内的固定资产、设备、设施、器材的所有权以及运营期内增添形成的固定资产的移交。

2）应归属于本项目建设、运营过程中自然形成的，与本项目的资产形成密切关联的，且分割后本项目的价值会遭受较大损失的资产。

3）本项目建设和运营期间的有关材料资料（包括但不限于书面、电子、影像、模型等形式的资料）。

4）为本项目继续运行所必需的其他一切文件、资料和电脑软件。

5）为本项目所未到期的保险和维修权益。

6）与本项目运行维护有关的所有技术和知识产权的使用权，以及基于本合同所衍生出的知识产权的所有权。

7）所有文件、数据、图纸、密码、技术和技术资料，及与本项目紧密相关的无形资产。

8）本项目全部的养护资料。

9）项目公司应向甲方提交一份移交后的设施、设备维修方案及与之配套的维修计划。

10）与本项目有关的其他权利。

根据归纳整理，PPP 项目移交的主要范围有以下六方面：①项目设施及项目相关的资产，②与项目资产等相关的权利，③合同，④技术，⑤与项目设施有关的手册、图纸、文件和资料，⑥项目实施相关人员。

(6) 绩效评价

项目移交完成后，省级财政部门应督促有关行业主管部门对项目产出、实际效果、成本效益、可持续等方面进行绩效评价，并依法公开评价结果接受社会监督，评价结果可作为政府开展 PPP 管理工作决策和完善 PPP 模式制度体系的参考依据。绩效评价办法和细则作为招标的核心条款之一，有助于提高 PPP 项目的决策质量、监管水平、实施效果，项目移交阶段的绩效评价，主要体现为项目移交完成后的项目后评价，并制订《项目后评价报告》。PPP 项目移交阶段的关键成功因素主要包括技术转移、运营状况、维修担保以及移交范围标准程序。

第 5 章　PPP＋EPC 重大工程的深度融合技术

在第 2 章，主要是结合研究背景给出 PPP＋EPC 模式定义、内涵与外延，强调了公共产品的产品本身的品质问题，并介绍了 PPP＋EPC 模式下价值建构的路径。在第 3 章主要是在应用复杂系统工程方法论的理论基础上，我们讨论复杂性的分析、降解和重构的实践方法，主要是引入了深刻相似性概念和结构化降解。在第 4 章，主要介绍重大基础设施工程应用 PPP＋EPC 模式下的管理模式设计，重点是目标管理体系设计、法人治理结构设计和运作流程三方面内容。

从本章开始，我们将介绍如何运用深度融合技术，建构重大基础设施工程综合管理体系。值得一提的是，综合集成管理的方法并不是唯一的，但任何应用于重大基础设施工程的综合集成管理方法都无法回避工程复杂性问题。

5.1　深度融合技术的实现路径

重大基础设施项目 PPP＋EPC 模式下由设计方主导建构一种多主体、多尺度、跨领域的技术深度融合的价值发生机制，主要体现在生产领域、行业交叉领域和消费领域三个方面，并且三方面相互交融促进，形成有机整体的制度性安排。

在生产领域，由设计方主导的 EPC 工程总承包方以对象性资源传递为手段的价值形成机制，按照设计产品同时设计产品的形成过程的"设计—施工一体化"，第一层级的技术融合；在行业交叉领域，设计方首先按照建设行业惯例以地方政府（或其授权机构/平台公司）为顾客设定基础设施产品的公共意义，然后按照一般性投资行业要求，依据社会投资人价值意志对公共产品进行商业赋值形成多功能的准公共产品。在此过程中，最为显著的特征是顾客身份转变，即顾客身份由代理人向最终使用者的回归，此为第二层级的技术融合；在消费领域，地方政府（或其授权机构/平台公司）、社会投资人、设计方以及由设计方主导的 EPC 总承包方必须通过产品消费领域获得价值创造，各方在产品价值链中成为"目标一致"的"同路人"，由此形成的价值趋同被称为第三层级的技术融合。

由"设计—施工一体化"、对"顾客"的价值回归、关键主体（即后文所称的上层主体）的价值趋同三个层级的技术融合依托于项目管理组织对多主体、多尺度、跨领域的复杂性分析、降解和结构化重构的技术，我们把重大基础设施项目在 PPP＋EPC 模式下的复杂性分析、降解和重构的技术称为第四层级的技术融合，本书称之为深度融合技术（图 5.1-1）。

第四层技术融合能够通过系统化分解和复杂性降解的方法驾驭复杂性问题的切入方向并锁定系统依赖性控制要素（临界状态下），而综合集成管理正是基于复杂性项

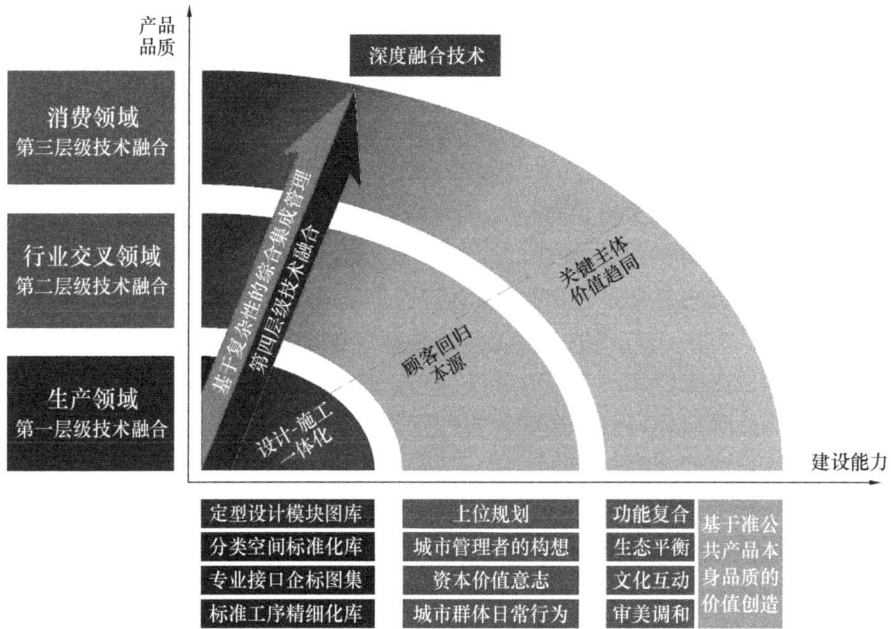

图 5.1-1　PPP＋EPC 模式的深度融合技术

目结构化降解的结果，运用智能建造技术手段使得管理组织为实现目标而寻找最/较优路径（最小熵增路径）的管理工具。

5.2　PPP＋EPC 模式的综合集成管理

　　PPP＋EPC 模式的综合集成管理方法主要是在借鉴经验管理、科学管理、系统管理等多种管理方法，引入了复杂性管理理论，并结合义乌商城大道隧道工程（隧道、轨道、综合管理及城市有机更新等多功能合建项目）具体实践应用的基础之上的归纳和凝练。通过建立一个驾驭工程复杂性的适应性管理系统（指 PPP＋EPC 模式的综合集成管理系统），不仅解决复杂性工程的建造问题，同时解决多功能复杂性公共产品价值实现问题。

5.2.1　PPP＋EPC 模式综合集成管理概述

（1）项目组织集成需求分析

　　工程管理组织是工程建设的基石，是项目决策和推动的发动机。重大复杂工程的管理组织必须拥有强大的资源整合能力和驾驭工程复杂性的能力。

　　工程组织不能按照传统模式将复杂因素进行简单叠加，需要根据工程环境和工程目标，设计和界定各建设主体在建设过程中的职能、权益和彼此之间的契约关系，设计和制定相关的制度并按一定的机制运行。

　　任何组织都是其生存环境的产物，随着环境变化做出必要的调整是组织保持活力和竞争力的需求。在传统的建设模式下，工程组织无法做到为某一个具体的项目进行有针对性的管理组织设计。在以政府为主导的基础设施建设领域，传统模式建立在基本建设程序和契约关系的基础之上，一方面依靠行政权力整合社会资源，另一方面依靠市场规则优化资源配置，由此形成了大量的合同关系与业务关系错位的混乱关系。

由图 5.2-1 所示，重大复杂工程中存在大量的参建组织，如业主、勘察、测量、设计、施工、监理、造价咨询、设备材料供应商、专业分包商等。他们都是工程组织主体，但是由于他们在工程组织中地位与作用不同，契约关系也不同，由此造成了组织关系的复杂情况，这也是一种非常典型的工程复杂性问题。

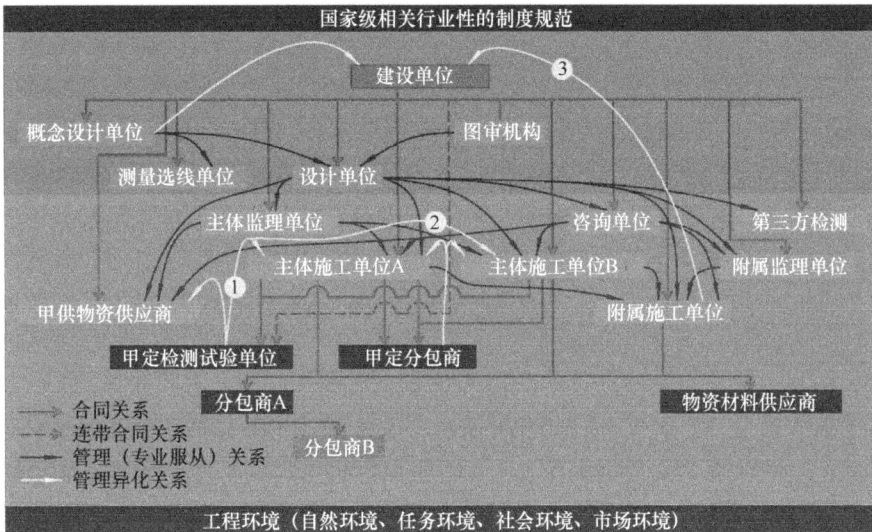

图 5.2-1　某重大工程建设管理组织关系

如图 5.2-1 所示，管理关系与合同关系并不总是相吻合的，例如监理单位与施工单位并没有直接的合同关系，不过在各自与建设单位订立的协议中约定了管理与被管理的关系。即便在合同条款中没有明文的规定，类似的管理关系仍然有效，例如平行发包的附属工程施工单位与主体工程施工单位，他们之间并没有合同约定的权利和义务关系，但是在实践中主体工程施工单位应建设单位要求与附属工程施工单位发生实际的管理关系，包括提供测量定位，提供用生产水、用电，职工住宿、搭伙等。在实施过程中，主体工程施工单位对附属工程单位的施工质量、安全进行监督，以满足工程整体竣工和移交要求；附属工程施工单位作为下道工序对主体工程施工单位的施工质量进行交工验收，以满足自身施工满足设计工况……可见主体间组织关系之错综复杂。

还有一种反常的合同委托关系，我们可以称之为管理异化关系（合同的被委托方监管/控制委托方的不对等合同关系）。如图 5.2-1 建设单位指定检测试验单位与施工单位方订立委托关系（或是三方协议），此时就合同关系而言，检测试验单位受施工单位委托开展技术"服务"活动，实际上该检测试验单位是接受建设单位授权对施工单位行使监督的权利，由此构成了被委托方监督委托方的管理异化关系。图中另外一种管理异化的情形，主要是附属施工单位在具体行业内处于某种垄断地位形成的，超高压输电线路的迁改施工就属于此种情形。

合同关系与管理关系不吻合并不是造成工程组织混乱、冲突不断的最主要原因，而是工程组织内部的目标冲突才本质上构成了组织复杂性关键要素。重大复杂性工程为保证项目顺利开展不可避免地会出现大量的专业化精确分解，但是分解之后带来一个新的问题，被分解的每一个子项都具有各自独立的主体目标，这些目标在工程组织进行科学决策和设计之前都处于彼此独立的状态，在一定条件下甚至可能出现抵触、相悖的情形。

案例：某工业项目的整体最优与个体责任冲突问题

某总投资是 35 亿元工业项目，在项目接近完工前，发现某混凝土结构隔断墙与感应炉坩埚设备出现冲突导致无法安装，经调查发现是由于不同专业图纸的设计冲突导致的。此时，土建单位已经撤场近一年，重新组织施工力量、对原结构进行保护性拆除、重建至少需要 4 个月，其中拆除费用 36 万元，重建费用 74 万元，预计增加费用 110 万元；结构设计方提出改为钢结构隔断墙，重建费用达到 130 万元（合计为 166 万元），但可 1 个月内完成改造任务。

项目已接近尾声，此时建设单位在此项目上的融资规模已经突破了 20 亿元，每月的财务成本高达 900 余万元，单月财务成本远远超过了项目改造的全部。按照变更审批流程，此项变更的金额已经超过了 50 万元的审批限额，为此建设单位向市工业资产公司（项目运行单位）提出变更审批申请，并建议采用钢结构改造方案。市工业资产公司并未就采用何种方式进行改造做出正面答复，而是要求建设单位查清设备与结构冲突的原因，并追究相关责任单位的返工责任。毕竟任何组织都是由具体的人组成的，当组织设置的上层主体（如本案例中市工业资产公司）的决策人把责任追究作为设计变更的充分条件加以追求时，复杂性问题的演化方向（问题导向）就此发生深刻的变化。

本案例由三家设计方——工业建筑设计、土建结构设计、工艺深化设计——独立完成设计任务，他们的横向联系均通过建设单位实现，此时有：①工业建筑设计方在设计方案中已注明，该专用设备用房的尺寸由相关设备工艺设计进行深化和确定；②土建结构设计方注意到了工业建筑设计的有关说明，为此联系建设单位要求给予答复。而此时本项目单项（感应炉坩埚）设备采购尚未启动，建设单位在咨询有关行业专家意见后，指示土建结构设计方按照工业建筑设计的暂定尺寸进行；③工艺深化设计进场核对尺寸时发现设备与结构出现冲突，向建设单位提出变更要求。所以，造成返工损失的责任是建设单位。

必须指出，任何决策都存在风险，这种风险来源于决策主体的能力局限和不确定的外部环境。传统建设制度下缺乏对基于能力局限的"容错"保护，本案例中如果建设方如实汇报，相关决策者（组织、个人）将承担责任。

于是：建设单位的主要决策人为掩盖当时的决策错误，希望土建结构设计方承担"责任"，并承诺给予其他方式的补偿。迫于形势压力，土建结构设计的项目负责人同意了建设单位的要求。相关报告依次递交市工业资产公司、市府办及市政府办公会，处理意见为对责任单位（土建结构设计方）进行行业内通报，停止参与市域范围内的招标投标活动 6 个月，并扣除该企业的市场信用评分并处罚金等。

事件远没有结束，之后土建结构设计方提出行政复议的申诉，并提供了相应的证据材料。经建设单位再次施压后该单位撤回相关申诉诉求。但是，受到不公平处分的结构设计负责人向市纪委实名举报……该项工程的最终工期延误既不是 1 个月，也不是 3 个月，而是整整 18 个月。

从组织集成的角度分析此案例，我们有：①指令链上的主体需求并不一致。处于上端的市工业资产公司并不关心对处于下端的建设单位在变更中应予考虑的融资成本增加，而对追加投资的设计变更要求查明原因；处于下端的结构设计单位违心地屈就于上端的建设单位，被迫承担设计错误的"责任"；②横向关联上的主体需求并不一致。工艺深化设计单位只需得到指令链上端的建设单位确认而无视工业建筑设计给定（暂定）的设备用房建筑界限和已完工的实际结构尺寸；③个体与整体之间的主体需求并不一致。市工业资产公司仅对本位管理责任负责，无视整体延误造成的损失；结构设计负责人在自身利益受到损伤时并不考虑所在单位的整体利益。

因此，传统模式下工程项目组织集成的要求我们大致可以归纳以下三个方面：

1）纵向集成要求

所谓纵向的集成要求是自上而下的管理集成，也就是指令链上的集成。一般情况下工程组织中存在一个强势的机构担当上层主体，这一机构将离散的子系统（对应下层主体）的目标进行宏观集成，对目标按照上层主体价值意义进行归并，使得子系统目标之间的冲突性按照上层主体意志消解（这种消解并不以内耗最低为标准），使之服务于整个管理系统的整体目标（上层组织的最终目标）。在重大基础设施项目的组织设置中，这一强势的上层组织一般以平台公司或政府方组建的工程建设指挥部的组织形态出现。这种组织架构能够起到统领的作用，使得重大基础设施项目进程能在繁多的、相互联系却又彼此冲突的子系统目标中始终维持以整体项目目标为导向。

2）横向集成要求

专业化分工同样为重大基础设施项目带来了深刻的复杂性挑战。工程项目系统包含众多相关联的子项目系统，由处于工程组织顶层的指挥系统控制。多数项目的建设单位（或建设工程指挥部）越来越多地采用矩阵式的混合组织形式，放任各子系统进行横向博弈，自身只起一个制衡或居中裁决的作用。当具体工程项目的组成子系统关系特别复杂，专业技术要求特别高，而建设单位不具有足够的专业技术能力完成复杂性工程的横向协调时，还可以借助专家团队在整体项目和子项目中集成，形成贯穿整个项目实施阶段的专家顾问团队。

3）全生命周期集成要求

工程项目全生命周期管理的理念决定了组织必须实现工程项目全生命各阶段的集

成。包括项目的概念、项目整体目标的设计、可行性研究和决策、设计和计划安排、实施过程的控制、项目群的多轮次的渐进式开发、运营及运营期的开发调整等各个阶段，建设单位需要把项目的各个组成部分按照一定的组织规则整合在一起，形成一个有机整体。目前，国内多数城市基础设施项目存在很多建、营体制分离的现场，使得全生命周期的集成尚未形成内生需求，由此导致了许多脱离主体（包括利益相关者）需求的低劣项目。

传统基础设施项目管理范式是以建设单位（政府授权的建设指挥部）为上层主体，按照自身价值意义强势确定管理规则，并贯穿于整个建设活动周期——来源于上位规划和城市管理者的构想（甚至是喜好）左右本位管理；对潜在合作对象的恶意揣测等同于风险分析，并固化为合同罚则；管理部门对本单位/部门的权力制衡向管理链的下游"转嫁"，此范式视工程建设活动为目标任务，强调建造行为本身（管理行为）而忽视建造行为结果（项目产品）。

（2）重大复杂工程项目集成所运用的基本条件

当然建造行为的本身与建造行为结果之间具有一定的关联意义，即较好的管理行为与较好的项目品质有着紧密的关联。在简单的工程建设中两者是可以理解为因果关系，但是在重大基础设施工程中复杂的组织关系中，不同主体间"好"的管理标准不再统一，不管是建设单位为主导或者设计单位为主导，如不能对项目管理组织本身的组织复杂性进行分析、降解和管理集成，是难以形成整体最/较优的组织管理行为。重大复杂性工程中常见的组织内部"欺骗""隐瞒""扯皮推诿"和"相互掣肘"等令人沮丧的混乱与内耗正是源于多元主体间的目标冲突。

重大复杂工程项目在纵向、横向存在大量的复杂性问题，这些问题在传统承包模式（DBB）下难以通过合同治理的方式克服。当采用工程总承包模式（EPC、BT 等）时，大量的横向协调内卷迫使以总承包为框架的工程组织进行横向集成强化。通过实践发现，在以设计方牵头的 EPC 工程总承包模式下，以设计方为主导的技术专家团队在项目系统中发挥着专业控制的优势，该专家团队能够在高于项目组织一般层次的条件下进行协调和沟通，并实现组织间横向统筹和控制，而且这种控制不仅实现了整体项目和子系统项目中某阶段的过程控制，更实现了跨越职能部门的横贯线。专业技术的魅力在于它的普遍适用性如图 5.1-1 所示，上：国家及相关行业制度性规范；下：工程环境，包括自然环境、任务环境、社会环境和市场环境等。

PPP＋EPC 模式中，项目从概念阶段就已构建了一个工程全生命周期的并行规划、设计与建造的执行框架模型，集成了包括客户、设计单位、投资人联合体、政府部门、建造单位、物资设备供应商、物业运营单位等在内的项目参与方网络，同时还给出了团队集成的管控工程复杂性的八个维度，包括了"组织↔分工""项目需求↔工程意义""业务实践↔环境依赖性"和"方案清晰程度↔作业时间"，并以此为目标进行复杂性结构拆解、由边界信息损失定义管理内容和拆解子问题的集成组合设计。重大复杂性工程中，设计方借助 PPP 融资模式是工程全生命周期集成的需要，借助 EPC 管理模式是工程横向、竖向集成的需要。

PPP＋EPC 模式在重大复杂工程项目集成运用的基本条件主要可归纳为以下两点：

1）设计以公共产品的全生命周期价值目标为导向的纵贯线作用

我国传统建设项目管理中，业主方作为传统意义上工程产品的最终使用者，在建设项目的全生命周期中发挥主导作用，整合项目设计、承包、监理、供货等各方利益，实现其自身的管理目标。但是城市基础设施项目不能等同于一般性投资开发项目，城市基础设施的项目的决策前期、项目实施期和项目运营期三阶段分离，这种分离不仅是业务上的分离，还是主体组织上的分离。以杭州市为例，城市基础设施项目的前期策划和决策由市建委下设的前期办公室负责，项目实施期的管理工作由市属的各大平台公司，如市城基公司、市城投、地铁集团、运河集团等负责；项目的运营由城市管理委员会下设的市城市设施监管中心和由其委托的市政养护单位负责运行。在这种情形下，各阶段之间不能进行有效的边界管理和阶段衔接，大量的边界信息损失难以找回并加以控制，在边界上存在管理部门之间的管理边界争端，大量的资料和信息难以得到及时地传递和共享，以公共产品的全生命周期价值目标为导向的纵贯线不能被打通。

大型国有设计企业作为业内技术引领者，长期以来深度介入项目的前期、实施和运营三个阶段的技术服务工作，对城市基础设施项目的产品品质的理解和产品价值创造等技术能力上超越了其他参建各方。当基础设施在 PPP＋EPC 模式下进行建设时，迫使设计方开拓一条以"产品本身"为价值创造前提条件，以公共产品公共价值意义为价值基础，并实现"公私兼顾""双向利好"的良性发展道路。

2）设计以全生命周期的横向联合价值共创为目标的横贯线作用

PPP 项目中"股东利益至上"的局限性使得以城市基础设施为标的的公共空间生产必然走向"公共意义"的反面。此前如火如荼开展的城市基础设施项目 PPP 投资建设模式是建立在地方政府财税收入的信用基础之上，按照政府付费的回报方式，央、地工程公司（大型国有施工承包商）借"地方融资"之道，行"承揽工程业务"之实，在很多基础设施可行性研究、科学投资决策分析等条件尚未完全成熟之前匆忙上马，造就脱离实际需求的低品质项目，并且城市规模的迅速蔓延加剧了城市病的发展速度，无法起到基础设施应有的作用。与此同时，快速盲目上马的重大基础设施项目迅速扩大了地方政府负债规模，在中央出台相关限制政策后，PPP 项目迅速降温，模式发展走入歧途。以承揽工程施工业务为目标的 PPP 项目，投资人看重的是非竞争性施工利润而不是工程产品的价值本身，无论从投资人角度或是地方政府公共产品服务角度都属于"动机不纯"，这些都是 PPP 模式的不健康因素，应予坚决防范。

PPP＋EPC 模式倡导应用全生命周期内的产品价值本身覆盖建设投资，并获取合理回报方式，寻找纯粹的合格投资人。以价值共创的思想改造现代城市基础设施项目的投融资模式，包括项目的策划、价值实现路径、项目的生产方式和运营回报方式，将复杂性科学的系统方法论运用于合建项目的复合功能连带开发，提出系统性的并行建设（concurrent construction，CC）方式，将产品的质量、费用、进度以及用户需求、公共产品的工程意义结合成一个紧密联系的系统工程，并实现包括投资人、承包方、运营方、物业管理方等各方的利益一致的一体化方案。

在项目全生命周期中，PPP＋EPC 模式下的设计方兼具投资者、承建方、开发管理方和项目运营方，代表着诸多管理角色的共同利益，在整个建设项目生命周期起着横贯线的作用，主要基于以下三方面的考虑：

① 设计方在项目初创期与政府对公共产品的价值和意义的考虑达成了一致，奠定了 PPP 项目公私兼顾的原则；

② 设计方作为投资人、项目管理方和项目运营方参与人都是基于公共产品的公共属性维持的条件下进行的有限度的连带开发，并实现投资和回报，没有根本利益上的冲突，易结成项目联合体；

③ 设计方在规划、项目策划、项目建设管理、物业管理和项目运营方面，在整个项目全生命周期组织、管理、经济、合同、施工技术等各个方面的知识、经验和技术成为各方价值实现的关键。

(3) 以设计方为主导的集成设计原则

PPP＋EPC 模式以设计方为主导的集成设计概念性思路如图 5.2-2 所示。

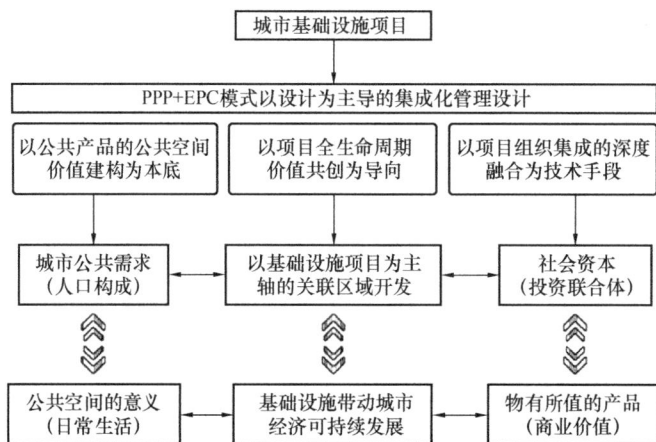

图 5.2-2　PPP＋EPC 模式以设计方为主导的集成设计概念性思路

设计方为主导的 PPP＋EPC 项目（功能复合的城市基础设施项目）的集成化设计应遵从以下三条设计原则：

1）明确项目作为公共空间的价值意义

在进行基础设施建设时应当充分理解城市公共空间的价值，站在社会公众需求和城市发展的视角将公共空间作为一种稀缺的资源加以积极开发，满足人对物质价值、社会价值和精神价值的追求，为基础设施赋予服务功能、文化内涵和精神意义，将公共空间的价值从时间维度（历史文化传承）、空间维度（土地资源可持续发展）、经济价值、人文价值、生态价值等方面进行拓展，设计方作为项目主导者，应从产品品质追求出发构建公共空间的价值，包括功能复合、生态平衡、文化融合、审美需求。

2）以项目集成组织的深度融合为技术手段

建设项目集成组织归根究底是人化的组织而不是物化的组织，因此以设计为主导的组织集成是以人力资源保障组织成功，并按照决策为核心，打破专业项目团队原本归属企业的组织框架，以深度融合技术建立重大复杂工程项目群专业化项目团队和人力资源管理体系的横向集成；以全生命周期项目管理理论为指导建立全产业链条和优势资源整合管理体系的纵向集成。

3）以项目全生命周期价值共创为导向

价值共创视角下的 PPP＋EPC 模式合建项目旨在把使用者（包含潜在消费者）纳入基础设施领域的价值创造系统，以 EPC 的设计方主导作为 PPP 项目与价值共创之间的纽带，实现主体间的互动和资源整合，提供功能多样化和价值多元化的非经营性公共产品及其准经营性附属配套设施。

PPP＋EPC 模式的融合是政府方与整个团队基于项目的需求，通过设计提供多样性公共产品或附带多样性公共产品的手段，核心在于利用设计满足业主和消费者的需求，实现沿边沿线的价值空间构建；在公共产品不能进行使用者付费的情况下，将非经营性公共产品与准经营性公共产品进行一体化开发作为市场化的有效手段，即为具备公共属性的非经营性项目提供具有公众消费意愿的附属项目，利用隐性使用者付费改善项目公司经营状况，从而增加社会资本的投资意愿，推动社会资本主动挖掘公共产品价值的意愿，通过特许经营权的开发和良性投资回报机制的建立，形成社会资本主动提升重大基础设施这类重要城市公共产品的品质并实现价值创造的良性循环。

5.2.2　PPP＋EPC 模式综合集成管理的关键技术

（1）工程组织对主体的分类管理

PPP＋EPC 项目的工程组织主体是指纳入 PPP＋EPC 管理范畴内负责工程建设某一种管理与控制任务的个人、单位或部门。

PPP＋EPC 项目是以基础设施为基础，关联区域连带开发为补充的合建工程，往往具有总体规模大、涉及面广、周期长、建设任务繁重、关联的参建单位（主体）数量和类型较多的复杂性特征。根据 PPP＋EPC 工程组织主体在项目建设活动中的组织角色和影响力我们做以下分类管理。

1）上层主体（群）

上层主体属于 PPP＋EPC 工程组织的领导集体，领导集体对 PPP＋EPC 管理活动进行引领与指导，带领工程组织共同努力实现工程管理目标，一般不直接管理工程具体事务。上层主体主要有：

① 项目最高决策机构（专门委员会）：战略委员会、审计委员会、提名委员会、绩效考核委员会、投资管理委员会、品牌管理委员会、风险控制委员会和创新委员会。设置专门委员会作为项目最高决策机构的设计是为了规避"股东利益至上"理念在公共空间生产中的流弊。专门委员会委员、股东代表共同组成董事会。

② 项目股东大会：按照 PPP＋EPC 项目的形成机制，划分为一次出资方——政

府、设计联合体，二次出资方——社会投资人（或其联合体），分别确定项目股东。

③ 常设机构：常务董事会（董事会常务委员会）、监事会的成员均由股东推选产生，并作为常设机构主持项目管理。董事会常务委员会委员、监事会监事以及专门委员会委员互不兼职。

2）下层主体

下层主体属于 PPP+EPC 工程组织的执行集体，执行集体通过有效的组织制度和机制设计来构建和提升主体的管理能力，并以此驾驭被管理对象的复杂性。下层主体组成复杂，可以按照其在建设活动中的作用和影响力划分为平台主体和非平台主体两大类。

所谓的平台主体包括建设、勘察、设计、施工、监理以及其他对整体项目具有重要影响能力的主体，他们是直接从事工程建设任务的实施主体。与传统意义上的建设五方主体不同，平台主体在 PPP+EPC 项目综合集成管理中负责工程建设的管理与控制任务，担任工程建设中的规划、制度、程序等设计工作，即综合集成管理平台的搭建工作。

非平台主体在建设任务的管理和控制上处于从属的地位，他们被动地接受综合集成管理平台的有关制度、流程。

无论是平台主体还是非平台主体，在 PPP+EPC 项目建设管理中都具有自主性，因此在主体之间必然存在利益（目标）和由利益（目标）引发的管理行为的不协同现象。此时，可以根据 PPP+EPC 模式的"价值共创"理念，以及项目治理结构设计、目标管理体系设计、决策治理能力构建等具体措施使平台主体之间的不可调和目标冲突得以规避，并通过恰当的绩效考核手段在微观多样性的基础上形成工程组织总体稳定的宏观能力。

所以，平台主体不完全等同于传统意义上的建设五方主体。例如某越江配水工程，越江段顶管是工程的主要内容，并且在越江段需要经历卵石、富水粉砂、强度较大中风化凝灰岩等复杂地层，面对如此复杂的地质条件，顶管机需要"软硬通吃"。此时顶管机的选型和制造直接影响工程整体目标，在某些技术上需要设计方与制造商共同协作完成专项设计任务，将设备供货商（制造厂家）纳入平台主体是非常有必要的。再例如海上风电项目的海缆、海上升降作业平台的主要控制主体，有特殊要求的盾构设备的主要控制主体，主体结构采用钢结构形式且技术要求比较复杂的钢结构构件制造厂商，技术难度和环境风险较高的浅埋暗挖隧道对应的暗挖作业班组等，这些对工程整体目标具有重要影响力的实施主体都应当作为平台主体，甚至在综合集成管理平台的设计过程中围绕某些技术要求或特殊工艺要求需要作出针对性的设计。

(2) 综合集成的设计方法

PPP+EPC 项目综合集成管理的目的就是为了建构和驾驭以城市基础设施建设为目标的复杂工程系统，除遵循管理学的基本原理外，还应基于复杂性系统科学的理论和方法形成独特的设计方法。

重大工程领域 PPP+EPC 融合模式的应用开辟了城市基础设施建设模式的新途

径，但同时也带来了新的管理挑战与难题，其中一个非常重要的课题是关于复杂系统的行为、机理以及复杂性分析、降解的问题。

本书是对工程实践的总结和分析，从实际应用的角度提炼了工程管理中复杂性脸谱指标体系，该指标体系主要帮助重大复杂工程管理决策团队抓住复杂性问题本质，通过系统结构化分解和复杂性降解的方法解决具体工程问题。当该方法运用于 PPP＋EPC 项目综合集成管理系统的设计时，可以归纳为如下具体应用。

1）复杂性系统结构化分解方法

具体工程问题的复杂性是一种客观存在，是一个高度开发的复杂系统，表现出强烈的环境依赖性、功能（分工）复合性、路径依赖性和自组织临界性。但是工程复杂性系统又区别于其他自然、社会条件下形成的复杂性系统问题，它作为人造物（人造系统）和客观物（所处环境条件，包括自然环境、社会环境等）的有机复合体，具有强烈的主客观联系。PPP＋EPC 模式正是从复杂工程系统这一特点，运用结构化设计方法处理复杂性问题的解耦问题。

以"组织（主观性指标）分工（客观性指标）"为例

工程项目的分工是客观性指标，它更多地取决于行业技术能力和建造水平。例如，对于一般道路工程，从工艺划分上至少应包括路基、基层和面层三个部分；对于明挖隧道工程，从工艺划分上至少应包括围护、土方、地下现浇结构、防水等四个部分；对于桥梁工程从工艺划分上至少应包括桥梁下部结构、桥梁上部结构以及桥面系统三个部分；对于盾构法隧道，从工艺划分上至少应包括盾构始发、正常掘进和盾构接收三个部分；对于矿山法隧道，从工艺划分上至少应包括钻爆、开挖出渣、衬砌支护等三个部分。

工程项目的组织是主观指标，它由管理团队根据自身资源、技术特点和实践经验做出各种各样的安排。从效率的角度出发，按照分工划分二级组织是最为常见的施工组织设计的方式。

以矿山法隧道工程施工为例进行分析。

分析一：关于现场决策的分岔（复杂性识别）

施工项目部的二级组织按照施工工艺划分为：钻爆班组、开挖出渣班组、衬砌班组。从工艺流程上，钻爆施工是开挖出渣的前道工序，此时自然形成下道工序对上道工序的交接验收关系。

项目管理组织如果对开挖出渣班组的计价规则设定为按实计价，那么开挖班组对自身钻爆质量控制对正偏差（超挖）是可以接受，而对负偏差（欠挖）极端不可容忍。因为一旦出现欠挖的情况，同一步序的爆破至少需要经历两次（增加至少一次的补欠挖）。而负偏差导致的工序节奏（每一工序循环有规律的施工时间安排）和组织序列（爆破→出渣→衬砌）的打破同样为其他项目组织所不能接受（图 5.2-3）。

矿山法隧道中，钻爆与开挖分属于两个独立组织（班组）的施工安排中，前道工序（钻爆）的起爆信息为后道工序（开挖）的预备信号。起爆信号发出时，开挖班组，需要组织挖掘机、装载机、渣土运输车以及相应劳动力在隧洞某一部位做好进场

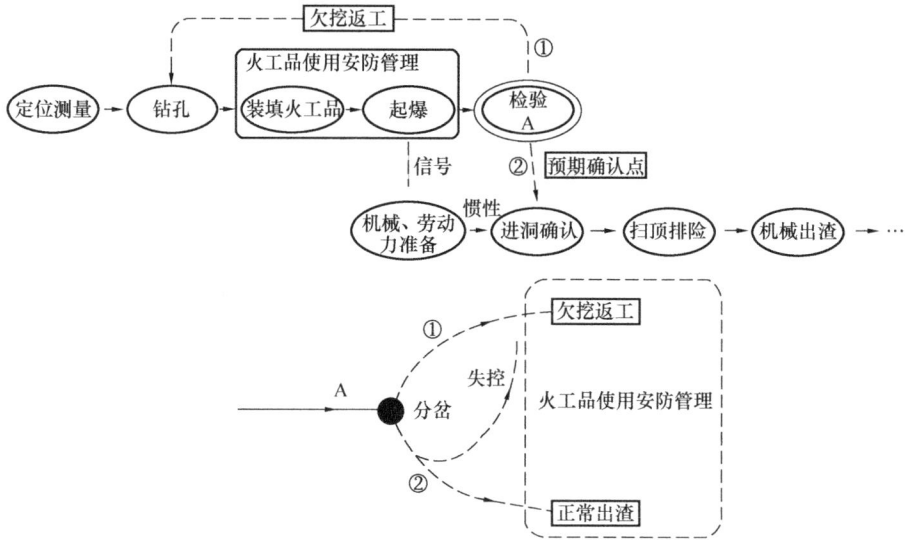

图 5.2-3　矿山法隧道钻爆与开挖组织分界信息损失模型

准备，并等待允许"进洞"的指令。当测量人员对爆破情况进行检验（分岔点 A）满足要求时，给予开挖班组"确认"信号。在连续的多次循环作业中无论是钻爆班组、开挖班组，还是测量员、火工品管理员、安全员等管理人员都形成了既有的周期性工序循环的惯性。

其中的某一个循环出现局部欠挖的情况，按照操作规程需要"欠挖返工"因此分岔点 A 会出现两种可能性：

可能性①：按照正常工序安排出渣，然后组织钻爆人员推台车至掌子面进行欠挖位置的钻爆（补小炮），然后再次组织开挖班组进行二次清渣，最后把作业面移交于衬砌班组；

可能性②：利用爆破堆积体（或者本身欠挖位置高度较低，具备无须台车辅助的钻孔作业条件）直接进行欠挖位置的钻爆，然后重新组织开挖班组二次进场，进行一次性的清渣作业。

第一种做法是钻爆、开挖两个班组都需要组织二次进场，第二种做法是仅有钻爆班组需要组织二次进场。按照效率原则，当欠挖处理在第一次爆破的基础上具备二次爆破的条件时，选择第二种做法的可能性较大。但是这种做法显然打破了"钻爆→出渣"的循环规律，即为"钻爆→钻爆→出渣"，而开挖班组在第一次钻爆完成后，就已进入爆破管制区域，在洞内信息传递不畅出现信息损失如个别开挖作业人员未接到撤离的信号而滞留在管制区域，此时极可能出现严重的安全事故。

分析二：分岔点的价格形成策略（复杂性降解）

当钻爆工序出现较大偏差的差挖，由于执行按实计价的策略，衬砌班组的工作量也相应得到增加，包括因为超厚的喷护所增加的多层挂网（以保证初期支护的尺寸和衬砌本身的密实）、长短结合的土钉等辅助措施。

所以，这个策略在成本管控上的缺陷是钻爆、开挖和喷护班组都对超挖呈现正向反馈的关系，在工序转换过程中边界出现了三个可能失控的自由裁量权管控节点。在正反馈规则下，三个自由裁量权管控节点之间已经构成"亲亲相隐"的条件，如图 5.2-4 所示。

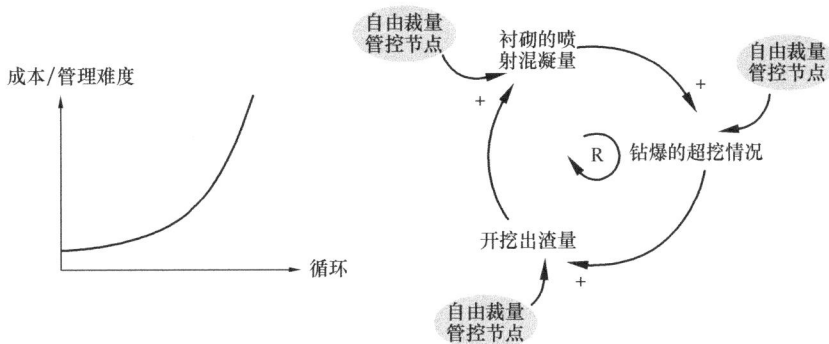

图 5.2-4　矿山法隧道钻爆、开挖和衬砌班组的成本管控之间的正反馈关系

如果我们改变组织划分，将钻爆工序和衬砌工序合并为一个班组，开挖作为另一个班组。

可能性：维持按实计价的方式，那么钻爆在超挖同时根据前后工序的关系改变计价规则，例如钻爆衬砌班组按照设计图纸计算工程量，开挖班组按实计算工程量。那么对于钻爆衬砌班组，不再接受失控的超挖，因为一旦出现一定规模的超挖时将增加其出渣的作业量；同时须避免出现欠挖，因为一旦出现欠挖将导致其返工，同时钻爆与开挖两个工序之间的边界损失出现在该班组管理内部，作为施工项目部只需对开挖完成后的断面进行界限复测，而无须核算具体工程量。从管理行为上看，三个构成"亲亲相隐"自由裁量权的成本管控节点消失了（前后工序互检的管控节点形成权衡关系，如图 5.2-5 所示）。

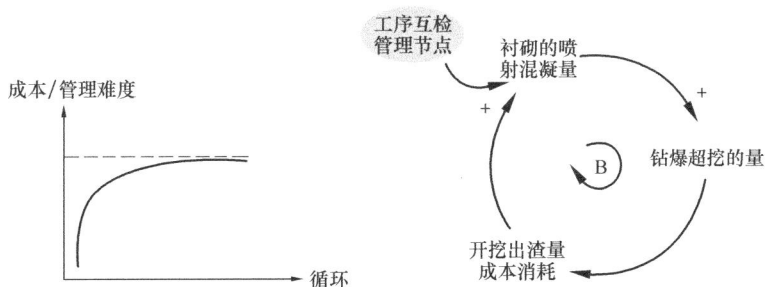

图 5.2-5　矿山法隧道钻爆、开挖和衬砌班组的成本管控之间的负反馈关系

如果以"业务实践（主观性指标）↔环境依赖性（客观性指标）"角度分析，延续上述矿山法隧道钻爆、开挖与衬砌班组的组织划分，引入环境因素——围岩级别。同时项目部仍然对钻爆、开挖和衬砌班组的成本管理采用"按实计价"的策略。

假定"组织↔分工"的复杂性指标不随时间变化而变化，只考察钻爆的超欠挖控制与外部环境（借用评价围岩质量的一个综合性的指标——围岩级别）的复杂性关系。

当围岩级别较好（如图 5.2-6 所示Ⅲ围岩以上段部分），此时系统对环境依赖性较低，可以把图示围岩级别曲线与矿山法成本发展曲线视为一条水平线，也就是围岩级别较好的情况下，复杂性问题与外部环境无关（或依赖性很低），当然经过若干的循环迭代，线性系统的控制趋于完善，使得整体可控；

当围岩级别较差（如图 5.2-6 所示Ⅴ围岩以下段部分），此时系统对环境依赖性很高，此时矿山法的成本曲线与外部环境因素深度关联（即通过围岩级别即可确定施工成本，或者说特别软弱的岩土条件几乎可以确定施工成本，除此之外的因素的影响程度很低），此时可以建立"围岩∝施工成本"线性关系，其他因素通过若干的修正系数即可得到很好的控制效果，从复杂性角度看，经历若干循环的演化系统趋向总体可控的收敛状态；

当围岩级别处于某个中间区间（如图 5.2-6 所示Ⅲ～Ⅴ围岩部分），此时系统对环境表现出强烈的依赖性，但是影响系统控制的因素不完全取决于环境因素，那么矿山法的成本曲线与外部环境因素之间表现出非线性的发展状态，随着若干循环的演化呈现不可控的发散趋势。即经历若干循环后业务实践管控手段出现奖惩失衡（系统分岔点）困境，同时火工品用量的成本管理节点与该质量管理节点重合（系统分岔点）；开挖班组每一循环作业前须安排一个断面测量的定量管理节点；衬砌班组每一循环也相应增加了一个定量管理的节点，并且衬砌的"回弹量"质量控制点与"超欠挖"质量控制点的重合（系统分岔点）。

可以得出图 5.2-6 所示的"S形"反馈关系，同时也说明围岩级别（程度）处于好与坏的过渡区间（围岩级别Ⅲ～Ⅴ）内采用"按实计价"的策略呈现出复杂性的风险，通过"业务实践↔环境依赖性"指标维度试图降解具体工程问题的复杂性难以实现。

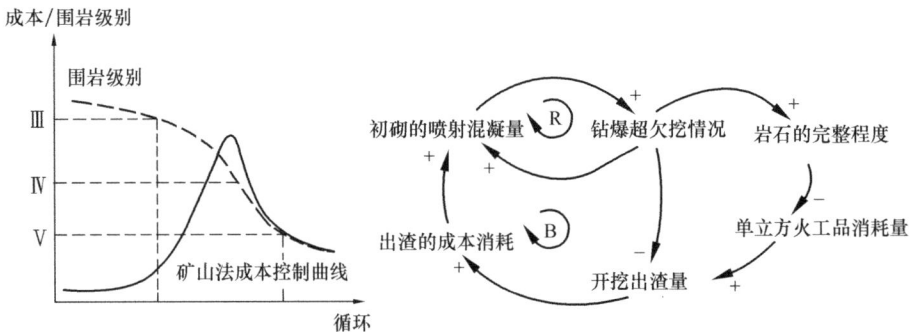

图 5.2-6　矿山法隧道钻爆、开挖和衬砌班组的成本管控与围岩级别之间的 S 形关系

运用结构化设计方法处理具体复杂性问题，按照复杂性脸谱四对基本平衡关系进行分解时，可以很快地找到解决（降解）该复杂性问题的切入点方向，使得被管理对

象的"路径依赖性"得以被准确预判，即找到解决复杂性问题的方向和关键（控制）节点。

2）基于深刻相似性原理的设计方法

复杂性的结构化降解提供了认识和研究被管理对象（具体复杂性问题）的正确视角（降解方向），但是更重要的是要有能够驾驭和控制复杂性问题的能力，这里主要包含以下两方面工作。

① 建立隔离体

复杂性脸谱提供了四对相互独立的降解维度（方向）和两个超越维度（空间、和时间）。根据深刻相似性原理，当复杂系统在空间和时间两个维度方向的拆解不改变原系统的相似性时，在空间和时间两个维度上进行边界拾遗可以做到遍历和完备。

在这个方面有很多成功的经验，例如结构与岩土之间的复杂性耦合，通过设置支挡结构（围护结构）作为隔离体，此时结构与岩土之间的作用路径变得清晰和可显性模拟，同时岩土的微小变化（如薄的夹层、局部的渗透性变化等）通过支挡结构的"隔离"作用变得更容易控制（小变形可忽略），从而使得模拟计算问题得到简化。同时，可以通过复杂性降解后的耦合关系确定隔离体设计的控制方向。仍以基坑围护为例，从"业务实践↔环境依赖"的复杂性平衡关系，我们找到复杂性控制的一个非常重要的显性参量——变形（基于广义胡克定理的应力应变关系），可以把土体对围护墙的作用近似为一组"弹簧"，把支挡结构简化为类似"梁"的受力结构。当环境对变形的控制要求很高时，围护墙的刚度（结构厚度大）需要相应地提高，对环境依赖性相应降低；当环境对变形控制要求不高时，围护墙采用相对柔性（结构厚度小）策略，充分利用墙后土拱效应和应力二次重分配的方式取得更为经济的围护结构设计。

隔离体是复杂系统结构化分解过程中，为系统边界信息拾遗提供了一种解析或半解析的分析方法，其设计思路如图 5.2-7 所示。

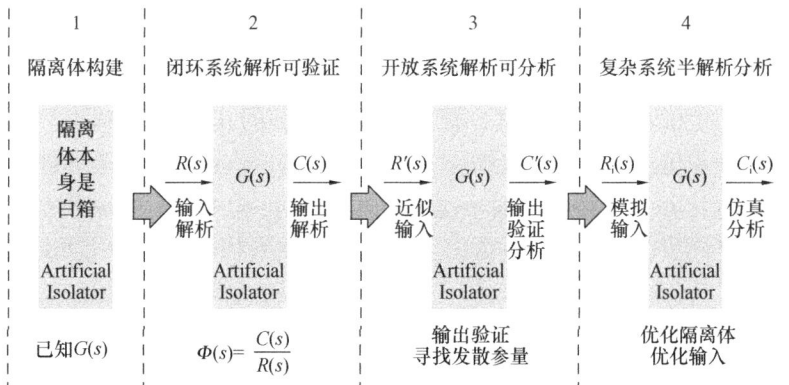

图 5.2-7　隔离体在复杂性分析中的解析作用

A. 我们在复杂性耦合关系之间建构隔离体，此隔离体本身物理规律为我们所熟悉掌握，比如需要分析复杂的力学关系，隔离体应为尺寸规整的线弹性体。

B. 在闭环系统中，对隔离体的分析可以得到完备的解析解，即当输入解析时得到解析的输出。一般我们在试验室中可以得到非常精确的验证，得到隔离体的解析的传递规律。

C. 把经过解析验证的隔离体置于与真实系统接近的开放系统中。通过模型分析与开放系统测定结果的比较分析，找出其中发散的控制参量。发散的控制参量必须给出必要的控制，否则在循环迭代中无法实现逼近的预期。

D. 在对隔离体和输入条件进行优化，使得隔离体系统在真实复杂系统中可以正向、反向分析输入输出关系，即为仿真模型。正因为真实系统的复杂而无法获取解析分析，我们退而求其次通过多循环迭代、逼近的方式得到半解析的分析结果。

人为设定隔离对象（物理的实体和非物理的管理接口）使得被结构分解的子系统模型抽象化，特别是利用输入/输出关系描述系统行为和特征使得寻找最佳路径成为可能，复杂性具有更好的可控性。这种可控性源于管理对目标的追求带有强烈的预期（希望分析结果得到实证）。

② 基于目标追求的深刻相似性的动态管理目标

要形成管理功能与驾驭能力的系统体系，尤其是对被管理对象的复杂性问题有系统性的驾驭能力，在相当程度上反映了"整体论"的思想方法，即复杂系统的重构与统一，其关键技术是目标管理体系设计问题。

4.1 节中介绍了 PPP+EPC 项目整体目标的设定和目标管理体系设计。对于被分解的子系统（如某一具体管理主体）而言，它的管理目标是整体目标的一部分（局部与整体的关系），是其他并行系统的关联性因素（同构与异构的关系），是主客体相互作用的预期（主观与客观的关系），是基于现实状态（历史状态的演化积累）与未来预期目标的自适应调整的结果（数据、信息与知识的聚集所构成的时变性系统的自适应循环迭代和逼近的关系），无论从哪种角度分析都遵循自适应系统对预期目标（包括与路径相关的阶段性目标的集合）追求的全部过程，可以按照深刻相似性原理进行显性模拟和仿真。

从深刻相似性原理出发，可以同时采纳①定性与定量相结合；②经验、知识与智能相融合；③历史信息、当前信息、预期信息相结合的几何非线性时变系统分析方法；④人为干预和仿真模拟的人机结合方法；⑤数据、信息与案例等关键信息相匹配的数据库分析方法；⑥总体→局部→总体的拆解、重构方法；⑦结构化设计方法；⑧同步→异步→同步的时间维度拆解方法；⑨同构→异构→同构的空间维拆解方法；⑩宏观现象→分析与抽象→本构关系→数值模拟→现象验证→修正模型的经典还原论方法；⑪对比→迭代逼近→收敛的数值模拟方法⋯⋯

上述各种方法，特别是基于简单规则的方法，通过"拆解""拾遗""组合"和"模拟"构成适应性系统对既定目标的追求，对复杂性问题具有强大的分析和降解能力。

(3) 综合集成管理的关键技术

PPP＋EPC 项目综合集成管理的关键技术不是某一方面的技术创新，而是根据深刻相似性原理与既有技术、方法结合使用，描述一个非定常的时变性系统的技术融合，本书立意"深度融合技术"正源于此。所以综合集成管理的关键技术不是固定的，而是要根据具体的对象系统，以及对象系统在时间、空间维度上的发展规律，运用深刻相似性原理进行分析、显性模拟和仿真的技术。

当一个复杂适应性系统，按照简单规则进行拆分，使其满足参量维度不变性和时间维度连续性两个假定条件后，即可使用极限近似的思想（主要是采用相似性离散定理、相似性离散逆定理）处理该系统的非线性问题，描述系统对期望目标的追求，这种方法称为深刻相似性原理。

深刻性原理作为一种基于复杂性降解之后重构的显性模拟、仿真技术，应当努力形成一套相应的管理技术。不可否认的是，该技术尚处于初创时期，实践应用还比较少，尚未能形成一套完整、成熟的综合管理技术。

PPP＋EPC 项目以设计方为主导，整合了城市基础设施投资主体（上层主体）、平台主体的各方面资源，在政府授权下基于规划自主权以基础设施项目为主轴进行关联区域的开发，设计方的技术引领作用覆盖工程全生命周期，是现有的建设管理模式（以及融资模式）中投资主体拥有最大自主权的一种方式，这为重大基础设施项目的综合集成管理奠定了基础。

基于深刻相似性原理的综合集成管理技术是要建立一个由设计方主导的，从工程整体目标出发的，可以驾驭工程复杂性的管理系统。

表 5.2-1 给出了 PPP＋EPC 项目综合集成管理所包含的认识系统—协同系统—执行系统，并给出了对应的管理内容和主要方法与技术。

PPP＋EPC 项目综合集成管理系统的相关方法　　　　　　表 5.2-1

管理系统	职能	主要管理内容		方法和技术
认识系统	治理结构和管理策划	复杂性分析、拆解	组织↔分工	整体目标、结构化目标管理体系设计、决策治理设计
			项目需求↔工程意义	
			业务实践↔环境依赖	
			方案清晰程度↔作业时间	
协同系统	组织和平台	组织设计	组织集成与管理	信息技术、定性、定量
		管理平台构建	技术集成与创新	
			目标统筹与控制	
			综合审计与绩效考核	
		工程保障体系	管理制度体系	组织与自组织控制、综合评价
			工程程序文件	
			工程作业指导书	

续表

管理系统	职能	主要管理内容		方法和技术
执行系统	综合集成管理	复杂性决策	复杂性降解与重构（问题的结构化序列）	迭代与逼近方法、非完全信息博弈论
			自组织与协同作业	
		工程管理	决策管理、设计管理、采购管理、风险管理、信息管理	系统分析、综合、集成
		工程控制	安全、质量、进度、成本控制	系统分析、综合、集成
		控制技术	协调控制、离散控制、最速控制、延时控制	线性系统理论、非线性系统理论、非线性时变系统控制技术、自适应系统理论

虽然表 5.2-1 给出了 PPP＋EPC 项目综合集成管理过程中所涉及的具体管理内容以及对应的主要方法与技术，但对于综合集成管理来说，关键技术主要为多种方法的集成，如定性和定量方法的结合、定量分析与仿真模型的结合、系统分析、综合与集成、迭代与逼近的动力系统演化方法等。

通过对 PPP＋EPC 项目综合集成管理运用技术的进一步分析和归纳，可以凝练出若干具有共性的关键技术。

1）定性→定量的分析方法

在 PPP＋EPC 模式下复杂性分析和降解中，一方面要进行工程建设与管理的思路、设想、规划和概念设计等宏观角度的总体把握，另一方面要抽象凝练复杂性测度指标、指标测度、建立数学模型以及基于模型的显性模拟和仿真等微观角度的从拆解到重构的分析论证，其中既需要定性方法，也需要定量方法。

例如，本书提到的复杂性脸谱指标分析方法就是一种定性→定量的抽象过程，复杂性地图的设想是基于"场论"显性模拟工程复杂性的数学模型。下文就如何利用数学模型开展复杂性工程问题定性→定量的分析做简要的介绍。

为了理解现实、干预现实、利用现实，需要在大脑中建立一个描述现实的东西，这就是模型。数学模型是有结构的，现实在认知结构中的，以数学结构为语言的表示，以便把问题表达为数学语言之后做更深入、明确和严谨的思考。

综合集成管理系统根本目的是管理一个复杂性仿真系统，它的最高要求是解析（因不解析才仿真），即模型能根据具体工程复杂性的性质做出与工程实践相对应的操作，并且实现模型的输出结果与实际结果相印证。建立仿真模型的目的是解决问题，PPP＋EPC 项目综合集成管理系统的仿真模型——复杂性地图的核心目标就是实现复杂工程问题的科学规划问题。

实际上任何模型都是对现实的简化和抽象，即包含不全面和近似。不全面和近似对现实进行数学抽象和简化表达的好处是可计算。计算包含数学计算和推理，计算包含解析和不解析计算，推理包含确定性和不确定性（概率性的、随机的）推理。从现

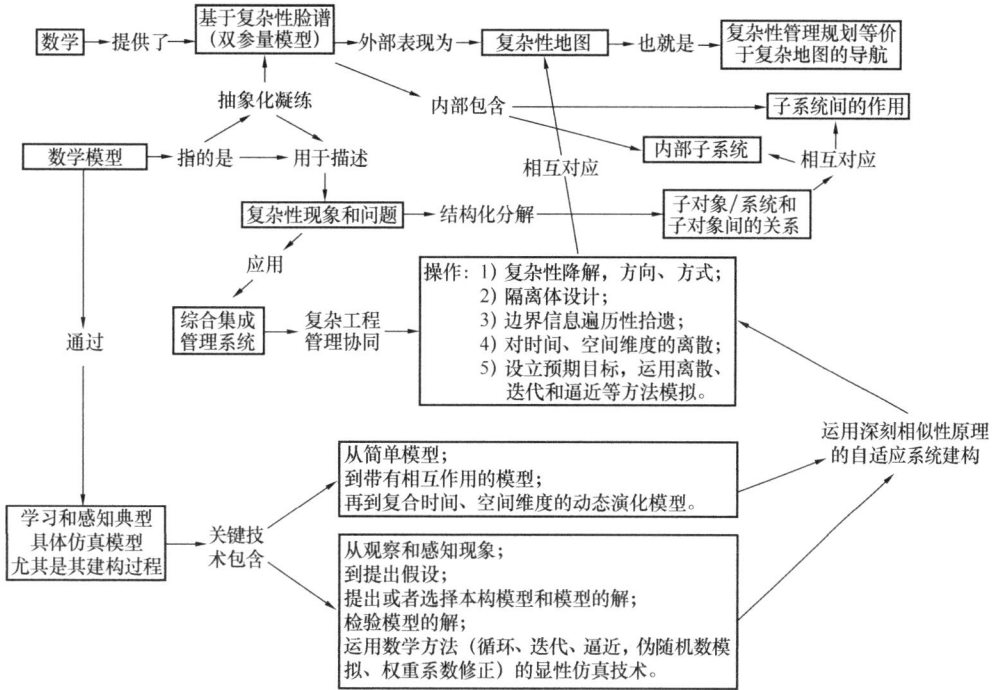

图 5.2-8　PPP+EPC 项目综合集成管理的关键技术体系（概念地图）

实中抽象、简化出来的对现实某个侧面的近似表示，这就是建模工作，如果从可计算的定量意义上总结即为数学建模。

2）人机结合的方法

设计，特别是从事岩土的设计工程师，对人机结构的方法十分熟稔。岩土工程问题是非常典型的一类复杂性问题，单纯通过土力学计算解决岩土工程问题不仅精度不高，同时受场地、设备、施工条件的限制，可重复性、通用性的条件都不好。岩土工程问题的复杂性源于"土"作为研究对象本身是复杂的，长期以来难以摆脱连续性假设的束缚。微观土力学，比如运用临界点干燥法、真空冷冻升华干燥法等制备土体微观研究试样、X-CT 扫描成像技术、电子显微镜图像处理技术，试图将土体微观结构定量研究分析推广到宏观力学行为，至今未获重大突破，从某种程度上说明了还原论研究方法的局限性。

但是，这并不影响岩土工程师从整体上把握并解决复杂而具体的岩土工程问题。由计算土力学理论所搭建的大量商用软件，如理正、PLAXIS、MIDAS/GTS 等数值仿真计算精度不高，但是解决复杂性问题的方向性把握极好。例如隧道或轨道等线型基坑按照软件模拟计算得到的技术方案于应用工程实践时，如果对变形、支撑力等参数进行反演、修正此前的输入参数，这些参数包括岩土本身强度指标的 c、φ 值、土体渗透系数等，可比较精确反映实际施工工况的坑边堆载、开挖顺序、分层与步距等施工工况。岩土工程师的方法是在初始的计算模型中，通过数据采集、反演、修正，经历有限次数的循环迭代，此时的数值模拟的精度、适用性、重复性等各个方面都会大幅度提高。当然，这里的适用性只限定在具体场地条件的范围内，当变换一个施工场地时，上述的经验就不再适用了。

因此，充分发挥以人为主的专家体系和以计算为主要工具的数值仿真模型的优势将其综合集成实现人机结合，以此作为解决复杂工程问题的有效技术手段，同时需要从以下三个方面理清人与计算机之间的关系。

第一，综合集成管理过程以人为主导

这里的人是 PPP+EPC 项目管理过程中的主导者，需要对项目有着整体、深刻的认识，所以一般是指主要设计人员、项目主管决策人员和技术专家的群体。一般地，这些群体的成员可以来自不同的单位、不同的专业领域和不同的层次，他们拥有各方面的知识和经验，这些经验能够为复杂性工程问题的初步认知和提出解决问题的思路起到初始的、方向性的作用，使得迭代过程中快速收敛。

第二，计算机是综合集成管理的有效支撑

如表 5.2-1 和图 5.2-8 所给出的集成管理的关键技术体系所涵盖的方法和技术，以及支持模型分析所需要的数据和信息，离开信息技术和计算几乎是不可能进行的。通过关键技术体系对复杂性问题的定量化分析使得我们对复杂性问题的认知更趋于显性、精确、精益、敏捷和智能化。

第三，人和计算机之间不可替代的作用

人机结合是综合集成的重要技术，它将人、机结合在一起，形成不可相互替代的作用。不可否认计算机在人工智能领域的发展获得了巨大的进步，在机器视觉、专家系统、自动规划、智能搜索、多主体动态博弈、智能控制、机器学习、语言和图像理解、遗传编程等多个方面取得了瞩目的成就，但是它在较长一段时间内仍然不能取代人的地位，人机交互关系过程中依然是"机帮人"的格局，真正起到决定作用的是人的丰富经验、理论知识和目标达成的预期。

从另外一个角度来说，人也无法取代计算机的作用。一是信息、数据的处理（计算）工作量决定的，二是复杂所包容的跨学科知识结合和大量不确定性决定的，三是人的心理、生理和非理性等"缺陷性"因素所决定的。

参照岩土工程处理人机交互的实践，可以提炼人机结合方法的四个子系统：

① 专家系统，主要承担计算所不能完成的先验性的、心智性的和感性的分析判断工作；

② 数据系统，主要有复杂性问题所需的数据、信息、知识等。当然这些数据根据来源、相关归口和分类，组织数据库、数据库系统，它们为系统的模拟、演化提供基础性的支撑；

③ 数学模型（方法系统），是来源于复杂性现象和问题的抽象化凝练，是形成组织与推理的方法，为系统的运动规律提供定量的支持。模型由对应问题的子模型（模块）组成，综合集成管理系统的数学模型是呈现结构化的有机系统，是处理复杂性问题的核心系统；

④ 交互界面系统，这是系统与外部环境的接口，是人（专家）通过接口引导问题求解的输入端和输出端的总和。交互界面是复杂系统显性模拟的体现，例如在复杂性地图中，用"高峰"代表复杂性维度相互耦合所形成的复杂性测度数值较高的位置，用流线代表路径，使得人机交互界面更为直观、准确和容易为人所理解。

5.2.3　PPP＋EPC 综合集成管理平台的价值链与运行机制

经过多年的研究和工程实践，项目组织集成领域中逐渐形成了较为完整的集成管理理论体系。工程项目集成化管理主要包括信息集成、管理过程集成、组织集成和管理要素集成等多个方面。信息集成是其他集成化管理的基础；管理过程集成是从实践角度出发，集成工程全生命周期的历程；组织集成是从组织角度出发，通过目标管理体系的集成形成协同机制而实现的集成；管理要素集成是集成项目管理的各个要素，实现项目的全局优化。

PPP＋EPC 项目的综合集成管理平台以满足项目整体目标（基础设施项目公共意义与投资人价值投资预期的结合）为导向，以信息技术集成化为基础，实现工程全生命周期内各参建方之间的信息共享，上层主体追求企业各利益相关者的价值最大化和公共产品的公共意义，下层主体特别是平台主体之间协同深度融合，从而使得工程质量、工期和成本全面优化，实现各方价值共创的目标。

(1) 平台、平台价值链

平台指的是一种虚拟的物理交易场所或生产作业活动场所，它本身不从事生产，但可以促进和规范交易或生产作业活动。平台通过提供场所使得交易或作业的效率得以提高，并由此获得收益，所以平台应包括规则、环境和多方参与的群体。

互联网平台是建立在互联网之上的虚拟平台，它充分利用平等、开放、协作和共享的互联网精神为参与其中的群体提供服务。互联网平台的主要媒介是虚拟的信息。

工程建造平台是为业主、设计、咨询、施工（承包商）、监理等项目参建主体以及个人提供工程建造服务的交易空间和作业场所。平台旨在把工程建造所需的各种资源整合在一起，帮助各参建主体在特定空间进行设计、施工、材料供应，并且支持服务的交易和实施过程的管理，为工程全生命周期管理提供支持和价值创造，并通过适当的商业模式获得盈利。

从工程建造平台的定义可以看出，平台至少包含两个关键要素：①平台主体，即平台为谁服务；②平台功能，即平台能为主体提供什么样的功能和服务，从而为主体创造价值。

传统模式下的工程建设（图 5.2-9），业主、设计、施工、监理等参建主体和个人依照合同关系，以业主为中心层进行分解，是一个单向的、线性的价值链。这种价值链的中间环节很多，管理组织结构的纵向联系紧密但横向联系相对松散甚至撕裂（价值冲突），由此造成管理组织和管理关系复杂、协作困难以及内耗严重。根据合同委托关系，除业主（或产品实际使用者，城市基础设施项目的业主与实际使用者并不共体，甚至缺乏起码的制约关系）与产品本身品质、价值存在关联外，其余各参建方

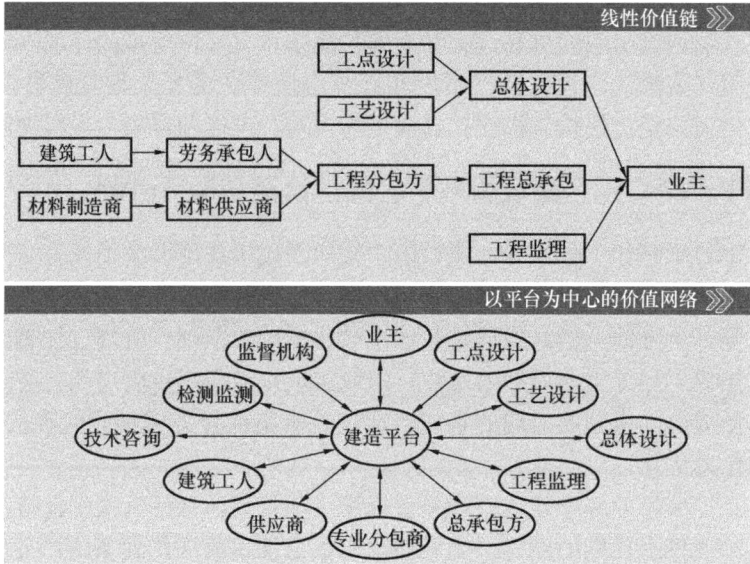

图 5.2-9 工程建造的价值链

并不关心产品本身，其位于价值链的上下关系很大程度上决定了其成本和收益，从而形成价值的零和，在根本上造成管理的困难。

工程建造平台可以实现工程建造价值链的重构，将不同的参与主体聚拢为以平台为中心的价值实现关系，减少各种不必要的中间环节。如图 5.2-9 所示，工程建造管理平台成为各参建方共有的交易、作业的平台，有助于消除信息孤岛和资源孤岛。

随着工程建造平台模式的不断应用，以及对创建平等、开放、协作、共享的良性互动平台的实践，实践中我们发现图 5.2-9 所示的工程建造平台过于理想而不能真正实现。

我们可以在某一个方面实现这样的平台建设，例如竞争方式的采购交易平台，此时各个潜在的投标人（主体）无差别地存在，在平台上（采购交易平台）获取完全的、透明的采购信息，通过良性竞争得到合理的交易价格。此外还有应对于各类突发事件的应急救援管理平台，平台的高效运行为执行的决策与实施发挥了重要作用，此时参与平台的主体尽管角色和身份不同，但是它们在应急响应启动的条件下，从资源共享、技术支撑、协同作业等多个方面表现出了平台整合资源的强大能力。然而在其他方面，特别是与个体利益直接冲突时出现了严重的"水土不服"现象，经过总结和分析，本书认为建设管理平台在实践中有以下较为凸显的困境：

1）目标趋同困境

由于主体之间管理体制、管理制度互不兼容，某一方（例如业主）强行推动的工程管理平台常常出现"两层皮"的困难，资源整合、信息共享、价值共创的愿景难以实现。

如图 5.2-10 所示某高架线路，设计方从美观与习惯的角度设计的花瓶型桥梁墩

图 5.2-10　略有差异的花瓶型桥梁墩柱
(a) 既有的花瓶墩钢模（墩头曲线略长）；(b) 新做的花瓶墩钢模（墩头曲线略短）

柱，与施工方既有的统一标准断面的花瓶型墩柱钢模板仅在墩头位置的曲线稍有变化，此时施工方希望设计方能够按照既有的成套模板重新调整设计，对墩柱的外形尺寸做适当的修改，使技术参数与既有的模板资源匹配，可以节约工程施工成本。但是仅从承包方获利角度分析问题显然是不全面的，至少应有：

$$变更的收益 P＝施工节约的费用 S－结构增加的费用 I_1－重新设计的费用 I_2$$
$$－重新评审的费用 I_3－\cdots \geqslant 0$$

当 $P \leqslant 0$ 时，这样的优化显然不能为各方接受；当 $P > 0$ 时，整体收益较好，优化显得更有意义。当工程建设管理平台对 P 的分配机制做出安排时，才能显示出平台存在的意义。工程建设平台如果不能体现对不同参建主体的管理体制和管理制度在"目标趋同"上的制度性安排，显然难以形成以平台为中心的价值创造。

2）信息不对称困境

信息不对称由客观局限和主观局限两个因素引起。应对客观局限比较典型的是项目 MIS 集成模式，它的特点是系统开发费用容易得到控制，由工程管理主导方（如业主）委托软件公司组织开发，实现在线监控、实名制通道、检查与销项管理、管理工作流程在线审批等集成化的功能设计。这类 MIS 的缺陷是局限于主体间信息资源的规划和管理，系统数据库规划不足、系统移植性不好、线下线上流程并存引发冲突等问题。

这并不是 MIS 集成系统本身的缺陷，如果不改变项目建设主体之间合作方式（主观局限），即价值网络的实现模式，仅仅解决信息系统的集成问题，以更为直白的方式表达，"信息集成"只是把主体之间的"线下"操作移植到"线上"，工程管理集成被局限在"信息"的范畴，然而该平台的定位是工程项目各参与方之间的信息交互平台，希望通过以"信息"系统化管理的方式解决主体间的"深度融合"问题显然存在"药不对症"的先天不足。

在运用工程建设平台解决工程中存在的具体问题时，工程精益建造、信息管理平台、工程供应链管理、工程建造模式、以 BIM 为代表的建筑信息模型等一系列实践已经积累了很多的经验，提高了工程建造效率，在许多方面也取得了一定的成功，同时也出现了组织集成以及项目群管理的不协同现象的致因机理，主要表现为"硬"的因素和"软"的因素两个方面。

"硬"的因素是主体间管理制度和管理流程的不统一所引发的，是现场授权组织本身所不能克服的，需要更高管理层来解决；"软"的因素表面上看是由跨组织团队的信息不对称和信任危机所引发的，其深层次的原因是平台本身的规划不合理。

PPP+EPC 的综合集成平台设计是在现有工程建设集成管理平台实践的基础上，从更为务实的实践角度和"以产品为中心的产品价值创造"和"价值共享"的角度构建的集成管理平台，是对传统集成管理平台设计的优化。

如图 5.2-11 所示，该平台直接交互主体仅限于平台组织，并从共享、实时、互动、虚拟和服务五个主要方面作为平台功能设计的原点。

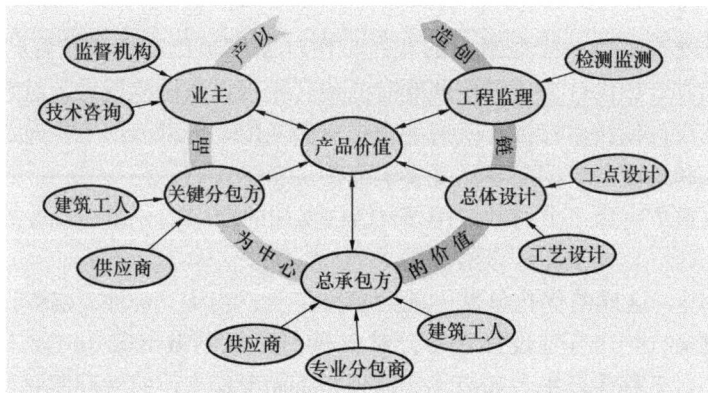

图 5.2-11　PPP+EPC 项目以产品价值为中心的价值网络

① 共享：资源共享，包括信息与实体资源的共享；

② 实时：强调资源共享的时间性与效用性，可以概括为"数值孪生"，即管理平台上的信息资源与工程实体状态保持完全同步，实现资源配置的及时和有效利用；

③ 互动：互动是跨组织行为，包括信息的沟通与交流，其本质是即时反馈，可以实现多主体的报告、确认等；

④ 虚拟：即表现为一种虚拟的环境，使得"发展推演"和"工程试错"成为一种可能，提高了工程管理组织决策能力；另一方面表现为真实世界向平台的信息投射，是一种虚拟的仿真模型，拓宽了管理主体在时空和身份界限上的认识局限；

⑤ 服务：服务是平台职能的具现化，包括提供技术保障、上下游供应链协作、全过程质量管理和追溯、全过程安全管理和保障等诸多方面。

（2）PPP+EPC 项目综合集成管理平台的运行机制

根据 PPP+EPC 模式的治理结构设计（参见本书 4.2 节）有关权利分配与制衡的原则，由项目的投资人（联合体）、地方政府与利益干系人组成的上层组织不直接参与项目实施。下层组织中的项目公司、勘察、设计、施工总承包、监理等主要参建方共同组成平台主体，与上层组织共享由产品价值的实现所带来的效益。

PPP+EPC 项目综合集成管理平台的运行机制包括准入机制、交易机制、建造实施机制、工程运营机制和监管机制，其中交易品目分类依据《政府采购品目分类目录》。各种运行机制之间的关联如图 5.2-12 所示。

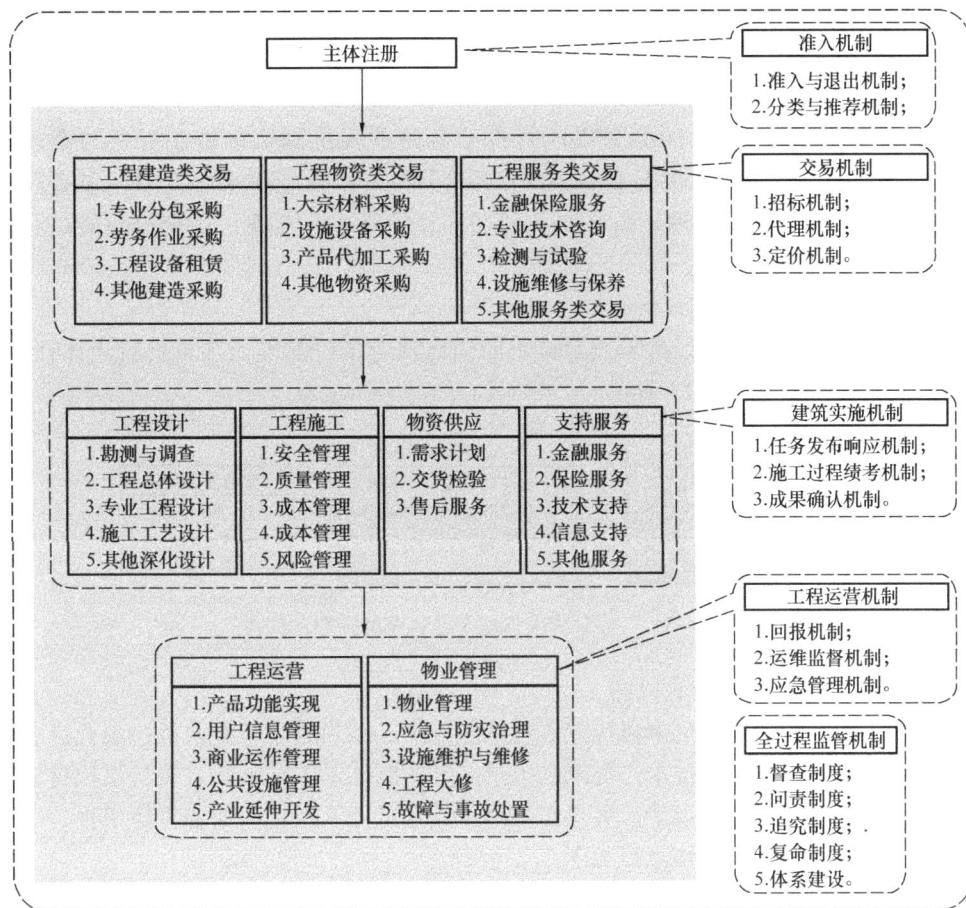

图 5.2-12　PPP+EPC 项目综合集成管理平台运行机制

1）准入机制

PPP+EPC 项目综合集成管理平台并不是一个面向市场的开放平台，它的准入机制是在平台主体推荐的基础上实行有限开放。目前我国工程建设行业，无论是施工、设计还是咨询，普遍实行以企业资质为主、个人职业资格为隶属的市场准入制度。这种准入制度是一种典型的政府行政主导的市场准入制度，PPP+EPC 项目从合规性要求出发必须在执行上述制度的基础上开展。

第一，平台主体主要（但不限定）是建设、设计、勘察、施工、监理，建设行业五方责任主体，其本身应满足承揽相应业务的企业资质和个人从业资格的要求，是构成管理平台的基础。

第二，在 PPP+EPC 模式下，平台主体的准入以行政主导先行确定，即在确定该模式的同时已经满足企业资质和从业人员资格的双重要求，是先决条件，所以平台的准入机制主要针对非平台主体。以工程设计为例，设计所涉及的资质包括：工程综合资质、工程设计行业资质、工程设计专业资质和工程设计专项资质四个分类，平台准入机制主要是针对后三类。以工程施工资质为例，施工所涉及的资质包括综合资质、施工总承包资质、专业承包资质、专业作业资质四个分类，平台准入机制主要是针对后两类。

所以 PPP+EPC 项目的综合集成管理平台的准入机制执行企业资质与个人执（从）业的双轨准入制度，并且企业强调信用评价（合格供应商评价），个人执业强调管理负责人（执行项目经理）及其团队的过往业绩（业务实践）两个方面的综合评价。评价的主要的内容有：

① 项目从业单位的准入机制

平台主体以推荐、担保的形式对提出的项目从业单位的准入名单进行集体评议，其基本工作流程如图 5.2-13 所示。

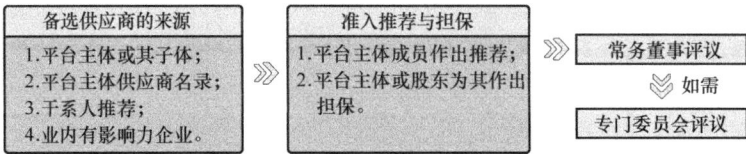

图 5.2-13 综合集成管理平台从业单位准入机制

② 项目从业人员的准入机制

项目从业人员主要包括项目执业资格从业人员、项目管理从业人员、具有执业技能的操作从业人员和项目技术咨询辅助人员。其中除辅助人员（不直接从事项目管理和业务作业的人员）可以以个人名义申报外，其他从业人员应由所在主体申报、审查或备案。其准入的基本工作流程如图 5.2-14 所示。

图 5.2-14 综合集成管理平台从业人员准入机制

2）退出机制

项目从业单位或人员的退出根据其推荐（或担保）的原主体的退出意见，或者其在综合集成管理平台上的信用记录、绩效考核等出现合作终止条件时，平台可以将其清退。

总之，PPP+EPC 综合集成管理平台作为有限开放的管理平台，准入和退出机制主要执行平台主体推荐制、担保制。

3）交易机制

交易机制旨在将潜在的供求关系转化成现实的交易，交易机制指促成交易达成的工作方法。

PPP+EPC 项目的综合集成管理平台的交易机制主要针对完成准入手续的特定的潜在供应商，基于一定的任务分派机制和交易价格在潜在供应商中开展有限度的竞争。任务分派基于施工任务结构化分解，并综合复杂性特征考虑交易价格形成机制，大体上分为以下几种形式：

①　招标制

招标制是以价格竞争为主要手段的传统交易机制，一般由需方限价、供方定价。PPP＋EPC 项目内部采购适用招标制的工作任务应满足：任务明确，有量化清单；复杂性已降解，边界定义清晰，多循环工序稳定；技术经济指标清晰，有广泛的竞争性。

②　代理制

代理制或雇佣制是适用于任务量大、任务复杂、技术要高并且需要团队协作完成的设计或施工任务的一种交易机制。传统交易针对此类任务一般采用邀请招标、竞争性谈判等方式定标，通过大量实践发现，由于此类任务复杂性降解困难、不确定因素多且需要多主体协同作业，采用价格竞争的策略或者简单分解任务极易造成分派失败、风险管理失败以及内部纠纷引发管理混乱等不良结果。

PPP＋EPC 项目内部采购采用代理制是基于项目复杂性进行决策的结果，所以往往采取：组织服从于分工安排、强调主体的业务实践对环境依赖性的判断、主体对项目需求与工程意义一致性关联（以结果为导向，强化奖惩）、模糊方案授予和充足的施工作业时间。代理制的交易方式基本程序执行技术与定价分离的方式，基本流程如图 5.2-15 所示。

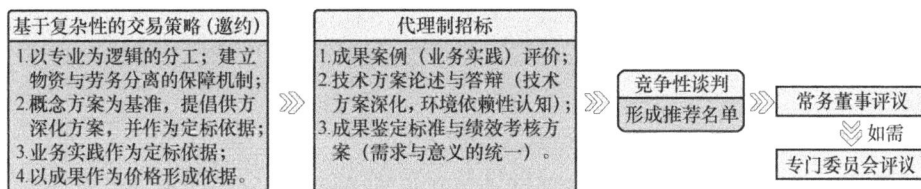

图 5.2-15　综合集成管理平台代理制招标流程

③　定价机制

PPP＋EPC 的定价机制主要包括三方面内容：平台交易费用定价、平台管理费用定价和交易价格形成。

平台交易费用定价机制：平台交易费用主要针对经交易注册的潜在交易的从业单位和个人收取。一般按照运行成本计取交易费用，包括依据交易次数计取的交易费、平台主体为准入项目从业单位提供的担保服务费用等。

平台管理费用定价机制：平台管理费用主要针对下层主体（平台主体＋非平台主体）收取。一般按照主体（建造、物资、服务）确定计费方式，其中建设类平台管理费替代原有总包管理费，宜按"人工＋机械"作为基数计取；物资类平台管理费主要针对不同货品的仓储、场内驳运、检测试验等项目，宜按实计取；服务类平台管理费将合同额作为基数计取，或者免收。

交易价格发现机制：当前我国建设工程普遍采用的是工程量清单计价，此种计价方法主要是根据招标投标的相关规定以及设计图纸的样式来对工程建筑的项目内容进行记录。

就当前我国建设工程价格机制的发展现状来看，"三超"现象比较严重，即工程概算超工程估算，工程预算超工程概算以及工程决算超工程预算。可以说三超现象是我国建设工程行业一直存在的问题。

"三超"现象形成原因是比较复杂的，主要有建设工程的人力、材料以及机械等成本因素变动的影响。除此之外，工程设计与工程实际情况的脱轨也是最为重要的影响因素之一。设计与概预算的工作分工中，设计只负责产品设计而忽视产品生成的工艺，由此引发的脱节问题，在本质上就是技术与经济的背离。正是因为技术与经济无法实现有效的融合，导致我国建设工程项目造价无法进行科学有效的控制。

目前从设计角度控制"三超"问题的主要方法是限额设计。限额设计对控制建设工程的造价有着十分积极的意义，在诸多的 EPC 项目实践中发挥着重要的作用，但是不改变"产品设计"的现状，仅仅依靠"限额"是有其局限性的，主要表现为以下几个方面：

① 设计方应对复杂性工程的环境依赖性条件的局限

复杂性工程问题不仅与首末条件（系统状态）有关，同时还与实现路径有关，并且路径并不唯一。环境依赖性条件会随着时间演进发生转化，导致设计工况与施工工况脱节，设计方案的依据条件发生本质性的变化。比较典型案例有：明挖线性工程的交改、管线迁改、围护分坑直接关联，而交改、管线迁改严重依赖外部环境；穿越河道的地下结构工程，河道改道的时机、水域占用与施工期是否涉及汛期紧密关联，当设计方从保守角度考虑汛期作业，而实际施工主动躲避汛期，造成技术措施过度，将造成经济上的浪费。

② 设计方应对复杂性工程的实施组织的主体条件的局限

复杂性工程是适应性系统，系统自身具有深刻相似性规律，即系统自身对预期目标的追求，具体表现为实施主体本身依据自身条件主动做出适应性的调整。传统模式下设计方无法评估具体实施主体，通常考虑为一般化的虚拟主体。传统的、技术实践成熟的一般性项目可以采用该方式，但是面对具体的复杂性工程问题，设计如与实施组织的主体条件脱离，将造成设计意图无法实现的困境。比较典型的案例有：施工机具制造和运用水平关联密切的一类工程，如复杂地质条件下的盾构施工、江河湖海的水下基础施工、超深地下连续墙的吊装、既有运行线路（轨道、隧道等）保护性施工以及需要施工期深化的装饰幕墙、特种工业设备等。如果设计方能够与实施主体开展相互支持，协同开展工作将大大提高工程的建设水平和能力，同时取得良好的经济效益，此类问题在重大复杂基础设施项目中比较普遍。

③ 设计方应对复杂工程的方案清晰程度的时间的局限

复杂性工程有强烈的不确定性，在项目的建设前期，设计方对不确定的影响因素的把握和认知存在局限，在缺乏必要的具体条件下，从工程价格提前锁定角度而做出的"预判"显然是"盲目"的。此类案例在隧道暗挖工程中极为普遍，如对隧道围岩的判断、隧道开挖的工艺，设计方应对此类方案清晰程度所引发的复杂性问题采用"信息化施工"策略。

④ 设计方应对复杂工程的利益相关方的需求的局限

复杂性工程，特别是功能合建的项目，项目各功能之间既保持独立又相互关联，设计的估计指标例如交通流量、轨道车站客流量、待开发区域的排污量等，更多的是依靠本身经验，受限于工程本身特点无法有效检验估计的准确性。同时，城市基础设施项目的建设方（如地属平台公司）本身是公众代理的角色定位，所代理的利益相关方的需求本身也是虚拟的。随着时间演进，需求的变化会引发参建各方做出被动调整，必然引起工程造价的变化。这类由利益相关方的需求所引发的复杂性工程问题，在与民生密切相关的基础设施项目中也十分的普遍，同时也是建设单位发起变更的主要原因之一。

PPP+EPC模式针对项目价格发现机制的形成，除了从设计—施工一体化角度考虑工程成本控制外，更多地立足于建设工程自身的经营与发展水平，在综合考虑市场的情况下形成科学合理的价格机制。

PPP+EPC综合集成平台价格机制的形成必须满足以下四个要求：第一，市场供求决定建设工程的材料费用以及劳务费用；第二，加强对差价体系以及比价体系的完善，利用市场价格来优化资源配置；第三，加强对价格管制体系的完善，在坚持市场定价的前提下，注重产品品质与投资之间的宏观关系，价格机制不再局限于形成工程造价的施工成本而强调产品本身的价值创造；第四，融合建设工程的产业链上下游，以主动规避因市场价格波动过大引发的建设工程价格机制不科学以及不合理现象。

4）建造实施机制

PPP+EPC综合集成平台作为一个有限开放系统，其各参与主体相互依存、协作共赢形成价值共创的有机整体。从平台的价值实现路径上看，上层主体与平台主体紧密地围绕产品进行价值创造，形成一个多方共赢的平台生态圈是它的终极目标和最高形态。

① 价值共创机制

综合集成管理平台以产品价值创造为目标，由掌握核心技术能力的头部设计方为主导，通过对以政府（建设平台公司）为代理的公共需求和以投资人的投资回报需求的工程项目整体价值的建构，对以项目公司（业主）、承包商、设计单位等平台主体的项目组织的联合，对复杂性工程的复杂性降解和运用深度融合技术的重构，对参与工程建设项目的各主体的各类基础资源的优化配置，为工程全生命周期管理提供技术支撑，从而实现价值创造。这种价值创造主要是依靠高品质准公共产品（附带部分关联性商业开发的公共产品）本身进行价值创造，而平台则是各方核心资源、核心业务和技术能力的良性互动平台，是综合性管理工具。

在资源优化配置方面，综合集成管理平台通过孪生数字技术实现各类工程资源的基础数据可计算、可模拟仿真。基础数据主要包括从业单位、从业人员、标准服务、工程项目等方面的数据。资源性数据应破除信息孤岛和时效性差异等诸多不对称问题，这些数据的整合能够为工程任务的结构化分解、分解后边界信息损失管理提供坚实的决策依据。

在核心业务的提升方面，综合集成管理平台通过提供交易机制和建造实施机制，有效解决传统模式下建设管理行为中由信息不对称引发的零和博弈（管理内耗），使得工程整体组织从关注建设管理活动中的成本、质量、进度、安全等核心业务向产品本身的价值、功能、质量、安全和运行方面拓展，参与建设互动的投资主体的核心业务从孤立的建设行业领域向城市资产经营领域拓展。

在核心技术能力创造方面，综合集成管理平台是设计—施工一体化、由产品设计向工艺设计的设计能力转变的基础，也是设计方主动应对环境依赖性条件、实施组织的主体条件、方案清晰程度的时间条件、利益相关方需求的动态条件等各类复杂性工程问题的技术能力提升的关键。

② 任务发布和响应机制

根据基本建设程序，传统模式下各工作阶段划分与任务发布如图 5.2-16 所示。

项目胚胎阶段由地方政府授权的职能部门（如住建局）负责任务发布，建设平台

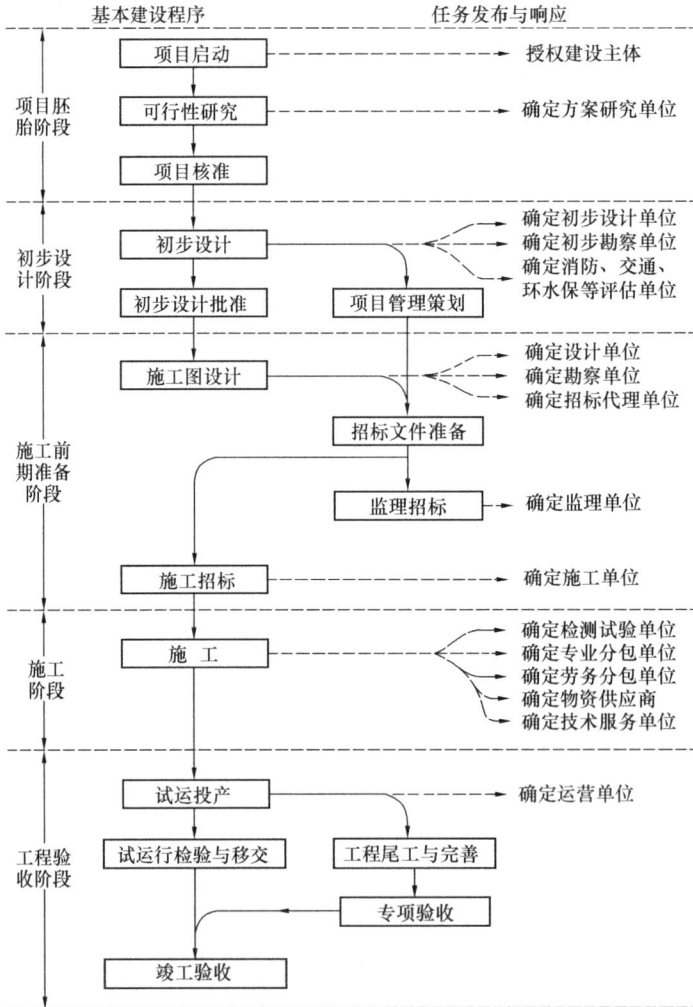

图 5.2-16 传统模式下各工作阶段划分与任务发布示意图

公司（如城投公司）、设计（规划）方案设计院（如规划设计院）等做出响应并接受有关任务。

项目前期阶段（初步设计＋施工准备）由平台公司（业主）负责任务发布，包括各项用地需求、土地征用、房屋搬迁等前期工作和初步设计、施工图设计等，设计、勘察、施工、监理等做出响应并承担相应工作任务。

项目施工阶段主要由施工单位负责任务发布，包括检测试验、专业工程、劳务、物资供应和技术咨询服务等，相关从业单位做出响应并承担相应工作。

项目竣工验收阶段由政府授权的相关部门（如住建局、城管委等）负责任务发布，包括主体项目的运营和养护、商业开发设施的招商、地下综合管线的运营等，相关单位做出响应并承担相应工作任务。

重大复杂性基础设施项目按照传统项目管理阶段划分已不适用，因为工作任务划分的规则不再唯一地按照时间、空间维度切分，而是需要从复杂性特征在时空维度之下进一步细分，例如：

在施工工序方面：长大基坑不再采用一次性围护和开挖，而需要通过多阶段交通导改和管线迁改实现，此时本应属于施工准备阶段的大量工作被空间、时间自然拆分，并与主体施工相互交叉和影响。

在设计分工方面：复杂性工程的设计应考虑项目群的系统性有机组合和各个分部的相互耦合作用，工程设计方案的清晰程度并不是一次性就能达到设计需求，根据各个设计内容对具体工程所发挥作用的大小，通过组织与分工的安排被划分为总体设计、工点设计、专业工程设计和工艺设计等诸多设计内容。

在项目全产业链融合方面：由于重大基础设施项目的规模、工程子项的构成等，往往呈现时间跨度大、空间规模大等强烈的长大特征，此时某些实施部分可能已经具备投产的条件，而其他部分尚处于方案研究阶段。比较典型的案例有：施工期临时建筑按照永久建筑建造，在项目竣工后进行适度改造即作为运营阶段的管理用房；工程建设期间产生的石渣、土料、粉灰料以及工艺热工质作为副产品在建设期间投入经营性销售，即项目运营和建设阶段交叉；工程建设期间的混凝土拌合站、沥青拌合站、水泥构配件加工厂、大型建材试验室等，在施工期间不但可以服务于本工程，还可以参与市场化运作以提高营收，在项目完工后成为独立的经营实体。

PPP＋EPC 综合集成管理平台的任务发布响应机制本质上是依据工程项目复杂性结构化降解，按照集约化、专业化、一体化管理思路进行科学重构的管理规则，发挥平衡、调度、优化与不确定事项处理的资源优化配置。

确定任务发布的最佳方式是基于复杂性的结构化分解和决策。在任务发布时，项目复杂性程度有所不同，主要表现为具体任务的关联程度，这些任务包含"标的"和"环境"两方面信息：一是任务本身的内容；二是完成这些任务所处的外部条件。标的是响应任务主体自身所需完成的工作，而环境则源于边界，复杂性主要体现在环境上。例如，完成桩基分包施工，任务本身信息包含有关桩径、桩位、桩体结构等，边界信息包括起终点时间、作业面情况、人员配备、施工方法等。PPP＋EPC 综合集成管理平台发布的任务也应包含这两方面信息，而这些信息来源于设计—施工一体化。如图 5.2-17 所示，项目如何根据复杂性做出任务发布和响应机制。

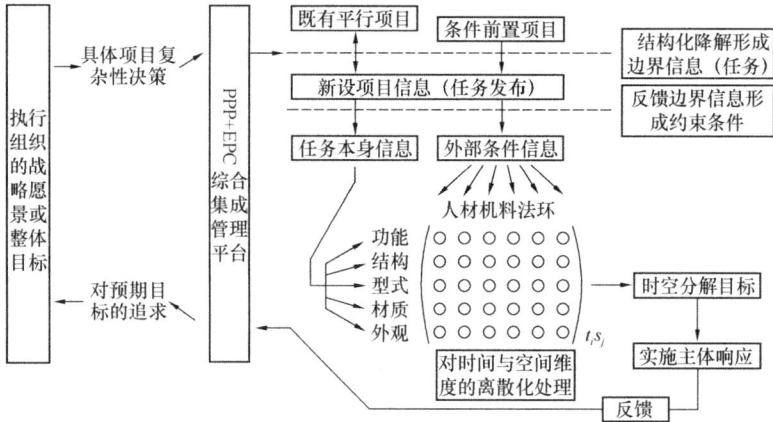

图 5.2-17　任务发布和响应机制

通过复杂性结构化分解所形成的项目群管理是 PPP＋EPC 项目通过集成管理平台对目前重大基础设施项目管理过程中，针对管理跨度过大、控制能力不足、反应敏捷性不够、组织结构复杂、运用工程技术的复杂性挑战的必然选择。图 5.2-17 中任务发布关键项目信息时，对时间与空间进行离散化处理，得到时空分解后具体而简单的任务，对应任务的绩效考核问题也就顺理成章得到解决。

（3）项目群管理

在传统 EPC 总承包模式的实施过程中，管理跨度、效力、效率和效益的节点管理中出现的典型不良管理节点可以用图 5.2-18所示。

在实际运行过程中，EPC 总包部为实现管控需要，分别对施工项目部、专业分

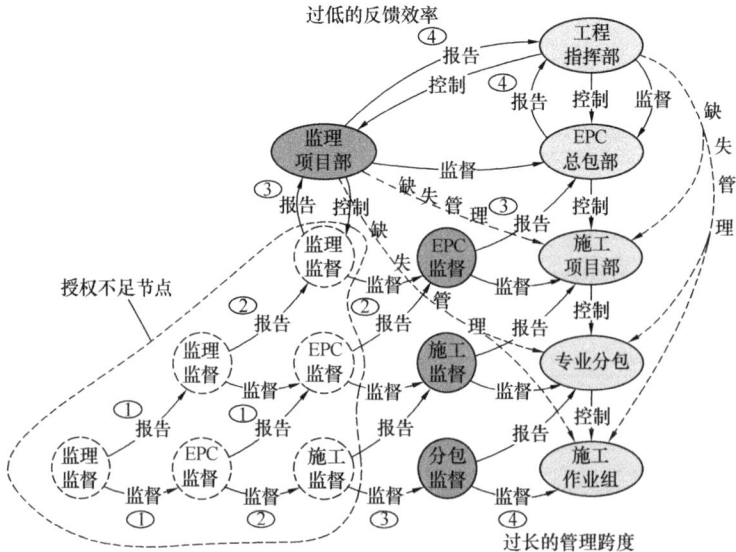

图 5.2-18　EPC 模式下的不良节点管理分析图

包项目部、作业班组进行控制和监管，而非合同结构下的层层管理，由此造成了总包部机构臃肿的问题。在激烈的市场竞争环境下，为节约人力成本，往往出现项目管理人员越级（下沉）管理施工作业层级的现象，发现问题时反馈该班组归属的施工项目部，从而造成授权不足的问题。实际情况下，业主（图中工程建设指挥部）并不直接管理施工项目部、专业分包项目部、施工作业班组，从而造成管理缺失和管理效力低下的问题。类似地，监理项目部也存在管理缺失和管理效力低下的问题，同时监理项目部通过 EPC 总承包部、施工项目部、专业分包项目部对施工作业班组的质量、安全等进行横向监督，导致管理跨度过长，当施工现场出现影响施工的条件变化时需要逐级报告，从而造成反馈效率过低。

图 5.2-18 所反映的不良节点在其他工程总承包模式下也有类似的情形，工程总承包方对分部的授权过大，容易出现管理失控的风险；授权太小又直接增加了总承包的管理成本，形成大量的越权处置不确定事件并承担相应风险的"不对等"结果。

PPP＋EPC 项目综合集成管理平台在运行机制中要求做到：统一工作界面、统一工作流程、统一作业要求、统一信息管理、统一绩效管理、统一培训管理、统一平衡调度和统一风险管理。

1）统一工作界面：综合集成管理平台。平台在工作任务发布的同时发布工作任务的约束条件（衔接界面、工作目标、管理要求），在实施过程中对管理界面进行监督、评审、指导和规范实施主体的管理行为，并为绩效考核建立基础；

2）统一工作流程：综合集成管理平台运行规则。流程是明确管理节点之间管理关系的运行规则，统一的工作流程是简单规则的结果，"简单"是其核心要义。图 5.2-18 所示的管理结构无法形成简单的流程，无论是自上而下的传达或是自下而上的报告，都出现了大量的垂直和横向的复杂关系，管理效率必然受到极大的损伤。PPP＋EPC 模式的集成管理平台是点与平台的单线联系关系，其构成基于"简单规则"。

3）统一作业要求：综合集成管理平台是复杂性项目（任务）结构化降解的结果。复杂性源于边界，当复杂性工程问题得到降解，其本身不再复杂，而是类似钢筋绑扎、搭设支架、拼装模板、浇筑混凝土等一系列简单的一般化作业要求，此基础上的作业要求将更为精准与明晰。

4）统一信息管理：综合集成管理平台基于数字孪生的信息推送与感知。随着物联网、云计算、大数据和 BIM 等新一代信息技术与工程建造相结合，广且深的互联互通和实时获取海量数据成为可能。综合集成管理平台将建造系统中的计算单元与物理现象通过网络实现"孪生"，在点与平台的单线关系下，大量的点与点之间的横向联系逐渐消亡，转由平台代为计算处理，并形成平台对单点的约束条件，利用终端传感的信息反馈和平台信息推送使得工程建造管理走向智能化。例如，混凝土班组根据接收的平台推送信息组织生产，混凝土的标号、坍落度、和易性等施工参数通过终端向平台反馈，作业期间的供货的频次、用量与浇筑速度的匹配通过平台计算进行现场适配。

5）统一绩效管理：综合集成管理平台的仿真模型与真实世界的比对结果，核心是多循环迭代基础上逼近速率评价。绩效管理不再单纯地依靠计划目标与实际完成的偏差绝对值分析，转向在多循环作业条件下实际完成向计划目标趋近的速率分析方面的转变。即绩效考核的评价角度由主体间横向竞赛转向特定主体自我提升，从而强化约束、激励进度和消除不利（不公平）的关联性影响。

6）统一培训管理：综合集成管理平台的一体化管理结果。传统模式下执行逐级培训，出现大量信息损失并丧失针对性。统一培训管理是由平台根据角色定位从数据库中分类选取参与项目管理的个体，使得培训信息精准与精炼，提升培训效果。

7）统一平衡调度：综合集成管理平台对主体间大量横向联系消灭的结果。

8）统一风险管理：综合集成管理平台对工程模型仿真和虚拟推演的结果。平台建立统一的风险事件数据库，通过工程模型仿真和虚拟推演，实现项目运行过程中的数据采集、比对，从而分析风险事件构成条件以形成预警信息，向各主体推送信息，实现统一的风险管控。

5.3 PPP+ EPC 项目的智能建造

PPP＋EPC 项目综合集成管理平台作为管理工具，核心作用是把一个综合性的（也就是通常意义上被称为项目群）大型项目机构化解构为一组相互联系的简单项目，并使项目之间的结构和逻辑清晰明了。

PPP＋EPC 重大复杂性工程建设项目的建造过程就是一个为了完成工程建设所展开的参与方之间资源、技术、组织和信息的协同过程。综合集成管理平台本质上就是工程全生命周期内各主体的共享和协同平台，其管理模型可以用图 5.3-1 表示。

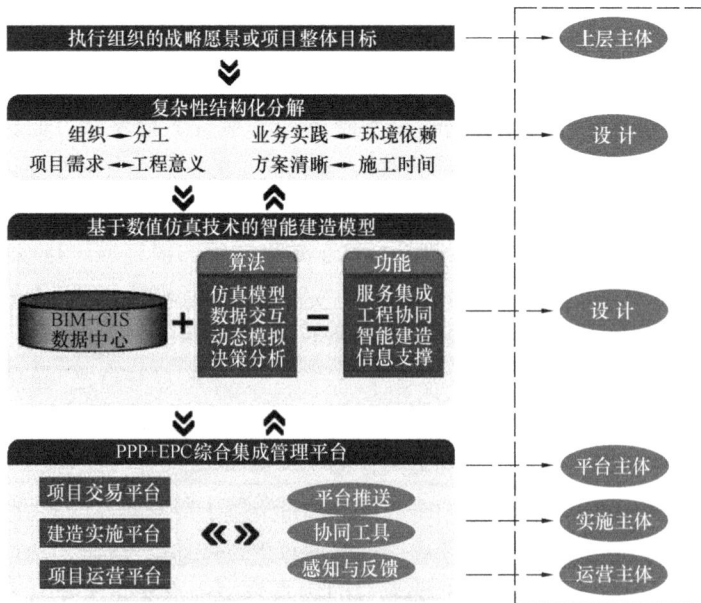

图 5.3-1　面向工程全生命周期的智能建造模型

智能建造技术便是对综合集成管理平台的技术融合进行数字赋能，通过 BIM＋GIS 数据中心提供全空域泛在、全流程持续和全场景活动的信息，再利用数值仿真技术对数据所反应的复杂性问题进行降解与重构，实现信息的全智能解析，最后将服务集成作为智能建造模型与综合集成管理平台的纽带，实现信息的全价值叠加，传统的基础设施在"五全信息"的加持下升级为智能化的基础设施，价值链组织的生产效率和效益水平在数字赋能下也得以提高，共同构成了重大工程价值共创的平台，其中 PPP＋EPC 项目综合管理平台的知识构成如图 5.3-2 所示。

5.3.1　工程智能建造技术的综述与实践

新的建造模式出现与复杂性理论在计算机科学基础理论的进步，如 ICT 技术、物联网、互联网和地理信息系统等技术的进步紧密相连。

半个世纪以来，复杂性理论围绕两个主要研究方向展开。第一是通过分析计算过程的演化，为计算问题的复杂性建立具体下限。这个方向的核心是对计算过程进行研究，证明复杂性中的大部分研究属于这个范畴。与之对应的第二个方向的研究目标是无法精确定义具体计算问题或概念时，在问题即概念间建立联系。NP 完全性理论、对相似性的研究、概率证明系统、随机过程研究等都属于这个范畴。工程问题的复杂性定量化分析属于第二个研究范畴。

由于工程建造具有一次性、人为性、为人性等特点，需要个性化又安全高效的建造模式。运用信息和通信技术手段，实现工程建造中的人、材、机、工、法、环等资源性因素和产品设计的功能、结构、型式、材质、外观的实时连通、相互识别和有效交互是初级的信息管理平台。

在过去的几年里，BIM 技术的应用和推广让产品设计（三维信息模型设计）从在单纯的翻模、碰撞中快速认识问题、提高决策效率等初级的显性化技术手段逐渐向需求转变，如从项目整体角度、专业协同角度、生命周期角度获得建造能力提升。模型与信息管理平台的深度融合，使得管理人员的工作重心向数据利用、标准统一等智能化建造的方向不断努力并积累经验。

在这个过程中，应用 ICT 技术打造一个工程建造信息支撑系统，通过实时感知（通过网络实现对人、机器、资源等大型设备的初级物联系统）和被动采集（由相关参与方根据流程上报信息系统）形成了海量的数据。初始数据的杂乱无章使得大量数据被"闲置"或"简单引用"，信息管理平台需要逐步提炼出一些初级工具管理这些数据，例如"OA 流程""讨论组""聊天工具""电子公告板"和"电子文档管理"。

我们现在（如笔者所主持建造的义乌商城大道隧道工程）的"BIM＋GIS"综合集成管理平台尚处于这个阶段。该平台通过不同的信息采集技术，如 GIS、GPS、RFID、视频监控和有限使用的传感器（分布式光纤、支撑轴力伺服器、工人定位）和激光扫描（无人机激光扫描、巡检机器人）等，从被动感知向主动感知转变，这些信息包含了环境信息、质量信息、安全信息、设备信息等，并构建了一个基于 BIM＋GIS 的综合集成管理平台（建造信息支撑系统），由此开展了一些十分有益的服务集

图 5.3-2　PPP+EPC 模式项目综合集成管理平台知识构成

成、工程协同和智能建造管理方面的尝试。

重大城市基础设施项目的复杂性问题一直是困扰诸多建设团队的前沿问题。本书中的"深刻相似性原理"和"复杂性脸谱指标"是笔者所在技术团队经过若干年的研究经验总结得出，而海量的工程数据和 PPP＋EPC 模式下给予设计方尽可能大的项目主导权力为我们开展相关技术研究提供了可能。

未来相当长的一段时间内，如果"智能建造"能够在技术研究上获得突破，关键是工程仿真与复杂性计算两方面的工作融合，即图 5.3-1 所示的"复杂性结构化分解（降解）"和"基于数字仿真技术"的模型＋算法，复杂性问题研究将取得重大进展。

（1）工程 BIM 模型

利用 Bentley BIM 体系架构建立三维工程模型在国内有大量的实践案例，行业协会也会定期举办 BIM 技术的竞赛以大力推广该项技术的运用。但是就目前而言，抛却"创优""创新"的功利性因素，对工程本身，尤其是重大复杂性工程本身解决问题的需求出发，我们还有大量的工作可以做。

实际情况是，大量建设工程采用 BIM 技术，建立了一个多专业的三维模型。在这个模型里，管理者在处理常规的建筑、结构、电气、消防、给水排水和装饰装修等专业设计内容外，同时还加载了场地、地理信息等环境条件，多数工程仅止于此。它对于我们的实际工程建设管理并没有太多的帮助，并且投资不菲。

没有协调的 BIM，不是真正的 BIM。我们的同行之所以如此"消极"地对待 BIM，或者说 BIM 技术所面临的挑战之一，原因在于就很多的从业者而言，BIM 软件运用了太多的工具和软件而只完成了少量具体工作。

当 Bentley BIM 解决方案结合协同工作平台，可以实现对工作内容、工作标准和工作环境的统一管理，给予不同的管理角色以不同的权限，并支持跨区域协同等工作，这些工作对于 BIM 体系架构而言技术上已经能够较好地实现。

但是，模型本身不会技术，协同工作系统的逻辑需要人为设置。关键在于我们为什么要这样设置，即设计对于产品的三维化描述、产品运用环境的三维化描述、产品的建造主体间专业任务分配的技术我们已经可以掌握，但是为什么这样设计、为什么这样进行任务分配的问题还没有很好地解决；产品的建造主体间何时开展工作，如果时间上出现调整，结果会有何不同等这一类问题还没有很好解决。简而言之，BIM 体系架构很好地解决了复杂工程在空间维度上的分解而没有很好解决时间维度上的分解。尽管 BIM 模型可以根据我们设定的进度计划进行动态演示，但在本质上它仍然是一个静态模型。

一个工具或者软件必然有其局限性，我们不能过高地要求 Bentley BIM 应用软件。那么动态问题又该如何解决呢？这是一个关于计算的问题。

（2）有关计算的问题

什么样的问题类是可计算的？这是数学、数理逻辑学和早期计算机科学所关心的一个重要问题。为了回答这个问题，可以给出一个计算的模型，然后规定凡是这个模型能计算的问题类被称为可计算的，否则就叫作不可计算的。于是产生了各种计算模型：图灵机、递归函数、λ演算、马尔可夫算法和递归算法等。但是，会不会有这样一类问题，在一个模型中是可计算的，而在另一个模型中却是不可计算的呢？如果这样，一个问题类的可计算性就依赖于模型，而不是问题类本身的性质了。著名的丘奇—图灵论题回答了这个问题。这个论题说："凡是合理的计算模型都是等价的，即一个模型能算的问题类别的模型也能算，一个模型不能算的别的模型也不能算。"这个论题不是一个严格的命题，无法给予一般性的证明，但可以用一个个具体的模型去验证它的正确性。但是，对于一个问题类，只知道它能否计算还不够，更有实际意义的是要知道计算起来要耗费多少时间，要用多大的空间来存储计算的中间结果等等。为了回答这些进一步的问题，就产生了计算复杂性理论。下面我们讨论几个关于复杂性计算问题的思考：

1）本书借用"复杂性脸谱指标"进行定性定量的意图

资源越多功能就越强大吗？当适用"良好"的函数（本构模型）来确定算法所消耗的资源时，更多的资源消耗可以完成更多的计算任务。但如果使用了"坏"的函数，资源的增加可能无法起作用。

在实践中我们使用 Bentley BIM 解决方案时，一个很大的困难就是模型的"轻量化"问题，我们希望消耗更少的资源而取得更好的效果。在具体复杂性工程的复杂性降解问题上，笔者所在团队的一个主要争议是复杂性指标的提炼和测度方法。何清华等学者在《大型复杂工程项目群管理协同与组织集成》中把工程项目的复杂性基于 TO（Task & Organization）视角划分复杂性影响要素，基于隐性工作量的测度方法，提出 12 条假设，并对 T 影响因素和 O 影响因素进行量化分析，值得我们学习和借鉴。

本书提出的复杂性脸谱指标（4 对，共 8 个）的目的是兼顾定性分析与定量分析的需要，是考虑一线工程管理人员即便没有能够建立仿真模型的情况下，仍然能通过定性分析做出复杂性演化在发展方向上正确的判断，这是我们提出用"脸谱"的初衷。

2）对于复杂性的降解（弱化）

如图 5.3-1 所示，我们首先是对复杂性问题进行结构化降解，然后才是仿真模型建构。鉴于大量的工程复杂性问题显然是不可解的，这时便需要考虑问题本身以及其条件是否能弱化，使得一个综合性的整体问题被分解成若干的组成部分，然后再做定量化分析。

复杂性的降解并不一定是完全的定量化方法，首先由具有一定工程实践经验的技术人员完成一部分定性化的工作，在此基础上再由计算机完成定量化的可行解工作，使得最终的复杂性问题对原始应用而言仍然保持有意义。

弱化手段有：相似（深刻相似性的近似假设，即复杂性问题对于时间、空间维度的分解保持其性质的不变性）、近似（针对计算问题本身，即对于每个问题实例，拓展其允许的解集）和平均（将平均情况看作是典型实例的性能，而非随机实例的平均性能）。

3）超越维度——时间、空间

与我们所提炼的复杂性问题测度指标"2+N"一致，其中的"2"指的是两个超越维度——时间、空间，算法的两个主要复杂性指标也是时间和空间。其中算法的运行步数即为时间复杂性，计算所使用的数据量（内存或储存空间）即是它的空间复杂度。超越维度是我们运用迭代、逼近方法的基础，由此进行的复杂性系统演进和仿真分析才能成为可能。

（3）数学模型与表达形式

数学建模有着十分广阔的应用。概括起来，数学建模有两方面的作用：提高对现实系统的认识（认识世界）和提高对现实系统决策的能力（改造世界）。

从认识世界方面看有三个层次：通信、思考和理解。首先，一个数学模型必须提供一个准确、易于理解的通信形式，也就是说，当信息传递给别人时，这种模式可能引起误解的比率；此外，数学模型还必须能帮助人们进行思考（比如推演）；最后，当模型已被综合成一个公理或定理时，这个模型将使人们能更好地理解现实世界发生的各种现象。

从改造世界方面看，也有三个层次：管理、控制和设计。首先，数学模型应能提供给人们管理系统（比如制定计划、分配资源）时的依据，一般来说，管理这个层次所要求的数学模型可以比较"粗"；到控制层次时要求的数学模型比较"细"；设计层次要求包含上述两个层次的数学模型，而且要求更加精细和全面。

工程问题的数学建模可以运用软件，比如 BIM 软件、设计计算软件等。对于个别问题我们可以手工建立计算模型，一般建模的方法可以参照表 5.3-1 所示。一般说来，系统有线性与非线性、静态与动态、确定型与随机型、微观与宏观、定常（时不变）与非定常（时变）、集中参数与分布参数之分。另一方面系统与研究系统的方法有关，此时有连续模型与离散模型、时域模型与频域模型、输入输出模型与状态空间模型之别。

1）数学模型的表达方程

数学模型对应的表达方程式如表 5.3-1 所示。

数学模型与表达形式　　　　　　　　　　表 5.3-1

数学模型	表达形式（方程特性）	数学模型	表达形式（方程特性）
线性	线性方程	非线性	非线性方程
静态	联立方程、含有空间变量的偏微分方程	动态	含有时间变量的微分方程、差分方程、状态方程
确定性	不含随机变量的各类方程式	随机性	含随机变量的各类方程式
微观	微分方程、差分方程、状态方程	宏观	联立方程、积分方程
定常（时不变）	不含对时间的系数项的各类方程式	不定常（时变）	含时间的系数项的各类方程式
集中参数	常微分方程	分布参数	偏微分方程
连续	微分方程	离散	差分方程
参数	数学表达式（各类方程）	非参数	图、表
时域	状态方程、微分方程、差分方程	频域	频率方程
输入输出	传递函数、微分方程	状态空间	状态方程

2）建模方法

一般来说，建立数学模型的方法有三类：分析法、测试法和综合法。

白箱问题（分析法/演绎法/理论建模/机理建模）：分析法是根据系统的工作原理，运用一些已知的定理、定律和原理推导出描述系统的数学模型，是一种理论建模方法。演绎法面临着存在性问题，一组完整的公理将导致一个唯一的模型，前提的选择可能存在有争议。演绎法面临着一个基本问题，即实质不同的一组公理可能导致一组非常类似的模型。爱因斯坦曾经遇到过这个问题，牛顿定理与相对论是有区别的，然而对于当前大多数实验条件而言，两者呈现极其类似的结果。

黑箱问题（测试法/归纳法/实验建模/系统辨识）：系统的动态特征必然表现在变化的输入输出数据中。通过测取系统在人为输入作用下的输出关系，加以必要的数据处理和数学计算，估计出系统的数学模型，这种方法叫作系统辨识。测试法属于归纳法，是从特殊到一般的过程。归纳法是从系统描述分类中最低一级水平开始的，并试图去推断较高水平的信息。一般来讲，有限的不充分数据集合导致这样的选择不是唯一的。这个问题可以用另外一个观点来表述，有效的数据集合经常是有限的，而且常常是不充分的。事实上，模型所给出的数据在模型结构方面并不是有效的，任何一种表示都是一种对数据的外推。这个准则虽然是有效的，但是一些特殊问题却很难运用，因为它没有告诉我们如何去获得这些最少量的信息，以及什么时候去获得它们。

综合法：分析法是各门学科大量采用的一种方法，但是它只能用于简单系统，而且在建模过程中必须做一些假设与简化，否则所建立的数学模型过于复杂，不宜求解。测试法无需深入了解系统的机理，必须涉及一个合理的实验以获得系统的最大信息量，这点往往非常困难。因此，两种方法在不同的应用场合各有千秋。实际应用时，两种方法应该互相补充，而不能互相取代。有些情况下可以将两种方法结合起来，即运用分析法列出系统的理论数学模型，运用系统辨识法来确定模型中的参数。在建模阶段，它会受到客观因素和建模者主观意志的影响，所以必须对所建立的模型进行反复校验，以确保其可信性。

3）模型的可信度

模型的可信度本身是一个非常复杂的问题，它一方面取决于模型的种类，另一方面又取决于模型的构造过程。模型本身可以通过在不同水平上进行试验，所以我们可以区分不同的可信度水平。一个模型的可信度可以根据获得它的困难程度分为：

① 在行为水平上的可信度，模型是否能浮现真实系统的行为。

② 在状态结构水平上的可信度，即模型能否与真实系统的状态互相对应，通过这样的模型对未来的行为进行唯一的预测。

③ 在分解结构水平上的可信度，即模型能否表示出真实系统的内部工作情况，而且是唯一地表示出来。

有时这些可信度水平又分别称为重复性、重复程度和重构性。不论研究的是在哪一种可信性水平，可信性的考虑在整个建模阶段及以后各阶段都应是恰当的。一般来讲，应该考虑以下三点：一是在演绎中的可信性，通过前提正确性的研究和前提其他结果的验证来分析信息以及以前得到的模型的可信性；二是在归纳中的可信性；三是在目的方面的可信性。

（4）现代仿真技术

1984 年，Orën 给出了仿真的基本概念框架"建模—实验—分析"，仿真是一种基于模型的活动。概而言之，系统是研究的对象，模型是系统的抽象，而仿真是对模型的实验。系统仿真的一般步骤（图 5.3-3）：

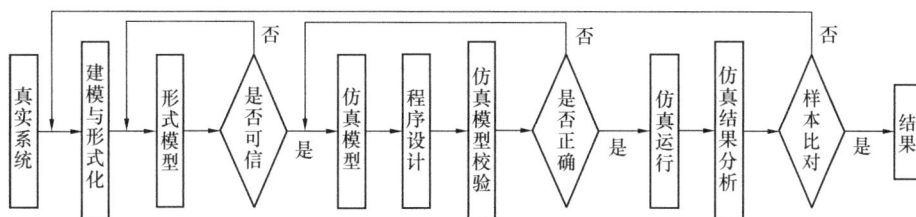

图 5.3-3　系统仿真的工作流程

其中，仿真模型应注意选择合适的算法，关注算法的稳定性、计算精度、计算速度；程序设计是将仿真模型用计算机能执行的程序来描述，程序中要包括仿真实验的要求、仿真运行参数、控制参数、输出要求。

从建模的方法学来看，除了典型的机理建模及系统辨识方法外，近年来正积极发展模糊优化法、人工智能辅助建模方法学及混合模式的方法。

仿真算法是将系统模型转换成仿真模型的一类算法，在数字仿真模型中起核心和关键作用。仿真算法经历了从串行算法到并行算法的发展过程。目前，连续系统与离散事件系统的非实时串行算法已相当完善，当前研究的重点是实时连续系统算法、各类系统的并行算法及定性系统算法等。

5.3.2　PPP＋EPC 项目智能建造的服务集成

在 PPP＋EPC 综合集成管理平台中，复杂工程根据复杂性被分解为若干个内容单一、工序简单、目标明确、边界信息（约束条件）清晰的简单任务，管理视角聚焦，工程建造生产分工更加专业和深入。综合集成的要求与主体间横向联系的大量消亡转而由平台完成，其关键是平台依照智能建造的要求发挥服务集成的作用。

（1）以服务为中心的参与主体内部组织集成

在综合集成管理的要求下，工程建造参与主体只需要专注于自己的核心竞争力，即根据专业分工完成特定建造任务，由平台完成主体间的横向联系，形成以服务为中心的组织集成。

提倡"以服务为中心"的组织集成主要基于两方面的考虑。

一方面，认识重大复杂工程建设项目的复杂性本质，需要从深刻相似性规律中考察构成工程系统复杂性的关键协同要素。在实践中，整体项目内部各个主体之间主要依靠合同完成管理，而合同作为关系治理的基础是不能被轻率地打破。具体而言，项目组织之间的信息传递和沟通中基于合同关系的"亲亲相隐"问题不能为组织本身所克服。不同主体之间相互支撑、配合主要依靠合同的权利与义务关系维系，"大局意识"或"整体观念"无法由个体长期维持。由项目主导方（业主等）推动的"标准化"管理是基于特定主体的单向视角确立的，无论从主观能力还是客观条件都无法保证"标准化"符合多数主体利益，导致项目集成化运行效果和效率不佳。

例如，某明挖隧道工程中某管线横跨基坑，业主单位从自身利益出发，希望主体施工方能够通过悬吊的方式就地保护该管线。我们抛却具体的技术，从管理主体角度分析此方案：

① 业主角度分析：悬吊技术措施（比如利用基坑横向支撑和围护桩冠梁作为悬挂受力结构）投入少，避免了两次迁改管线的费用，经济效益显著；其次，由于取消了迁改环节，施工进度得以加快；第三，就地保护方案保障了管线运行，社会效益良好。

② 设计角度分析：悬吊管线改变了设计工况。如围护工程支撑体系的荷载条件；既有管线投影下方出现"缺桩"的情形需要设计补强措施；由调整引起的客观风险；由于涉及危大工程技术评审和审批管理问题，程序上有不被支持的可能。

③ 施工角度分析：悬吊方案变更所增加的工程量十分有限，而背负的责任和风险很高；管线引起的空间限制导致土方开挖、地下主体结构施工的降效，此种降效无法获得应有的补偿；由于涉及危大工程技术评审和审批管理问题，程序上有不被支持的可能；管线迁改的工期业务并非施工责任，如发生可以向业主索赔。同时在复杂性工程的并行组织条件下，这种非本方延误或许可以使本方获益。

我们可以猜想，业主方推动就地临吊保护管线的过程中将承受的来自内外部各方面阻力。

我们假定，从工程整体角度上分析，这种悬吊保护的方案是有利于整体项目推进和成本控制的，但是如果主体间的组织集成仅仅从并行工程的视角下考察组织之间的协同优化，包括集成信息化、组织结构框架或者组织间工作流的层面对跨组织工作的流程进行规范，由于未触及工程问题的全部本质，即只关注资源性的生产要素而忽略其他要素（如项目需求、业务实践等），这种集成管理只能是徒具形式。

另一方面，并行工程追求的是整体最优，有时为保证整体最优需要牺牲局部利益，这种牺牲应该由整体系统承担。复杂性工程的不确定性和认知的局限性在现有的技术能力下，只能构建一个自适应的复杂性管理系统（非定常的时变系统），在保证整体最优的条件下（适应系统对预期目标的追求）实现路径并不唯一，在初始条件下（或者实践过程中的某一时刻）无法预设需要做出牺牲的那一部分。因此，不确定性引发的风险也应纳入整体项目的成本之内。

以服务为中心的内部组织集成是整体组织依托综合集成管理平台，在具体工程复杂性降解的逻辑下围绕关键实现路径开展组织体行为的过程，其目的是使组织体的功能发生质的突变，整体效益得到极大的提高。以服务为中心的组织集成框架如图 5.3-4 所示。

参与主体内部以服务为中心的组织集成主要包括：

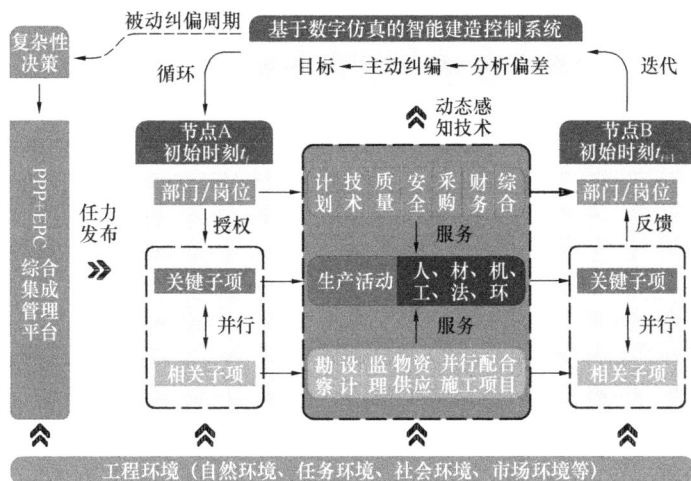

图 5.3-4　以服务为中心的组织集成框架

1）基于数字仿真的智能建造控制系统通过复杂性决策

将具体项目分解为各个子项，其中处于复杂性关系主导地位的子项称为关键子项，其他与之并行的子项称为相关子项。

2）将各子项细分为若干各控制节点

一般情况下控制性节点以关键子项的单循环工序为依据划分，或者以关键子项的工序转化（主体变化）节点为依据划分。例如桩基工程，可以按照完成单根桩的全工序（钻孔、下笼、混凝土浇筑）划分为一个基本循环，也可以按照单一工序——钻孔——划分控制节点。前一种划分方式主要用于控制整个桩基分项工程，后一种划分方式一般运用于地质条件特别复杂，整个桩基分项工程的控制性任务是完成钻孔，以控制单一工序钻孔为关键点。

3）综合集成管理平台发布以关键子项为服务中心的目标任务

综合集成管理平台就具体项目发布工作任务（集合），任务信息包括：任务内容和限制条件（可利用的资源，任务的成果和标准）。所谓的以服务为中心是指：一是各方围绕关键子项开展工作，并以此为任务逻辑开展考核；二是各主体的服务以供需匹配为关键，即具体任务与主体自身能力相适应；三是各主体间的服务标准一体化，即具体主体的服务标准以智能建造控制系统整体最优为原则确定，由综合集成管理平台统一发布和统一反馈，而不直接受被服务对象影响。

4）循环、迭代，并持续改进

各主体按照控制节点进行协同作业，系统动态反馈与被动反馈相结合，对具体任务进行循环、迭代，动态分析和持续改进。例如桩基工程（关键子项），关键主体（桩基班组）的任务是按照规定的定位、时间、技术参数和资源完成某一循环任务。对于平台主体的部门/岗位和相关子项而言，任务是围绕关键子项任务开展服务（保障、支撑）任务。如某循环出现混凝土充盈系数异常，智能建造控制系统根据反馈信息进行模拟分析，认为产生偏差的原因主要由成孔速度过快、泥浆指标不良、空孔时间过程这三方因素引起，据此各方在下一循环做出主动纠偏（需要特别指出，任务目标是复合的，并非仅指进度）。

部门/岗位的工作改进：计划部门重新修改控制性计划；技术部门分析并改进泥浆制备配合比；质量部门针对泥浆问题加强抽检；采购部门改善混凝土的供应保障；综合部门分析并改善桩基成孔到混凝土浇筑的作业面转化问题。

相关子项的工作改进：监理部门对成孔速度、泥浆质量检验和物资供应等环节进行有针对性的过程监督；物资供应（混凝土供应商）重新评估并改善从计划、加工运输和到货等各供应环节的保障工作；并行配合项目（如同步施工的土方开挖）在交叉作业面进行调整，特别是施工通道等，以配合关键工序的顺利开展。

关键子项的工作改进：根据指令调整成孔速度和泥浆制备的配合比，优化工序以缩短空孔等待时间。

在智能建造控制系统的支撑下，各参与主体的管理行为（包括过程改进措施）围绕生产环节，任务目标变得具体、清晰并可量化。

1）偏差受控条件下的闭环管理

任务循环的偏差在可控范围时，各参与主体按照自组织的方式进行 PDCA 闭环管理，按照循环、迭代的逻辑持续改进以逼近预期目标。需要指出的是，预期目标是上限目标，它是动力系统的负熵流最小的最优路径，所以系统给出的预期目标是高标准或理想状态目标。合格标准是下限目标，当循环偏差很大，出现低于合格标准（就质量而言，出现主控项目不合格项，或允许偏差项目的不合格点率超标）就可以认定为任务循环偏差不可控。

2）偏差不可控条件下的任务终止

任务循环出现偏差不可控时，主要是偏差绝对值超限或者多循环下偏差不收敛，无法通过主体自组织方式实现管控的情况。当任务循环偏差出现不可控的情形，智能建造控制系统应当终止任务，并对历史数据重新分析，对复杂性结构化降解和对应仿真模型进行调整。即图 5.3-4 所示的被动纠偏环节。

（2）面向全生命周期的服务集成

城市重大复杂性基础设施项目必须在"中央集权治理结构"下开展，否则很难获得成功，这一论断已经被不断涌现的重大复杂工程实践所证实。一般而言，业主是项目的最终用户，因此要实现建设项目全生命周期管理和项目整体目标，应以业主方/运营方为核心。但是，在城市基础建设体系下，建设与运营在管理体制上长期分离，尤其是在城市建成区采用多功能合建的项目，项目本身对建设主体提出非常高的要求，这些要求包括公共产品的价值、意义和高品质追求，应对复杂外部环境的敏感性控制、大量的专业分工与协作、众多利益相关方的诉求、超大规模与超长工期的复杂系统工程的长程时空管理和目标控制等。所以，以业主（指市属平台公司）为组织载体的中央集权存在可操作性和合理性两方面的局限。

1）管理幅度大，对项目决策层的要求过高。业主现场机构作为集成管理的核心，需要管理的单位众多，且涉及用地、规划、建设和运营过程，对其专业技能和管理能力的要求过高。

2）对重大复杂项目投资、建设和运营三个主要阶段的工作边界不再清晰，需要有相应的体制制度加以规范和保证。

在投资、建设和运营的负责主体各自为政的体制机制下，复杂性项目各阶段工作相互影响、融合，组织结构的管理目标差别很大，即便使用一套联合班子的形式，整体最优与局部牺牲无法调和，实际操作难以保证。

假定某项目在后期扫尾阶段，整体项目融资规模已经巨大，此时由于施工方资金周转困难导致推进滞缓。此时施工方提出用银行保函替换部分被质押的款项（一般项目中间支付的比例在 80%～90%，所谓质押部分就是支付比例以外的部分）。在以政府财政投资为主体，以市属平台公司为建设主体的框架下，这种突破合同约定的方式很难被接受。同时一般城区线性工程项目因为工期延误的追偿（无论是施工方向业主方，还是业主方向施工方）同样非常困难，在长期实践过程中，业主及业主委托的其他平行工程与该施工方相互影响，双方可以拉出一长串的清单用以证明自己的工期延误并非自身原因造成的，并且建设主体并不会因为融资主体的财务成本增加而承担责任，所以最终的延误造成是必然的，尽管施工方提出的方案在风险管理上其实是可行的。简而言之，用保函替换部分质押资金的决策，管理层需要为此承担程序性风险，而延误导致的财务成本增加是合乎程序要求的。这样的例子还有很多，比如大型设备的融资租赁、PE 等方式在传统体制下是不具有操作性的。

3）处理投资、建设和运营三阶段的地位权衡和关系融合方面的困难。

对于一般投资类项目而言，投资处于主导地位，它决定了项目的价值意义；对于城市基础设施项目而言，投资、建设和运营三个阶段互相影响，但总体地位均衡。例如，投资概算在经历可行性研究、初步设计概算批复后限定了建设期总体造价规模，但是在不可预见的复杂性因素下，项目超概算的现象屡见不鲜，只需要在工程竣工前重新申报并说明客观理由即可闭环；一般而言，公共设施养护部门必须被动接受公共产品，哪怕是一条实际不具备功能的断头路。但是在产权移交时，养护部门一般需要对公共产品进行必要的检验，包括功能性和外观等，此时养护部门对产品的要求完全可能超出项目建设时的审批要求，比如隧道出入口加装隔声障、交通卡口、在线监控设备等，此种要求往往作为变更追加到项目投资之中。

传统的工程建设管理格外重视实施阶段，而在前期投资决策阶段的管理得不到重视。二八定律告诉我们，项目的前期投入占比较小，但对后续的大比例投资却起到决定性的作用。在重大复杂性工程中，政府投资的基础设施项目往往是单一功能目标，对关联性的社会影响分析不够充分，特别是在渐次性开发项目中，管理人员受体制机制约束，对先行开发项目的缺陷无法采取果断措施（比如废弃部分工程量），在各阶段关系融合方面存在很大的局限。

事实上，即便是拥有技术优势和丰富建设经验的头部设计大院也不能独立承担起复杂性项目在组织复杂性、技术复杂性和环境依赖复杂性所带来的挑战和应对复杂性项目全生命周期的集成挑战。不同的是，在 PPP＋EPC 模式下设计方同时拥有政府与社会投资人的共同代理权，使得多功能公共产品兼具公共与商业两方面价值意义，并且涵盖投资、建设、运营的全生命周期的组织和过程集成化。

为了提高全生命周期集成化的服务水平，弥补物质组织集成的不足，在智能建造控制系统的辅助下，PPP＋EPC 项目综合集成管理平台具有实体组织结构下的集权结构所不具有的强大分析能力和处理突发情况的应急处置能力。

在 PPP＋EPC 项目综合集成管理平台的管理方式之下，无论是平台主体还是非平台主体，都在具体任务响应和执行过程中处于一种全过程全方位的伙伴（Partnering）关系，它们共享平台资源以达成一种短期或长期的相互协定。这种协定突破了传统组织界限，在充分考虑参与各方利益基础上，通过平台发布约束规则维护项目整体目标。由于平台极大地消除了主体间的横向联系，弱化了项目参与各方的利益冲突，此时有：

1）综合集成平台作为虚拟组织具有中央集权的地位，类似于 Partnering 主持人，该主持人是一个中立的第三方，其虚拟特征使得其本身保持绝对的价值中性；

2）Partnering 主持人的背后是基于技术仿真的智能建造控制系统，具有动态自适应与整体最优两方面特征。

工程建造过程服务集成就是将分散在工程建造过程各阶段的不同工程任务按特定方式连接起来，构造一个服务网络，使其成为一个有机整体系统。根据 BIM 模型中的构件可以确定具体的工程建造任务，由模型中的结构化构件集以及空间关联的构建集之间的包含信息，可以进一步具化为任务原则和任务之间的物理关系（比如复杂性降解）。当在模型中加载边界信息（环境依赖性）和虚拟输入（资源），经过演化计算后可以推断出工程建造的最佳方式和实现路径（比如复杂性重构），由此最终确定任务内容与任务约束条件。

3）PPP＋EPC 综合集成管理平台在智能建造控制系统的支撑下，形成扁平化的项目治理结构。

4）在 PPP＋EPC 项目的法人治理结构下，全生命周期的服务集成将贯彻项目目标管理的全过程，实现向前延伸至项目的决策阶段和向后延伸至运营管理阶段。面向全生命周期的服务集成框架如图 5.3-5 所示。

图 5.3-5 中列举了两个处于并行关系的子项 A 和 B，其中路径 A2→A′2→······→B′1→B1 可以描述为：

子项 A 是子项 B 的上位工序，并且当子项 A 的物资（主要是材料、设备等）参数确定后，其参数作为子项 B 的设计条件。这种情形是非常多见的，例如高耸冷却塔工程（子项 B）利用既有结构作为受力节点的附着式起重机和施工作业平台（子项 A），子项 A 作为子项 B 的设计条件以实现整体项目组织最优。

路径 A4→A′4→······→B′3→B3 可以描述为：

子项 A 是子项 B 的上位工序，其关系是子项 A 作为产品服务于子项 B。仍然借用前面的例子，高耸冷却塔的上部结构施工依赖于作业平台，作为平台在具有使用功

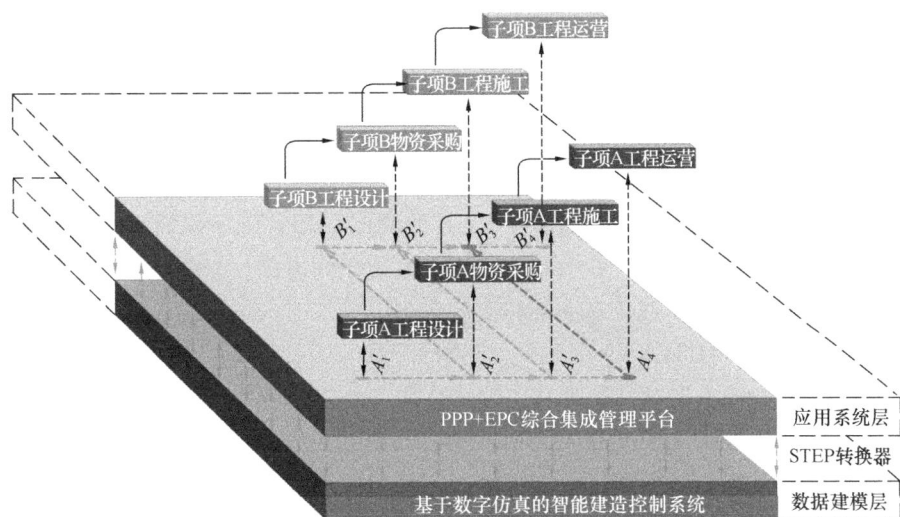

图 5.3-5　面向全生命周期的服务集成框架

能的同时还服务于冷却塔上部的结构施工。

这种关系在复杂性工程中非常多见，例如混凝土拌合站、钢结构加工场、交改道路、迁改管线、河道围堰等等。当然，复杂性工程中并行的子项数量众多，在被统一规划的综合集成管理平台中，各个子项的有机组合能为不同参与方提供一系列建筑服务。当它们的横向关系由平台替代，他们之间根据功能、成本、时间、可持续和服务的逻辑关系组成服务网络。这个网络并非一成不变，智能建造控制系统作为适应系统在复杂性结构化拆解后可以动态调整子项之间的横向关系，这也正是智能建造的核心能力所在。当各子项间的横向关系在时间维度上表达即为进度控制网络图，当各自间的横向关系在空间维度上表达即为协同作业图。

5.3.3　PPP＋EPC 项目智能建造的管理协同

工程协同管理就是通过建立无缝衔接的协同运行机制，把工程价值链形成过程中的各要素、过程、环节等组成一个紧密的"自组织"系统，并使其按照协同方式进行整合，从而实现优势互补和功能倍增，创造最大价值的管理过程。工程管理协同实现的关键是对价值链形成过程的分析，实现方式是"自组织"。静态的价值链形成过程的分析和重构相对容易掌握，比如简单工程，随着时间演进，项目价值链呈线性发展，可视为静态，项目价值链的建构只与首末点有关，与实现路径无关。但是复杂性项目则不然，工程系统的各要素、过程、环节等组成的"自组织"系统随着时间的演进，无论是在要素的构成内容（复杂性）上，还是要素的相互关系（结构）上都发生着非线性的变化，为此必须基于复杂性认识、复杂性降解进行价值重构，否则管理协同必然徒具形式而缺乏实际意义。

复杂性理论为重大复杂性工程管理协同提供了新的视角和方法论，即重大复杂性工程项目作为一个自适应系统，各要素的相互作用呈现复杂的非线性作用，各要素间的竞争和协同过程也是共同进化的过程。当我们把工程项目的复杂性科学进行抽象后，各要素则可以根据抽象化的复杂性测度指标（维度）进行结构化地归并，使得我们可以在多维状态空间下认识、分析复杂性系统，系统在某一点的状态即为复杂性指标测度下的序参量。本书提炼的复杂性脸谱指标（4 对平衡关系，8 个测度指标，再加上两个超越维度时间与空间，构成了 2＋8 的测度空间）用于研究复杂性工程系统各参序量如何通过自身涨落、竞争和协同使得系统走向有序。当然，本书对复杂性的测度指标提炼源于工程实践，是一种朴素的设想。

（1）人机协同（HITL）

人机协同是指由人和智能机器在工程建造服务实施过程中协作而形成的统一、和谐的系统。人机协同描述了"以人为本"的人机关系，PPP＋EPC 模式下公共产品的价值意义在于为人性，该模式下上层主体的产品价值链围绕城市群体的"日常生活"，构成了项目整体目标的原点。上层主体通过综合集成管理平台行使计划、组织、人员配备、领导和控制等相关职能和利用信息、原材料、资金和人员等资源，使得参建各方围绕其设定的项目整体目标开展建设和运营活动，平台及支撑平台的智能建造控制系统是服务于人的工具。机器主要是指硬件（计算机、自动化设备、半自动设备或者人工操作的设备）和软件（数学模型、算法和管理软件和管理系统），所谓智能机器主要是人机交互过程中，人与机器在感知、控制和执行三个层面上有机结合，其结构框架如图 5.3-6 所示。

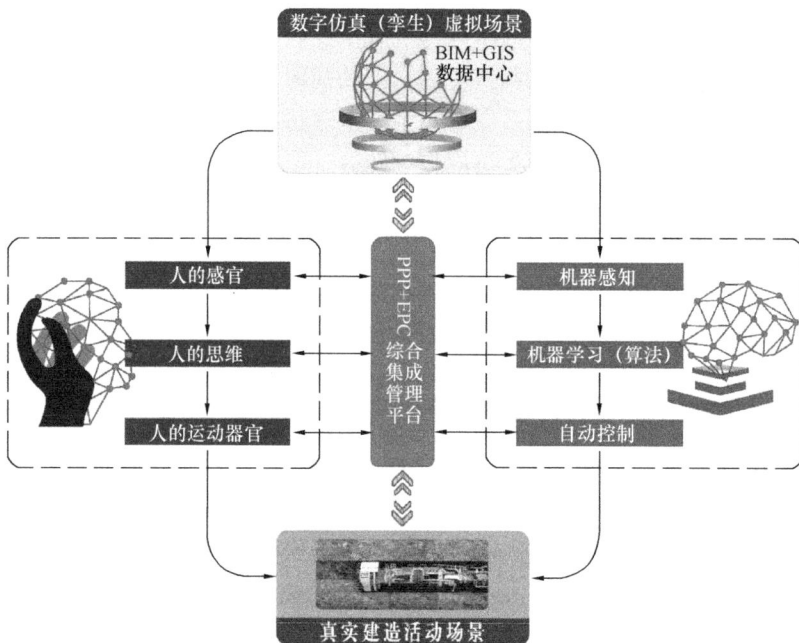

图 5.3-6　人机协同的结构框架

1）在感知层，人机联合感知，充分利用机器的精确定量、人的先验定性的各自优势，使得信息感知全面、多维和显性。

2）在控制层，人通过实践经验和思维逻辑进行判断和分析，是基于复杂性的演化方向分析和决断；机器通过循环、迭代和机器学习做出预测性模拟，辅助人的决策或者对机器进行自动控制。

3）在执行层，人机分工协同，共同运用于真实建造活动场景。

综合集成管理平台是人机交互的信息中心，它通过推送、协同机制和信息感知反馈使得数字虚拟场景与真实世界的建造场景保持动态仿真。这种虚拟场景与真实场景之间保持动态同步的仿真技术，我们称之为"数字孪生"。

（2）目标协同

目标管理体系是 PPP＋EPC 项目综合集成的基础（见 4.1 节）。一般来说建设项目的任务目标包括质量、安全、进度、成本（投资）四个方面。在重大复杂性工程项目（群）中各个参与方的任务目标分立，在一定条件下一旦发生冲突难以协同。PPP＋EPC 项目通过综合集成管理平台同步分解任务目标，主要通过以服务为中心的集成和面向全生命周期的集成两个方面实现任务集成。

例如某地下工程，整体项目的最优目标是：总弃方量＝总挖方量－总填方量。此时要求先行开始的子项利用未开挖子项的场地作为短距离内倒，此时至少存在两种子项目标与整体目标的潜在冲突：第一，在按实计价的规则之下，子项外运弃方的单方盈利如果高于弃方时，各子项的目标与整体项目目标之间存在无法调和的冲突；第二，子项之间存在先发优势，即先行施工的子项借用总承包（或业主）之手影响其他子项为其腾出临时消纳空间，此时子项之间的目标冲突同样不能被调和。当然，真实情况随着时间演化要更复杂，比如第一种情形尚未考虑借方回填的因素，如果借方同样获取较好的盈利回报，这种子项与整体之间的冲突被迅速放大，各子项之间完全可以在经济利益的驱动之下形成攻守同盟，要求出现大量的借方回填，即：总弃方量≈总挖方量，总借方量≈总填方量。第二种情形中处于关键线路的子项往往任务更为复杂，受外部环境依赖的敏感性更为强烈，此时在"公平"的内部竞争中本应予"照顾"的关键线路子项在巨大的成本压力下可能成为其他子项"便利"土方的"临时消纳场"，加剧了关键子项的复杂性。

在 PPP＋EPC 综合集成管理下，子项不再是"空间"或"专业"的区分。仍然借用上述虚拟的案例，此时任务不再为各参建主体依照"空间"或"专业"所"独占"，而必须由平台发布任务进行响应以承接任务，而此时子项单元更精确和细小。平台按照整体最优的逻辑发布"某区段土方外运弃土""某区段土方短驳至某区段"等任务形式，平台主体及非平台主体在无信息差别的交易机制下开展竞争，从"任务内容"＋"任务限制条件"两个方面完成任务，承接子项任务的主体之间没有直接的横向联系，所有横向关系由平台（虚拟组织）代为处理，并构成为具体任务的限制条件。

（3）任务协同

任务协同是 PPP+EPC 项目综合集成模式下对重大复杂性工程项目结构化分解、重构后的结果。重大复杂性工程项目结构化分解后形成一系列任务集，任务集之间、某一任务集之下的子项之间的众多边界关系构成任务网络。本书一再强调，复杂性源于边界，边界定义了子项范围，它包括确保子项任务完成所需的全部工作的全过程。综合集成管理平台在于定义和控制子项任务边界，至于子项任务的内容，主要由完成该子项的主体通过"自组织"方式实现。

复杂性挑战所带来的子项边界可能发生"蠕变"甚至"嬗变"。这里我们借用了两个词："蠕变"——指数量上的变化，一般指工程量上的变化；"嬗变"——指性质上的变化，一般指实施主体身份发生了变化。例如一般工程变更属于前者，任务转包属于后者。在综合集成管理平台下，嬗变应予杜绝，因为嬗变至少说明平台的交易机制或者任务发布机制之一出现了问题。蠕变在任务细分的情况下应该严格得到控制，在同步并行工程中即便是微小的蠕变也可能是毁灭性的，它将导致项目同步参与主体无法进行协调，所以蠕变的影响只能带来接续任务的工作量加重。例如，桩基施工过程中，由于持力层深度发生变化，可能需要延长或者缩短某些工程桩的长度，这样的微小变化并不影响同步并行作业的支撑、冠梁等，它可能影响接续任务，如基础承台、围护的支撑等。这样的情形在综合集成管理平台上会被允许，并在下一任务发布前作出相应的调整。又如，桩基施工中的缩孔导致废桩，此项变化将直接影响正在并行作业的支撑、冠梁任务子项，此时如果控制不当，影响范围将无法协同，导致更多关联参数出现被动变化，甚至引发混乱和蔓延。所以，一个鲁棒性良好的系统应当具有良好的控制能力。

如遇以上情形，平台系统应当做出以下纠偏响应：第一，应当要求子项主体消除自身缺陷；第二，智能建造控制系统应当帮助子项主体找到引发缩颈的技术和组织原因，而不是忙于补救缺陷；第三，如果这种缩孔是普遍性的，是由于设计方案对地质条件认知不足引发的，且已经处于失控的状态（在循化迭代的条件下），应当果断终止该项任务，由平台以及支撑平台运行的智能控制系统重新分析、调整相应的任务信息。

5.3.4 智能建造管理技术应用：以 TBM 智能掘进为例

目前，智能建造管理在材料供应（主要是借用物联网技术）和安全管理（主要是基于互联网的安全要素管理）等方面已经有一些成功的应用。比如采用条形码、二维码对文档信息进行云储存和在线 Web 服务；一线管理人员利用移动设备端（比如智能手机）对设备、材料等附带的识别码调取相关技术参数和追踪等；工人佩戴带有感应芯片的安全帽、身份卡片或者着装，通过分布式感知设备对进入固定卡口（如设置于工地大门的实名制通道）和有限空间（比如井道、隧道、基坑等）人员的行为轨迹进行追踪，当触及危险区域时给予警报（推送短信、现场声光报警等）。2020 年新冠肺炎疫情发生后，工地各主要出入口设置红外感温装置以实现无感测温，当发现发热等人群时发出警报。

智能工程建造管理一直是我们建设行业利用相关领域技术成果，为工程服务的一个重要方向，但是现有的技术还局限于单一功能或者多个单一功能的简单叠加。例如利用实名制通道完成在线考勤后，与工人工资发放做信息共享，与安全教育记录做比对等。现有的智能技术与智能建造的美好畅想还有非常大的差距，远远没有到达"智能"或是"智慧"的层次。真正的智能是**利用已知的数据信息发现未知的规律，用规律指导行为**，至少应对包括：**感知、分析（算法）、决策和控制**四个方面，并且这些行为在"人机协同"过程中，机器的行为方式是主动和自动的运行状态，其基本框架如图 5.3-7 所示。

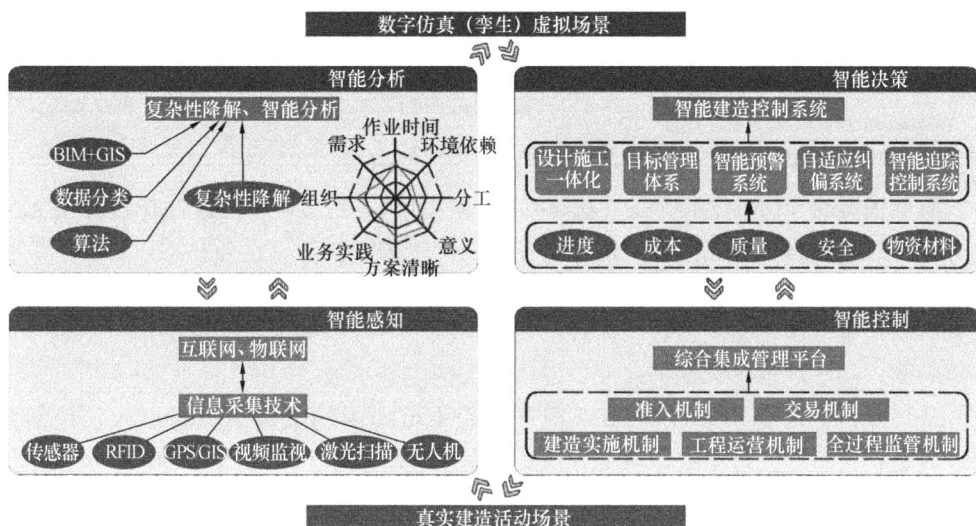

图 5.3-7　智能建造管理的基本框架

需要指出的是智能建造并非某种模式所特有，但是当智能建造技术与 PPP＋EPC 模式结合，特别是 PPP＋EPC 模式下拥有技术优势的设计方获取了包括规划、投资、设计、建造和运营等最大限度的主导权利，智能建造的运用深度和广度将得到极大的拓展。接下来，本书借用 TBM 智能掘进的工程案例介绍智能建造管理的基本框架和当下已有成功经验的智能管理技术。

（1）TBM 掘进的感知问题

我国在 TBM 装备制造方面处于国际技术领先的地位，但是 TBM 施工过程中面临的最大问题并不在于装备的制造技术，而是安全问题，并且多数安全问题与不良地质条件直接相关，如表 5.3-2 所示。

在 TBM 装备中刀盘的工程费用约占总费用的 40%，并且刀具属于易损件，限于工艺特点，在 TBM 掘进过程中被磨损的刀具更换十分困难（普通盾构也类似）。此外，刀盘及刀具的非正常损坏类型主要有：因被磨损的刀具未能及时更换所引发的刀盘磨损、外力引起的主轴承损坏、刀具偏磨损坏、不正常岩渣引起的卡钻等。

TBM 掘进安全事故列举 表 5.3-2

工程名称	主要事故类型	事故描述
DulHasti 水电工程	突水、突泥	地层剪切带塌落，机器损毁，停工 8 个月
台湾雪山水电	突水、塌方	遭遇崩塌，TBM 毁损，延期 8 年
广州地铁三号线	塌方	左线进入江面下方塌方，堤岸塌陷
云南上公山隧洞	突水、塌方	发生 8 次以上较大工程事故，管片破裂、护盾压坏，停机 10 个月后拆除 TBM，改用钻爆法施工
锦屏引水隧洞	塌方	多次塌方，主梁折断，TBM 瘫痪
八十一大坂输水隧洞	卡机	围岩软弱破碎，TBM 卡机 48 次，累计停机 379 天，工期延误 2 年，经济损失超 1 亿元
青海引大济湟工程	卡机、塌方	多次塌方，TBM 卡机 12 次，历时 4 年仅掘进 365m
吉林引松工程	卡机、塌方	TBM2 掘进段在穿越 F23-2 断层及其影响带时发生塌方卡机，工期延误 6 个月

由于现有的 TBM 技术存在"缺感知""缺决策"，在 TBM 掘进操作过程中无法及时了解刀盘及刀具运作情况。即便操作人员从推力、转速、设备抖动以及岩渣性状中发现非正常运行信息，受封闭的操作环境限制和不完整且无法处理复杂而碎片化的信息影响，难以优化施工参数。比较严重的情况下可以造成刀盘异常磨损、主轴承损坏等问题，甚至严重影响掘进速度，发生较大的安全事故。

从另外一个角度上来看，TBM 掘进过程中可提供的数据信息量巨大，包括推力、转速、扭矩等掘进参数，可见 TBM 掘进并不缺感知，缺的是我们对大量数据信息的分析——数据分类、数据关联分析、耦合作用规律等。

（2）TBM 掘进的同步数据管理

TBM（或盾构）掘进施工由设备运转所产生的实施信息包括由掘进进尺、刀盘、螺旋输送机等元器件所产生的各项数据，如图 5.3-8 所示。

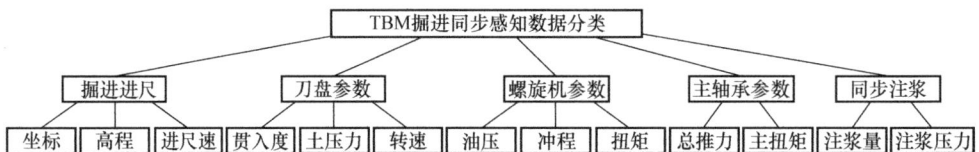

图 5.3-8　TBM 掘进同步感知数据（部分）

图 5.3-8 所示的数据是其中一部分，一般情况下一台 TBM 掘进施工时，每一秒采集一次可以产生 150～200 条同步感知数据。当这些数据传输至后台数据库后，即可以对这些数据进行有效管理。比较简便通行的方式就是把上述数据进行同步再现，如图 5.3-9 所示。

通过数据管理，我们可以远程管理 TBM 掘进施工，比如：

1）形象地显示 TBM 设备在掘进施工过程中的各项参数数据，包括进度信息、

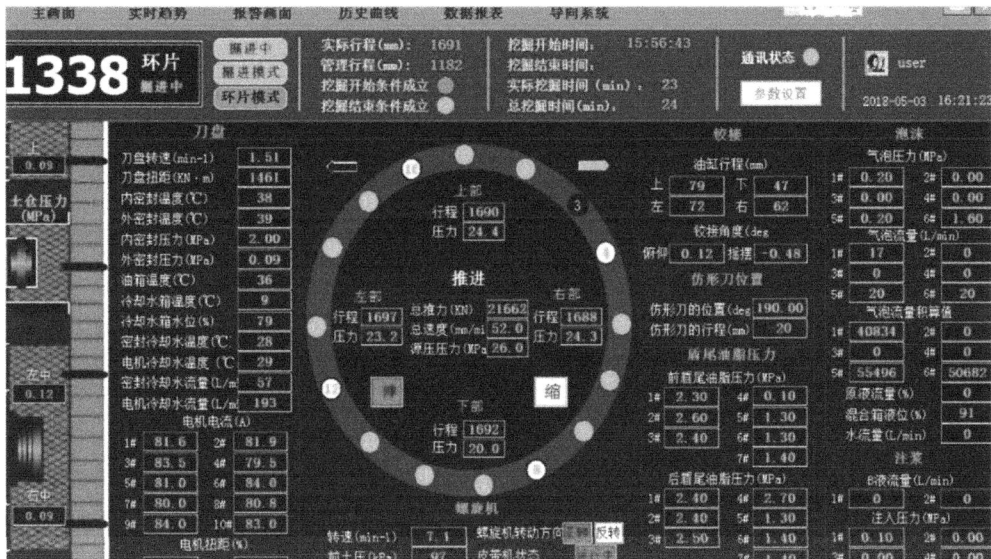

图 5.3-9　TBM 掘进信息管理系统（可视化界面）

材料消耗信息、设备状态信息等各类数据检索和动态演示等；

2）对各类数据进行简单的统计和分析，包括单环分析、多环分析。当数据赋予时间维度后即可进行趋势预判，包括材料消耗、功效、推进速度、里程等，并以报表的形式输出；

3）在赋予数据时间维度的基础上，与地质纵断面进行比较分析，可以更为精确地定性分析 TBM 设备未来各项参数的变化趋势。

对 TBM 设备的数据收集、整理，可以形成一个完整而高质量的数据库。假定每一秒同步记录 200 项同步数据，那么每天将产生 1.728×10^7 个数据。当设备运行 1 个月后，即可得到大约 5.2×10^8 个数据。可见，获取大量的数据的在技术上已经没有任何技术问题，所缺乏的是对数据的分析和处理能力。

（3）数据与数据分析

如图 5.3-10 所示某 TBM 掘进 1200s 的贯入度、轴力和扭矩三个参量，根据数值曲线变化规律，我们可以大概可以把数据划分为三个段落，分别为空推段、上升段和稳定段。

根据相关记录我们可以了解，该 TBM 掘进的 1200s 数据对应一个循环钻进，进尺为 1.8m，其中空推在 60～90s，上升段在 50～80s。在每一循环钻进过程中，处于驾驶舱内的 TBM 操作人员根据上升段的参数决定开始镐挖时间，同时应关注四个重要的参数：推进速度（Rate of Penetration，v（m/h））、刀盘转速（Rotation Speed，n（rpm））、轴力（Thrust，F（kN））、扭矩（Torture，T（kN·m））。其中前两个参数是由操作人员决定的，而轴力和扭矩则可以视为由参量推进速度、刀盘转速通过镐挖特定岩层及覆土深度被动产生。

273

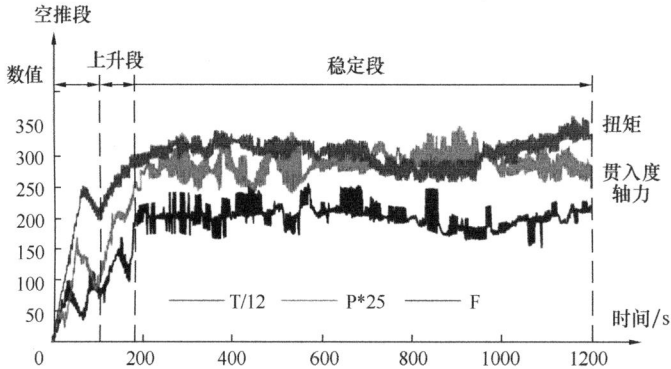

图 5.3-10　某 TBM 掘进 1200s 数据（贯入度、轴力、扭矩）

如果我们能够找到一种算法，把 TBM 推进视为一个尺度巨大的地下扭剪试验，通过人为控制的参量推进速度 v、刀盘转速 n 以及由"扭剪"行为被动测得的正向轴力 F 和扭矩 T，那么便可以推算出岩土的强度指标。我们在试验室中通过取样方式已经测定了精度满足要求的岩土的强度指标。换一个角度，已知 TBM 掘进掌子面前方的岩土的强度指标，按照事先设定的推进参数进行推进，如果拥有了掌握数据递推规律的算法，便可以知道设备的被动感知参数，比如轴力或者扭矩等。

我们已经拥有了大量的数据，有更多的数据在不断被"制造"出来，我们可以适当把复杂的计算交给机器，让机器自我学习以找到数据背后未被发现的规律，使其具备预测的能力，这就是智能算法，或者叫机器学习。

这样的工作显然是十分有意义，如果在事故的早期我们已经感知危险的降临，将给技术处理创造宝贵的处理空间。更具体来说，预测工作可以做到：①复杂地质条件的预测（prediction of adverse geological condition），比如岩爆、挤压大变形、空腔等不利地质条件；②隧道掘进效率提升（promotion of high efficiency for tunnel boring），比如给予操作人员提示和操作建议；③岩体质量分级（rating of rock mass quality），比如地质素描和岩体参数细分；④数据处理（data processing），帮助我们改进岩土计算的结构模型，改良设备设计的有关控制参数。

（4）机器学习——以神经网络算法为例

神经网络算法是数据深度学习的一个基础，它是以人脑中的神经网络作为启发，最著名的算法就是多层前馈神经网络（Multilayer Feed-Forward Neural Network）。多层前馈神经网络主要由三个部分组成：输入层（Inputlayer），隐藏层（Hidden layer），输出层（Output layer），如图 5.3-11 所示。

它是通过迭代性来训练实例，对比经过神经网络后，根据输入层预测值与真实值之间的误差，再通过反向法（从输出层 ⇒ 隐藏层 ⇒ 输入层）以最小误差来更新每个连接的权重。利用神经网络算法，计算对大量的历史数据进行迭代、学习和逼近，使得机器自动掌握映射关系的规律。

为了消除 TBM 自动感知数据自身震动造成的冗余（数据消噪），可以在机身位

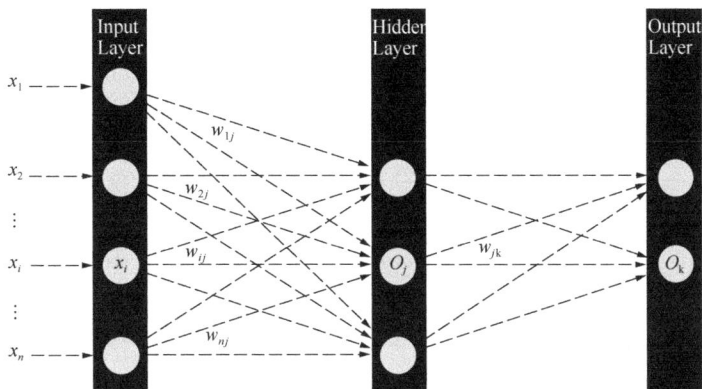

图 5.3-11　多层前馈神经网络算法

置安装震动感知设备，将获取的振动波形数据作为感知数据进行消噪预处理，以提高机器学习的效率。当然，机器学习的方法很多，无论采用何种方法，机器学习都能够在大数据环境的背景下对数据进行转换、处理，以针对可发现事物的程序进行自动规划，实现人类用户与计算机信息之间的协调。

即便是场地条件比较好，地质勘查按照一点带面的揭露方式使得我们认识到岩土存在诸多不确定性。或者说我们对复杂地质条件采用探测新技术，例如地震波法、地震 CT、高密度电法等，获取更为精确的三维地质分布，还有诸如大变形带来的应力变化、分层精度、过渡或者亚层等，这又是另外一类需要专业工程师研究与攻克的复杂性问题。我们暂时无法掌握足够的复杂地质的信息量，也就是前面说谈的命题尚没有相应的答案，所以只能

图 5.3-12　时间序列问题的解题逻辑

让 TBM 的掘进数据通过"机器学习"的智能算法寻找答案——无监督机器学习（本案例结合聚类分析方法）。通过长短记忆神经网络方法预测问题可转化为时间序列问题，逻辑如图 5.3-12 所示。

假定选取 TBM 掘进感知数据组每 30 秒的参数集：刀盘转速、贯入度、扭矩和轴力

（描写系统状态的序参量），得到 30 段数据，构成一组向量 $\begin{bmatrix} n_i & P_i \\ T_i & F_i \end{bmatrix} (i = 1,2,\cdots,30)$。

（以下数据来源于北京工业大学龚秋明等学者的 TBM 掘进数据机器学习竞赛汇报材料。）

其中超参数设定：

LSTM 隐藏层单元数：24；输入向量长度：30；拼接层单元数：6；权连接层单元数：32；注意力层单元数：24。

数据集情况：样本总数 264180 组；训练集占比 70%；测试集占比 30%。

训练环境设定：深度学习框架 Tensorflow 0.9；GPU：GTX9604GB

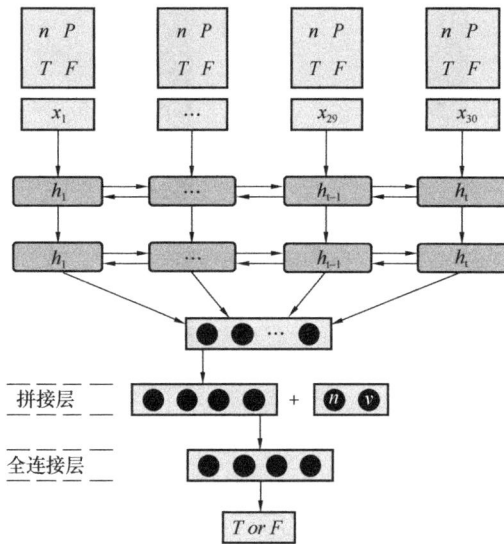

图 5.3-13　超参数设定与训练

模型训练设定：优化方法 Adam；学习率 0.001；Batchsize：512；早停步长设定：30；Dropout：0.5；损失函数 RMSE。

机器对数据的训练（深度学习）的方式见图 5.3-13。

图 5.3-13 中 $h_1 \rightarrow h_t \rightarrow h_1$ 是长短记忆循环。包括神经网络算法在内的各种智能计算方法使得我们对大数据的处理能力得到了提高。但是，如果我们只是借用这些先进工具而不加以甄别，如文书在 5.5.1 节中谈到的管理异化问题，那么机器学习的工作便脱离了生产。换句话说，我们必须对数据来源、数据之间的联系做出"人"的定性分析。人机结合的方法强调"以人为中心"，复杂性问题的结构化分解和重构中强调的是"定性"与"定量"之间的关系，对于 TBM 智能建造，我们不能脱离设备与岩土之间的相互作用关系。

（5）TBM 掘进相关参数的显性问题

根据岩土可切削性指标 TPI

1）贯入度 P

$$P = \frac{v}{n} \tag{5.3-1}$$

式中，v 为 TBM 掘进速率，n 为刀盘转速。参数 P、v、n 之中只需要掌握两个，即可确定第三个。

2）假设扭矩功率与单位时间破岩体积存在线性关系：

$$Tn = \eta v A \tag{5.3-2}$$

式中，T 为 TBM 掘进时的扭矩，η 为电机能量转换效率，A 为隧道断面。

3）联立式（5.3-1）和式（5.3-2）

$$TPI = \frac{T}{P} = \eta A = constant \tag{5.3-3}$$

接下来我们的数据学习就可以交给机器来对贯入度指标 TPI 进行研究，用以验证"扭矩功率与单位时间破岩体积存在线性关系"的假设是否成立，如果成立这一结论就可以运用以进行下一步的研究分析。

那么，我们为什么用 TPI 这个参数呢？原因在于 TBM 的扭矩、转速和掘进速度是显性的技术参数，这些参量很容易被直接观测到。人机协同时，速度、功率、转速等指标对于处于驾驶舱内的操作人员十分直观，可以感性认知这些显性的参数，并且人为地去控制和调整这些机器参数。

参数的显性问题处理得好，系统的可操控性就得到了提高。

(6) 智能建造中人机协同的关系问题

人机协同描述了"以人为本"的人机关系，强调了"以人为中心"的指导思想，不能脱离生产实际。以 TBM 掘进的大数据机器学习为例，以下误区应予规避。

1) 人的主动操作数据不能学习

TBM 掘进过程中，设备的转速、转向等均是由人的主动行为决定的，而不是传感器通过掘进与岩土耦合而由感知设备获取。机器在人机协同中处于从属地位，如果机器对处于操控地位的人以及人的行为进行分析，那就打破了"以人为本"的人机关系。作为操控机器的人不应成为机器预测的对象，这样的机器学习没有意义。人存在着一定的操作习惯和方式，这些固有的方式是可以被机器获取并且不妨碍机器做出预测的，在大量的数据迭代分析下，长时间的"人机磨合"过程是"有益"的，使得操控更为细腻或者照顾具体人的感受。但是操作机器的人可能会被更换，此时的机器预测可能就变得非常的危险。

2) 脱离特定环境限制的参数数据不能做同步学习

TBM 掘进过程中形成大量的多循环数据，在机器学习中不能打破循环环境的限制。每一循环拥有特定的作业环境，所有的数据都是在这一环境中被设备感知，由数据表征的要素之间作用关系可能强烈（高度耦合）、可能较弱（低度耦合）、可能不存在。根据深刻相似性原理，时间与空间的离散化处理不影响相似性关系，也就是说某两个要素之间在其中一个循环中存在某种程度的作用关系，那么这种作用以及作用的程度在任一循环中都存在。

比如 TBM 掘进过程中每一秒产生 200 个数据，我们在分析中可以做出删减或者增补，但是不能脱离特定环境的限制条件。比如把岩土的地质参数糅合到这些由设备感知的 200 个数据之中做同步学习是不能被允许的，因为岩土的地质参数是勘察人员通过钻孔取样、地质雷达以及试验室试验获取的，这些数据在质量上无法与感知设备获取的同步数据匹配，一旦把这些数据糅合在 200 个同步数据中，打破了特定环境限制，也就是违反了深刻相似性要求。即便通过机器学习得出一些结论，这些结论也将失去控制的意义。比如通过机器学习，给出的建议是提高前方岩土某一方面的物理力学指标，这个控制性建议是不能被执行的，岩土力学指标不应该成为智能建造系统的管理对象，它只能作为机器学习结果的对照，用以评价机器学习的质量。

此外，算法是工具，算法依托于具体问题，我们应该把复杂性的问题简单化而不是复杂化，对于算法也是如此。如果我们通过概率论、回归分析等简单方法即可对数据进行满足精度要求的分析时，就应该提倡使用简单的方法，这样做的好处可以大大提高系统的处置能力和运行速度，即满足模型或者系统的轻量化原则。

5.4 义乌商城大道隧道工程的综合集成管理平台介绍

5.4.1 工程概况

(1) 项目简介

义乌商城大道隧道工程（以下简称本工程）项目位于浙江省义乌市，商城大道位于义乌市东北片区，是规划"六横八纵"骨架性主干路系统的一横。道路北起疏港高速，穿越后宅东部、国际商贸城、金融商务区以及廿三里，东接疏港高速，是义乌中部重要的横向联系道路，如图 5.4-1 所示。

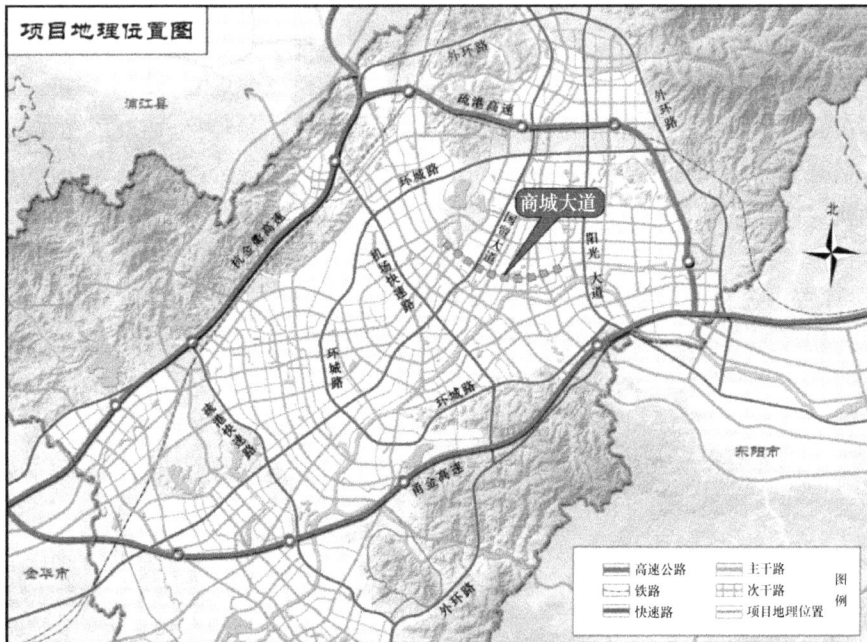

图 5.4-1 义乌商城大道隧道工程的项目区位

本工程首创三合一结构形式，是浙江省内最长、最深的明挖城市隧道地下工程，其基坑连续明挖 5.9km，最大开挖深度达 29m，最大宽度达 83.5m，是国内少有的复杂性城市特长市政隧道，第一个集综合管廊、城市隧道、轨道交通一体化的工程项目。隧道、管廊和轨道交通的平面位置关系见图 5.4-2，典型断面见图 5.4-3。

本项目采用 PPP 模式建设，包含建设期及 20 年运营期，总投资约 42.85 亿元，建安费 32.31 亿元。中国电建集团华东勘测设计研究院有限公司同时作为项目公司投资参股方和设计牵头的总承包方，在模式上与本书定义的 PPP＋EPC 模式比较接近，项目组织架构如图 5.4-4 所示。

本工程包含商城大道隧道（城市特长隧道），全长 5.8km，包含 10 条匝道、2 处

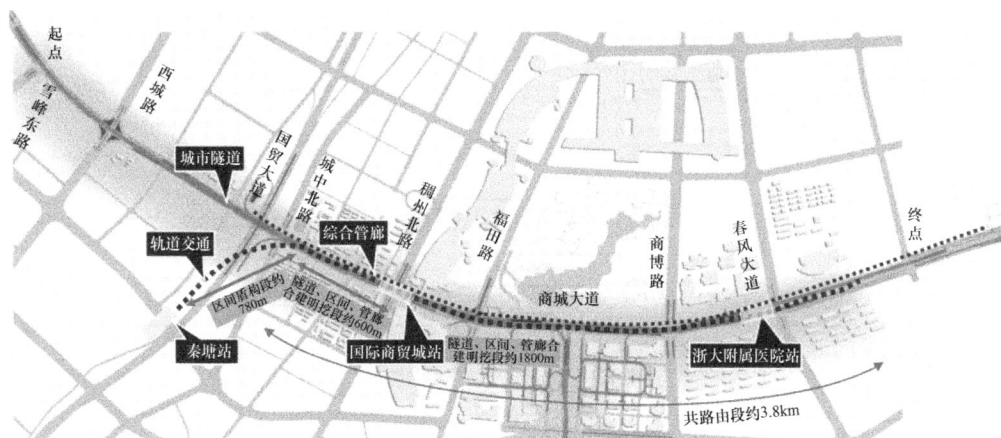

图 5.4-2　义乌商城大道隧道工程平面布置图

图 5.4-3　义乌商城大道隧道工程的特征横断、纵断面图

地下互通、6 处地库联通，下穿 2 座桥梁、下穿 4 条河道，结构最大跨度达 26.4m。本工程包含金华—义乌—东阳市域轨道交通工程 2 站 3 区间范围，合建段全长约 3.8km。本工程包含综合管廊约 4.4km，管廊位于隧道北侧，设置高压电力舱和综合舱。其中城市隧道为布置匝道以及与周边地库衔接，布置于地下一层；综合管廊为满足投料、通风、逃生、管线引出，布置于地下一层；轨道交通为使车站前后线路衔接平顺，并尽量减小埋深，充分利用地下空间，布置于地下二层。

（2）整体项目复杂性测度的定量分析

运用复杂性脸谱指标对本工程的复杂性展开分析（基于工程总承包角度），测度值如表 5.4-1 所示。

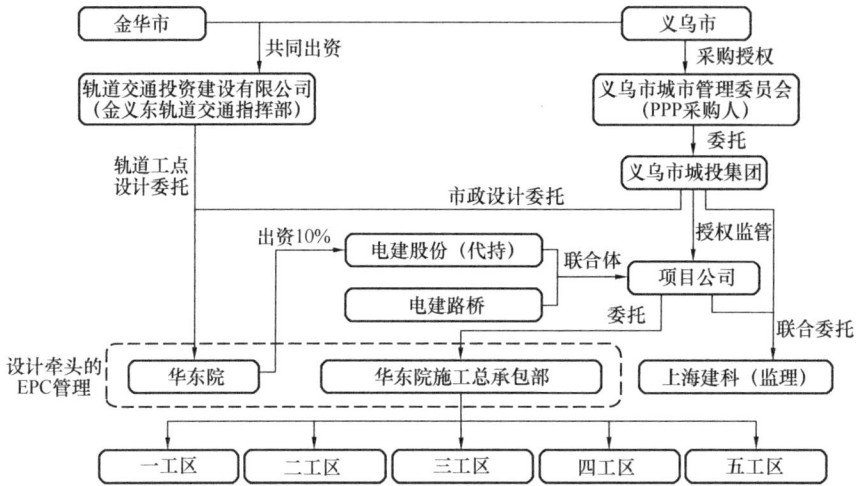

图 5.4-4 义乌商城大道隧道工程的项目组织架构

义乌商城大道隧道工程复杂性分析 表 5.4-1

| 复杂性维度 | 子项及程度说明 | | 复杂性测度 |
	子项名称	复杂性说明	测度值（专家打分）
作业时间/施工工期	管线迁改	离散间断性，重度依赖于交改子项，高依赖于环境，持续时间长短差异大	0.8
	交通导改	离散间断性，重度依赖于主体子项，中度依赖于环境，持续时间差异一般	0.7
	围护工程	有限间断性，重度依赖于交改子项、高度依赖于管线子项，中等持续时间	0.6
	土方工程	有限间断性，重度依赖于围护子项，中度依赖于交通、气候，低度依赖于管线子项，较长持续时间	0.6
	主体结构	基本连续性，重度依赖于围护子项、土方子项，特长持续时间	0.9
	路面工程	基本连续性，重度依赖于主体子项，重度依赖交改子项、管线子项，中度依赖于环境，一般持续时间	0.5
	机电安装工程	基本连续性，重度依赖于主体子项，中度依赖于环境、装修子项，一般持续时间	0.3
	装饰装修工程	基本连续性，重度依赖于主体子项，重度依赖于机电子项，一般持续时间	0.2
	景观绿化工程	连续性，重度依赖于路面工程，中度依赖于气候，一般持续时间	0.3

续表

复杂性维度	子项及程度说明		复杂性测度
	子项名称	复杂性说明	测度值（专家打分）
方案清晰程度	管线工程	技术成熟但清晰度差；需转场轮换；边界定义模糊	0.9
	交通导改	技术成熟，清晰度一般；需转场轮换；边界基本清晰	0.8
	围护工程	技术熟练，清晰度较高；需转场轮换；边界定义清	0.7
	土方工程	技术基本可控（中风化开挖方式缺乏验证），需转场轮换；边界定义清晰	0.6
	主体结构	技术成熟，清晰度高；场地基本稳定；边界定义清晰	0.2
	路面工程	技术基本可控（风化岩路基利用、肥槽处理需要补充），清晰度高，需轮换场地；边界定义一般（大概率增补、周边衔接）	0.5
	机电安装工程	技术不成熟（更新迭代过快）；清晰度较低；场地固定；边界定义清晰	0.6
	装饰装修工程	技术成熟，清晰度较低；场地固定；边界定义清晰	0.4
	景观绿化工程	技术成熟，清晰度非常低；场地不固定（与周边结合未定义）；边界定义模糊（借地范围弹性大）	0.8
二级团队（组织）	管线工程	>15 个	1
	交通导改	≈8 个	0.8
	围护工程	2 个	0.2
	土方工程	1 个	0.1
	主体结构	5 个	0.5
	路面工程	6 个	0.6
	机电安装工程	>6 个	0.7
	装饰装修工程	>3 个	0.4
	景观绿化工程	2 个	0.2
人工费含量（分工）	管线工程	≈36%	0.7
	交通导改	≈24%	0.5
	围护工程	≈25%	0.5
	土方工程	≈15%	0.3
	主体结构	≈44%	0.9
	路面工程	≈12%	0.2
	机电安装工程	≈22%	0.4
	装饰装修工程	≈27%	0.5
	景观绿化工程	≈32%	0.6

续表

复杂性维度	子项及程度说明		复杂性测度
	子项名称	复杂性说明	测度值（专家打分）
项目意义（利益相关方）	管线工程	城投委托，民生关切重度，周边感觉高度	0.8
	交通导改	本方与城投联合委托，民生关切重度，周边感觉重度	0.9
	围护工程	主体低感，民生关切中度，周边中感	0.5
	土方工程	主体低感，民生关切中度，周边低感	0.4
	主体结构	主体高感，民生关切中度，周边低感	0.6
	路面工程	主体低感，民生关切高度，周边中感	0.6
	机电安装工程	主体高感，民生关切低度，周边无感	0.5
	装饰装修工程	主体中感，民生关切高度，周边高感	0.7
	景观绿化工程	主体低感，民生关切高度，周边感觉重度	0.6
需求波动性与风险	管线工程	需求改变低度；规范约束中度；功能多样	0.6
	交通导改	需求改变中度；规范约束低度；功能单一	0.5
	围护工程	需求改变低度；规范约束高度；功能单一	0.2
	土方工程	需求改变中度（部分可利用，部分有残值）；规范约束中度；功能单一	0.5
	主体结构	需求改变低度；规范约束高度；功能单一	0.2
	路面工程	需求改变高度；规范约束低度；功能多样	0.8
	机电安装工程	需求改变中度；规范约束中度；功能多样	0.5
	装饰装修工程	需求改变高度；规范约束低度；功能单一	0.6
	景观绿化工程	需求改变高度；规范约束低度；功能多样	0.8
业务实践	管线工程	业务实践一般，认知能力一般	0.5
	交通导改	业务实践有限增强，认知能力差	0.7
	围护工程	业务实践成熟，认知能力一般	0.3
	土方工程	业务实践有限增强，认知能力好	0.4
	主体结构	业务实践有限增强，认知能力一般	0.6
	路面工程	业务实践成熟，认知能力一般	0.3
	机电安装工程	业务实践有限增强，认知能力好	0.5
	装饰装修工程	业务实践有限增强，认知能力一般	0.4
	景观绿化工程	业务实践成熟，认知能力一般	0.3
外部环境依赖性	管线工程	全程依赖；高度管制；认知困难；偶发性一般	0.9
	交通导改	首末依赖；中度管制；认知困难；偶发性高	0.8
	围护工程	首末依赖；中度管制；认知一般；偶发性较高	0.6
	土方工程	全程依赖；中度管制；认知较好；偶发性高	0.6

续表

复杂性维度	子项及程度说明		复杂性测度
	子项名称	复杂性说明	测度值（专家打分）
外部环境依赖性	主体结构	首末依赖；低度管制；认知好；偶发性一般	0.3
	路面工程	全程依赖；中度管制；认知较好；偶发性一般	0.4
	机电安装工程	首末依赖；低度管制；认知好；偶发低	0.2
	装饰装修工程	首末依赖；低度管制；认知好；偶发低	0.2
	景观绿化工程	全程依赖；中度管制；认知一般；偶发较高	0.4

备注：上述指标应基于二级主体做出分析

经测评后，各子项复杂性脸谱如图 5.4-5 所示。综合评价计算如表 5.4-2 所示。

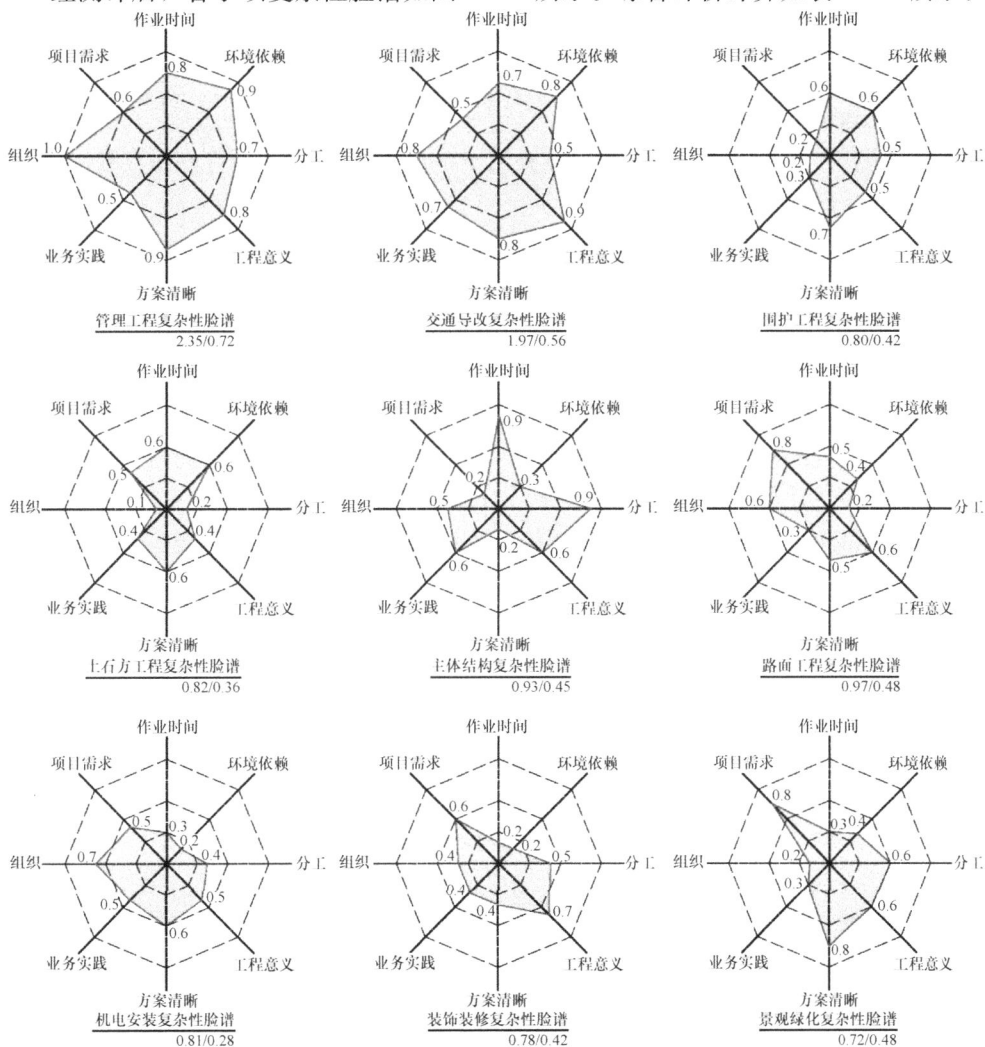

图 5.4-5　本工程各子项复杂性脸谱（总承包视角）

各子项工程复杂性综合评价　　　　　　　　　表 5.4-2

子项名称	综合值	复杂性方向及极大值	子项名称	综合值	最大维度方向及极大值
管线迁改	2.35	作业时间↔方案清晰：0.72	路面工程	0.97	项目需求↔工程意义：0.48
交通导改	1.97	业务实践↔环境依赖：0.56	机电安装工程	0.81	组织↔分工：0.28
围护工程	0.80	作业时间↔方案清晰：0.42	装饰装修工程	0.78	项目需求↔工程意义：0.42
土方工程	0.82	作业时间↔方案清晰：0.36	景观绿化工程	0.72	项目需求↔工程意义：0.48
主体结构	0.63	组织↔分工：0.45			

由表 5.4-2 可知，本工程复杂性指标较高的子项为管线迁改、交通导改；基于双参量模型，复杂性平衡态中值较高的是管线工程子项的作业时间↔方案清晰程度。另外需要引起注意的是，先行实施项目更多地依赖于外部环境，比如管线工程、交通导改工程、围护工程和土石方工程；项目后期实施项目更多地受制于项目需求，比如装饰装修工程、景观绿化工程。

（3）周边环境复杂性与难点分析

一般而言，复杂性测度指标数值较高的子项（节点），其工程管理难度较大。

1）管线迁改的复杂性与难点分析

管线迁改的复杂性主要分为三个方面：一是数量众多，即管线专业和涉及的运营商多；二是认知不足，即地下管线处于隐蔽状态，调查困难或者技术要求高；三是纵横向关联度高，主要表现为管线专业之间（横向），管线与围护、主体专业之间（主要是纵向，也有横向）相互作业的关系复杂。

从复杂性角度分析，组织↔分工、作业时间↔方案清晰程度和业务实践↔环境依赖三个复杂性方向都存在较高的复杂性，同时项目需求↔工程意义也有相当程度的复杂性，因此管线迁改工作是本工程复杂性程度最高的重难点。分别考察总体设计角度、总承包部角度和具体管线专业分包角度的复杂性变化（风险分担）情况，如图 5.4-6 所示。

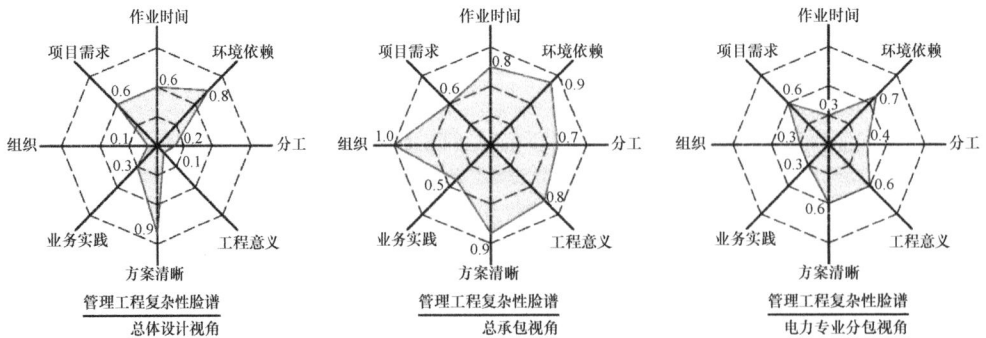

图 5.4-6　本工程各子项复杂性脸谱（总承包视角）

从"组织↔分工"维度分析，复杂性来源于多专业管线同步交叉施工，但是由于专业管线的垄断，多专业合并招标的方式不能实现，该方向可以考虑的降解方式是在时空上进行分解，尤其要规避双重交叉。

从"方案清晰程度↔作业时间"维度分析，方案清晰程度的复杂性较高是总体设计的设计深度不足所引发的。总体设计一般只给出各专业管线的平面、竖向关系，如需进行方案的深化，必须基于充分的管线调查和与各专业管线运营商对于设计边界的协调。此外，管线与交改、主体相结合的阶段性划分十分关键，合理的划分有利方案清晰程度的改善，当两者都处于较高的复杂性，将直接导致项目管理失控。

从"业务实践↔外部环境依赖性"维度分析，其复杂性主要来源于环境条件的认知，特别是地下其他管线和地下建构筑物的情况。

从"项目需求↔工程意义"维度分析，由于工序逻辑总承包侧重于专业管线的服务（如进度、质量等），而专业管线侧重于自身需求（如项目盈利，换取更大的地下管线资源等），是相对容易处理的一对复杂性关系。

2）交通导改的复杂性与难点分析

从复杂性角度分析交通导改复杂性，其复杂性主要来源于业务实践↔环境依赖性和方案清晰程度↔作业时间这两组复杂性指标，此外利益相关方的诉求（工程意义维度复杂性测度 0.9）十分强烈，但是实施主体（包括 PPP 投资方、业主、施工总承包等）对利益相关方的回应程度并不高（项目需求维度复杂性测度 0.5），表现出反应迟钝，更多持负面态度。

从环境条件上分析，施工道路商城大道目前为城市主干道，红线宽度 50～62m，为双向 6 车道道路。施工路段沿线相交道路较多，涵盖快速路：国贸大道，城市主干道：雪峰东路、西城北路、稠州北路、福田路、商博路、春风大道，城市次干道：城中北路、工人北路、兴隆大街，城市支路：口岸路、浙医路、紫金北路，主要交叉口交通流量变化如图 5.4-7 所示。

可见，商场大道沿线主要交叉口的交通流量较大。从调查情况来看，商城大道沿

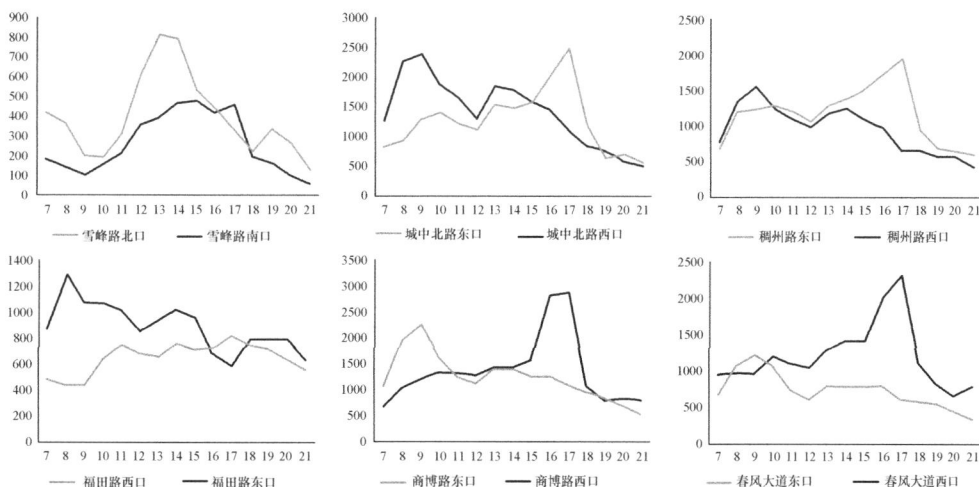

图 5.4-7　商城大道沿线主要交叉口交通流量变化图

线几个交叉口在 7：00～21：00 的交通流量变化情况如下：整条道路无明显相似的时间特性，存在局部分段特性；日间交通流量平稳时段较长，晚高峰现象比早高峰显著，并呈现时段性潮汐现象；城中北路～商博路段平均小时交通流量相对较大，持续时间较长。

从业务实践角度分析，现有的交通流量在实施交改以后的变化缺乏必要的验证，此时前期便道路段按照基坑阶段的设置标准进行"试跑"非常有必要。从作业时间上分析，整个工程的施工总工期约 3 年，大体分三阶段进行施工。

前期便道阶段交改（计划运行 6 个月）：本阶段的工作主要是在现状道路两侧建设交通便道，为第二阶段施工做准备。硬化中央绿化带，按照基坑期的车道数调整、"试验"和重新测度流量，以便进一步优化基坑期的交改方案。

基坑开挖阶段交改（计划运行 24 个月）：本阶段主要服务于隧道工程地下主体施工。从道路中央向道路两侧（或单侧）进行交改，为隧道基坑施工围场创造条件。

附属工程阶段交改（计划运行 6 个月）：本阶段主要服务于地面道路拼宽改造、匝道出入口工程。由道路两侧向道路中央进行交改，同时为商城大道地面道路工程创造施工条件。

施工期的交通组织设计方案按照三步走的策略进行安排，首先研究基坑阶段交改，通过 Transcad 交通流量分析软件进行简单评估，确定路幅宽度、车道数、重要道口渠化等；第二步，在前期便道阶段参照基坑期设计标准施工，并保留弹性调整裕度；第三步，根据前期便道阶段的各项实测，模拟各自不利工况，不设剧本训练各类应急工况的处置能力，形成报告，并确定基坑阶段和附属阶段交通组织设计方案。

3）施工局部性节点的复杂性与难点分析

从复杂性分析可知（参见图 5.4-6），管线迁改、交通组织是本项目带有全局性的管理难点，而其他管理难点是局部性节点，如表 5.4-3 所示。

本工程局部性节点的复杂性定性分析　　　　　　　　　　　表 5.4-3

局部节点	复杂性方向	关键因素	考虑降解方式	
稠州北路全铺盖	业务实践↔环境依赖	管线条件；交通条件；有限空间下施工	全铺盖范围管线一次性外迁方案；分割为四个区块分别实施；优化墙撑刚度比，提高撑间高度，采用内撑与外锚相结合的方式	隔离、拆解、降低关联性
福田路全铺盖	业务实践↔环境依赖	交通条件依赖	交通流量测定后优化道口空间，改为倒边施工	彻底拆离
连廊桩基拖换	业务实践↔环境依赖	连廊桩基沉降控制	保留原桩基及桩周原状地基；新设围护隔离；新设深桩补强；两侧分坑开挖	
洪溪支流、六都溪、东青溪等基坑穿越河道	业务实践↔环境依赖	水文季节性；气候不确定性	枯水期过河；异位导流；施工期围岩设防；基坑止水帷幕；合理分坑	隔离、拆解

（4）分工复杂性与难点分析

本工程具有典型的复合功能特征，工程的建设内容主要包含了市政隧道工程、轨道交通工程、综合管廊工程、地面道路工程、桥梁工程、河道工程、景观绿化工程、管线工程、管线迁改工程、交通疏解等，上述建设内容对应的专业工程如图 5.4-8 所示。

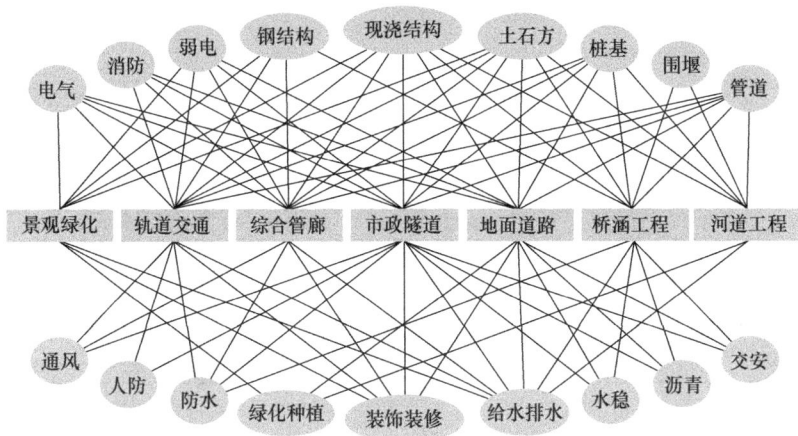

图 5.4-8　商城大道隧道工程建设内容与各专业工程之间关系

图 5.4-8 所列的专业工程是综合任务发布机制的基本单元，例如现浇结构专业工程中至少包括钢筋、混凝土、支撑架、模板以及移动式起重吊装等具体施工任务；土石方专业工程中至少还应包括土方开挖、土方运输、土方回填、土石混合料碾压等具体施工任务；桩基专业工程中至少还应包括旋挖成孔、正反循环钻成孔、钢笼制作、高压旋喷桩、水泥搅拌桩等具体施工任务。如果把上述专业工程继续划分至班组级，我们可以看到一张混乱的网，这就是商城大道隧道工程作为一个复杂的巨系统所包干的要素和要素之间联系，在复杂性维度方向"组织↔分工"上的呈现。

从图 5.4-8 可以看到，专业工程被诸多建设内容（功能）所"共享"，其中现浇结构、装饰装修、电气照明、管道工程、消防工程、通风工程等几乎与所有的建设内容都有关联。呈现出各管理要素（班组级单位）的差异与协同的辩证统一。要素间差异的存在决定其本身的支配与从属、催化与被催化、策动与响应、施控与被控制等多种矛盾，这种矛盾源于专业分工；同时，任何单一的要素无法独立构成功能同样无法实现组织目标，要素之间的差异化不可消灭、不可替代、非线性叠加，也不可还原的特征源于组织协同。

整体功能是系统整体行为的产物，而要素之间的差异与协同是构成涌现的条件之一，而另一个关键条件是他们之间的联系，对于系统而言，就是受规则支配的序变量定义，这也是本工程开展综合集成管理平台的要素管理的基础。

（5）工程意义复杂性与难点分析

本工程包括影响组织核心任务的高可见性战略项目，其具有重大的工程意义（政治的、战略的、核心竞争力等诸多方面），涉及大量具有冲突预期的利益相关者，包括地市两级政府方决策者；以国际商贸城、金融商务区等为代表的直接受益的主要沿线单位；综合交通所服务的城市居民；建设期受到影响的社区居民，甚至沿线报亭的小商户等，并且需要强有力的管理层如建设局、所在街道，以及规划、财政、发改、国土、消防、环保、河道管理等城市行政部门支持。本工程的工程意义与产品功能构成"映射"关系，如图 5.4-9 所示。

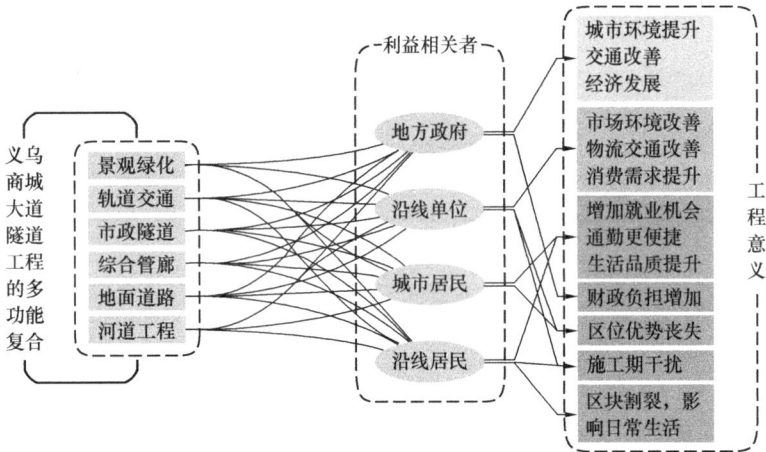

图 5.4-9 由产品功能与主体（利益相关者）构成的工程意义

1）利益相关者不断变化的期望与策略的适应

由于短期的信息缺陷在时间演化中"拼图"和主体识别能力的限制，利益相关者通常有变化的预期，所以项目的策略是可以改变的。图 5.4-9 中列举了义乌商城大道隧道工程在多功能复合下利益相关者对工程意义的预期，有些是正向的，它们可能会被强化（预期超过实际的情形）；有些是负向的，它们可能被隐藏（对负向的影响未被认知）。

项目执行组织和利益相关者之间的相互关系造成了复杂性。但是，复杂性本身是价值中性的，当利益相关者的预期不断变化时，我们的策略或被动或主动地做出适应性的调整。

案例 1——项目前期：政府方、商城集团特别关注国际商贸城在建设期的干扰，特别是交通疏解方面的影响，交通影响已经成为地方人大对项目立项决策时的主要考量因素之一。显然，此时回避利益相关者的诉求是不明智的。

华东院在项目胚胎时就对商城大道及周边关联区域的交通流量现状开展调查，取得翔实、完整的基础数据，运用专业分析软件进行模拟推演，并给出负责人的评估报告。期间，华东院多次组织邀请交管部门负责人和部分人大代表参与讨论和分析。评估报告并不回避施工期对市场运行的影响，更没有刻意、空洞地承诺只带来"轻微程度"的影响，给利益相关者以专业、负责的外部形象，是华东院的合建方案在竞争中最终胜出的一个重要原因。

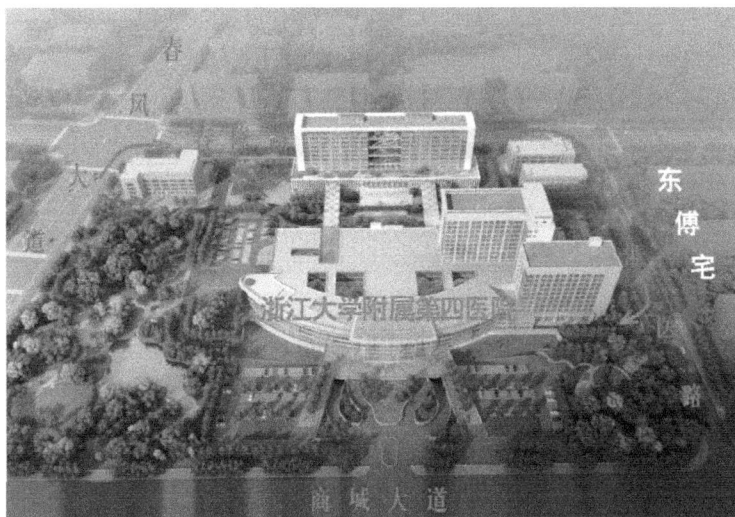

图 5.4-10　浙江大学附属第四医院施工期绕行示意图

案例 2——项目执行期：浙江大学附属第四医院位于两条城市主干道，商城大道与春风大道的交叉路口，主入口距离道口仅 100m，排队进场车辆长期占用商城大道两条机动车道，但是医院方从交通便捷角度、东傅宅社区（回迁安置房）从环境角度医院对进场主通道的调整（由支路浙医路进场）保持抵触的态度。

借用商城大道隧道工程施工占用的理由进行多部门的协调，最后采用按照施工期临时改道的方式，将医院的进场入口调整至浙医路，绕行线路如图 5.4-10 所示。在隧道建设期间，医院与社区（利益相关者）对浙医路开口的交组方式的认知发生了变化：对于医院而言，浙医路、春隆路作为进场道路，无论在蓄车能力、进场车辆的交通管理，还是从内部交通梳理（由浙医进场，春隆路出场）等交通组织方面都取得了较好的效率；对于东傅宅社区而言，医院主出入口的调整直接激活了沿街小商业价值，也为社区居民带来直接的好处。在项目最终恢复阶段，这样的入场方式被永久地保留了下来。

2）项目执行方并不总是能够获得管理部门的支持

获得管理部门的支持是项目执行组织美好的愿望，但是我们并不总是能够获得支持，比如以下几种情形：

情形一：工程意义与管理部门利益并不趋同，甚至是抵触。

情形二：项目执行组织对管理部门执行标准（行政法规）的差异使得决策陷入进退维谷的困境。

情形三：管理部门拥有大量的自由裁量权，人的因素不可忽视。然而人是非理性的。

在国内，多数重大基础设施项目都被赋予了浓厚的政治色彩，这种政治意图来源于地方最高管理层。包括管理部门在内，任何组织和个人的行为如果对政治意图构成挑战，几乎等价于直接威胁地方最高管理层的权威和影响力，结果非常之危险，这使得项目执行组织并不总是能够获得管理部门的支持。但是可以通过积极或消极的政治管理，推动项目按照预设的路径走向成功。

3）重大争议事项解决的环境创造

本工程在投标和执行期间存在六个涉及金额较大的争议问题：

① 工程主要材料价格基期问题的争议

在于招标文件关于基期说明与列表价格矛盾，如表 5.4-4 所示。

调价的主要材料基期价格表（摘自招标文件，局部）　　　　表 5.4-4

名称	标号及型号	单位	11 月信息价	泵送费（元/m³）	主要材料调整基价	备注
人工	一类人工	工日	76	84与文本一致，即2017年11月信息价为基期价。	76	
	二类人工	工日	84		84	
	三类人工	工日	94		94	
水下商品混凝土	C30	m³	410	矛盾，实际列明价格为2017年9月信息价。	410	外加剂不计入基数
	C35	m³	431		431	
泵送商品混凝土	C15	m³	351	14.6	365.6	外加剂不计入基数
	C20 细石	m³	366	14.6	380.6	
	……	……	……	……	……	
	C50/P8	m³	485	14.6	499.6	
……	……	……	……	……	……	……

矛盾产生的原因是，2017 年 10 月流标后，2017 年 12 月二次招标时未对该表格做更新（相关人员的工作失误）引起。

由于 11 月的信息价普遍高于 9 月的信息价，在 2018—2021 年以钢材、混凝土为代表的大宗材料价格普遍上涨和投标人对于基价承担 5%的材料价格波动风险的前提下，基价偏低的 2017 年 9 月信息价更有利于投标人，此项争议共涉费用约为 4631 万元。此项争议存在两种解释：

一是对投标人不利的解释——该错误是显然的"笔误"。表头已列明采用的信息价是"2017 年 11 月"，招标文件如前附表、投标须知、招标文件所附的《协议书》中均已说明采用"2017 年 11 月的信息价作为主要材料的基期价格"，当前无异议。

二是对投标人有利的解释——表 5.4-4 所具体列明的价格的解释效力应高于索引执行的价格。即按照一般的解释顺序规则，有特别说明的执行特别说明，无特别说明的采用索引说明。本案例中，附表所列明的具体价格已实质影响投标人的投标行为，按照解释顺序，表 5.4-4 所列的具体价格与 2017 年 11 月信息价不符时，应当首先执行列明价格，未列明的部分执行 11 月信息价。

财政局、建设局作为项目管理部门，对此项争议问题存在"亲亲相隐"的行为动机，在上述两种解释都可行的前提下，很自然地采纳"对投标人不利"的第一种解释以掩盖各自在招标工作的瑕疵，这就是争议问题解决的最大障碍。

② 招标清单遗漏不能缺省工程内容，造成争议

这种争议主要是因为隧道管廊轻轨满堂脚手架、隧道管廊轻轨箱涵顶板支架预压等，在合同实施阶段存在两种解决方式：一是对投标人不利的解释：按照编制说明的有关约定，综合单价中应包干的措施类费用，即支架和支架预压应视为综合单价包干内容之一，不予增补；二是对投标人有利的解释：招标清单漏项，按实给予增补。此项争议涉及费用约 8916 万元。

③ 土方运输市场价格异常波动的问题

国内有很多城市对该类问题进行统一调价的具体案例，这种调整往往是针对某一地区的全局性政策性调整，由具体某一项目推动此项工作的难度显而易见。并且本工程的采购合同还特别约定："有关定额修改及政策性调整的条款不适用本工程"，所以通过联合其他参建方比如通过行业管理协会共同向管理部门提出调价要求显然有"与人作嫁衣裳"的风险。

当然，解决此项争议可以从定价机制中的"按实计价原则"出发，投标人根据招标清单编制时弃方考虑运距按照 5～15km 与实际运距不相符，提出按实调整运距（提供合理的运输合同、消纳合同等佐证材料）的主张。

同样管理部门存在两种意见：一是对投标人不利的意见，即根据固定单价条款，土方价格作为投标行为，市场风险应由投标人承担；二是对投标人有利的意见，即依照"按实计价"的原则对实际运距进行签证，并以此调整土方运输价格。此项争议所涉及的费用约为 1703 万元。

④ 关于税金计取的争议

2018—2021 年期间，建筑工程税率由 11% 调整为 9%，计价税率是否做相应调整存在争议。投标人主要依据合同约定"有关定额修改及政策性调整的条款不适用本工程"，故本项目合同单价中的税金不应调整，即执行投标阶段约定的 11% 税率计价。管理部门对此同样存在或对投标人有利，或对投标人不利的两种意见，此项争议涉及费用约 5917 万元。

⑤ 非施工原因的工期延长的费用补偿问题

本工程非施工原因造成工程延期 12 个月，造成投标人建设管理、材料价格波动调整等费用增加的补偿争议。此项争议主要是对不可抗力的风险适用范围、调差适用计期范围存在争议，涉及费用约为 3332 万元。

⑥ 暂估项目的计价困难问题

本工程采购协议约定专业工程暂估项目由投标人实施，其中涉及排水费用、周边道路衔接费用、临时交通照明费用、施工道路维修和日常养护、保洁费用、隧道侧墙外回填加强费用等无实物工程量支撑或虽有实物工程量，但缺乏降效分析和定价依据，导致该部分无法正常计价，而实际工作确已发生。投标人希望采用暂估项目总价包干方式一揽子解决争议，此项争议共涉费用 7300 万元。

上述六项问题，每一项涉及费用都很大，很大程度决定项目某一方面目标的成

败。之所以称为"争议"，就在于它本身向左或向右的发展都可能发生，但是如果脱离"环境条件"寻求管理部门的"支持"，那是难以实现的。

比如，因为巨额的项目亏损导致推进滞缓，而本工程金义东轨道交通的贯通或者试运营等里程碑节点所具有的强烈的政治意义足以影响地方最高领导层的关注。一般情况下，地方政府通过预警式履约函告、法人约谈等方式告知 PPP 项目公司所在母体公司。出于政治影响因素里程碑节点是地方政府的对项目执行组织的要求，临时资金筹措和其他施工资源保障性投入是项目执行组织对里程碑节点任务的响应，而特定环境条件下争议问题进行某种程度的解决成为双方达成某种善意谅解的"关键筹码"。

正确理解和管理工程意义在政治环境中的复杂性和复杂性本身价值中性的特点，确定每一个关键利益相关者的目标并评估管理部门的利益冲突，分析以确定影响项目的优势、劣势、机会和威胁，通过复杂性管理，积极影响则利用之，消极影响则抵消之，这就是本工程在工程意义复杂性管理方面的难点。

5.4.2 基于 BIM＋GIS 模型的综合集成管理平台

本书提炼总结的复杂性维度中，客观维度分别是环境依赖指标、分工指标和工程意义指标，对应的主观维度分别是业务实践指标、组织指标和项目需求指标。其中"作业时间↔方案清晰程度"是特殊的一对关系，在项目设计阶段，作业时间偏向于客观，而方案清晰程度偏向于主观；在执行阶段，作业时间偏向于主观而方案清晰程度偏向于客观。

（1）本工程复杂性脸谱指标的抽象化

本工程复杂性抽象化分析过程如图 5.4-11 所示。

（2）设计施工一体化应用

本工程采用 PPP 模式建设，参建部门、单位众多，同时项目施工总承包部下设 4 个土建工区、1 个安装工区，共分为 50 个基坑工程按阶段实施，协调管理工作量极大。针对工程特点，以 BIM 技术为核心和载体，结合 GIS、大数据、物联网等技术开发了项目 BIM 综合集成管理系统，旨在为各参建方提供协同工作环境，解决集群项目各方信息沟通不畅、"信息孤岛"问题，实现传统管理手段向"线上＋线下"模式的转变，和现场、项目部、指挥部远程实施监控、指挥的转变。

本项目 BIM 实施方案主要包含：BIM＋GIS 全信息集成应用、BIM 协同设计/精细化模型、基于 BIM 技术的综合集成管理系统，如图 5.4-12、图 5.4-13 所示。

（3）综合集成管理平台的基础配置—软件解决方案

本工程基于 BIM＋GIS 综合集成管理平台的软件解决方案是，利用 Bentley 系列软件进行标准化定制及二次开发，以创建适用于复杂大型市政工程精细化 BIM 模型应用，基于 Project Wise＋MicroStaion 一体化应用平台开展协同设计，如图 5.4-14 所示。

需要指出的是，所谓设计/施工一体化是在三维设计的基础上，按照施工工艺、工序以及周边环境条件叠加时间参量，设计产品同时设计产品的形成过程。

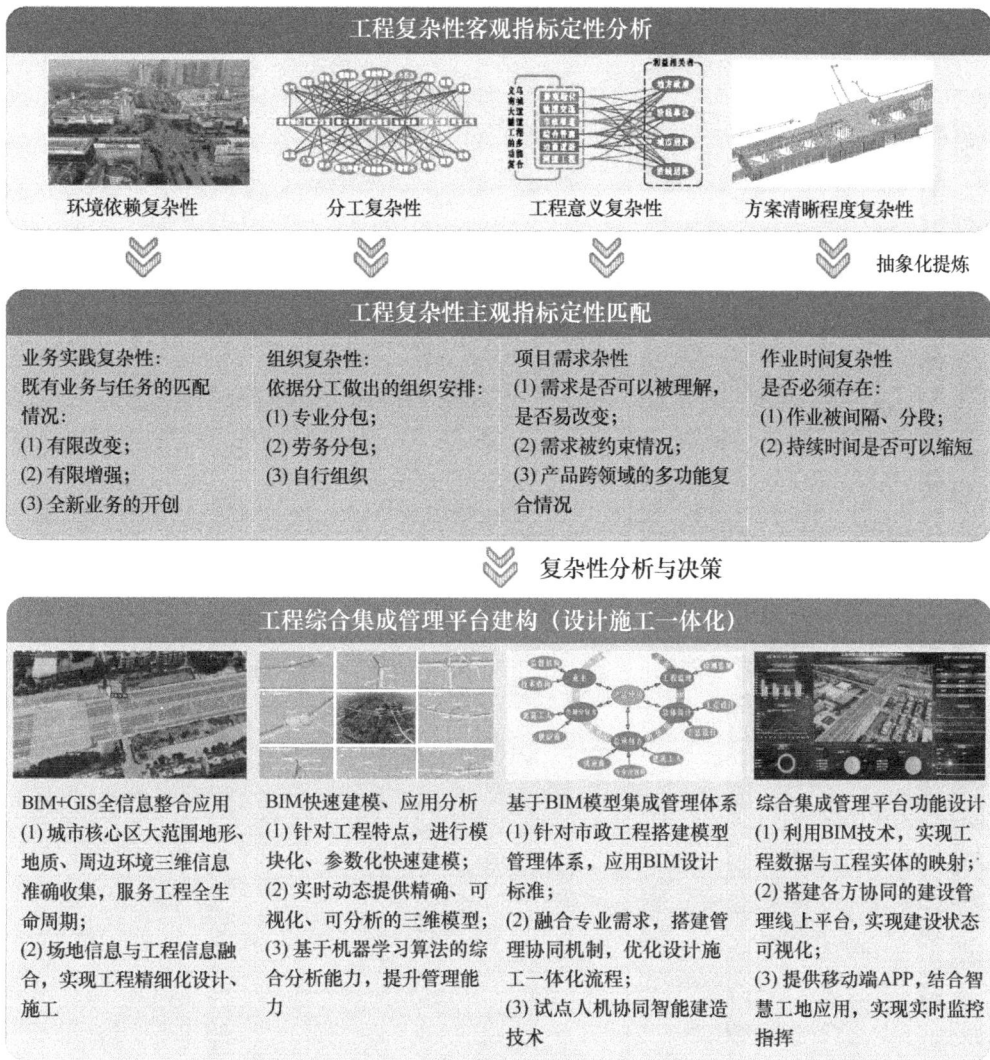

图 5.4-11　本工程的复杂性抽象化分析过程

本工程综合集成管理平台搭建的实施步骤主要有：①确立主体；②需求分析；③规划工作流程；④明确技术问题，制定标准；⑤测试、迭代、总结；⑥阶段性工作流程定势（固化）。

如图 5.4-14 所示，本工程综合集成管理平台的数据基础是三维设计模型（BIM）和地理信息系统（GIS），通过设计施工一体化和动态基础环境场景构建高度仿真模型，并与真实场景深度融合，主要应用有：①多源模型综合展示；②模型轻量化多终端发布；③三维信息模型的 i-Model 技术通过 CONNECT 的工作模式实现"云"上工作（人机协同）和多分工主体协同（人人协同）；④运用场景模拟软件 LumenRT 创建以数字化基础设施信息模型为基础的各类专业场景，主要有周边环境（交通、管

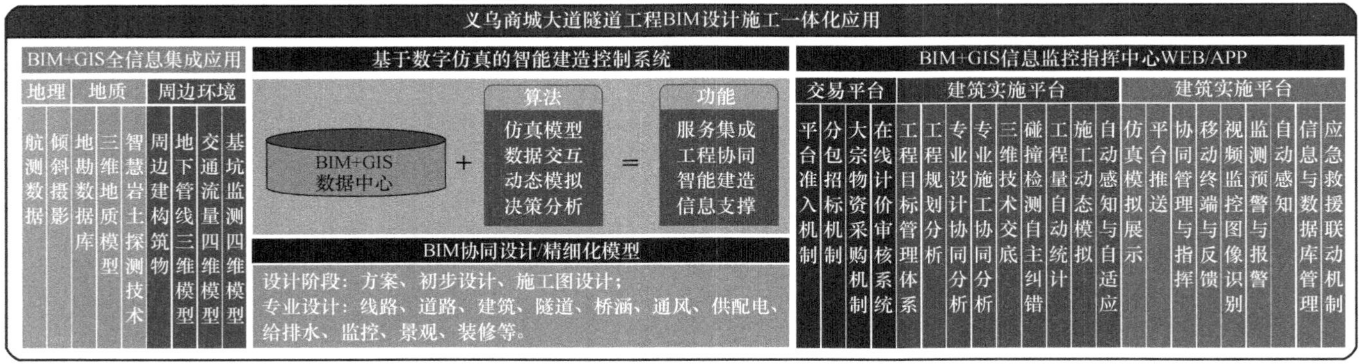

图 5.4-12　本工程 BIM 实施方案框架

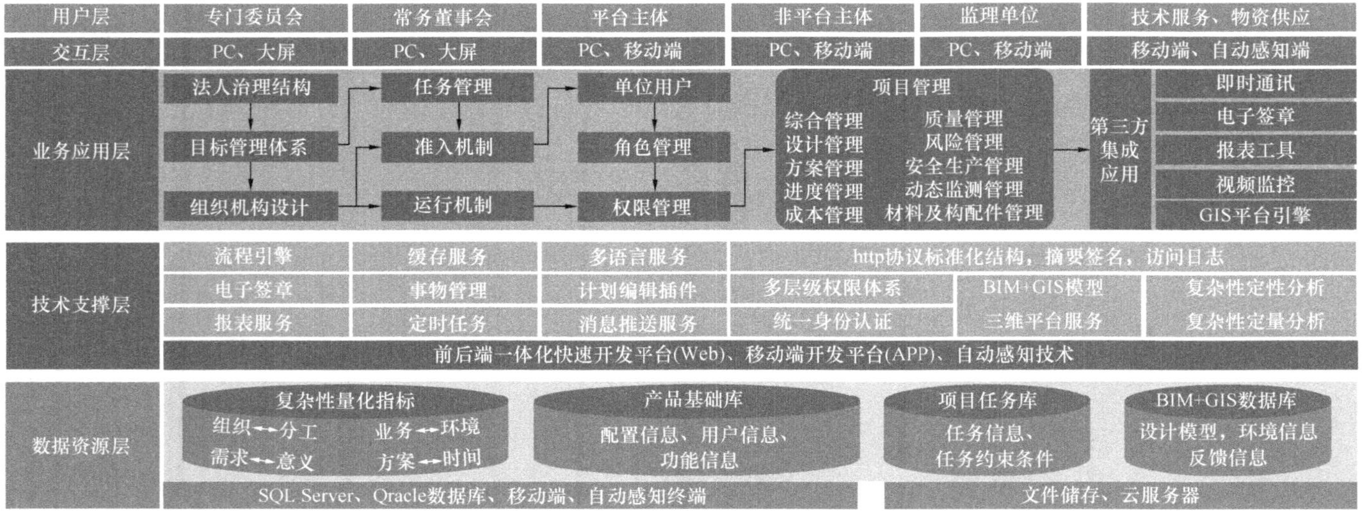

图 5.4-13　本工程 BIM 设计施工一体化应用平台架构

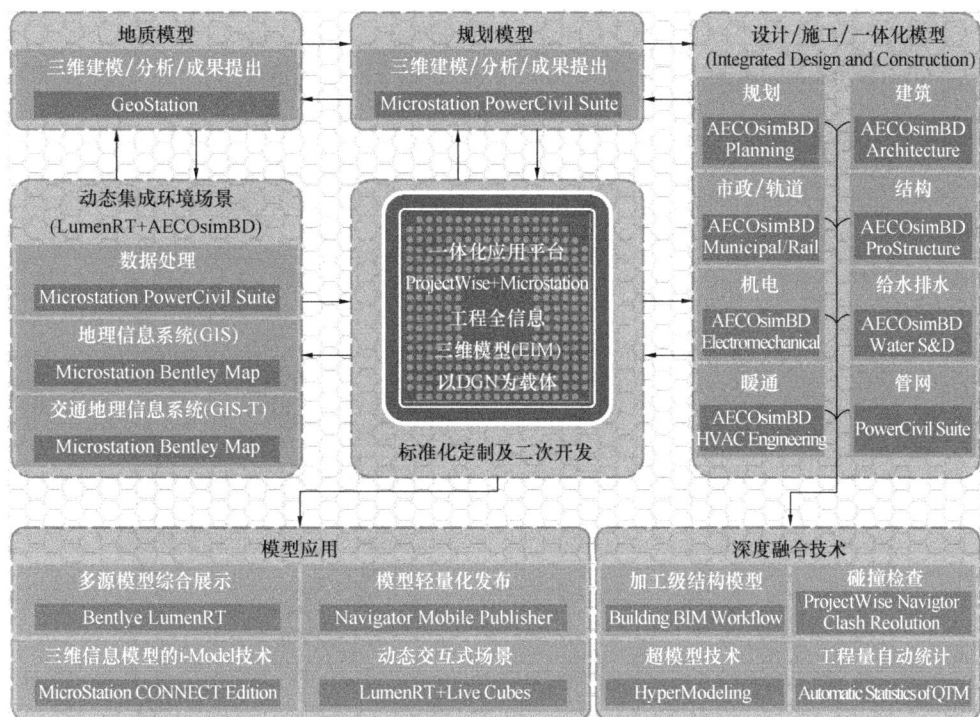

图 5.4-14　综合集成管理平台的基础配置

线、河道水文等）仿真、地下工程工序仿真（管线迁改、交通导改、基坑及地下工程等全工序多专业协同）、特殊节点仿真（如稠州北路口全铺盖四期分块实施、商贸城连廊拖换变形趋势分析的模拟等）、极限工况场景仿真（河道防汛演练、基坑坍塌演练等）。

当然，我们的需求不仅仅是形成一个虚拟的平台（BIM 建模＋GIS 模型），还需要同步建立一套流程和一支服务团队，包括综合集成平台各主体组织的角色划分和权限分配，以及与之配合运行机制和管理制度。

（4）综合集成管理平台构成组织

在综合集成管理平台治理中，本工程组织体系如图 5.4-15 所示。

本工程上层主体：投资方中电建路桥、中电建股份，以及由以上两方投资成立的项目公司；代理公共利益的金义东轨道交通指挥部、义乌市城市投资建设集团有限公司。

本工程平台主体：设计施工牵头方中电建华东院、监理方上海建科、跟踪审计方浙江建经，以及负责具体施工的水利水电三局（一工区）、水利水电四局（二工区）、水利水电十四局（三工区）、水利水电十一局（四工区）和电建上海局（五工区）。

关于工区设立及主要施工任务的第一级划分说明如下：

本工程连续明挖基坑长度达到 5.9km，从里程角度看一次为：隧道段（1.72km）→管廊＋隧道合建段（0.23km）→管廊＋隧道＋轨道合建段（0.52km）→管廊＋隧

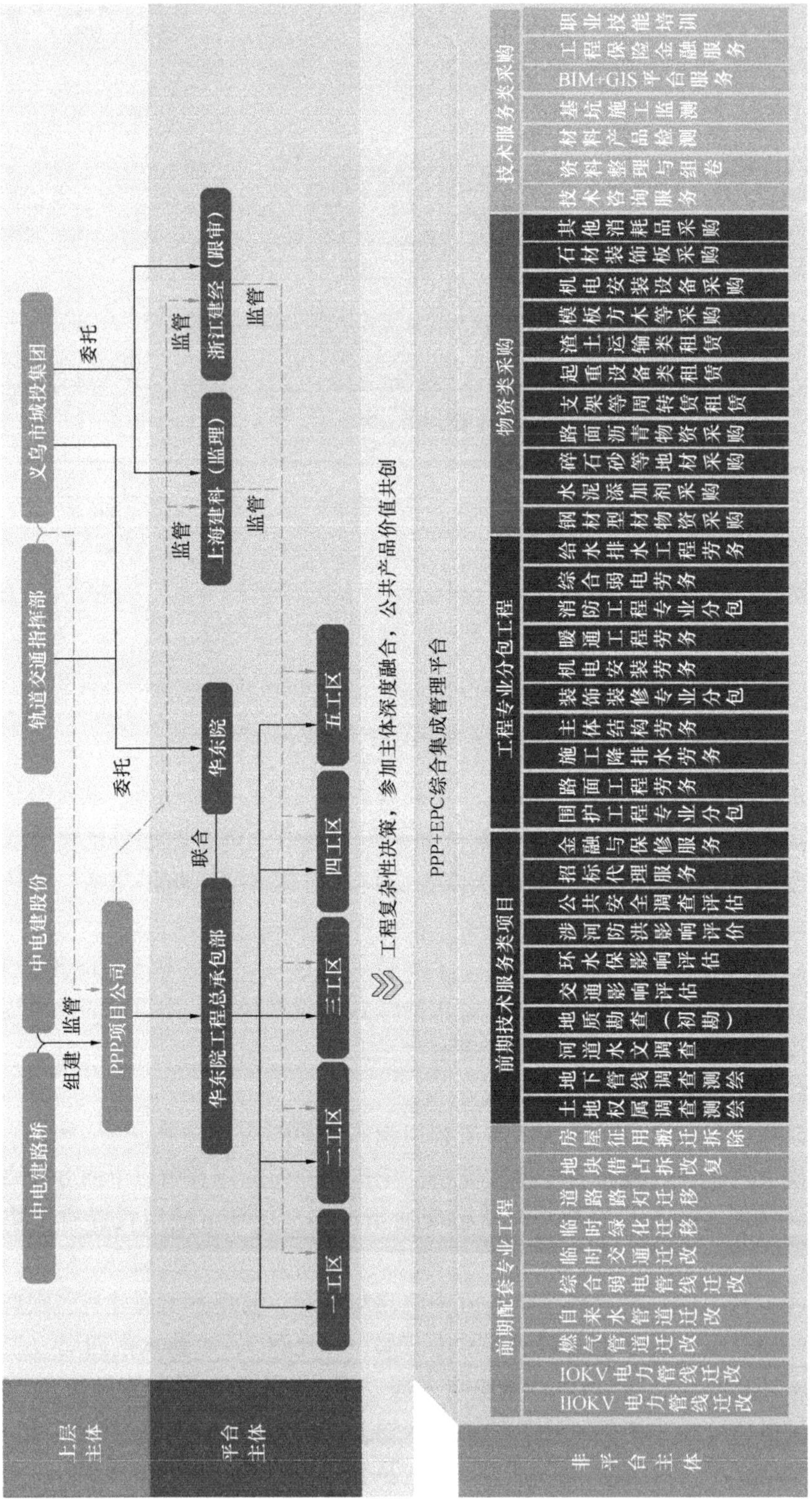

图 5.4-15　义乌商城大道隧道工程组织架构（基于综合集成管理平台）

道＋轨道车站合建段（0.25km）→管廊＋隧道＋轨道合建段（1.8km）→管廊＋隧道＋轨道车站合建段（0.22km）→管廊＋隧道合建＋轨道高架段（1.16km）。

本工程作为超大规模的线性工程，按照线性工程的空间区位切分为四个结构段落，由此形成四个并行工程和一个接续工程，如表 5.4-5 所示。

义乌商城大道隧道工程施工段落划分表　　　　　　表 5.4-5

名称	施工范围（桩号）	长度（km）	线路占比（%）	主要施工内容	划分逻辑
一工区	K−1+862～K1+740	1.88	31	道路、隧道、便桥、管理用房、绿化	空间划分，形成并行工程
二工区	K1+740～k2+920	1.18	20%	道路、隧道、管廊、轨道、国际商贸城车站、绿化	空间划分，形成并行工程
三工区	K2+920～k3+780	0.86	14	道路、隧道、管廊、轨道、绿化	空间划分，形成并行工程
四工区	K3+780～k5+905	2.12	35	道路、隧道、管廊、轨道、浙大四院车站、轨道高架、绿化	空间划分，形成并行工程
五工区	全线	6.04	—	机电、给排水、暖通、弱电智能、消防	专业划分，接续工程
自拌站	全线	6.04	—	地材采购、混凝土加工	大宗物资供应

超大规模的线性工程在空间上进行划分可以构成多个并行工程，使得项目在主体承接业务的能力适配方面，或是从加快工程推进方面都将带来好处，但是同时将带来新的复杂性问题（主要发生在管理边界上），因此划分位置的选择有以下考虑：

1）避免在地面道口切分

一般情况下地面道口位置管线密集且路径交错，同时地下工程交通组织是垂直基坑方向，道路一般做分期倒边安排，切分位置如设于道口将带来更多的复杂性问题，合理的切分位置应选择在道路中段位置。

2）避免"零碎"工序

每一道工序都匹配相应的分工与资源，例如高架段结构对应墩柱、盖梁、支座等工序，而这些工序在地下现浇结构并不涉及。比如本工程在 K1+900 位置设有隧道接入国贸大道桥（高架快速路）的 C 匝道，其结构形式包括暗埋的地下隧道结构（140m）、现浇 U 形槽结构（125m）、路基段（120+180m）、高架段（240m）等四个段落。如果从空间位置上看它应归属于一工区，但是上述四个段落中 240m 高架是该工区所仅有的。此项工程不仅工程量小（仅五跨结构），且与其他施工内容不能兼容（桥梁工程所独有的墩柱成套钢模、支座、预应力、高标号混凝土、横跨交改道路的门洞支模架等）。而四工区涉及轨道交通高架段有 0.95km，所以从资源配置角度分析，此项工作并入四工区更为合理。

此时对于主体结构工程而言，轨道、隧道和管廊等地下结构可以共享围护、土方、钢筋、模板、混凝土、防水等一系列工序，除部分特殊节点（如盾构接收工作井、车站结构、涉河涉路段等）外，并无本质上的工序差异，切分上并无太多技术上或复杂性管理上的障碍。

3）避免特殊节点

这些特殊节点主要是匝道与主线接驳口、轨道工作井、轨道车站结构、管廊预留支线接驳口和引出端、地下互通节点、隧道人通车通节点、地下配电房风机房等节点。

4）避免僵化的空间切分

与第二点关于高架段的划分类似，长大工程在空间上的划分应注意不同组成内容上的工序关系，而不是对一个桩号进行刻度僵化的垂直切分。例如高架路面、地面道路路面与隧道内路面工程是完全不同的工序。本工程地面道路采用 SMA 面层，其地面环境具有特殊的消声、排水、防冷冻等要求，而隧道内路面采用 SBS 面层，其所处的工况环境与地面道路显著不同，与高架路面的要求也不相同。合理的切分方式是，隧道内路面应考虑选择在横截沟、结构分缝等自然横向分界部位；地面道路应考虑选择在道口、新老路基搭接、纵坡变化等横向分界部位；高架路面应考虑桥梁伸缩缝、桥台搭板等结构分界部位。

非平台主体数据较多，主要分类及具体负责任务如图 5.4-15 所示，不再详细列举。

5.4.3 本工程综合集成管理中的 BIM＋GIS 技术应用

本工程在方案设计阶段引入场地基础信息模型，为专业设计人员及项目参建方提供 BIM＋GIS 信息的便捷浏览方式，以直观的地理图形方式获取、存储、管理、计算、分析和显示与地表位置相关的各种数据形式，实现透明地下工程。

基础信息模型主要包括：①地理信息模型；②工程地质模型；③市政管网模型。基础信息模型作为商城大道项目基础数据，按相关流程上传至三维建设管理平台，根据权限设置，供各阶段参建单位调用，辅助方案决策。

（1）倾斜摄影生成的三维地理测绘模型

本工程采用无人机倾斜摄影技术，初始采集时共飞行 13 个架次，采集照片 21730 张，采集范围约 16km^2，覆盖工程沿线及国际商贸城、金融商务区。通过航拍数据获取、野外像控测量、纹理映射形成项目场地及周边环境实景三维测绘模型，单片分辨率 0.05m，如图 5.4-16 所示。

（2）Geostation 软件生成三维地质模型

工程地质模型根据场地地质勘察资料，采用华东院基于 Bentley 平台自主研发的 Geostation 软件创建工程地质模型，如图 5.4-17 所示。模型涵盖全线 662 个钻孔及其测量坐标、揭露地层、岩性、特殊地质标记等信息，可辅助关键节点基坑开挖分析及建构筑物建设场地适宜性评定工作。

图 5.4-16　倾斜摄影生成的三维地理测绘模型

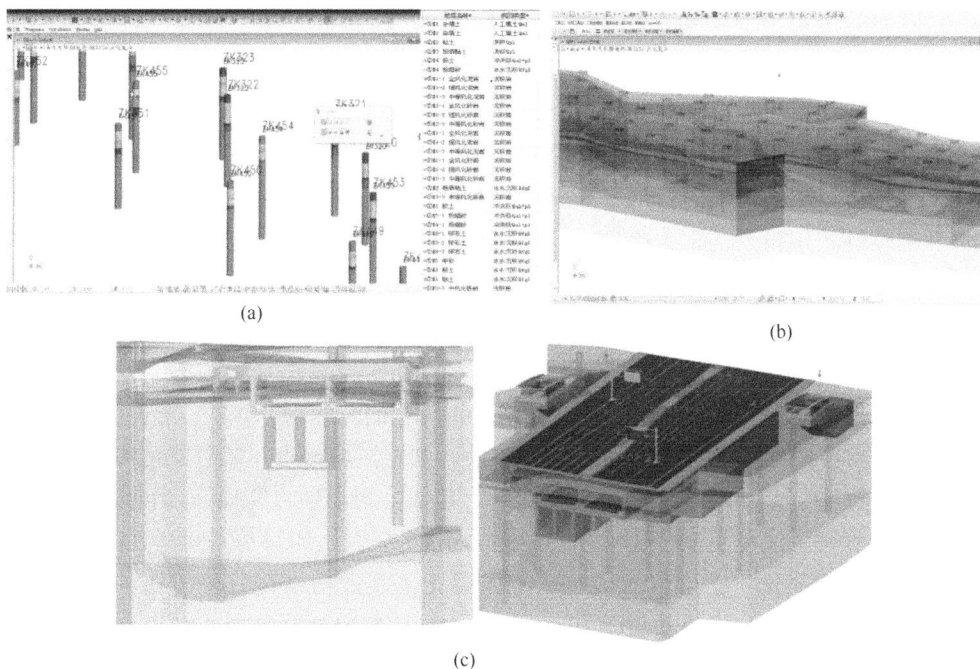

(a)

(b)

(c)

图 5.4-17　Geostation 软件生成三维地质模型
(a) 钻孔资料录入；(b) 三维地层模型生成；(c) 地质模型
块状切图，第三方岩土软件集成分析

(3) 市政管线模型

市政管网模型根据场地物探资料，建立了工程全线总长约 35km 的污水、雨水、通信、给水、电力、燃气等六大类管线模型，实现了管线的三维特征及管线间的空间关系直观描述，真实地反映地下管线的空间分布状况，可用于指导管线迁改分析、锚索施工与基坑开挖。如图 5.4-18 所示。

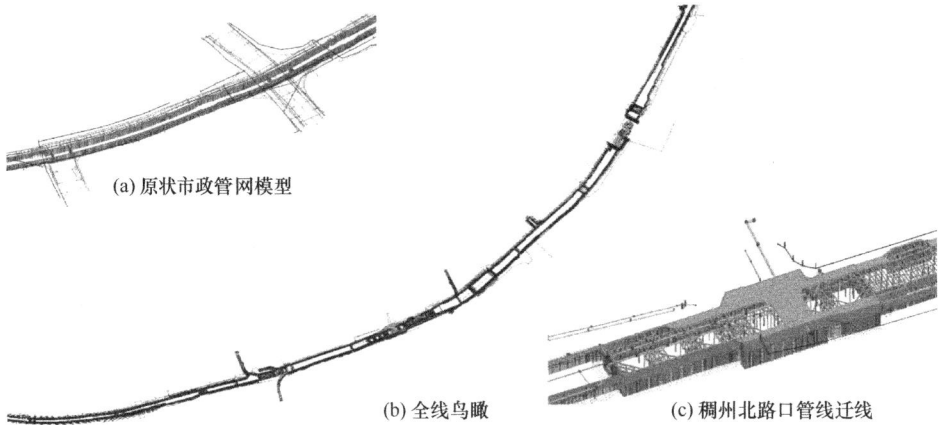

(a) 原状市政管网模型

(b) 全线鸟瞰

(c) 稠州北路口管线迁线

图 5.4-18　商城大道隧道工程 BIM 管线模型

BIM 模型与倾斜摄影模型结合，实现 BIM＋GIS 基础信息一张图，能够更加直观展示地理位置、建设规划。BIM 的精细化三维模型在设计、施工、运维各阶段的应用，除了模型本身的精细化表达，也离不开其项目本身周边环境的相关要素，否则就脱离了实际的大空间环境场，变成空中楼阁。尤其是像义乌商城大道隧道工程这样位于城市核心建成区，地下管网密布，地面交通繁忙，沿线关键单位多等周边环境敏感性和依赖性特别强烈的重大基础设施项目的建设，必须充分结合周边环境条件，其中包括地下管线设施、周边建筑物设施、地面交通设施、国际商贸城周边人流情况、国际金融商务大量而密集的商业综合体的分布情况等。而 GIS 的强项就是对宏观地理环境的模拟和反演，可以为 BIM 从设计到施工各阶段提供强有力的空间分析和决策支持，因此，BIM 结合 GIS 是实现复杂性科学决策的现实选择。

GIS 主要应用于宏观场景，通过倾斜拍摄、人工实地调查、既有城市数据整理为本项目建立完整、高质量的地理信息数据奠定基础，为本项目实现综合集成管理，复杂性分析、降解及决策提供依据。所以从这个角度上说，BIM 数据是丰富 GIS 数据的一个重要组成部分，能让 GIS 从宏观走向微观，实现精细化管理。如本工程开展的商贸城片区大型综合应急救援演练（图 5-4-19），参与部门包括市应急救援指挥中心、交通管理中心、市应急局、水务局、建设局、福田街道、市政管理处、城投集团、商城集团、水务集团、供电公司、燃气公司、排水公司等多个管理部门和市属公共事业专业公司，如果缺乏统一的调度管理机构，缺乏必要的实时通信手段，缺少事故现场周边环境，则很难高效实现跨区域跨管理组织的综合集成条件下的协同应急管理。

（4）设计阶段三维信息模型建设

本工程包含线路、隧道、建筑、结构、桥梁、道路、给水排水、暖通、电气、监控、装修、绿化等多个专业。项目结构形式复杂、涉及专业广、管理要求高。

图 5.4-19　2020 年 7 月 9 日组织的商贸城片区综合应急救援演练

BIM 技术下的建模设计过程以三维状态为基础，不同于 CAD 的基于二维状态下的设计。运用 Bentley 系列软件在设计阶段构建建筑物的三维实体模型，能直观地观察建筑构件的建筑形态和布置形式，对于分析建筑结构的功能布局和规划设计起到良好的辅助作用。在三维信息模型的开展过程中，借助设计协同管理平台将各专业进行协同，使得各专业能在同一个环境下开展工作，更利于各专业信息的交互。

在勘察设计阶段，运用 BIM 技术进行三维协同参数化设计，加强专业间的配合，提升设计产品质量，实现方案快速建模和灵活迭代。BIM 的可视化特点大大提高了传统的工作效率，提高设计成果的质量和精度，让各参与方在统一、清晰的环境下进行沟通，提升沟通效率，利于工程建设质量提高。

本工程实施过程中针对 ORD 软件在线性工程中的优势，分别创建道路、隧道、综合管廊、地下管网等专业模型，对于复杂节点，如道路交叉口、匝道、变截面等部位，创建详细的三维模型；借助 OBM 软件创建大型桥梁模型，能更加快捷地生成桥面、主梁等上部结构以及部署桥台、桥墩等下部结构和车站、管理用房等建筑模型，并针对不同的专业，选择不同的功能模块，实现三维模型的快速化创建，如图 5.4-20 所示。

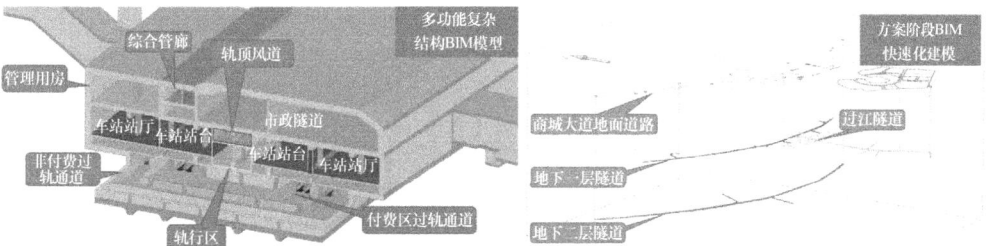

图 5.4-20　BIM 技术进行三维协同参数化设计

设计阶段，采用 ORD、OBD、OBM 等 Bentley 系列软件快速构建设计道路、隧道、综合管廊、车站、管理用房、桥梁等多种专业工程信息模型，方便对各专业实现交底，如图 5.4-21～图 5.4-26 所示。

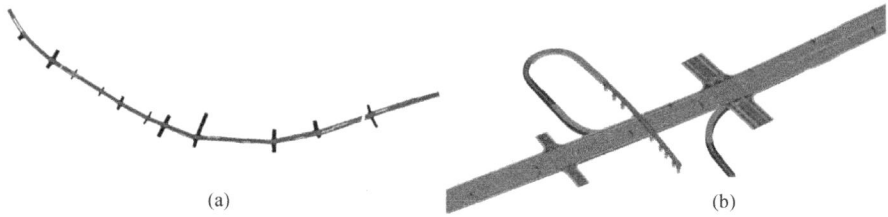

图 5.4-21　运用 BIM 技术的道路设计
（a）地面道路全线总装；（b）口岸路-城中北路段

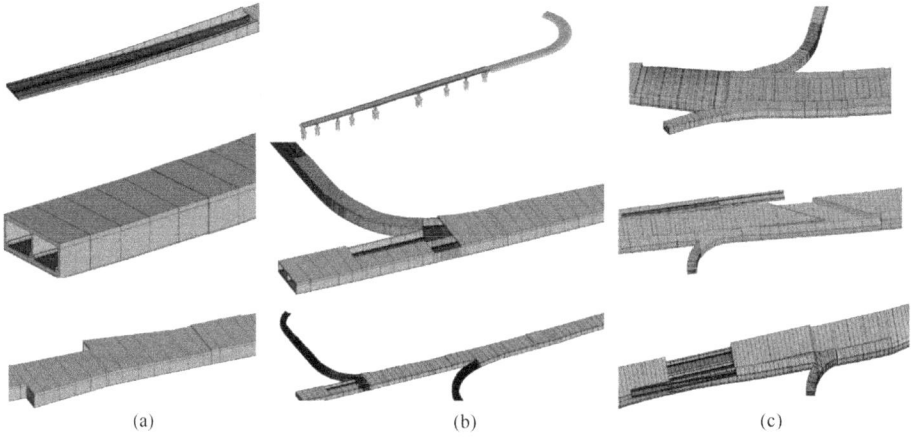

图 5.4-22　运用 BIM 技术的隧道设计
（a）雪峰东路-口岸路；（b）口岸路-稠州北路；（c）稠州北路-春风大道

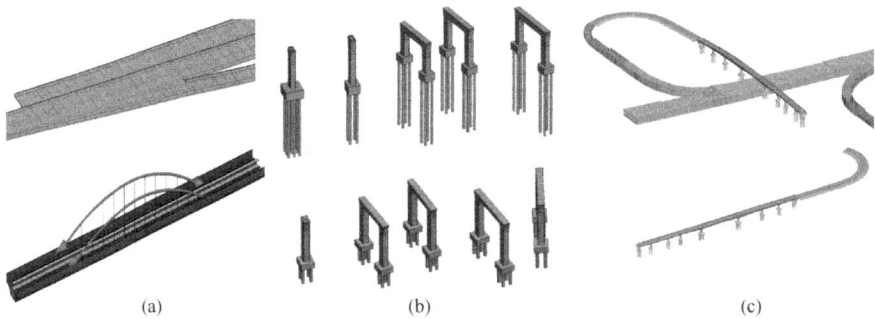

图 5.4-23　运用 BIM 技术的桥梁设计
（a）桥面设计；（b）承台墩柱设计；（c）桥梁组装

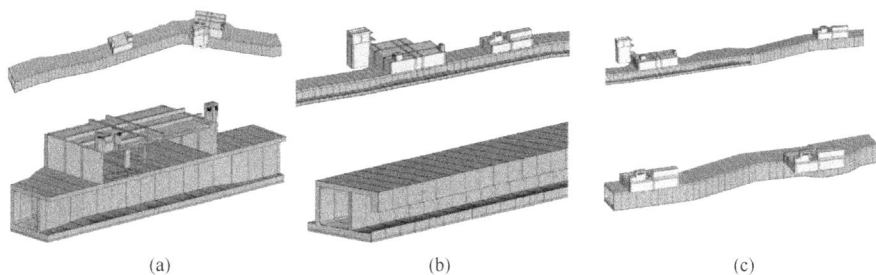

图 5.4-24　运用 BIM 技术的市政管廊设计

（a）口岸路-稠州北路；（b）稠州北路-春风大道；（c）春风大道-紫金路

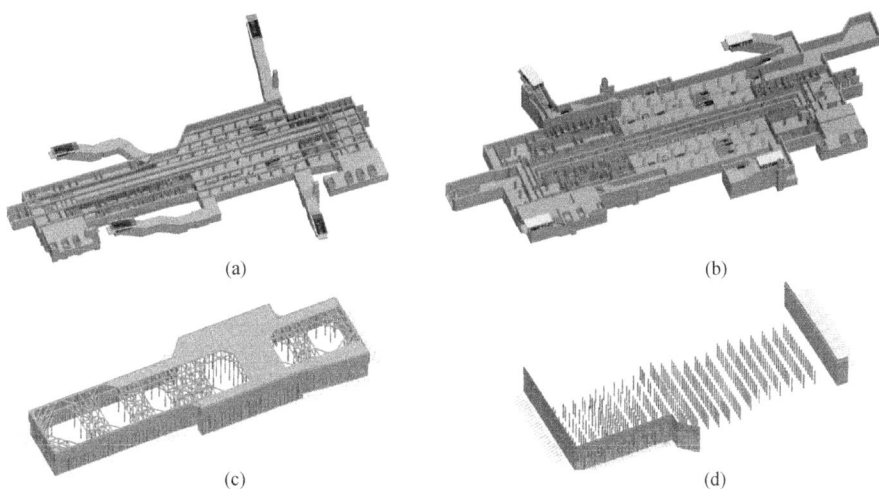

图 5.4-25　运用 BIM 技术的轨道交通地下车站设计

（a）国际商贸城站-建筑；（b）浙大四院站-建筑；

（c）国际商贸城站-围护；（d）浙大四院站-围护

（5）实施阶段（设计施工一体化）BIM＋GIS 模型应用

BIM 技术在设计、施工过程中的运用已逐渐成熟，主要体现在通过运用建筑模型在施工前发现设计过程中的问题，解决差、错、漏、碰等问题，减少和避免施工中此类问题发生的可能性；以实现在施工中减少材料的浪费、提高工程质量的管理能力和企业的盈利能力。

总体来说，BIM 技术在设计施工一体化的运用过程，对于提高工程建筑业精细化管理水平，由过去的粗放型管理向精细化管理转变起到了一定的帮助。BIM 技术是建筑技术和信息技术相结合的技术工作，信息技术使建筑行业如虎添翼，锦上添花，从技术层面和管理层面改进了传统管理模式和流程，有利于提升建筑行业的经济效益和促进节能减耗。

应用一：三维技术交底

基于 BIM 三维模型进行图纸会审 & 技术交底，加深参建各方人员对图纸、方案

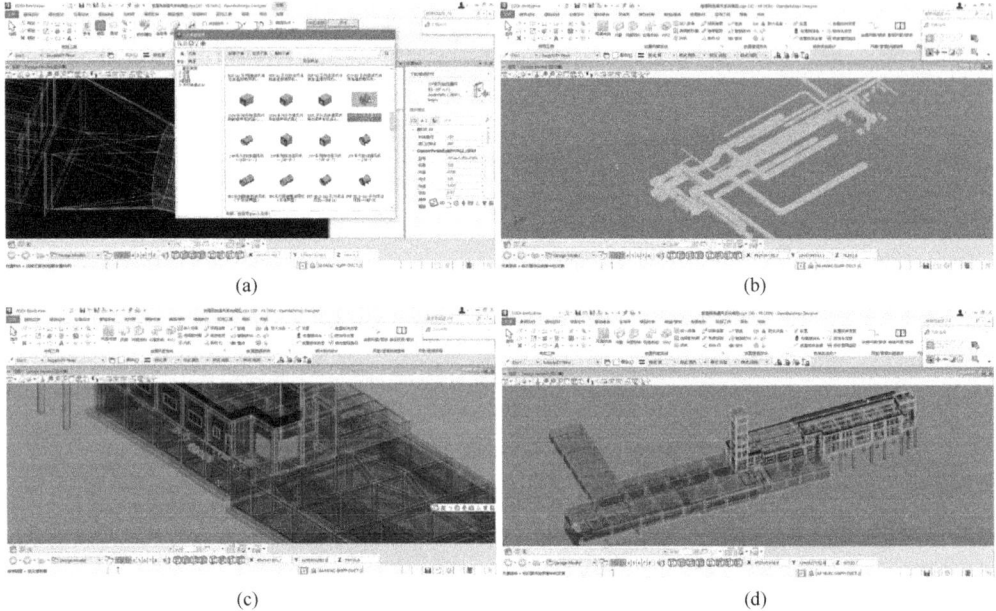

图 5.4-26　运用 BIM 技术的机电安装设计

（a）机电安装设施元件库调用；（b）机电系统建模（地下风机房）；

（c）机电系统模型分析（管理用房）；（d）模型总装（管理用房及风塔通风系统）

的理解，并在工程施工前消除隐蔽错误，避免人力、财力和工期的浪费。

应用二：碰撞检测

通过漫游、剖切、碰撞检测、数据分析、电子批注等手段进行三维校审；对三维总装模型进行专业间、系统间、对象间的"错、碰"进行检查、校验，及时纠正设计，减少设计过程中可能出现的误差，避免设计模型与实际工程的碰撞，提高工程产品质量（图 5.4-27）。

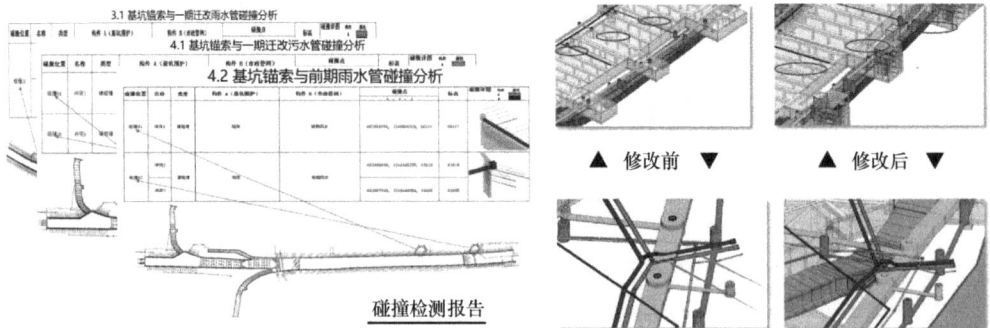

图 5.4-27　碰撞检测示例

应用三：工程量统计

在自主开发的算量系统中，配置义乌地区工程量计算规则，自动统计模型的工程量，和一般三维软件自带的算量功能最大的区别就是 QTM 算量的准确度，因为系统内配置了内置国家、地方计算规则、计算方法、重叠节点扣减方式，映射清单精确至构件，因此得到的工程量是非常精准的（图 5.4-28）。

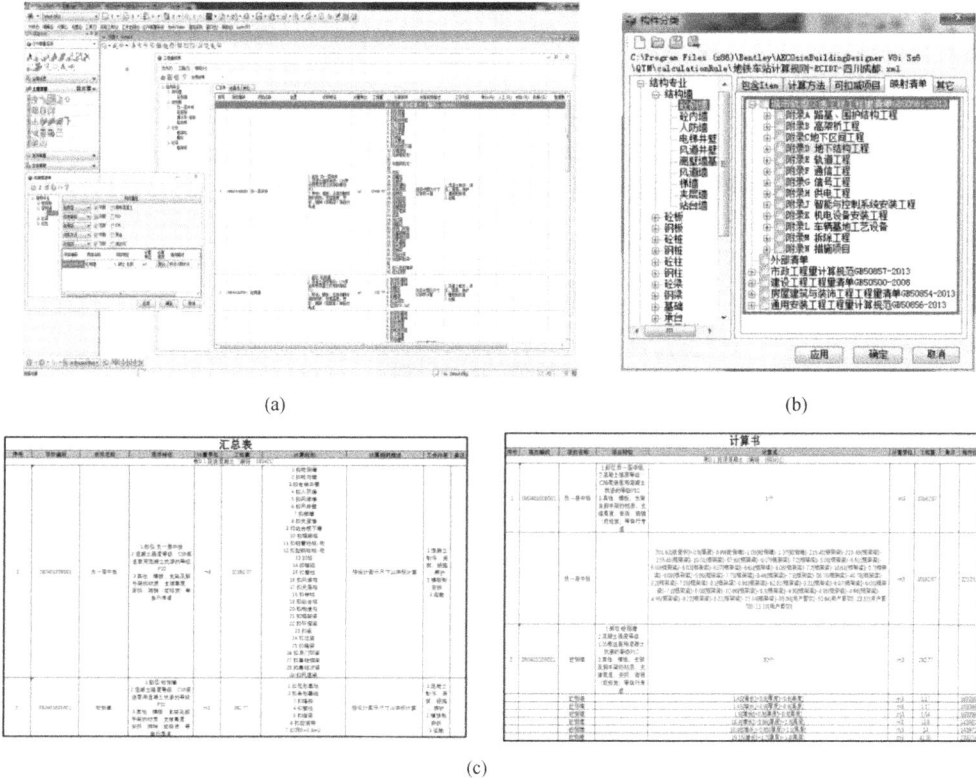

(a)

(b)

(c)

图 5.4-28　工程量统计示例

(a) 工程量软件统计；(b) 工程量计算规则软件设定；
(c) 工程量表单自动生成

应用四：复杂性结构化分解和任务生成

结合复杂性脸谱指标，根据复杂性任务的专业分工组成和主体组织（设施设备、人力资源等投入情况）、主体业务实践与环境条件（三维地形地貌、管线现状）关系、项目需求与整体目标的契合度、设计方案的清晰程度（方案的弹性裕度以及是否主动赋予主体适应性调整权限）和作业时间（作业连续性条件创造、多工序组合情况等），特别是一些复杂工程项目的施工组织、技术方案的复杂性进行结构化降解，形成简单任务系列，通过综合集成平台进行发布。任务信息发布主要包括具体的任务内容和完成任务的约束条件，通过模型与真实场景的数字孪生，为项目执行组织对任务的执行提供可视化再现、过程监督和后台决策（图 5.4-29）。

应用五：商城大道隧道工程综合集成建设管理系统

根据义乌商城大道隧道工程的建设管理需要，建立项目综合集成建设管理平台，

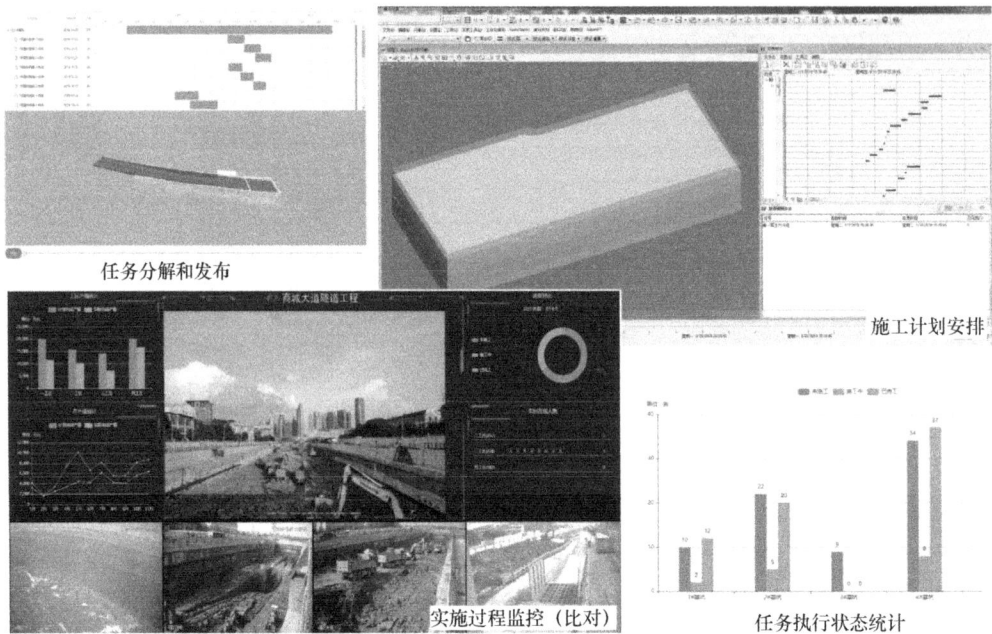

任务分解和发布

施工计划安排

实施过程监控（比对）

任务执行状态统计

图 5.4-29　任务生成、发布和过程监管（软件界面）

主要包括大屏展示、建管指挥系统 PC 端、移动应用 APP 端、自动感知端四大应用场景，功能模块如图 5.4-30 所示，PC 端管理平台首页如图 5.4-31 所示。

义乌商城大道隧道工程基于BIM+GIS技术的综合集成管理系统

| 大屏展示端 | 建管指挥系统PC端 | 移动应用APP端 | 自动感知端 |

- 视频监视场景
- 可视化仿真演示场景
- 在线人机交互场景

- 综合管理
- 设计管理
- 方案管理
- 计划与进度管理
- 成本与资金拨付管理
- 质量管理
- 风险管理
- 安全生产管理
- 动态监测管理
- 材料与构配件管理
- 工程资料与档案管理
- 工程准入管理
- 工程量统计与造价管理
- 系统管理

- 平台推送信息接收
- 授权视频监视
- 质量隐患发布与销项
- 安全隐患发布与销项
- 工程验收申报与确认
- 物资申请验收与确认
- 进度计划发布与确认
- 设计方案在线调取
- 在线会议与聊天工具

- 分布式光纤传感
- 三维激光扫描技术
- 监测图像处理技术
- 无人机探测技术
- 支撑轴力伺服技术

图 5.4-30　综合集成管理系统（平台）功能模块

图 5.4-31　综合集成管理系统 PC 端管理平台首页

（6）应用 BIM＋GIS 技术综合集成管理平台的总结

本工程采用 PPP 模式建设，参建部门、单位众多，针对工程特点，以 BIM 技术为核心和载体，采用 BIM 三维协同设计，结合 GIS、大数据、物联网等技术开发了项目 BIM 建设管理系统，实现传统管理手段向"线上＋线下"模式的转变，实现现场、项目部、指挥部远程实施监控、指挥。项目亮点及创新点如下：

1）BIM＋GIS 全信息集成应用

本工程通过 BIM＋GIS 全信息集成应用，掌握工程周边环境地上地下全貌，集成海量多源数据，为项目全流程提供全面的信息整合、数据传递与成果共享，开拓工程数字化信息的应用场景，将 BIM 应用从项目级水平推向城市级水平。

2）三维协同参数化设计

本工程全专业基于一个平台实现三维协同参数化设计。通过 BIM 三维模型参数化功能进行快速建模，提升复杂市政工程方案比选效率，降低时间成本，实现设计优化，为三合一方案提供技术支撑。BIM 模型成果满足各阶段信息传递需求，为 BIM 模型应用奠定坚实的基础。

3）基于 BIM 技术的建设管理系统

基于 BIM 建设管理平台，参建各方能随时随地开展项目管理，及时获取项目现场信息并迅速做出决策响应，有效控制建设风险，实现对全线项目建设的精细化管控和动态管理，提高工程建设期数字化管控水平和管理能力。实现基于 BIM 技术的工程进度可视化管理，为工程进度管理决策的智能化、科学化提供依据。

4）BIM 技术设计施工一体化应用

基于场地基础信息模型、全专业精细化工程模型，本项目开展了三维技术交底、施工模拟、碰撞检测、地质条件分析、三维配筋、工程量统计等应用。BIM 技术设

计施工一体化应用有机连接设计与施工阶段，使信息准确传递，预判施工难点，优化
设计，避免变更、返工，显著缩短工期、控制工程成本，实现项目精细化管理。具体
应用效益分析如表 5.4-6 所示。

本工程 BIM 技术设计施工一体化应用效益/成果分析　　　　　　表 5.4-6

阶段	应用点	应用效益/成果
前期阶段	参数化设计	通过参数化设计，提升复杂市政工程方案比选的工作效率，降低设计时间成本，实现线路、结构设计优化，为三合一结构方案提供技术支撑，节约投资约 8.2 亿元
	BIM＋GIS 应用	通过 BIM 模型叠加倾斜摄影模型，优化隧道、道路线形，节约用地面积约 1.05 万 m²
	三维协同设计	通过 ProjectWise 平台开展专业间协同设计，加强专业间配合，节约设计周期约 1 个月。通过方案优化，节约施工周期 11 个月
实施阶段	三维交底	采用三维 BIM 辅助开展复杂节点设计交底共计 9 次，提高沟通效率，避免返工
	碰撞检查	通过基坑锚索与管线间碰撞检查，精确调整每根锚索角度，减少原水管迁改费用约 1400 万元
	复杂性降解与管线迁改、交通导改的优化	根据现状管线模型与工程复杂性降解分析，通过模拟优化管线迁改方案，优化管线改迁 83 处，优化交改方案，经测算节约投资共计 1.65 亿元
	地质模型应用	结合由 662 个钻孔等勘察数据生成工程地质三维模型，辅助开展关键节点基坑开挖分析及土石方统计，设计施工因地制宜，节约造价约 530 万元
	工程量统计	通过自主研发的算量系统自动统计 BIM 模型工程量并导出工程量清单，提高算量精确度及效率
	其他管理模块	通过 BIM 进度沙盘、各类隐患排查在线管控、通过信息挂接 BIM 模型协同管理，各部门使用平台进行在线办公，提高了工作效率，为复杂性工程管理决策提供技术支持

第6章 总 结 与 展 望

经过"十三五"时期的快速发展，我国基础设施建设取得了重大而丰硕的成果，基础设施在引领和支撑经济社会发展的地位和作用日益凸显。基础设施建设规模迅速扩大的同时，发展不平衡不充分问题也日益突出，主要表现在：一是基础设施发展质量仍有待提高，长期以来关注增量而忽视质量、关注建设而轻视运营的问题比较突出，与创新、协调、绿色、开放、共享的新发展理念和高质量发展要求还有差距；二是基础设施的需求旺盛但地方财政收入无法支撑，土地财政不可持续。应用PPP模式成为城市发展基础设施建设的现实选择，但是PPP模式局限于融资工具已经使得该模式的发展陷入瓶颈。在规范化应用PPP模式中如何通过完善基础设施发展的体制机制，提升基础设施的功能品质，满足人民日益增长的美好生活需要呢？

本书围绕PPP+EPC模式如何摆脱PPP模式发展困境和公共产品价值困境展开，通过重大基础设施价值内涵的解构、项目授权与经营机制的创新实现项目自身的价值创造，提出了PPP+EPC模式价值共创的概念。

PPP+EPC模式应用于重大基础设施是对PPP物有所值理念的价值回归，实现这种价值回归必须根植于产品本身，其管理系统必须拥有对多功能合建项目复杂性的驾驭能力。我们希望构建一个具有适应性的建设管理系统，它能把组织、技术和环境等复杂性要素以及多要素耦合关系经过结构化分析对复杂性进行降解与重构。

我们可以将重大基础设施作为一个适应性工程系统进行治理结构的设计，基于深刻相似性理论提炼其普遍规律，通过主动调节抽象化的系统构成要件获得对系统底层控制方法。我们提炼了应对复杂性工程问题的综合性分析方法：①复杂性问题的识别与界定；②目标的统筹与凝练；③具体问题的抽象化（基于复杂性脸谱）；④复杂性问题拆解路径；⑤结构化拆解与边界管理；⑥子问题模型构造。

作者对PPP+EPC模式下的重大基础设施工程管理体系设计以达到整体最/较优展开分析，并指出整体目标设计的关键在于找到项目公共价值与私有价值的平衡点，让项目运营收益涵盖所有建设投入并保证预期收益率。作者据此提出以人为本，"见人→见物→见物见人→见人更见心"的整体目标设计准则。

PPP+EPC模式下的工程建设目标管理体系不同于传统目标管理体系，具有动态性、自适应性和关联性。作者基于这些特征介绍了一种结构化设计方法，旨在将整体目标有效分解转变为各组织的分目标，以一体化的价值共创为核心，建立共同性约束机制和一致性决策机制。

基于价值共创的PPP+EPC重大基础设施项目的治理主要是解决三个最为核心的问题：一是价值从何而来，即项目价值的认识、构建与捕获，从而设计项目的整体目标；二是多元主体如何实现目标协同，即复杂适应性管理系统基于整体目标的结构化解构找到各主体的目标及其实现路径，是整体目标的分解与融合；三是多元体如何追求目标，即主体追求整体目标的路径中最优路径的选择，我们的回答是基于复杂性分析和降解基础上的综合集成管理。我们将综合集成作为技术管理手段搭建复杂项目组织与复杂项目群之间的桥梁。

作者以满足项目整体目标为导向，信息技术集成化为基础，工程全生命周期内各参与方的资源共享与实时互动为核心，进行 PPP＋EPC 模式综合集成管理平台的设计，以形成一个多方共赢的平台生态圈。

综合集成管理平台作为管理工具，其运行机制是基于执行组织的战略愿景或项目整体目标对工程项目进行复杂性结构化分解，提供一个认识被管理对象的正确视角（降解方向），通过准入机制、交易机制、建造实施机制、工程运营机制和全过程监管机制，对真实建造活动进行感知、分析、决策和控制，构建一条多元主体在技术融合驱动下实现管理协同、价值共创的实施路径。

我国基础设施建设发展阶段与模式走过了财政收入独立支撑（1949—1993 年）和土地财政为主要支撑（1994 年起）的政府一元主导模式，通过平台公司融资（2003 年起）和土地融资（2009 年起）的政府—平台公司二级联动开发模式，发展到以 PPP 模式为主要形式（2014 年起，为绕避 PPP 项目准入监管在 2017 年变种为 ABO、投建营一体化、ABS 等）的政府与社会资本开展合作的市场共推模式，并在新形势下开始探索政府—市场（社会资本）—权利人（利益相关者）—公众等多元主体协同合作的新模式，纵观发展历程，创新与发展是主旋律。

然而，模式创新不是名词创造。PPP 模式经过近二十年的实践运用中所呈现的弊端，以及 2017 年一系列清理、限制政策出台，我们的研究应当直面本质问题，从 PPP 模式化解债务风险、厘清政企关系和实现物有所值（甚至物超所值）方向开展，而不应该是创造名词绕避监管。本书所特别约定的 PPP＋EPC 模式是对 PPP 模式的本意回归——在政府引导，设计方运用技术融合驱动多元主体价值共创，社会资本通过可持续运营获得合理投资回报，探索一条可持续发展的路径。

从几乎免费使用的公共自行车"资本乱象"看城市治理，我们可以"窥见"公共产品（公共服务）所蕴含的价值与危机。以"数字技术"和"融合技术"为引领的新技术在新基建广泛运用，必将重塑中国城市社会的群体文化模式和个体生活方式。从来不缺乏使用者的城市基础设施本身蕴藉着巨大的价值，PPP 模式的发展在经历低谷之后必将迎来新一轮的蓬勃发展。一旦掌握先进数字技术的私有资本拥有了"打开城市基础设施产品价值宝藏"的能力，通过对公共产品的"侵蚀"，"大而不能倒"的风险将成为未来社会真实图景。本书所特别约定的 PPP＋EPC 模式在寻求多元主体价值共创的技术路径的基础上，着重探讨了消费语境下实现公共空间价值意义的应然之意，强调"公共性"价值基点，形成符合城市基础设施高质量发展方向的研究重点和焦点。

参 考 文 献

［1］ 费孝通. 乡土中国［M］. 上海：上海人民出版社.

［2］ 2020 年全国卖地收入 8.4142 万亿元，创 33 年最高纪录［EB/OL］.［2022-02-07］. https：//
view. inews. qq. com/a/20210203A03AHG00.

［3］ 马丁·海德格尔. 人，诗意地安居：海德格尔语要［M］. 上海：上海远东出版社，2011.

［4］ 武士杰，李绍荣. 市场需求不确定下的 PPP 回报机制对创新的影响［J］. 云南财经大学学报，
2019，35(3)：105-112.

［5］ 财政部关于推进政府和社会资本合作规范发展的实施意见 _ 部门政务 _ 中国政府网［EB/
OL］.［2021-07-21］. http：//www. gov. cn/xinwen/2019-03/10/content _ 5372559. htm.

［6］ 滕铁岚，袁竞峰，李启明. 城市轨道交通 PPP 项目回报机制的案例对比分析［J］. 建筑经济，
2016 (2)：31-35.

［7］ 刘学锋. 价值失范与价值构建［D］. 四川师范大学，2002.

［8］ "数字基建"在"新基建"中发挥核心作用［EB/OL］.［2022-02-07］. http：//paper. cnii.
com. cn/article/rmydb _ 15636 _ 291612. html.

［9］ 黄奇帆：数字经济时代，算力是国家与国家之间竞争的核心竞争力［EB/OL］.［2022-02-07］.
https：//baijiahao. baidu. com/s? id=1682425591240119623&wfr=spider&for=pc.

［10］ 马亮，肖忆，陈国栋，等. 我国工程总承包领域研究文献综述［J］. 土木工程与管理学报，
2019，36(1)：83-89.

［11］ 谌玥，郭婧娟. 基于三维矩阵模型的 EPC 总承包能力评价研究［J］. 工程管理学报，2021，35
(2)：22-27.

［12］ 刘奕农. 刍议 EPC 总承包项目质量、进度和安全管理［J］. 现代企业，2018，397(10)：
25-26.

［13］ 张宏安. 关于进一步推进工程总承包发展的若干意见［J］. 中国勘察设计，2016 (6)：
305-305.

［14］ 李东林，蔡佳璐，陈昆. EPC 项目关键法律问题辨析［J］. 施工企业管理，2019(1)：112-114.

［15］ 周旦平. EPC 模式在中国适用的法律问题思考探索［J］. 建筑经济，2013 (8)：73-75.

［16］ 何俊鹏. 解析工程总承包的法律困境及发展路径［J］. 法制与经济，2018(7)：9-12+15.

［17］ 高慧，王宗军. EPC 模式下总承包商风险防范研究［J］. 工程管理学报，2016，30(1)：
114-119.

［18］ 魏杰. 探析 EPC 模式下建设工程项目的融资风险［J］. 管理观察，2019，(6)：175-176.

［19］ 曹晓瑾. 关于 EPC 项目管理模式在国内发展的思考［J］. 今日科苑，2008(4)：25-26.

［20］ 赵刚，淳于良雯. EPC 模式下建筑工程总承包商存在问题及对策分析［J］. 中国高新技术企
业，2008(14)：226.

［21］ 张晓兵，张士科. 营改增制度下设计企业 EPC 总承包税务筹划［J］. 土木工程与管理学报，
2016，33(2)：79-82，89.

［22］ 李妙娟. "营改增"背景下建筑企业在 EPC 合同中的纳税筹划［J］. 经济研究导刊，2017(21)：

64，94.

[23] 郭欢. 建筑业营改增四流合一税务管控问题研究[D]. 天津商业大学，2017.

[24] 陶自成. 谈"营改增"对国际工程项目报价体系及项目管控模式的影响[J]. 财会月刊，2017
(4)：30-33.

[25] 徐贵潭. EPC模式在装配式建筑发展中的应用[J]. 砖瓦，2021(6)：65-66.

[26] 陈凤. EPC模式与装配式建筑技术相结合的应用[J]. 砖瓦世界，2021(5)：47.

[27] 胡游，张智. 工程总承包模式下装配式项目深化设计探讨[J]. 低温建筑技术，2020，42(3)：
134-137.

[28] 梁献超. EPC模式下装配式建筑工程质量管理体系与策略[J]. 建筑经济，2020，41(11)：
73-78.

[29] 邹迎辉. EPC模式下装配式建筑成本控制研究[J]. 建筑经济，2020，41(11)：47-51.

[30] 樊则森，李新伟，曾启. EPC模式下装配式建筑BIM全过程应用研究[J]. 施工技术，2020，
49(5)：132-134.

[31] 李冉阳. EPC总承包项目风险管理前沿文献综述[J]. 项目管理技术，2021，19(3)：41-46.

[32] 段永辉，张越，郭一斌，等. 基于结构方程的EPC项目风险评价及策略建议[J]. 会计之友，
2021(2)：104-110.

[33] 王佳佳，郝生跃. 基于ISM-MICMAC模型的海外EPC总承包项目关键风险因素分析[J]. 河
南科学，2021，39(3)：509-516.

[34] 熊彬臣. 联营体模式下境外EPC项目组织结构研究——以拉合尔轨道交通橙线项目为例[J].
建筑经济，2021，42(1)：35-38.

[35] 朱燕，曹跃庆，张林振. EPC项目设计管理组织流程优化路径研究——以某医院EPC项目
为例[J]. 建筑经济，2021，42(4)：28-33.

[36] 陈跃文. 浅谈EPC总承包管理模式下的设计协调管理[J]. 价值工程，2021，40(1)：11-13.

[37] 陈柳钦. 公共基础设施PPP融资模式研究[J]. 南方金融，2008(12)：21-24.

[38] 谢煊，孙洁，刘英志. 英国开展公私合作项目建设的经验及借鉴[J]. 中国财政，2014(1)：
66-69.

[39] 周兰萍，史梦清. 非经营性基础设施项目的融资模式创新[J]. 建筑，2014(7)：24-25.

[40] 万长松，吴盼晴. 我国公共服务领域PPP模式研究综述[J]. 唐山学院学报，2018，31(1)：
90-94.

[41] 贾康，孙洁. 公私合作伙伴机制：新型城镇化投融资的模式创新[J]. 中共中央党校学报，
2014，18(1)：64-71.

[42] 韩侣. 论PPP模式的起源、价值及趋势[J]. 实事求是，2016(5)：21-26.

[43] 陈志敏，张明，司丹. 中国的PPP实践：发展、模式、困境与出路[J]. 国际经济评论，2015
(4)：68-84+5.

[44] 刘薇. PPP模式理论阐释及其现实例证[J]. 改革，2015(1)：78-89.

[45] 杨足，王军武，申祖武. 基于HHM的基础设施PPP项目风险识别[J]. 建筑经济，2018，39
(3)：39-43.

[46] 李云. 基于CIM-AHP模型的PPP项目风险评估研究[J]. 湖南城市学院学报(自然科学版)，
2020，29(5)：27-31.

[47] 梅建明，张宽. PPP项目风险合理分担影响因素的ISM-MICMAC研究[J]. 中南民族大学学
报(人文社会科学版)，2021，41(1)：132-140.

［48］ 敖慧，朱玉洁. 农村基础设施 PPP 项目风险分担的博弈研究［J］. 华中农业大学学报（社会科学版），2021（2）：111-119.

［49］ 钟韵，朱雨昕. 新基建下开发性 PPP 模式激励机制模型 ——基于政府视角［J］. 工业技术经济，2021，40（2）：48-55.

［50］ 崔新坤，张萍. PPP 政府前期决策阶段的财务评价体系研究［J］. 技术经济与管理研究，2019（5）：21-26.

［51］ 高若兰，鲍琴. 基于演化博弈的 PPP 项目运营期政府监管方式选择研究［J］. 运筹与管理，2019，28（4）：155-162.

［52］ 王亦虹，田平野，邓斌超，等. 基于修正区间模糊 Shapley 值的"一带一路"PPP 项目利益分配模型［J］. 运筹与管理，2021，30（5）：168-175.

［53］ 杨学平，盛洁，刘宇. 基于现金流 PPP 项目社会资本方收益研究 ——以缺口补助项目为例［J］. 会计之友，2020（4）：66-71.

［54］ 姜早龙，梁倩慧，熊伟. 综合管廊 PPP 项目的收益模式及其收费模型研究［J］. 湖南大学学报（社会科学版），2018，32（3）：94-98.

［55］ 叶建勋，李琼. 新型城镇化的 PPP 融资模式［J］. 中国金融，2014（12）：59-60.

［56］ 李曦. 政府与社会资本合作（PPP）模式研究综述［J］. 福建建筑，2016（10）：98-101.

［57］ 杨晶. BOT＋EPC 模式下项目总承包商风险管理研究——以红崖子黄河公路大桥项目为例［D］. 重庆交通大学，2017.

［58］ 吴建忠，詹圣泽，陈继. PPP 融资与运营模式创新研究 ——以荔榕高速"PPP＋EPC＋运营期政府补贴"模式为例［J］. 工业技术经济，2018，37（1）：49-56.

［59］ 郭晓勇. 城市综合开发 PPP＋EPC 模式项目的风险分析与应对［J］. 中小企业管理与科技，2020（13）：129-131.

［60］ 许华江，施智辉. 基于蒙特卡洛法的 EPC＋PPP 项目投资风险评估［J］. 中国港湾建设，2017，37（7）：113-116.

［61］ 王晨. PPP＋EPC 模式下基础设施项目风险评价研究［D］. 中南财经政法大学，2019.

［62］ 赵腊红. BOT＋EPC 模式下高速公路项目风险评价研究［J］. 湖南交通科技，2016，42（3）：74-77，129.

［63］ 管晓晴. PPP＋EPC 模式下项目风险分担研究［D］. 郑州大学，2019.

［64］ 陈沛. "BOT＋EPC"模式下项目组织特征及其对项目绩效影响研究［D］. 重庆交通大学，2016.

［65］ 罗潇姝. "BOT＋EPC"模式下高速公路项目组织结构设计研究［D］. 重庆交通大学，2018.

［66］ 陈洋. 基于"BOT＋EPC"模式的高速公路项目组织模式比较研究［D］. 重庆交通大学，2017.

［67］ 王佩茜. "BOT＋EPC"高速公路项目总承包商质量行为研究［D］. 重庆交通大学，2019.

［68］ 高靖翔. Y-R 高速公路项目 BOT＋EPC 成本管理模式研究［D］. 西南交通大学，2017.

［69］ 朱莲红. PPP＋EPC 模式下高速公路施工阶段成本控制研究［D］. 武汉工程大学，2018.

［70］ 吴止境. "PPP＋EPC"模式下采购管理提升分析［J］. 建筑工程技术与设计，2018（1）：1253.

［71］ 辛纯涛. PPP＋EPC 建设模式下如何切实发挥设计单位的作用［J］. 中国科技纵横，2018（10）：104，106.

［72］ 杨荣. PPP＋EPC 项目施工管理创效研究［J］. 现代企业文化，2020（33）：43-44，47.

［73］ 邱祯国. 贵在投资 贵在探索——贵州公路融资经验谈［J］. 中国公路，2016（19）：60-65.

［74］ 袁家凤，张蒙迪. PPP＋股权合作＋EPC 模式在新时期高速公路投资中的应用［J］. 交通企业

管理，2020，35（4）：28-30.

[75] 王勇，何太洪. PPP+EPC+项目打捆模式在高速公路投资中的应用研究[J]. 公路，2018，63（4）：195-199.

[76] 李晓梦. 浅析新时代下城市设计思路转变——基于对《城市设计管理办法》的理解[C]. 2018，中国城市规划学会，2018.

[77] 孔斌. 中国现代城市设计发展历程研究（1980—2015）[D]. 东南大学，2016.

[78] 段进，范拯熙，蔡天怡. 新形势下城市设计制度建设的思考[J]. 时代建筑，2021（4）：16-20.

[79] 朱海波. 城市基础设施建设投融资体制改革的法律原则、问题及路径[J]. 行政法学研究，2011（4）：40-45+101.

[80] 司南. 城市公共性：公共服务的价值导向[J]. 决策咨询，2014（3）：16-21+83.

[81] 朱虹. 基于公共产品理论的网络基础设施产权问题研究[J]. 情报科学，2006（1）：119-123.

[82] 乔恒利. 基础设施性质与基础设施项目投融资模式关系研究[J]. 华东经济管理，2008（3）：74-78.

[83] 张丹阳. 基于站城一体的高铁枢纽公共空间体系及其"公共性"研究[D]. 北京交通大学，2020.

[84] 吴伟. 城市公共空间公共性及相关设计策略研究[D]. 重庆大学，2012.

[85] 司南. 公共性视角下城市公共服务价值评价研究[D]. 山东大学，2015.

[86] 徐康然. 城市公共产品智慧化供给中的需求偏好识别机制研究[D]. 广西大学，2018.

[87] CANDEL M，GUSTAVSSON T K，ERIKSSON P-E. Front-end value co-creation in housing development projects[J]. Construction Management and Economics，Routledge，2021，39（3）：245-260.

[88] HODGSON D，CICMIL S. Making projects critical[M]. Macmillan International Higher Education，2006.

[89] PRAHALAD C K，RAMASWAMY V. The Future of Competition：Co-Creating Unique Value With Customers[M]. Harvard Business Press，2004.

[90] RAMÍREZ R. Value co-production：intellectual origins and implications for practice and research[J]. Strategic Management Journal，1999，20（1）：49-65.

[91] VARGO S L，MAGLIO P P，AKAKA M A. On value and value co-creation：A service systems and service logic perspective[J]. European Management Journal，2008，26（3）：145-152.

[92] ROSER T，DEFILLIPPI R，SAMSON A. Managing your co - creation mix：co - creation ventures in distinctive contexts[J]. European Business Review，Emerald Group Publishing Limited，2013，25（1）：20-41.

[93] VARGO S L，LUSCH R F. Institutions and axioms：an extension and update of service-dominant logic[J]. Journal of the Academy of marketing Science，Springer，2016，44（1）：5-23.

[94] CUI C，LIU Y，HOPE A，et al. Review of studies on the public-private partnerships（PPP）for infrastructure projects[J]. International Journal of Project Management，2018，36（5）：773-794.

[95] CHANG A，CHIH Y-Y，CHEW E，et al. Reconceptualising mega project success in Australian Defence：Recognising the importance of value co-creation[J]. International Journal of Project Management，2013，31（8）：1139-1153.

［96］ HEREDIA ROJAS B，LIU L，LU D. Moderated effect of value co-creation on project perform-ance［J］. International Journal of Managing Projects in Business，2018，11（4）：854-872.

［97］ VARGO S L，LUSCH R F. Institutions and axioms：an extension and update of service-domi-nant logic［J］. Journal of the Academy of Marketing Science，2016，44（1）：5-23.

［98］ VARGO S L，LUSCH R F. Service-dominant logic 2025［J］. International Journal of Research in Marketing，2017，34（1）：46-67.

［99］ MATINHEIKKI J，ARTTO K，PELTOKORPI A，et al. Managing inter-organizational net-works for value creation in the front-end of projects［J］. International Journal of Project Man-agement，2016，34（7）：1226-1241.

［100］ VARGO S L，MAGLIO P P，AKAKA M A. On value and value co-creation：A service sys-tems and service logic perspective［J］. European Management Journal，2008，26（3）：145-152.

［101］ 赖铭华. 探索全过程工程咨询的价值共创［J］. 建筑监督检测与造价，2017，10（06）：32-36.

［102］ 陈梦娇. 产业组织视角下的工程项目价值共创行为研究［D］. 桂林理工大学，2020.

［103］ ERIKSSON P E，LEIRINGER R，SZENTES H. The Role of Co-Creation in Enhancing Ex-plorative and Exploitative Learning in Project-Based Settings［J］. Project Management Jour-nal，SAGE Publications Inc，2017，48（4）：22-38.

［104］ JACOBSSON M，ROTH P. Towards a shift in mindset：partnering projects as engagement platforms［J］. Construction Management and Economics，Routledge，2014，32（5）：419-432.

［105］ FUENTES M E G. Co-creation and co-destruction of experiential value：a service perspective in projects［J］. Built Environment Project and Asset Management，Emerald Publishing Limit-ed，2019，9（1）：100-117.

［106］ LUOTOLA H，HELLSTRÖM M，GUSTAFSSON M，et al. Embracing uncertainty in value-based selling by means of design thinking［J］. Industrial Marketing Management，2017，65：59-75.

［107］ 章红宝，江光华. 试论复杂性研究兴起、现状及存在的问题［J］. 系统科学学报，2006，（01）：92-96.

［108］ 宋学锋. 复杂性、复杂系统与复杂性科学［J］. 中国科学基金，2003（5）：8-15.

［109］ LI T-Y，JAMES A Y. Period three means chaos［J］. American Mathematical Monthly，1996：1-156.

［110］ 宋学锋. 复杂性科学研究现状与展望［J］. 复杂系统与复杂性科学，2005，（01）：10-17.

［111］ 钱学森，于景元，戴汝为. 一个科学新领域——开放的复杂巨系统及其方法论［J］. 自然杂志，1990（1）：3-10＋64.

［112］ 于景元，刘毅，赵军. 开放的复杂巨系统的方法论——从定性到定量综合集成方法［C］// 1997中国控制与决策学术年会论文集.《控制与决策》编委会、中国航空学会自动控制分会、中国自动化学会应用专业委员会、中国运筹学会决策理论及应用专业委员会，1997：5.

［113］ 黄欣荣. 复杂性科学方法论：内涵、现状和意义［J］. 河北师范大学学报(哲学社会科学版)，2008（4）：81-84.

[114] DALCHER D. Book Review: The Oxford Handbook of Project Management [J]. Project Management Journal, 2011, 42(5): 93-93.

[115] TRAPENBERG FRICK K. The Oxford handbook of megaproject management [J]. Transport Reviews, 2019, 39(4): 563-564.

[116] 金吾伦, 郭元林. 复杂性管理与复杂性科学[J]. 复杂系统与复杂性科学, 2004, (02): 25-31.

[117] 刘洪. 组织复杂性管理研究评述[J]. 管理学家(学术版), 2008, 1(3): 270-280+302.

[118] 杨永福, 黄大庆, 李必强. 复杂性科学与管理理论[J]. 管理世界, 2001 (2): 167-174.

[119] 刘洪. 论组织内外部复杂性的变化特点与管理挑战[J]. 管理学报, 2009, 6(5): 587-594+600.

[120] RIVKIN J W, SIGGELKOW N. Balancing Search and Stability: Interdependencies among Elements Organizational Design[J]. Management Science, INFORMS, 2003, 49(3): 290-311.

[121] 麦强, 盛昭瀚, 安实, 等. 重大工程管理决策复杂性及复杂性降解原理[J]. 管理科学学报, 2019, 22(8): 17-32.

[122] DAO B, KERMANSHACHI S, SHANE J, et al. Exploring and Assessing Project Complexity [J]. Journal of Construction Engineering and Management, 2017, 143(5): 04016126.

[123] HOWELL D, WINDAHL C, SEIDEL R. A project contingency framework based on uncertainty and its consequences [J]. International Journal of Project Management, 2010, 28(3): 256-264.

[124] SALET W, BERTOLINI L, GIEZEN M. Complexity and Uncertainty: Problem or Asset in Decision Making of Mega Infrastructure Projects?: Complexity and uncertainty in mega infrastructure projects [J]. International Journal of Urban and Regional Research, 2013, 37(6): 1984-2000.

[125] PICH M T, LOCH C H, MEYER A D. On Uncertainty, Ambiguity, and Complexity in Project Management [J]. Management Science, 2002, 48(8): 1008-1023.

[126] HE Q, LUO L, HU Y, et al. Measuring the complexity of mega construction projects in China—A fuzzy analytic network process analysis [J]. International Journal of Project Management, 2015, 33(3): 549-563.

[127] SHI Q. Rethinking the implementation of project management: A Value Adding Path Map approach [J]. International Journal of Project Management, 2011, 29(3): 295-302.

[128] ZHAI L, XIN Y, CHENG C. Understanding the Value of Project Management from a Stakeholder's Perspective: Case Study of Mega-Project Management [J]. Project Management Journal, 2009, 40(1): 99-109.

[129] LIU Z, ZHU Z, WANG H, et al. Handling social risks in government-driven mega project: An empirical case study from West China [J]. International Journal of Project Management, 2016, 34(2): 202-218.

[130] ERIKSSON P E, LARSSON J, PESÄMAA O. Managing complex projects in the infrastructure sector—A structural equation model for flexibility-focused project management [J]. International Journal of Project Management, 2017, 35(8): 1512-1523.

[131] CHANDRASEKARAN A, LINDERMAN K, STING F J, et al. Managing R&D Project Shifts in High-Tech Organizations: A Multi-Method Study [J]. Production and Operations

Management，2016，25(3)：390-416.

[132] MIHM J，LOCH C H，WILKINSON D，et al. Hierarchical Structure and Search in Complex Organizations [J]. Management Science，2010，56(5)：831-848.

[133] CICMIL S，WILLIAMS T，THOMAS J，et al. Rethinking Project Management：Researching the actuality of projects [J]. International Journal of Project Management，2006，24(8)：675-686.

[134] FLORICEL S，MICHELA J L，PIPERCA S. Complexity，uncertainty-reduction strategies，and project performance [J]. International Journal of Project Management，2016，34(7)：1360-1383.

[135] 成思危. 复杂科学与系统工程[J]. 管理科学学报，1999 (2)：3-9.

[136] 于景元. 从系统思想到系统实践的创新——钱学森系统研究的成就和贡献[J]. 系统工程理论与实践，2016，36(12)：2993-3002.

[137] 汪正龙. 价值中性与理论公度性：文化批评的语境设定[J]. 东方论坛. 青岛大学学报，1997 (4)：68-70.

[138] 侯丽岩. 管理工具"价值中立"观的哲学审思[J]. 北方论丛，2016 (3)：147-153.

[139] 王楠. 价值的科学 韦伯社会科学方法论再探[J]. 社会，2014，34(6)：140-164.

[140] 李醒民. 科学是价值中性的吗？[J]. 江苏社会科学，2006 (1)：1-6.

[141] 姜波涛. 房地产合作开发项目风险管理研究[D]. 华北电力大学(北京)，2017.

[142] 贾康，孙洁. 公私伙伴关系(PPP)的概念、起源、特征与功能[J]. 财政研究，2009 (10)：2-10.

[143] 张军令. PPP 模式在城市基础设施建设中的应用分析[D]. 吉林大学，2016.

[144] 乔治·瑞泽尔，谢立中等译. 后现代社会理论[M]. 北京：华夏出版社.

[145] 唐欢. "PPP＋EPC"模式下高速公路特许经营期决策问题的研究[D]. 长沙理工大学，2017.

[146] 龚毅. 浅谈设计院经营管理创新[J]. 经济与社会发展研究，2020 (12)：2.

[147] 纪彦军. 城市基础设施应用 PPP＋EPC 模式研究[J]. 重庆建筑，2017，16(1)：36-37.

[148] 赵周杰. PPP＋EPC 模式的实现路径及相关思考[J]. 中国工程咨询，2018 (2)：78-82.

[149] 李昊. 物象与意义—社会转型期城市公共空间的价值建构(1978—2008)[J]. 2011.

[150] 弗里德里希·恩格斯，卡尔·马克思. 马克思恩格斯选集[M]. 第三版. 北京：人民出版社，2012.

[151] 谢文惠，邓卫. 城市经济学[M]. 第二版. 北京：清华大学出版社，2008.

[152] 徐鑫. 新公共管理下的城市轨道交通特许经营研究[J]. 2012.

[153] 刘闻捷，钱彦敏. 博弈论视角下的机场特许经营权价值研究[D]. 浙江大学，2018.

[154] 何小娥. 论地域文化与城市特色的创造[J]. 中外建筑，2004 (2).

[155] MATTHEWCARMONA. 城市设计的维度：公共场所-城市空间[M]. 江苏科学技术出版社，2005.

[156] 周进. 城市公共空间建设的规划控制与引导：塑造高品质公共空间的研究[M]. 北京：中国建筑工业出版社，2005.

[157] DAVIS M. City of Quartz：Excavating the Future in Los Angeles [J]. Capital & Class，2008，32(1)：151-154.

[158] 宋立新. 基于公共空间价值建构的城市规划制度研究[M]. 第一版. 北京：中国建筑工业出版社，2016.

[159] 杨保军. 城市公共空间的失落与新生[J]. 城市规划学刊，2006（6）：9-15.

[160] 简·雅各布斯. 美国大城市的死与生[M]. 南京：译林出版社，2006.

[161] 衣俊卿. 回归生活世界的文化哲学[M]. 哈尔滨：黑龙江出版社.

[162] 楼芸，丁剑潮. 价值共创的理论演进和领域：文献综述与展望[J]. 商业经济研究，2020（8）：147-150.

[163] 马婕，刘兵，张培. 价值共创与价值共毁整合框架：内涵、动因及形成机理[J]. 管理现代化，2021（4）：101-105.

[164] 彼得·卡尔索普，威廉·富尔顿. 区域城市——终结蔓延的规划[M]. 第四版. 北京：中国建筑工业出版社，2018.

[165] 严玲，史志成，严敏，等. 公共项目契约治理与关系治理：替代还是互补？[J]. 土木工程学报，2016，49(11)：115-128.

[166] 陈伟光，王燕. 共建"一带一路"：基于关系治理与规则治理的分析框架[J]. 世界经济与政治，2016（6）：93-112＋158-159.

[167] SMYTH H, EDKINS A. Relationship management in the management of PFI/PPP projects in the UK [J]. International Journal of Project Management，2007，25(3)：232-240.

[168] 邓娇娇. 公共项目契约治理与关系治理的整合及其治理机理研究[D]. 天津大学，2013.

[169] 李晓光，郝生跃，任旭. 关系治理对PPP项目控制权影响的实证研究[J]. 北京理工大学学报(社会科学版)，2018，20(3)：52-59.

[170] 颜丙强.《第三代生命科学论》之——"整体论—还原论—系统论"螺旋发展[M]. 2009.

[171] MASLOW，A. H. Religions，Values，and Peak-Experiences[M]. New York：Penguin Books，1970.

[172] GEHL J. Life Between Buildings：Using Public Space[M]. New York：Van Nostrand Reinhold，1987.

[173] CARR S. Public Space[M]. Cambridge：Cambridge University Press，1992.

[174] 北京大岳咨询有限责任公司. 城市基础设施投融资市场化改革[M]. 北京：中国城市出版社.

[175] 张志强. 基于界面的煤矿井下工程协同管理体系与方法研究[D]. 中国矿业大学(北京)，2014.

[176] 王红卫，刘典，谢勇，等. "互联网＋"工程建造平台模式研究[J]. 工程管理学报，2017，31(5)：90-95.